中国科学院规划教材·会计学及财务管理系列

纳税筹划理论与实务

主　编　韩东平　董本信
副主编　张彦明

科学出版社
北京

内 容 简 介

本书是在 2008 年 1 月 1 日起执行的《中华人民共和国企业所得税法》的基础上编写而成的，具有内容新、涉及面广、理论和实务并重等特点。具体内容包括：纳税基本技术的介绍，包括纳税筹划的技术、纳税筹划的程序、纳税筹划的相关法律、纳税筹划的空间等；也包括业务过程纳税筹划的介绍，如筹资、投资、采购等环节的纳税筹划；还分税种介绍了纳税筹划的方法，包括增值税、营业税、消费税、企业所得税、进出口关税、个人所得税的纳税筹划方法。

本书可作为教材供高等院校财经类、工商管理类学生使用，也可供实际工作者和自学人员参考使用。

图书在版编目(CIP)数据

纳税筹划理论与实务/韩东平，董本信主编. —北京：科学出版社，2008

中国科学院规划教材·会计学及财务管理系列

ISBN 978-7-03-021221-4

Ⅰ.纳… Ⅱ.①韩…②董… Ⅲ.企业管理-税收筹划-高等学校-教材 Ⅳ.F810.423

中国版本图书馆 CIP 数据核字(2008)第 027416 号

责任编辑：刘俊来　陈　亮　张　兰　王国华／责任校对：张　琪
责任印制：张克忠／封面设计：耕者设计工作室

科学出版社出版
北京东黄城根北街16号
邮政编码：100717
http://www.sciencep.com

三河市骏杰印刷有限公司印刷
科学出版社发行　各地新华书店经销

*

2008 年 5 月第 一 版　　开本：B5(720×1000)
2015 年 1 月第七次印刷　　印张：19 3/4
字数：370 000
定价：32.00 元
(如有印装质量问题，我社负责调换)

《会计学及财务管理系列教材》编委会

顾问 于玉林 郭复初

主任 唐现杰

委员（按姓氏笔画排序）

  王福胜 龙云飞 任秀梅
  孙长江 李玉凤 邱玉兴
  张德刚 陈丽萍 梁静溪
  谭旭红

总 序

21世纪是一个以网络化、信息化、数字化、知识化为重要特征的新经济时代。新时代飞速发展的市场经济对经济与管理类的专业教育提出了新的要求。顺其大势，我国会计学和财务管理学科的理论研究、实践改革和人才培养都呈现出一派前所未有的繁荣景象。这表明我国的会计学和财务管理学科正以蓬勃的生机向前发展着。随着我国市场经济和现代企业制度的建立和逐步完善，新世纪的会计、财务管理教育面临着新的挑战。因此，培养通晓商业惯例和会计准则，掌握财务与会计管理技术与方法，适应21世纪市场竞争的高级财务与会计管理人才，已经成为普通高等院校会计学与财务管理专业人才培养的基本目标。

2006年2月，新会计准则和审计准则的颁布以及2007年1月1日新会计准则在上市公司的实施，是我国会计改革进程中的一次重大举措，会计热又一次被推向了高潮。为了更好地将新会计准则贯彻下去，更快地让学生掌握新的会计准则体系，适应新准则下的财务与会计管理工作，我们借鉴了国内外优秀的会计和财务管理类教材，以新会计准则和新审计准则为基础，编写了会计学及财务管理专业系列教材，共计20本，包括：《基础会计学》、《会计学》、《中级财务会计》、《高级财务会计》、《成本会计》、《会计制度设计》、《政府与非营利组织会计》、《审计学》、《财会专业英语》、《财务管理》、《财务通论》、《公司财务》、《高级财务管理》、《管理会计》、《财务报告分析》、《国际财务管理》、《会计信息系统》、《证券投资与评估》、《资产评估》、《纳税筹划理论与实务》。其中，《基础会计学》、《高级财务会计》、《会计制度设计》、《财务管理》和《财务通论》被评为普通高等教育"十一五"国家级规划教材。

本套系列教材由黑龙江省高校会计学教师联合会组织编写，由科学出版社出版。我们认为在大众化教育的背景下，集中各校优势，通过合作方式实现教学资源优化配置，编写一套适用于普通地方高校培养应用型、复合型人才要求的教材，对加强各校的合作交流，推动师资培养，促进相关课程的教学改革，是一件一举多得的好事。编审委员会由哈尔滨商业大学、哈尔滨工业大学、东北林业大学、东北农业大学、八一农垦大学、大庆石油学院、黑龙江大学、黑龙江科技学院、齐齐哈尔大学、哈尔滨理工大学等十所高校的教师组成，其中包括教学经验丰富、学术造诣较深的老教师，风华正茂的中年教师以及具有足够成长后劲的青年骨干教师。本系列教材的主编均由教学经验丰富的教授担任。

我们从多年的教学实践中深切感受到，教材和教学质量有着十分密切的关系。教材规定了教学内容，是教师授课取材之源，也是学生求知和复习之本，没有优秀的适用教材，也就无法提高教学质量。丢开教材，欲求提高教学质量，不啻缘木求鱼。换言之，没有优秀的教材，就没有优秀的高等教育；没有高质量的人才培养，就没有高水平的大学。我国目前各高等院校会计学专业和财务管理专业所使用的教材，尽管版本众多，内容和结构有所差别，各校可选择的空间较大，但仍有进一步改革之必要。这是因为：第一，目前各高校所使用的教材，大都编写于21世纪初，很多都没有体现2007年实施的新会计准则，再加上电子计算机、网络技术和电子商务的不断发展，原有的教材内容需要大范围的更新；第二，随着会计和财务管理理论与实践的发展，人们对会计和财务管理的认识不断发生变化，对于原有教材的有些内容也需要在新的认识基础上重新解读，使学生能够在更宽广的视野和更高的层次上掌握会计和财务管理的专业知识；第三，尽管各种版本的会计和财务管理专业教材内容和结构都不尽相同，但是侧重理论教学，奠定科研基础，培养本科生毕业后从事研究工作的教材偏多，而适合于培养应用型、复合型人才的普通地方高校的教材却少之又少；第四，现有教材在体系结构上大多采用教材、案例、习题相分离的编排形式，而且有的教材根本没有案例，这给强调动手能力和实际操作能力的大众化教育模式的专业课教学带来诸多不便，需要加以改进。

正因为如此，我们在不断反思会计与财务管理教育改革与创新培养目标，不断修正完善教学计划的基础上，摸索培养特色人才的新定位、新理念、新途径，针对现有教材存在的缺点，改善以往简单地选用重点大学教材的状况，编写了本系列教材，力图为普通地方高校会计学和财务管理专业提供一套具有理论性、实践性、指导性的优秀教材。这套系列教材的编写本着务实、求新、继承与开拓的精神，定位于会计学、财务管理本科专业必修课，是对两个专业本科教学内容的总体设计和完善，目的是为进一步建立和完善会计学和财务管理学科体系奠定基础，以求通过科学、先进、实用的教学体系培养出适合我国经济发展需要的会计和财务管理应用性和复合型人才。为了保证教材具有高起点、高质量，我们在编写与出版过程中突出以下三点：①"质量第一，开拓创新"是编写教材的指导思想。通过本系列教材，期望展示我们各所学校的教学改革和教材建设的成果。

②以"借鉴国际通用教材体例、实现系列教材的国际化风格"为编写教材的基本原则。广泛借鉴国际流行的教材编写风格，适应新世纪人才培养的新要求。③以"主编负责，合约约束"为质量保证手段。

本套教材主要体现了以下几个特点：

（1）内容新颖全面。本系列教材的编写建立在新颁布的《企业会计准则》、《企业会计准则——应用指南》、《审计准则》、《公司法》、《证券法》等制度和法律的基础上，融合了新准则、新法规中的新规定，是新准则颁布之后较早、较全的一套系列教材。其中，不仅体现出了会计专业教材中的很多具体准则变化的业务处理（例如《企业会计准则——金融工具确认和计量》、《企业会计准则——资产减值》），而且财务管理相关知识的最新变化也同样出现在本套系列教材中（如新《公司法》中关于利润分配的变化，财务报表分析中财务指标的变化）。

会计是一种国际商业语言，随着世界经济的一体化、市场竞争的国际化，需要国际惯例协调的范围越来越广，所以在系列教材的编写过程中，我们参考了相当多的会计学和财务管理学方面的经典国际知名教材，以国际会计最新发展趋势为依据，充分体现我国的会计准则和国际准则的实质性趋同，力争使本套教材成为教师指导学生的一个有用工具，使学生能够通过学习教材掌握最新的财务与会计知识的专业技能，同时具有国际"变通"能力。

（2）系统性和可操作性。系统性是指本系列教材体现了知识体系的架构，知识点的交叉渗透，以及各自的逻辑关系。一方面，在内容结构体系安排上体现了由简单到复杂、由易到难的渐进过程，适用于教与学。另一方面，在内容选择和体例编排上都充分考虑了不同阶段、不同知识结构学生的需要，基本解决了教学层次多，但教材单一、内容滞后的矛盾。两个专业的教材分别包括了初级（如《基础会计学》、《财务通论》）、中级（如《中级财务会计》、《公司财务》）和高级（如《高级财务会计》、《高级财务管理》）三个层次的教学内容，而且最大程度地避免了课程内容的交叉与重复。本套教材的可操作性主要体现了理论与实际的紧密联系，强调实际操作能力的培养，从培养应用型、复合型人才的宗旨出发，各教材根据需要设置了复习思考题、计算分析题及案例分析等，旨在培养学生独立思考、独立处理业务、独立解决问题的能力。

（3）便于教师教学和学生学习。为了方便教师教学和学生学习，在每部教材中均安排了如下内容：①每章前面设有导言和重要概念，章后有小结；②注重对习题和案例的编写，每章后面根据需要设置有练习题（其中包括简答题、计算题）和案例分析。如此安排便于学生明确各章学习重点并对学习内容产生兴趣。通过大量的习题和经典案例，让教师的教学达到更好的效果，为学生的学习和理解提供了更好的工具，有利于锻炼学生综合分析问题和解决问题的能力。

（4）突出学生综合素质和创新能力的培养。我们认为，社会经济的发展状况将本科会计学和财务管理教育定位为：为企事业单位、金融机构和财务咨询或服务机构培养从事会计、理财工作和其他相关经济管理工作的具有综合素质的人才。这类人才应该具有以下特点：有很强的适应性；有不断吸收新知识的能力；有进一步发展的潜力；有一定的创新能力；有较高的综合素质；有国际化意识或全球意识。

作为培养新世纪高级应用型、复合型人才的系列教材，除了要强化学生的基础知识和基本技能以外，还应注意学生综合分析能力和判断决策能力的培养，引导学生打破常规，勇于创新，将素质教育融入教材之中。以学生自主创新能力培养为核心的教学，要求教师在完成必要的知识教学和技能培训目标的同时，培养学生的自主学习能力和创新能力，最终达到提高学生综合素质的目的。在编写教材时，每位作者都努力站在企业或组织的整体角度考虑和阐述问题，以期达到扩展会计学及财务管理专业学生视野的目的，实现对学生综合能力和创新意识的培养。

(5) 突出现实性和适应性。根据新世纪人才的培养目标，本系列教材立足于我国国情和当前经济现实，与我国正在进行的市场经济建设相适应，具有较强的应用性。同时又面向未来，在吸收国际先进理论与技术方法的基础上，注意了我国普通地方高校本科教学的适用性。本套教材以新颁布的《公司法》、《证券法》等法律规范为依据进行编写，以保证教材中介绍的会计、财务管理知识能够在新的法律环境下更好地应用。

本套系列教材能够顺利出版，要感谢哈尔滨商业大学等 10 所高校领导和教师们的大力支持，感谢科学出版社的鼎力帮助，感谢所有主编和参编人员的通力合作，感谢所有有关兄弟院校会计、财务管理界同仁们多年来的友好协作与真诚关怀。

不积跬步，无以至千里。

我们希望通过这套会计学和财务管理专业系列教材的编撰，能够对会计和财务管理的理论与实务做出一个相对清晰的描述和阐释。我们越深入这一过程，就越强烈地意识到，在传播会计和财务管理知识体系这一艰巨而复杂的任务的进程中，我们尚处于开端处。尽管我们做了较长时间的准备，所有编写人员也付出了艰辛的劳动，但由于经济环境的迅速变化，对国内外现状的掌握不可能全面、透彻，加之编写人员学识所限，教材中难免有不妥甚至谬误之处，恳请读者不吝赐教，以便在今后修订时更正和完善。

2007 年 7 月

前言

纳税筹划是纳税人在不违反现行税法的前提下，通过对税法进行精细化比较后，对纳税支出最小化和资本收益最大化综合方案的纳税优化选择，它是涉及法律、财务、经营、组织、交易等方面的综合经济行为。通过纳税筹划所取得的收益是合法收益。纳税人对经济利益的追求可以说是一种本能，是最大限度地维护自己的利益的行为。我们有理由相信：在未来的经济生活中，人们将会越来越多地运用纳税筹划来实现自身的合法利益。

2007年3月16日第十届全国人民代表大会第五次会议通过了新的《中华人民共和国企业所得税法》（以下简称《企业所得税法》），并于2008年1月1日执行。

新税法在纳税主体、费用扣除、应纳税所得额的计算等方面与旧税法有较大区别，尤其是在税收优惠政策的导向上，改变了以投资来源和投资地区作为政策导向的一贯做法，以科技兴国、行业政策、区域发展战略等作为税收优惠导向，这必将使税收优惠政策发生较大变化。新税法正式实施后，企业纳税筹划的格局将发生很大的变化。企业为了追求最大的纳税筹划利益，将更多地在企业机构设置、关联企业交易、税前成本费用扣除以及所得税以外的其他税种筹划上多做文章，寻求新的纳税筹划点。为了帮助企业作好新税法实施后的纳税筹划，我们编写了本教材，力争在新税法实施中让企业在纳税筹划方面有所准备，帮助企业搞好新旧税法交替过程中的纳税筹划工作。

本书突出以下特点：

（1）内容新颖。本书针对新《企业所得税法》编写而成，内容全面反映新税法的指导思想，能够指导阅读者加深对新税法的理解，及时搞好企业在新旧税法交替中的纳税筹划问题，具有很高的理论研究及实用价值。

(2) 内容全面。从横向（分税种）与纵向（按过程）两个方面阐述纳税筹划的方法与技术。横向涉及增值税、营业税、消费税、企业所得税、进出口关税、个人所得税以及其他税种的筹划；纵向按照企业的内部管理划分为设立、筹资、投资、采购、销售、内部核算、产权重组等阶段的纳税筹划问题。

(3) 理论与实务并重，强调理论联系实际。在理论上正确界定纳税筹划，在实务上正确掌握纳税筹划，突出案例教学。

(4) 突出纳税筹划行为的合法性。纳税筹划是合法的经济行为，本书将纳税筹划中的相关法律问题单独列为一章，重点介绍纳税主体的法律责任、纳税筹划的行政复议、纳税筹划的税务代理等问题，明确纳税筹划的合法性前提。

韩东平、董本信担任本书的主编，张彦明担任副主编。

本书作者情况为：韩东平（第1章，哈尔滨工业大学）、董本信（第12章，哈尔滨商业大学）、张彦明（第8章，大庆石油学院）、王忠孝（第4、5章，黑龙江工商职业技术学院）、李秀华（第3、9、11章，哈尔滨工业大学）、康宇红（第2、7章，哈尔滨工业大学）、张凤元（第6、10章，哈尔滨商业大学）。

由于作者的水平有限，书中难免存在缺陷，竭诚欢迎广大读者不吝指正。

编　者

2007年11月于哈尔滨工业大学

目 录

总 序
前 言

第一章 纳税筹划总论 ·················· 1

第一节 纳税筹划的概念和分类 ·················· 1
第二节 纳税筹划的目标 ·················· 3
第三节 纳税筹划的原则 ·················· 5
第四节 纳税筹划的程序和步骤 ·················· 7
第五节 纳税筹划与避税和偷税 ·················· 8
第六节 纳税筹划基本技术 ·················· 9
复习思考题 ·················· 14

第二章 纳税筹划的相关法律 ·················· 15

第一节 纳税主体与法律责任 ·················· 15
第二节 纳税筹划与行政复议 ·················· 19
第三节 纳税筹划与税务代理 ·················· 24

复习思考题 …………………………………………………………… 26

第三章 纳税筹划的空间 …………………………………………… 27

第一节　价格空间 …………………………………………………… 27
第二节　优惠空间 …………………………………………………… 32
第三节　漏洞空间 …………………………………………………… 39
第四节　空白空间 …………………………………………………… 40
第五节　弹性空间 …………………………………………………… 41
第六节　规避空间 …………………………………………………… 43
复习思考题 …………………………………………………………… 47

第四章 企业管理环节的纳税筹划 ………………………………… 48

第一节　企业设立的纳税筹划 ……………………………………… 48
第二节　企业筹资的纳税筹划 ……………………………………… 54
第三节　企业投资的纳税筹划 ……………………………………… 58
第四节　企业采购的纳税筹划 ……………………………………… 61
第五节　企业销售的纳税筹划 ……………………………………… 64
第六节　企业内部核算的纳税筹划 ………………………………… 72
第七节　企业产权重组的纳税筹划 ………………………………… 76
复习思考题 …………………………………………………………… 82

第五章 增值税纳税筹划 …………………………………………… 83

第一节　增值税制度 ………………………………………………… 83
第二节　增值税优惠政策 …………………………………………… 97
第三节　增值税纳税筹划实务 ……………………………………… 99
复习思考题 …………………………………………………………… 118

第六章　营业税纳税筹划 ……………………………………………… 119
第一节　营业税制度 …………………………………………………… 119
第二节　营业税优惠政策 ……………………………………………… 124
第三节　营业税纳税筹划实务 ………………………………………… 125
复习思考题 ……………………………………………………………… 139

第七章　消费税纳税筹划 ……………………………………………… 141
第一节　消费税制度 …………………………………………………… 141
第二节　消费税纳税筹划实务 ………………………………………… 151
复习思考题 ……………………………………………………………… 158

第八章　企业所得税纳税筹划 ………………………………………… 159
第一节　企业所得税制度 ……………………………………………… 159
第二节　企业所得税优惠政策 ………………………………………… 184
第三节　企业所得税纳税筹划实务 …………………………………… 197
复习思考题 ……………………………………………………………… 219

第九章　进出口关税纳税筹划 ………………………………………… 221
第一节　关税制度 ……………………………………………………… 221
第二节　关税优惠政策 ………………………………………………… 224
第三节　关税纳税筹划实务 …………………………………………… 225
复习思考题 ……………………………………………………………… 231

第十章　个人所得税纳税筹划 ……………………………………………… 232

第一节　个人所得税制度 ………………………………………………… 232
第二节　个人所得税优惠政策 …………………………………………… 238
第三节　个人所得税纳税筹划实务 ……………………………………… 240
复习思考题 …………………………………………………………………… 248

第十一章　其他税种的纳税筹划 …………………………………………… 250

第一节　房产税的纳税筹划 ……………………………………………… 250
第二节　土地增值税的纳税筹划 ………………………………………… 255
第三节　印花税的纳税筹划 ……………………………………………… 260
复习思考题 …………………………………………………………………… 265

第十二章　国际纳税筹划 …………………………………………………… 266

第一节　国际纳税筹划通论 ……………………………………………… 266
第二节　国际纳税筹划的主要方法 ……………………………………… 275
复习思考题 …………………………………………………………………… 300

参考文献 ……………………………………………………………………… 302

第一章

纳税筹划总论

本章主要对纳税筹划进行了总体的概念性和框架性介绍。重点介绍纳税筹划的概念和分类，纳税筹划的目标，纳税筹划必须遵循的原则，纳税筹划与避税、偷税的关系和纳税筹划的一些基本技术。

【重要概念】 避税 偷税 免税技术 减税技术 税率差异的概念 分劈技术 扣除技术 抵免技术 延期纳税技术 退税技术

第一节 纳税筹划的概念和分类

一、纳税筹划的概念

纳税筹划是指纳税人从减少税收成本的角度进行的税务计划，即制定可以尽量减少纳税人纳税的投资、经营或其他活动的方式、方法和步骤。纳税筹划是税收筹划的一个方面，是针对纳税人而言的；税收筹划的另外一个方面是针对收税人而言的，可称为收税筹划。本书阐述的是税务筹划中的纳税筹划。

二、纳税筹划的分类

按照不同的标准，纳税筹划可以分为不同的类别。

（一）按纳税筹划的主体分类

按纳税筹划的主体是企业还是个人，纳税筹划可分为企业纳税筹划和个人纳税筹划两类。

企业纳税筹划是指企业通过经营活动与财务活动的有机结合，系统筹划、合理安排生产经营的时间、地点、方式等，并巧妙利用各种筹资技术、投资技术，从而达到减轻企业纳税负担的税务计划。

个人纳税筹划是指个人通过合理安排自己的投资、经营或其他活动，以实现尽量少纳税的税务计划。

（二）按纳税筹划的区域分类

按纳税筹划地区是否跨越国境，纳税筹划可分为国内纳税筹划与国际纳税筹划。

国内纳税筹划是指在一国的税收管辖权下，纳税人利用该国税制条款的差异性及某些特殊条款，合理安排国内的投资、生产经营及财务活动或其他国内活动，来减少或消除纳税义务，以实现最大经济利益的税务计划。

国际纳税筹划是跨国纳税义务人在国际税收的大环境下，以合法的方式，利用各国税收法规的差异和国际税收协定中的缺陷通过资金、货物或劳务跨越税境的流动或非流动来谋求最大限度地规避、减少或消除国际税收义务，从而使其全球的税收负担最小化，使其在所有管辖区内总所得最大化。

（三）按纳税筹划的期限分类

按纳税计划期限的长短，纳税筹划可分为短期纳税筹划与长期纳税筹划。

短期纳税筹划是指制定可以尽量减少纳税人税负的短期（通常不超过1年）投资、经营或其他活动的税务计划。

长期纳税筹划是指制定可以尽量减少纳税人税负的长期（通常1年以上）投资、经营或其他活动的税务计划。

（四）按纳税筹划实施的手段分类

按纳税筹划采用的减轻纳税人税负的手段，纳税筹划可分为避税型纳税筹划、节税型纳税筹划及税负转嫁型纳税筹划。

避税型纳税筹划是纳税人利用税法的缺陷、漏洞及不足，通过避税的方法与手段制定尽量减少税负的生产经营、投资或其他活动的税务计划。

节税型纳税筹划是纳税人利用国家税收政策的优惠性，通过节税的方式与手段制定尽量减少税负的生产经营、投资或其他活动的税务计划。

税负转嫁型纳税筹划是指纳税人利用商品价格的变动，将税负部分或全部转嫁给其他人，从而减轻自己的税收负担的税务计划。

第二节 纳税筹划的目标

纳税筹划的目标，一般认为是企业或个人运用各种手段减少其纳税负担，尽量少交税款，以达到使其经济利益最大化的目的。但有些人以纳税筹划为名，行偷税漏税之实，认为纳税筹划旨在鼓励纳税人逃避纳税义务，这是纳税筹划的误区，是对纳税筹划的错误认识，会给纳税筹划工作带来困难，并且会对纳税筹划的发展起阻碍作用。

一、直接减轻税收负担

纳税人对直接减轻税收负担的追求，是纳税筹划产生的最初原因。毫无疑问，直接减轻税收负担是纳税筹划所要实现的目标之一。

纳税人是纳税义务的承担者。换句话说，税法规定的负有纳税义务的单位和个人是纳税人。纳税人的构成可以分为两个部分：一是自然人纳税人；二是法人纳税人。但无论是自然人纳税人还是法人纳税人，作为市场经济的主体，在产权界定清晰的前提下，都有一个共同的特点，那就是直接减轻税收负担。

直接减轻自身的税收负担包括两层含义：一层含义是绝对减少经济主体的应纳税额；另一层含义则是相对减少经济主体的应缴税额。本书承认后者的观点。从这一意义上来讲，即使经济主体的当年应纳税额在绝对数量上比上年有所增加，只要其应纳税额与生产经营规模的增长比例相比有所降低，我们也认为该项纳税筹划是成功的。例如，某企业上年应纳税额为 300 万元，今年应纳税额为 400 万元，但去年的销售收入仅为 1 000 万元，而今年的销售收入为 1 500 万元。很显然，从比例上看，企业经过纳税筹划，税收负担有所减轻，尽管其绝对数量有所增加。

二、获取资金时间价值

纳税人通过一定的手段将当期应缴的税款延缓到以后年度缴纳，以获取资金的时间价值，是企业理财的一个基本观念，也是企业纳税筹划的一项基本法则。与直接减轻企业税收负担一样是纳税筹划目标体系的有机组成部分之一。

货币具有时间价值，尽量推迟应税所得的实现，减少当期应纳税额具有理论与现实的意义。推迟纳税对纳税人来说有两个好处：一是可以继续享用这笔资金，并从中获利；二是用利息率进行贴现后，未来应缴税款的现值会有所减少。例如，假定纳税人将推迟纳税而节省下来的钱用于投资，投资的收益率为 10%，所得税税率为 30%，那么纳税人投资的税后收益率为 7%。在这种情况下，如果该纳税人将1 000元应纳税款推迟到10年后缴纳，则这1 000元税款的现值仅为508元。如果纳税人当年就用这508元进行投资的话，则下一年的本金和税后利息之和为544元。纳税人如每年都将本金和利息进行投资的话，按10年计算，10年后会得到1 000元本利和。如果纳税被推迟的时间越长，市场利息率越高，则推迟纳税给纳税人带来的利益会更大。这样看来，虽然这笔税款迟早要缴，但现在无偿地占用这笔资金就相当于从金融部门获得了一笔无息贷款，其经济效用是巨大的。

与以其他方式取得资金相比，延期纳税具有先天的优越性。在信用经济高速发展的今天，企业要进行生产经营活动，尤其是在扩大生产经营规模时，往往需要举债，但举债是有一定风险的，这种风险被称为财务风险，即企业因为举债规模过大，致使企业不足以清偿债务本金和利息的风险。因而企业举债应将债务规模控制在一定的比例范围内，即举债不能超过必要的限度，以免造成企业破产的不良后果。相对而言，尽量延迟税款的缴纳，无偿地使用财政资金为自己企业的生产发展服务，则不存在财务风险，当然这要求企业在税法允许的范围之内进行纳税筹划。只要具备可行性，企业可以尽可能多地使用这种无偿资金，而不用担心其规模超过限度。除此之外，由于纳税筹划使得企业当期的总资金增加，企业更有能力清偿债务，有利于提高企业承担财务风险的能力，进而有利于企业扩大生产规模，实现其长期持续健康发展的战略目标。

三、实现涉税零风险

涉税零风险是指纳税人账目清楚，纳税申报正确，缴纳税款及时、足额，不会出现任何关于税收方面的处罚，即在税收方面没有任何风险或风险小到可以忽略不计的一种状态。纳税人及相关单位和个人通过一定的筹划安排，使纳税人处于一种涉税零风险状态，也是纳税筹划应该达到的目标之一。

目前我国的税法健全程度还远远落后于发达的资本主义国家，整个法律体系中有许多漏洞，这给纳税人提供了避税的机会，但同时也存在所谓的"税法陷阱"。税法陷阱是指税法中貌似优惠或漏洞，但实际税负却更重之处。当前，我国税法处于变革完善期，日渐复杂，而企业经营者对税法却知之甚少，这就非常容易陷入税法陷阱之中。所以，企业纳税筹划在合理地运用国家税收政策的同时，做到合理纳税，十分重要。

涉税零风险也是纳税筹划应该实现的目标之一，原因有以下几点：

（1）实现涉税零风险可以避免发生不必要的经济损失。虽然这种纳税筹划不会使纳税人获得直接的税收上的好处，但纳税人经过必要的纳税筹划之后，使自己的企业账目清楚，纳税正确，不会导致税务机关的经济处罚，这样实际上相当于获得了一定的经济利益。

(2) 实现涉税零风险可以避免发生不必要的名誉损失。一旦企业被税务机关认定存在偷税行为，那么该企业或个人的声誉将会因此遭受巨大的损失。在商品经济高速发展的今天，人们对品牌的意识越来越强，好的品牌就意味着好的经济利益和社会地位。鉴于此，在进行纳税筹划的过程当中，实现涉税零风险，避免名誉受损失是极其必要的。

(3) 实现涉税零风险在客观上要求企业的账目清楚，管理有序。这必然使得企业各项成本的核算便利，有利于企业进行各项成本的有效控制，避免了管理混乱所造成的不必要的浪费，进而促进了企业健康的发展。因而从管理角度上来看，实现涉税零风险也不应该排除在纳税筹划的目标体系之外。

四、提高自身经济利益

纳税人从事经济活动的最终目的应该定位在总体的经济效益的最大化上，而不仅仅是少缴税款。如果纳税人从事经济活动的目的仅仅定位于少缴纳税款上，那么纳税人的最佳选择就是什么都不干，因为这样其所缴的税款无疑是最少的，然而企业就没有存在的必要性了。所以总体经济效益的最大化是经济活动的最终目标，那么提高总体的经济利益理所当然是构成筹划目标体系的不可或缺的组成部分。

五、维护主体的合法权益

依法纳税是一把双刃剑，它不仅要求纳税人依照税法规定及时足额地缴纳税款，而且要求税务机关依照税法规定合理合法地征收税款。由于我国法制建设还不完善，法治水平还要进一步提高，在现实社会中，人治的因素还在影响着人们的生活和工作，权利的膨胀要求纳税人利用纳税筹划的工具维护自己的合法权益不受侵犯。

对于任何市场经济主体而言，权利和义务总是相伴而生的，拥有权利就要承担义务，承担义务也就必然拥有权利。纳税人也不例外。纳税人一方面承担着税法规定的纳税义务，另一方面也有合法进行纳税筹划的权利。也就是说，对应交纳的税款，纳税人负有及时足额交纳的义务，不能偷税漏税和逃税；但对不应交纳的税款，可以理直气壮地拒绝缴纳，维护自己的合法权益。

第三节 纳税筹划的原则

纳税筹划可以采用不同的手段和方法，减少纳税人纳税义务。纳税筹划应该遵循一定的原则。

一、合法性原则

在纳税筹划中，首先必须要严格遵循筹划的合法性原则。偷逃税收也可以减轻纳税人的税收负担，但是违背了纳税筹划的合法性原则。

税收是政府凭借国家政治权力，按照税收法律规定，强制地、无偿地取得财政收入的一种特殊分配方式。税收法律是国家以征税方式取得财政收入的法律规范，税法调整税收征纳双方的征纳关系，形成征纳双方各自的权利与义务，征纳双方都必须遵守。严格地按照税法规定充分地尽其义务，享有其权利，才符合法律规定，才是合法。纳税筹划只有在遵守合法性原则的条件下，才可以考虑纳税人少缴纳税的各种方式。

二、合理性原则

在纳税筹划中，还要遵循筹划的合理性原则，要使纳税筹划符合包括税收政策在内的各项国家政策精神。那些不符合国家政策精神的行为，如钻税法漏洞的行为等，不符合纳税筹划的合理性原则。

税收优惠是国家政策的一个重要组成部分，符合国家政策的某些行为可能享受不同的税收优惠。纳税人通过符合和贯彻国家政策的行为而取得的税收优惠被称为"税收利益"（tax benefit）。纳税人取得税收利益的行为，也是合理的行为。

三、财务利益最大化原则

纳税筹划的最主要的目的，归根结底是要使纳税人的可支配财务利益最大化，即税后财务利益最大化。对于个人，要使个人税后财务利益最大化；对于企业，要使企业税后财务利益最大化。企业财务利益最大化也称为企业价值最大化或企业所有者权益最大化；当企业是股份制公司时，也可称为股东财富最大化。

四、稳健性原则

纳税筹划在追求纳税人财务利益最大化时，还必须注意筹划的稳健性原则。一般来说，纳税人的节税收益越大，风险也越大。各种节减税收的方式和方法都有一定的风险，节税收益与税制变化风险、市场风险、利率风险、债务风险、汇率风险、通货膨胀风险等是紧密联系在一起的。纳税筹划要尽量使风险最小化，要在节税收益与节税风险之间进行必要的权衡，以保证能够真正取得财务利益。

第四节 纳税筹划的程序和步骤

纳税筹划有简有繁、有大有小，不一定每一项纳税筹划都有完整的程序和步骤，一般情况下纳税筹划可遵循如下程序和步骤。

一、熟知税法，归纳相关规定

要进行纳税筹划，必须要熟知税法及相关法律，全面掌握税法的各项规定，尤其是各项税收优惠政策。这些法律和政策往往都是散见于各项文件之中，有的是人民代表大会常务委员会、国务院颁发的，有的是财政部、国家税务总局联合发文，有的是国家税务总局发文，还有的可能是省（自治区、直辖市）税务局发文，这些都要收集齐全，进行归类。

二、确立筹划目标，建立备选方案

根据纳税筹划内容，确立纳税筹划的目标，建立多个备选方案，每一方案都包含一些特定的法律安排。

三、建立数学模型，进行模拟决策（测算）

根据有关税法规定和纳税人预计经营情况（中、长期预算等），尽可能建立数学模型，进行演算、模拟决策、定量分析、修改备选方案。

四、根据税后净回报，排列选择方案

分析每一备选方案，所有备选方案的比较都要在成本最低化和利润最大化的分析框架里进行，并以此标准确立能够产生最大税后净回报的方案。另外，还要考虑企业风险、税收风险、政治风险等因素。

五、选择最佳方案

最佳方案是在特定环境下选择的，这些环境能保持多长时间的稳定期，事先也应有所考虑，尤其是在国际纳税筹划时，更应考虑这个问题。

六、付诸实践，信息反馈

付诸实践后，再运用信息反馈制度，验证实际纳税筹划结果是否如当初测算、估算的，为今后纳税筹划提供参考依据。

第五节 纳税筹划与避税和偷税

纳税筹划作为体现纳税人基本权利的表现形式之一,越来越受到社会的高度重视。纳税筹划、避税与偷税都能使纳税人获得税收利益,它们究竟有何本质区别呢?避税通常表现为纳税人利用税法的漏洞、缺陷来谋取税收利益。避税是用非违法手段来减轻税收负担。税务部门一旦发现纳税人的避税行为,就应采取相应的措施,使法律体系更加完善,从而减少避税行为的发生。按照《中华人民共和国税收征收管理法》(以下简称《税收征收管理法》)第六十三条的规定,纳税人伪造、变造、隐匿、擅自销毁账簿、记账凭证或者在账簿上多列支出或者不列、少列收入或者经税务机关通知申报而拒不申报或进行虚假的纳税申报,不缴或者少缴应纳税款的,是偷税行为。对纳税人偷税的,由税务机关追缴应纳税款的,是偷税行为。对纳税人偷税的,由税务机关追缴其不缴或者少缴的税款、滞纳金,并处以不缴或者少缴税款50%以上、5倍以下的罚款;构成犯罪的,还要依法追究刑事责任。

表1-1是纳税筹划与偷税、避税比较表,从表中可以看出,纳税筹划是合法的,避税是非违法的,偷税是违法的。

表1-1 纳税筹划、避税和偷税比较

行为	纳税筹划	避税	偷税
法律角度	合法	非违法	违法
立法本意	符合	不符合	违背
税收政策	符合税收政策导向	有悖于税收政策导向	违反税收政策导向
道德伦理	光明正大	有悖于道德	违背道德
操作特点	高智能、综合性,需要经过精心的研究和选择	利用税法漏洞,钻税法空子	违反税法规定,弄虚作假
人员素质	懂经济、熟法律、精税收、善运算	不顾大节、铤而走险	损公肥私、不择手段
经济影响	激励和促进社会生产力的发展	影响以至于破坏市场规则	违背公平竞争原则,破坏市场经济秩序
最终目的	获得税收利益	获得税收利益	获得税收利益

第六节　纳税筹划基本技术

纳税筹划基本技术是指合法和合理地使纳税人缴纳尽量少的税收的知识和技巧。目前纳税筹划的基本技术可归纳为八种：免税技术、减税技术、税率差异技术、分劈技术、扣除技术、抵免技术、延期纳税技术和退税技术。这八种技术，可以单独采用，也可以同时采用。但是，如果同时采用两种或两种以上的技术，必须要注意各种技术之间的相互影响。

一、免税技术

（一）免税的概念

免税是国家对特定的地区、行业、企业、项目或情况（特定的纳税人或纳税人的特定应税项目，或由于纳税人的特殊情况）所给予纳税人完全免征税收的照顾或奖励措施。

免税可以是国家的一种税收照顾方式，同时也可以是国家出于其政策需要的一种税收奖励方式，它是贯彻国家经济、政治、社会政策的经济手段。比如，我国对于某些遭受严重自然灾害地区的农业生产在一定时期给予免税，就是属于国家帮助那些地区恢复生产的税收照顾。又如，我国对满足特定条件的内外资企业定期免税等，是属于国家出于政策需要的税收奖励。这种税收奖励有时也为税收优惠、税收鼓励、税收刺激、税收激励。

（二）免税技术的概念

免税技术（tax exemption technique）是指在合法和合理的情况下，使纳税人成为免税人（exempt person）或使纳税人从事免税活动（exempt activity），或使征税对象成为免税对象而免纳税收的纳税筹划技术。免税人包括自然人免税、免税公司（exempt company）、免税机构（exempt establishment）等。

一般来说，税收是不可避免的，每个人都要缴纳税收，但是纳税人可以成为免征（纳）税收的纳税人——免税人。比如，一个国家所得税法规定从事经营活动的企业都是纳税人，但在工业开发区从事工商经营活动的企业可以免征2年所得税，一个设在工业开发区从事工商经营活动的企业在2年内就是一个免征（纳）税收的纳税人。又如，一个国家所得税法规定业主转让营业资产是应税的，要就资本利得缴纳所得税，但业主退休时的转让可以免征所得税，一个人在退休时转让其营业资产的资本利得就是免税利得。纳税筹划通过合法和合理地利用免税规定，可以节减税收。

正如前面所述，尽管免税实质上都相当于财政补贴，但各国一般有两类不同目的的免税：一类是属于税收照顾性质的免税，它们对纳税人来说只是一种财务利益的补偿；另一类是属于税收奖励性质的免税，它们对纳税人来说则是财务利益的取得。照顾性免税往往是在非常情况或非常条件下才取得的，而且一般也只是弥补损失。

二、减税技术

（一）减税的概念

减税是国家对特定的地区、行业、企业、项目或情况（纳税人或纳税人的特定应税项目或由于纳税人的特殊情况）所给予纳税人减征部分税收的照顾或奖励措施。减税也可以是国家对特定纳税人的税收照顾措施或出于政策需要对特定纳税人的税收奖励措施。与免税一样，减税也是贯彻国家经济、政治、社会政策的经济手段。比如，我国对遭受风、火、水、震等自然灾害的企业在一定时期给予减征一定税收的待遇，就是属于税收照顾性质的减税。又如，我国对符合规定的高新技术企业等给予减税待遇。

（二）减税技术的概念

减税技术（tax reduction technique）指在合法和合理的情况下，使纳税人减少应纳税收而直接节税的税收筹划技术。与缴纳全额税收相比，减征的税收越多，节减的税收也越多。

一般而言，尽管减税实质上也相当于财政补贴，但各国也有两类不同减税方式：一类是出于税收照顾目的的减税，比如，国家对遭受自然灾害地区企业、残疾人企业等的减税，这类减税是一种税收照顾，是国家对纳税人由于各种不可抗拒原因造成的财务损失进行的财务补偿；另一类是出于税收奖励目的的减税，比如，产品出口企业、高科技企业、再循环生产企业等的减税，这类减税是一种税收奖励，是对纳税人贯彻国家政策的财务奖励。纳税筹划的减税技术主要是合法和合理地利用国家奖励性减税政策而节减税收的技术。

三、税率差异技术

（一）税率差异的概念

税率差异是指性质相同或相似的税种适用税率的不同。税率差异主要是出于财政、经济政策原因，在不同地区、不同国家间形成不同的税率。比如，一个国家对不同国家投资者规定不同的税率，内资公司所得税税率为33%，外资公司所得税税率为 15% 等。

税率差异是普遍存在的客观情况。一个国家里的税率差异，往往是要鼓励某种经济、某类型企业、某类行业、某类地区的存在和发展，它体现国家的税收鼓励政策。

（二）税率差异技术的概念

税率差异技术（tax rates difference technique）是指在合法和合理的情况下，利用税率的差异而直接节减税收的纳税筹划技术。与按高税率缴纳税收相比，按低税率少缴纳的税收就是节减的税收。

因为税率差异是普遍存在的情况，只要不是出于避税目的，而是出于真正的商业理由，在开放经济下，一个企业完全可以根据国家有关法律和政策决定自己企业的组织形式、投资规模和投资方向等，利用税率差异少缴纳税收；同样道理，一个自然人也可以选择他的投资规模、投资方向和居住国等，利用税率差异少缴纳税收。合法和合理地利用税率差异节减税收。

四、分劈技术

（一）分劈的概念

这里的"劈"不是用刀斧、爆破等强行破开的"劈（pī）"，而是"分开"的"劈（pǐ）"。分劈是"分开"的意思，不是强行分开的"分割"的意思。

分劈是把一个自然人（法人）的应税所得或应税财产分成多个自然人（法人）的应税所得或应税财产。

（二）分劈技术的概念

分劈技术（splitting technique）是指在合法和合理的情况下，使所得、财产在两个或更多个纳税人之间进行分劈而直接节税的纳税筹划技术。

出于调节收入等社会政策的考虑，各国的所得税和财产税一般是采用累进税率，计税基数越大，适用的最高边际税率也越高。使所得、财产在两个或更多个纳税人之间进行分劈，可以使计税基数降至低税率税级，从而降低最高边际适用税率，节减税收。比如，应税所得 2 万元的适用税率是 20%，应税所得 2 万～4 万元部分的适用税率是 40%。有一对夫妇结婚后，妻子把其存款都交给无存款的丈夫，缴纳个人所得税时，丈夫的年劳务费为 2 万元，利息 2 万元，而妻子无应税所得，如果都按丈夫计算，就会有 2 万元的所得要按 40% 的税率纳税。但是，如果丈夫把存款转回到妻子名下，让妻子分得利息收入，那么，这对夫妇 4 万元的年所得的最高边际税率就会从 40% 降至 20%，节减税收 0.4 万元(1.2－0.8)。

五、扣除技术

（一）扣除的概念

扣除是从原数额中减去一部分。税收中狭义的扣除指从计税金额中减去一部分以求出应税金额。税收中广义的扣除还包括：从应计税额中减去一部分，即"税额扣除"、"税额抵扣"、"税收抵免"。

扣除技术的扣除是狭义的扣除，即指从计税金额中减去各种扣除项目金额以求出应税金额，扣除项目包括各种扣除额、宽免额、冲抵额等。

扣除与特定适用范围的免税、减税不同，扣除规定普遍地适用于所有纳税人。比如，我国的《企业所得税暂行条例》规定，在计算应纳税所得额时，所有纳税人准予扣除与其取得收入有关的成本、费用、税金和损失的金额。

（二）扣除技术的概念

扣除技术（deduction technique）是指在合法和合理的情况下，使扣除额增加而直接节税或调整各个计税期的扣除额而相对节税的纳税筹划技术。在同样多收入的情况下，各项扣除额、宽免额、冲抵额等越大，计税基数就会越小，应纳税额也越小，所节减的税款就越大。

六、抵免技术

（一）税收抵免的概念

税收抵免是指从应纳税额中扣除税收抵免额。

在征税机关方面，纳税人的应纳税额是征税机关的债权，表示在借方；纳税人的已纳税额是纳税人已支付的债务，表示在贷方。税收抵免的原意是纳税人在汇算清缴时可以用其贷方已纳税额冲减其借方应纳税额。

纳税人的贷方金额冲抵其借方金额；借贷相抵后贷方有余额的表示纳税人的已纳税额大于应纳税额，纳税人应得到退税；借方有余额的表示纳税人的应纳税额大于已纳税额，还应补足应纳税额。

纳税筹划抵免技术涉及的税收抵免，主要是利用国家为贯彻其政策而制定的税收优惠性或奖励性税收抵免和基本扣除性抵免。很多国家包括我国，都规定了税收优惠性抵免，包括投资抵免、研究开发抵免等。还有不少国家还有基本扣除性抵免，包括个人生计抵免、勤劳所得抵免、已婚夫妇抵免等，也常用于纳税筹划。

（二）抵免技术的概念

抵免技术（tax credit technique）是指在合法和合理的情况下，使税收抵免额增加而绝对节税的纳税筹划技术。税收抵免额越大，冲抵应纳税额的数额就越大，应纳税额则越小，从而节减的税额就越大。

七、延期纳税技术

（一）延期纳税的概念

延期纳税是指延缓一定时期后再缴纳税收。狭义的延期纳税专门指纳税人按照国家其他规定可以达到延期纳税目的的纳税安排，比如，按照折旧制度、商品存货制度等规定来达到延期纳税目的的纳税安排。

各国制定延期纳税规定主要有以下一些原因：

一是避免先征后退税，节约征税成本。如我国规定，境外进入免税区的货物，除国家另有规定外，免征增值税和消费税，以后如果免税进入保税区的货物运往非保税区，这时才再照章征收增值税和消费税，以后如果保税区生产的产品，除国家另有规定外，运往境外，免征增值税和消费税。这个规定就性质来说，是一种延期纳税。

二是防止纳税人税负畸轻畸重。比如，有的国家规定，农民在某一年度取得特别多的所得，可以将这一年的所得分散到数年之内缴纳税收。

三是鼓励和促进投资。比如，对纳税人处置营业资产后又重置营业资产，有些国家允许纳税人可以将每次处置资产的利得一直延长到最后不再重置营业资产时才缴纳税收。又如，有些国家允许只要国外子公司的利润留在国外继续投资经营，不汇回国内，就可以一直延缓至汇回国内时再纳税。因此，延期纳税也是属于国家政策的一部分。

（二）延期纳税技术的概念

延期纳税技术（tax deferral technique）是指在合法和合理的情况下，使纳税人延期缴纳税收而相对节税的纳税筹划技术。纳税人延期缴纳本期税收并不能减少纳税人纳税绝对总额，但等于得到一笔无息贷款，可以增加纳税人本期的现金流量，使纳税人在本期有更多的资金扩大流动资本，用于资本投资；由于通货膨胀、货币贬值，今天的1元要比将来的1元更值钱；由于货币的时间价值，即今天多投入的资金可以产生收益，使将来可以获得更多的税后所得，相对节减税收。

八、退税技术

(一) 退税的概念

退税是税务机关按规定对纳税人已纳税款的退还。税务机关向纳税人退税的情况一般有：税务机关误征或多征的税款，如税务机关不应该征收或错误多征收的税款；纳税人多缴纳的税款，如纳税人扣缴的预提税或分期预缴的税款超过纳税人应纳税额的款额；零税率商品的已纳国内流转税税款；符合国家退税奖励条件的已纳税款。

(二) 退税技术的概念

退税技术（tax repayment technique）是指在合法和合理的情况下，使税务机关退还纳税人已纳税款而直接节税的纳税筹划技术。在已缴纳税款的情况下，退税无疑是偿还了缴纳的税款，节减了税收，所退税额越大，节减的税收也越多。

复习思考题

1. 何谓纳税筹划？简述节税与避税的区别与联系。
2. 简述纳税筹划的意义。
3. 简述纳税筹划的目标、原则和特点。
4. 简述纳税筹划的资本技术和方法。
5. 试对纳税筹划进行经济制度分析。
6. 简述纳税筹划与财务管理的关系。

第二章

纳税筹划的相关法律

本章主要介绍纳税筹划中涉及的相关法律问题。通过本章学习，学生应了解纳税活动中纳税主体所应承担的法律责任、税务行政复议的程序以及税务代理的相关知识。

【重要概念】 纳税主体　税务行政复议　税务代理

第一节　纳税主体与法律责任

一、纳税主体

（一）定义

纳税主体又称纳税义务人，简称纳税人，是税法规定的直接负有纳税义务的单位和个人，即由"谁"来纳税。从法律的角度上看，纳税人中的"单位"必须是法人，"个人"必须是自然人。法人是指依法成立，能够独立支配财产，并能以自己的名义享有民事权利和承担民事义务的社会组织；自然人是指享有民事权利并承担民事义务的公民个人。

政府无论征收何种税，都要由一定的单位或个人来缴纳。因此，每种税都要规定其各自的纳税人。纳税人如何规定，一般随着征收对象的确定而明确。如营业税的纳税人是在中国境内提供应税劳务、转让无形资产或销售不动产的单位和个人；房产税的纳税人是房产的所有者。

（二）与纳税人相关的概念

1. 扣缴人

扣缴人即扣缴义务人的简称，是指税法直接规定的负有代收代缴、代扣代缴义务的单位和个人。当纳税人发生应税行为直接缴税有困难时，国家为了防止纳税人偷逃税款，保证税款及时足额入库，在税法中必须明确扣缴人向纳税人收缴或扣缴税款的具体规定。如《中华人民共和国个人所得税法》（以下简称《个人所得税法》）规定，纳税人取得的各项应税所得，有支付单位的，以支付单位为扣缴人。

2. 负税人

负税人是指税款的实际负担者。负税人同纳税人有时一致，如企业所得税的纳税人也是税款的实际负担者；有时是不一致的，如对货物征收的增值税的纳税人是生产销售货物的单位和个人，而负税人则是货物的购买者。负税人不是税法的构成要素，因此国家在制定税法时，只规定税额由谁缴纳，不规定税款最终由谁负担，但一般要考虑到税款由谁负担的问题。

二、法律责任

法律责任是对征纳双方具有同等约束力的词语，它是指新税制中违反《税收征收管理法》和《税收征收管理法实施细则》所应承担的法律责任，既包括对纳税人、扣缴义务人和其他当事人违反税法的处罚，也包括对税务人执法过程中违法行为的处罚。法律责任是违法主体因其违法行为所应承担的法律后果，它与违法行为是联系在一起的。纳税主体在纳税活动中，必须按照国家税法的有关规定严格履行纳税义务，违反税法规定的纳税人应当承担相应的法律责任，对此《税收征收管理法》和《中华人民共和国刑法》（以下简称《刑法》）的有关条文作出了规定。纳税主体违反法律需承担的法律责任包括行政责任和刑事责任两大类。

（一）纳税人违反税收管理的处罚

有下列情形之一的，由税务机关责令限期改正，可以处以2 000元以下的罚款；情节严重的，处以2 000元以上10 000元以下的罚款：

（1）未按照规定的期限申报办理税务登记、变更或者注销税务登记的；

（2）未按照规定将财务、会计制度或者财务、会计处理办法报送税务机关备查的；

（3）未按照规定将其全部银行账号向税务机关报告的；

（4）未按照规定安装、使用税控装置，或者损毁或者擅自改动税控装置的；

（5）纳税人未按照规定办理税务登记证件验证或者换证手续的。

纳税人不办理税务登记的，由税务机关责令限期改正；逾期不改正的，经税务机关提请，由工商行政管理机关吊销其营业执照。

纳税人未按照规定使用税务登记证件，或者转借、涂改、损毁、买卖、伪造税务登记证件的，处 2 000 元以上 1 万元以下的罚款；情节严重的，处 1 万元以上 5 万元以下的罚款。

（二）扣缴义务人违反账簿、凭证管理行为的处罚

扣缴义务人未按照规定设置、保管代扣代缴、代收代缴税款账簿或者保管代扣代缴、代收代缴税款记账凭证及有关资料，由税务机关责令限期改正，可以处以 2 000 元以下的罚款；情节严重的，处以 2 000 元以上 5 000 元以下的罚款。

（三）纳税主体违反纳税申报管理行为的处罚

纳税人未按照规定的期限办理纳税申报的和报送纳税资料的或者扣缴义务人未按照规定的期限向税务机关报送代扣代缴、代收代缴税款报告表和有关资料的，由税务机关责令限期改正，可以处以 2 000 元以下的罚款；情节严重的，处以 2 000 元以上 10 000 元以下的罚款。

（四）偷税行为的处罚

纳税人伪造、变造、隐匿、擅自销毁账簿和记账凭证，或者在账簿上多列支出或者不列、少列收入，或者经税务机关通知申报而拒不申报或者进行虚假的纳税申报，不缴或者少缴应纳税款的，是偷税行为。如纳税人偷税，税务机关会追缴其不缴或者少缴的税款、滞纳金，并处不缴或者少缴税款 50% 以上 5 倍以下的罚款；偷税数额占应缴税额 10% 以上不满 30% 并且偷税数额在 1 万元以上 10 万元以下的，或者因偷税被税务机关给予两次行政处罚的，处 3 年以下有期徒刑或者拘役，并处偷税数额 1 倍以上 5 倍以下罚金；偷税数额占应缴税额 30% 以上且偷税数额在 10 万元以上的，处 3 年以上 7 年以下有期徒刑，并处偷税数额 1 倍以上 5 倍以下罚金。

扣缴义务人采取以上所列手段，不缴或者少缴已扣、已收税款，由税务机关追缴其不缴或者少缴的税款、滞纳金，并处不缴或者少缴的税款 50% 以上 5 倍以下的罚款；数额占应缴税额 10% 以上并且数额在 1 万元以上的，依照上述的规定处罚。

（五）进行虚假申报或不进行申报行为的处罚

纳税人、扣缴义务人编造虚假计税依据的，由税务机关责令限期改正，并处 5 万元以下的罚款。纳税人不进行纳税申报，不缴或少缴应纳税款的，由税务机关追缴其不缴或者少缴的税款、滞纳金，并处不缴或者少缴税款 50% 以上 5 倍以下的罚款。

(六) 逃避追缴欠税行为的处罚

纳税人欠缴应纳税款，采取转移或隐匿财产的手段，妨碍税务机关追缴欠款的，由税务机关追缴欠缴税款、滞纳金，并处欠缴税款50%以上5倍以下罚款；欠缴应纳税款数额在1万元以上不满10万元的，处3年以下有期徒刑或者拘役，并处或者单处欠缴税款1倍以上5倍以下罚金；数额在10万元以上的，处3年以上7年以下有期徒刑，并处欠缴税款1倍以上5倍以下罚金。

(七) 骗取出口退税的行为的处罚

企事业单位以假报出口或者其他欺骗手段，骗取国家出口退税款的，由税务机关追缴其骗取的退税款，并处骗取税款1倍以上5倍以下的罚款；数额较大的，处5年以下有期徒刑或者拘役，并处骗取税款1倍以上5倍以下罚金；数额巨大或者有其他严重情节的，处5年以上10年以下有期徒刑，并处骗取税款1倍以上5倍以下罚金；数额特别巨大或者有其他特别严重情节的，处10年以上有期徒刑或者无期徒刑，并处骗取税款1倍以上5倍以下罚金或者没收财产。

(八) 抗税行为的处罚

纳税人以暴力威胁方法拒不缴纳税款，情节轻微，未构成犯罪的，由税务机关追缴其拒缴的税款、滞纳金，并处拒缴税款1倍以上5倍以下罚款；以暴力、威胁方法拒不缴纳税款，构成犯罪的，处3年以下有期徒刑或者拘役，并处拒缴税款1倍以上5倍以下罚金；情节严重的，处3年以上7年以下有期徒刑，并处拒缴税款1倍以上5倍以下罚金。

(九) 其他行为的处罚

(1) 纳税人、扣缴义务人逃避、拒绝或者以其他方式阻挠税务机关的检查，由税务机关责令改正，可以处1万元以下的罚款；情节严重的，处1万元以上5万元以下的罚款。

(2) 扣缴义务人应扣未扣、应收而不收税款的，由税务机关向纳税人追缴税款，对扣缴义务人处应扣未扣税款50%以上3倍以下的罚款。

(3) 纳税人、扣缴义务人在规定期限内不缴或者少缴应纳或者应解缴的税款，经税务机关责令限期缴纳，逾期仍未缴纳的，税务机关除依照规定采取强制手段执行追缴其不缴或者少缴的税款外，可以并处不缴或少缴税款50%以上5倍以下的罚款。

(4) 虚开增值税专用发票或者虚开用于骗取出口退税、抵扣税款的其他发票的，处3年以下有期徒刑或者拘役，并处2万元以上20万元以下罚金；虚开的税款数额较大或者有其他严重情节的，处3年以上10年以下有期徒刑，并处5万元以上50万元以下罚金；虚开的税款数额巨大或者有其他特别严重情节的，处10年以上有期徒刑或者无期徒刑，并处5万元以上50万元以下罚金或者没收财产；数额特别巨大，情节特别严重，给国家利益造成特别重大损失的，处无期徒刑或者死刑，并处没收财产。单位违反本条规定的，对单位判处罚金，并对其直接负责的主管人员和其他直接责任人员，处3年以下有期徒刑或者拘役；虚开的税款数额较大或者有其他严重情节的，处3年以上10年以下有期徒刑；虚开的税款数额巨大或者有其他特别严重情节的，处10年以上有期徒刑或者无期徒刑。

（5）伪造或者出售伪造的增值税专用发票的，处3年以下有期徒刑、拘役或者管制，并处2万元以上20万元以下罚金；数量较大或者有其他严重情节的，处3年以上10年以下有期徒刑，并处5万元以上50万元以下罚金；数量巨大或者有其他特别严重情节的，处10年以上有期徒刑或者无期徒刑，并处5万元以上50万元以下罚金或者没收财产；伪造并出售增值税专用发票，数量特别巨大，情节特别严重，严重破坏经济秩序的，处无期徒刑或者死刑，并处没收财产。单位违反本条规定的，对单位判处罚金，并对其直接负责的主管人员和其他直接责任人员，处3年以下有期徒刑、拘役或者管制；数量较大或者有其他严重情节的，处3年以上10年以下有期徒刑；数量巨大或者有其他特别严重情节的，处10年以上有期徒刑或者无期徒刑。

（6）伪造、擅自制造或者出售伪造、擅自制造的可以用于骗取出口退税、抵扣税款的其他发票的，处3年以下有期徒刑、拘役或者管制，并处2万元以上20万元以下罚金；数量巨大的，处3年以上7年以下有期徒刑，并处5万元以上50万元以下罚金；数量特别巨大的，处7年以上有期徒刑，并处5万元以上50万元以下罚金或者没收财产。

伪造、擅自制造或者出售伪造、擅自制造的前款规定以外的其他发票的，处2年以下有期徒刑、拘役或者管制，并处或者单处1万元以上5万元以下罚金；情节严重的，处2年以上7年以下有期徒刑，并处5万元以上50万元以下罚金。

第二节 纳税筹划与行政复议

在纳税的过程中，与税务机关发生纳税争议时，针对不同的情形纳税主体可以采取行政复议的方式解决争议。所谓税务行政复议是指当事人对税务机关及其工作人员作出的税务具体行政行为不服，依法向上一级税务机关提出申请，请求上一级税务机关予以纠正；上一级税务机关经审理对原税务机关具体行政行为依法做出维持、变更、撤销等决定的活动。税务行政复议是我国行政复议制度的一个重要组成部分。税务行政复议是纳税主体的基本权利，为其维护自己的合法权益提供了法定的申诉渠道，纳税主体要用好这一权利，就须掌握申请复议的各项程序。

一、税务行政复议的受理范围

税务行政复议的受理范围仅限于税务机关作出的税务具体行政行为。税务具体行政行为是指税务机关及其工作人员在税务行政管理活动中行使行政职权，针对特定的公民、法人和其他组织就特定的具体事项，作出的有关该公民、法人或其他组织权利义务的单方行为。

（1）税务机关作出的征税行为，包括确认纳税主体、征税对象、征税范围、减税、免税及退税、适用税率、计税依据、纳税环节、纳税期限、纳税地点以及税款征收方式等具体行政行为和征收税款、加收滞纳金及扣缴义务人、受税务机关委托征收的单位作出的代扣代缴、代收代缴行为。

（2）税务机关作出的税收保全措施，包括：书面通知银行或者其他金融机构冻结存款；扣押、查封商品、货物或者其他财产。

（3）税务机关未及时解除保全措施，使纳税人及其他当事人合法权益遭受损失的行为。

（4）税务机关作出的强制执行措施，包括：书面通知银行或者其他金融机构从其存款中扣缴税款；变卖、拍卖扣押、查封的商品、货物或者其他财产。

（5）税务机关作出的行政处罚行为，包括：罚款；没收财物和违法所得；停止出口退税权。

（6）税务机关不予依法办理或者答复的行为，包括：不予审批减免税或者出口退税；不予抵扣税款；不予退还税款；不予颁发税务登记证、发售发票；不予开具完税凭证和出具票据；不予认定为增值税一般纳税人；不予核准延期申报、批准延期缴纳税款。

（7）税务机关作出的取消增值税一般纳税人资格的行为。

（8）收缴发票、停止发售发票。

（9）税务机关责令纳税人提供纳税担保或者不依法确认纳税担保有效的行为。

（10）税务机关不依法给予举报奖励的行为。

（11）税务机关作出的通知出境管理机关阻止出境行为。

（12）税务机关作出的其他具体行政行为。

二、税务行政复议的管辖

我国税务行政复议的管辖原则上实行由上一级税务机关管辖下一级复议制度，具体内容为：

（1）对省级以下各级国家税务局作出的税务具体行政行为不服的，向其上一级机关申请行政复议；对省级国家税务局作出的具体行政行为不服的，向国家税务总局申请行政复议。

（2）对国家税务总局作出的具体行政行为不服的，向国家税务总局申请行政复议。对行政复议决定不服，申请人可以向人民法院提起行政诉讼；也可以向国务院申请裁决，国务院的裁决为终局裁决。对税务机关依法设立的派出机构，依照法律、法规或者规章的规定，以自己名义作出的税务具体行政行为不服的，向设立该派出机构的税务机关申请行政复议。

（3）对扣缴义务人作出的扣缴税款行为不服的，向主管该扣缴义务人的税务机关的上一级税务机关申请复议；对受税务机关委托的单位作出的代征税款行为不服的，向委托税务机关的上一级税务机关申请复议。

（4）国税局（稽查局、税务所）与地税局（稽查局、税务所）、税务机关与其他行政机关联合调查的涉税案件，应当根据各自的法定职权，经协商分别作出具体行政行为，不得共同作出具体行政行为。对国税局（稽查局、税务所）与地税局（稽查局、税务所）共同作出的具体行政行为不服的，向国家税务总局申请行政复议；对税务机关与其他行政机关共同作出的具体行政行为不服的，向其共同上一级行政机关申请行政复议。

（5）对被撤销的税务机关在撤销前所作出的具体行政行为不服的，向继续行使其职权的税务机关的上一级税务机关申请行政复议。

税务行政复议机关因复议管辖发生争议，争议双方应当协商解决。协商不成的，由他们的共同上一级税务机关指定管辖。

三、税务行政复议的申请

对于纳税主体而言，为维护自身的合法权益，行使法律赋予自己的要求税务机关对其行政行为进行复议的权利，首先要依照法律法规的规定提出复议申请。现行的税务行政复议规则对此作出以下规定：

（1）申请人可以在知道税务机关作出具体行政行为之日起60日内提出行政复议申请。因不可抗力或者被申请人设置障碍等其他正当理由耽误法定申请期限的，申请期限自障碍消除之日起继续计算。

（2）纳税人、扣缴义务人、纳税担保人对于税务机关作出的征税行为以及不予审批减免税或者出口退税、不予抵扣税款、不予退还税款的行为不服的，应当先向复议机关申请行政复议，对行政复议决定不服，可以再向人民法院提起行政诉讼。

申请人按上述规定申请行政复议的，必须先依照税务机关根据法律、行政法规确定的税额、期限，缴纳或者解缴税款及滞纳金或者提供相应的担保，方可在实际缴清税款和滞纳金后或者所提供的担保得到作出具体行政行为的税务机关确认之日起60日内提出行政复议申请。

申请人提供担保的方式包括保证、抵押及质押。作出具体行政行为的税务机关应当对保证人的资格、资信进行审查，对不具备法律规定资格，或者没有能力保证的，有权拒绝。作出具体行政行为的税务机关应当对抵押人、出质人提供的抵押担保、质押担保进行审查，对不符合法律规定的抵押担保、质押担保，不予确认。

(3) 申请人对于税务机关作出的征税行为以及不予审批减免税或者出口退税、不予抵扣税款、不予退还税款的行为以外的其他具体行政行为不服，可以申请行政复议，也可以直接向人民法院提起行政诉讼。

(4) 申请人申请行政复议，可以书面申请，也可以口头申请；口头申请的，复议机关应当当场记录申请人的基本情况，行政复议请求，申请行政复议的主要事实、理由和时间。

(5) 依法提起行政复议的纳税人及其他当事人为税务行政复议申请人，具体是指纳税义务人、扣缴义务人、纳税担保人和其他当事人。

有权申请行政复议的公民死亡的，其近亲属可以申请行政复议。有权申请行政复议的公民为无行为能力人或者限制行为能力人，其法定代理人可以代理申请行政复议。有权申请行政复议的法人或者其他组织发生合并、分立或终止的，承受其权利义务的法人或者其他组织可以申请行政复议。与申请行政复议的具体行政行为有利害关系的其他公民、法人或者其他组织，可以作为第三人参加行政复议。虽非具体行政行为的相对人，但其权利直接被该具体行政行为所剥夺、限制或者被赋予义务的第三人，在行政管理相对人没有申请行政复议时，可以单独申请行政复议。申请人、第三人可以委托代理人代为参加行政复议；被申请人不得委托代理人代为参加行政复议。

(6) 纳税人及其他当事人对税务机关的具体行政行为不服申请行政复议的，作出具体行政行为的税务机关是被申请人。

(7) 申请人向复议机关申请行政复议，复议机关已经受理的，在法定行政复议期限内申请人不得再向人民法院提起行政诉讼；申请人向人民法院提起行政诉讼，人民法院已经依法受理的，不得申请行政复议。

四、税务行政复议的受理

(1) 复议机关收到行政复议申请后，应当在5日内进行审查，决定是否受理。对不符合规定的行政复议申请，决定不予受理，并书面告知申请人；对不属于本机关受理的行政复议申请，应当告知申请人向有关复议机关提出。复议机关收到行政复议申请后未按前款规定期限审查并作出不予受理决定的，视为受理。

(2) 对符合规定的行政复议申请，自复议机关法制工作机构收到之日起即为受理。受理行政复议申请，应当书面告知申请人。

(3) 对应当先向复议机关申请行政复议，对行政复议决定不服再向人民法院提起行政诉讼的具体行政行为，复议机关决定不予受理或者受理后超过复议期限不作答复的，纳税人及其他当事人可以自收到不予受理决定书之日起或者行政复议期满之日起15日内，依法向人民法院提起行政诉讼；依照规定延长行政复议期限的，以延长后的时间为行政复议期满时间。

(4) 纳税人及其他当事人依法提出行政复议申请，复议机关无正当理由而不予受理且申请人没有向人民法院提起行政诉讼的，上级税务机关应当责令其受理；必要时，上级税务机关也可以直接受理。

(5) 行政复议期间具体行政行为不停止执行；但有下列情形之一的，可以停止执行：①被申请人认为需要停止执行的；②复议机关认为需要停止执行的；③申请人申请停止执行，复议机关认为其要求合理，决定停止执行的；④法律规定停止执行的。

(6) 行政复议期间，有下列情形之一的，行政复议中止：①申请人死亡，须等待其继承人表明是否参加行政复议的；②申请人丧失行为能力，尚未确定法定代理人的；③作为一方当事人的行政机关、法人或者其他组织终止，尚未确定其权利义务承受人的；④因不可抗力的原因，致使复议机关暂时无法调查了解情况的；⑤依法对具体行政行为的依据已经进行处理的；⑥案件的结果须以另一案件的审查结果为依据，而另一案件尚未审结的；⑦申请人请求被申请人履行法定职责，被申请人正在履行的；⑧其他应当中止行政复议的情形。

行政复议中止应当书面告知当事人。中止行政复议的情形消除后，应当立即恢复行政复议。

(7) 行政复议期间，有下列情形之一的，行政复议终止：①依照规则撤回行政复议申请的；②行政复议申请受理后，发现其他复议机关或者人民法院已经先于本机关受理的；③申请人死亡，没有继承人或者继承人放弃行政复议权利的；④作为申请人的法人或者其他组织终止后，其权利义务的承受人放弃行政复议权利的；因前条第1、2项原因中止行政复议满60日仍无人继续复议的，行政复议终止，但有正当理由的除外；⑤行政复议申请受理后，发现不符合受理条件的。

行政复议终止应当书面告知当事人。

第三节　纳税筹划与税务代理

税务代理是一种独立于税务机关和纳税人之间而专门从事税收中介服务的行业。它是随着商品经济的发展和多层次征税制度的形成而逐步建立发展起来的。纳税人通过中介机构的代理，合理合法地进行纳税筹划，有助于降低税收成本，节省税收支出。

一、税务代理的概念及其特征

税务代理是指税务代理人（注册税务师）在国家法律、法规规定的范围内，以税务师事务所的名义，接受纳税人、扣缴义务人的委托，以纳税人、扣缴义务人的名义，代为办理税务事宜的各种行为的总称。

作为一种利用专门知识提供社会服务的税务代理是民事代理的一种，它一方面具有民事代理的特性，另一方面又必然有其独特的性征。

1. 主体的特定性

在税务代理中，无论是委托方还是受托方都有其特定性；委托方是负有纳税义务的纳税人或是负有扣缴义务的扣缴义务人，而受托方必须是在具有《中华人民共和国民法通则》（以下简称《民法通则》）要求的民事权利能力和民事行为能力之外，还要有税收、财会、法律等专门知识，是经过资格认证后取得税务代理执业资格的注册税务师和税务师事务所。

2. 委托事项的法定性

税务代理不是一般事项的委托，它负有法律的责任，所以税务代理的委托事项，必须由法律作出专门的规定。委托的事项必须是在法律规定之内的，不能委托代理法律规定之外的事项，尤其是法律规定只能由委托方自己从事的行为。注册税务师不能超越代理规定的内容从事代理活动，也不得代理应由税务机关行使的行政职权。

3. 代理服务的有偿性

作为一般的民事代理。可以是有偿的也可以是无偿的，但税务代理除法律有特别的规定外，一般是有偿的，否则就可能造成代理机构之间的不正当竞争，从而损害国家的税收利益。税务代理在我国目前的状况是：它是一种既有竞争性，又略带一定垄断性的行业，税务代理人提供的是专家式的智力服务。但代理服务收取的费用必须是合理的，要符合国家有关的规定。

4. 税收法律责任的不可转嫁性

税务代理是一项民事活动，税务代理关系的建立并不改变纳税人、扣缴义务人对其本身所固有的税收法律责任的承担。在代理活动中产生的税收法律责任，无论是来自纳税人、扣缴义务人的，还是来自于代理人的，其承担者均应是纳税人或扣缴义务人，不能因为建立了税务代理关系而转移了纳税人、扣缴义务人的税收法律责任。但是，这并非表明注册税务师在税务代理过程中对因为自己的过错导致纳税人、扣缴义务人的损失不负有任何责任；纳税人、扣缴义务人可以就税务代理人因为自己的过错造成的损失，根据民事诉讼的规定，提起违约或侵权之诉，要求民事赔偿。

二、税务代理业务范围

税务代理业务的范围是指税务代理人按照国家有关法律、法规的规定，可以从事的税务代理业务，也是税务代理人为纳税人、扣缴义务人提供服务的内容。根据《税务代理业务规程（试行）》的规定，我国注册税务师可以接受纳税人、扣缴义务人的委托，从事下列范围内的业务代理：

1. 办理税务登记、变更税务登记和注销税务登记手续

税务登记是税务机关对纳税人的生产经营活动进行登记管理的一项制度，也是纳税人遵守国家税收法律、履行纳税义务、接受税务监督的一项必要措施。它包括开业税务登记、变更税务登记和注销税务登记三种形式。税务登记要求税务代理人遵守及时和真实的原则。及时原则要求严格按照税收法律、法规规定的期限，向纳税人所在地的税务机关办理申报登记表。真实原则要求在办理税务登记时要实事求是，如实填报登记项目，不得隐瞒谎报、弄虚作假、逃避纳税登记。

2. 办理除增值税专用发票外的发票领购手续

根据我国有关规定，增值税专用发票的领购必须是由纳税人自行办理，税务代理人只能代为办理增值税专用发票以外的发票的领购手续。

3. 办理纳税申报或扣缴税款报告

税务代理人按照法定的纳税程序，代理纳税人、扣缴义务人定期向税务机关书面报告生产经营情况、税款缴纳情况，告知纳税所属时期等事项。无论纳税人有无收入，税务代理人在接受委托之后，都要在规定的期限内向税务机关办理纳税申报或扣缴税款报告并如实填报纳税申报表、代扣代缴税款表及有关申报材料。

4. 办理缴纳税款和申请退税

税务代理人接受纳税人、扣缴义务人的委托，代为办理缴纳税款的各种手续并缴纳税款，准备退税申请材料并代为办理退税申请。税款计算和提供的材料必须真实准确，并在规定的期限内办理。

5. 制作涉税文书

涉税文书按主体的不同可分为征税主体制作的涉税文书和纳税主体制作的涉税文书。在税务代理中，税务代理人是站在纳税主体的角度，所以制作的涉税文书也是从纳税人、扣缴义务人角度制作的涉税文书。

6. 审查纳税情况

税务代理人接受纳税人、扣缴义务人的委托，对其执行国家税收法律、法规及计算缴纳税款的情况进行审查。这不是税务机关的税务检查，而是纳税主体对自身的纳税情况，要求作为外部人的税务代理人，站在客观、公正的角度，查清纳税人的税务问题，以保证正确纳税，减少纳税风险。

7. 建账建制，办理账务

税务代理人接受纳税人、扣缴义务人的委托，根据国家税收法律和税务机关的规定代办建立纳税人、扣缴义务人内部核算的管理办法，并根据国家有关规定，代为建立会计账簿。这要求税务代理人运用税法和会计相关规定，使建立的税制能对纳税人的税务处理活动起到控制作用，并使税务处理过程与会计处理过程相辅相成，紧密结合。

8. 税务咨询，受聘税务顾问

税务代理人运用专门的知识提供税务事宜服务，其中包括向纳税人、扣缴义务人宣传国家的税收法规和税收政策，进行税收筹划等。

9. 税务行政复议

税务代理人按照委托协议授权和国家法律的规定，对纳税人、扣缴义务人认为税务机关侵犯其合法权益的行为向上级税务机关申请行政复议。

10. 国家税务总局规定的其他业务

在《税务代理业务规程（试行）》规定的税务代理的业务范围之外的其他税务代理人可以从事的代理业务。

三、税务代理的基本形式

税务代理业务范围，是就全部税务代理业务的总体而言的。具体到某一个代理人的委托代理项目，有可能多也有可能少，这取决于被代理人的意愿。注册税务师可以接受纳税人、扣缴义务人的委托进行全面代理、单项代理或常年代理、临时代理。这说明税务代理形式是多种多样的。

复习思考题

1. 纳税主体应承担哪些法律责任？
2. 税务行政复议的主要内容有哪些？
3. 什么是税务代理？进行税务代理应遵循哪些原则？

第三章

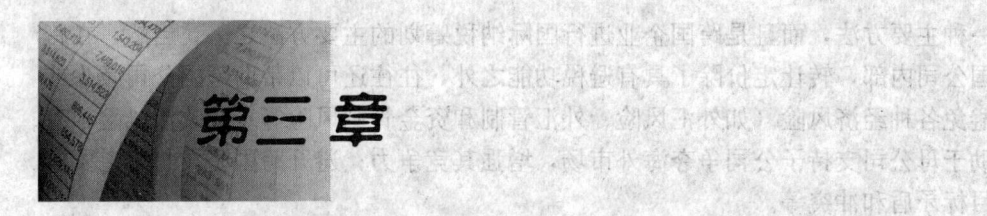

纳税筹划的空间

纳税筹划的空间是指纳税人在纳税筹划时可以进行操作和选择的空间。纳税人主要可以利用市场经济中经济主体的自由定价权，利用税收优惠政策，利用税法中存在的可以避重就轻地纳税的纳税临界点，以及利用税法中的漏洞、空白、弹性区域，恰当地选择纳税人的身份，妥善地安排自己的组织机构、业务流程和经营方式，利用各种各样的可选择的经济法规和税收法规等，最终达到不缴税、少缴税或推迟纳税的目的。纳税筹划的空间具体包括六大空间，即价格空间、优惠空间、漏洞空间、空白空间、弹性空间和规避空间。其中，价格空间、优惠空间和规避空间的操作空间最大，是纳税筹划时可选择的主要空间。

【重要概念】 筹划空间 价格空间 优惠空间 漏洞空间 空白空间 弹性空间 规避空间

第一节 价格空间

一、价格空间概述

价格空间是指纳税人利用市场经济中经济主体的自由定价权，以价格的上下浮动作为纳税筹划的操作空间而形成的一种技术手段，其核心内容是转让定价。所谓转让定价是企业集团根据其经营战略目标，在关联企业之间销售商品、提供劳务和专门技术、进行资金借贷等活动时所确定的集团的内部价格。转让定价采取某种类似经济组织内部核算的价格方式转让相互间的产品和劳务等，产品和劳务的转让价格可能高于也可能低于由市场上供求关系决定的价格，进而在转移利润的基础上达到少缴税甚至不缴税的目的。转让定价不仅是国内企业纳税筹划的一种主要方法，而且是跨国企业进行国际纳税筹划的主要方法之一。当然，在跨国公司内部，转让定价除了具有避税功能之外，往往还可以帮助跨国公司减少或避免各种经济风险（如外汇风险、外汇管制和资金管制风险等）及政治风险；有助于母公司支持子公司争夺海外市场，增强其竞争力；避开跨国公司与东道国的目标矛盾和冲突等。

二、价格空间筹划方法

尽管关联企业之间可以利用转让定价进行流转税、关税和所得税等税种的纳税筹划，但关联企业之间主要利用转让定价进行所得税的筹划。在所得税的筹划上，关联企业主要是通过转让定价，采取低进高出或者高进低出的方式转移利润，达到少缴、不缴或推迟缴纳所得税的目的。而利润的转移通常有三种情况，即由高税率的企业转移到低税率的企业，由没有税收优惠的企业转移到有税收优惠的企业（这里的税收优惠是指纳税期上的定期减免税优惠），由盈利的企业转移到亏损的企业。进行以上利润转移的目的是使企业集团的利润尽量集中到低税率企业或者有税收优惠的企业按较低的税负纳税，或者使盈利企业的利润转移到亏损企业后用于及时地弥补其亏损额。

（一）关联企业的含义

我国的《税收征收管理法》和新《企业所得税法实施条例》均明确规定，关联企业是指有下列关系之一的公司、企业和其他经济组织：

（1）在资金、经营、购销等方面，存在直接或间接的拥有或者控制关系；
（2）直接地或间接地同为第三者所拥有或者控制；
（3）其他在利益上具有相关联的关系。

同时，《关联企业间业务往来税务管理规程》明确规定，企业与另一公司、企业和其他经济组织有下列 8 种关系之一的，即构成关联企业：一是相互间直接或间接持有其中一方的股份总和达到 25% 或以上的；二是直接或间接同为第三者所拥有或控制股份达到 25% 或以上的；三是企业与另一企业之间借贷资金占企业自有资金 50% 或以上，或企业借贷资金总额的 10% 或以上是由另一企业担保的；四是企业的董事或经理等高级管理人员一半以上或有一名以上（含一名）常务董事是由另一企业所委派的；五是企业的生产经营活动必须有另一企业提供的特许权利（包括工业产权、专业技术等）才能正常进行的；六是企业生产经营购进的原材料、零部件等（包括价格及交易条件等）是由另一企业所供应并控制的；七是企业生产的产品或商品的销售（包括价格及交易条件等）是由另一企业所控制的；八是对企业生产经营、交易具有实际控制或在利益上具有相关联的其他关系，包括家族、亲属关系等。

新企业所得税法实施条例为关联方下的定义为：关联方是指与企业有下列关联关系之一的企业、其他组织或者个人：
（1）在资金、经营、购销等方面存在直接或者间接的控制关系；
（2）直接或者间接地同为第三者控制；
（3）在利益上具有相关联的其他关系。

（二）关联企业之间转让定价的方式

关联企业之间进行转让定价的方式很多，一般来说主要有以下几种：

1. 利用商品销售方式

企业从关联方购进商品后直接对外销售。关联企业之间的产品购销通常采用三种方式：一是由一方完全掌握产品销售权，对另一方的产品实行包销；二是按一定比例包销部分产品；三是实行委托代理销售，支付代理销售费用。这三种方式都在一定程度上存在着利用转让定价进行流转税、关税和所得税纳税筹划的空间。

2. 利用原材料和零部件的购销方式

企业从关联方购进产品后用作原材料和零部件，通过控制零部件和原材料的价格来影响卖方的收入、买方的成本，进而影响双方的税负。

3. 利用机器设备的转移方式

企业从关联方购进产品后用作固定资产，这样，交易价格的高低就可以影响一方的收入、另一方的折旧额，从而调整双方的税负。

4. 利用提供劳务方式

关联企业之间互相提供劳务时，可以通过高定价或低定价的方式收取劳务费用，从而使关联企业之间的利润根据需要进行转移，达到减轻税收负担的作用。

5. 利用转移无形资产方式

关联企业之间可以通过无形资产转让时内部自定的或高或低的价格调节利润，追求最低税负。由于无形资产的价值评定比较困难，很难找到统一的标准，所以，关联方利用无形资产的转让定价进行纳税筹划的操作空间较大。

6. 利用资金业务借贷方式

在资金借贷业务中，关联企业可以通过人为地增加或减少借款利息的方法转移利润，以减少企业集团整体税收负担。有些资金来源比较顺畅的高税率或盈利的企业，以支付利息的方式从外部筹借资金后，采用应收账款或预付账款的方式无偿地将资金提供给低税率或者亏损的关联企业使用，而全部利息费用在本企业列支，充分地发挥利息税前列支抵减企业所得税的作用。

7. 利用租赁业务方式

当关联企业之间所得税税率不同时，可以通过自定租金的方式调节租赁净损益，影响双方之间据以缴纳所得税的利润。即使关联方之间税率相同，但只要双方之间的盈亏不同，纳税期上的税收优惠不同，仍然可以通过租赁的方式达到减税的目的。比如，盈利的企业或者没有纳税期优惠的企业可以将其盈利能力强的生产项目租赁给亏损企业或者有纳税期优惠的企业，转移利润后少缴所得税。

8. 利用管理费用的支付方式

我国税法规定，凡具备法人资格和综合管理职能，并且为下属分支机构和企业提供管理服务又无固定经营收入来源的总机构可以提取管理费，但下属分支机构和企业提取管理费的比例一般不得超过总收入的2%。管理费用的提取和税前列支也可以成为企业转移利润的一种方式。

9. 利用佣金的支付方式

关联企业之间在相互提供中介服务时，可以利用佣金的支付标准调整利润，调节双方的税负。

（三）税务机关的反避税

关联企业利用转让定价的方式进行纳税筹划属于典型的避税筹划，税务机关对于关联方之间不正当的避税行为要依照税法的规定进行反避税。新《企业所得税法》第四十一条规定，企业与其关联方之间的业务往来，不符合独立交易原则而减少企业或者其关联方应纳税收入或者所得额的，税务机关有权按照合理方法调整；企业与其关联方共同开发、受让无形资产或者共同提供、接受劳务发生的成本，在计算应纳税所得额时应当按照独立交易原则进行分摊。《企业所得税法实施条例》第一百一十条规定，《企业所得税法》第四十一条所称独立交易原则，是指没有关联关系的交易各方，按照公平成交价格和营业常规进行业务往来遵循的原则。

税务机关的调整方法包括：

1. 在商品交易价格方面

（1）可比非受控价格法，是指按照没有关联关系的交易各方进行相同或类似业务往来的价格进行定价的方法；

（2）再销售价格法，是指按照从关联企业购进商品再销售给独立企业的价格，减去相同或类似业务的销售毛利后，对购进商品进行定价的方法；

（3）成本加成法，是指按照成本加合理的利润进行定价的方法；

（4）交易净利润法，是指按照没有关联关系的交易各方进行相同或类似业务往来所取得的净利润水平确定利润的方法；

（5）利润分割法，是指按照企业与其关联方的合并利润或亏损在各方之间采用合理标准进行分配的方法；

（6）其他符合独立交易原则的方法。

2. 在融资利息方面

对关联企业之间融通资金所支付或者收取的利息,超过或者低于没有关联关系所能同意的数额,或者其利率超过或者低于同类业务的正常利率的,当地税务机关可以参照正常利率进行调整。

3. 在劳务费用方面

对关联企业之间提供劳务,不按照独立企业之间业务往来收取或支付劳务费用的,当地税务机关可以参照类似劳务活动的正常收费标准进行调整。

4. 在财产收益和所得方面

对关联企业之间转让财产、提供财产使用权等业务往来,不按独立企业之间业务往来作价或者收取、支付使用费的,当地税务机关可以参照没有关联关系所能同意的数额进行调整。

三、价格空间筹划策略

关联企业之间利用转让定价的方式进行避税筹划一定要适度,必须控制在相对合理的范围内,不能滥用转让定价策略,否则,会遭受税务机关的反避税立案调查;如果避税事实存在,要被税务机关补征税款,甚至还会被认定为偷逃国家税款,受到法律的惩处。

1. 转让定价的直接筹划策略

(1) 如果集团内的甲企业适用高税率,乙企业适用低税率或处于免税期,当甲企业将产品销售给乙企业时就应低价销售;相反,乙企业将产品销售给甲企业时就应提高价格。

(2) 当集团内部各纳税企业盈亏存在差异,也可以通过转让定价的形式将利润转移到处于亏损期的企业。但当亏损企业适用高税率、盈利企业适用低税率时不宜采用这种方法。如果盈利企业适用高税率、亏损企业适用低税率,可以取得绝对和相对减税的效果。

2. 转让定价的扩展筹划策略

如果企业集团内部的企业都处于高税区或者都处于盈利期,高价买和低价卖同样无效,都不能达到避税的效果。这时,企业就可以在避税地或低税区设立一些辅助性的机构或公司并进行必要的安排。这种安排需要一定的成本和费用,在纳税人生产经营还不具备一定规模时,筹划所产生的效益不一定很大,因而要进行成本效益分析。

四、价格空间筹划案例

【例 3-1】 某集团公司有甲、乙、丙三个公司,分别设在 A、B、C 三国,A、B、C 三国的企业所得税税率分别为 40%、30% 和 10%。甲公司专门生产各种叉车零部件，乙公司购进甲公司的零部件经组装出售。若按市场价格，甲公司的一套零部件售价为2.8万元，成本为2万元，乙公司的产品售价每台为3.6万元。2004年，甲公司共向乙公司提供了100套零部件，乙公司经组装全部销售出去。则

$$甲公司应纳企业所得税 = (2.8 - 2) \times 100 \times 40\% = 32（万元）$$
$$乙公司应纳企业所得税 = (3.6 - 2.8) \times 100 \times 30\% = 24（万元）$$

在这种经营模式下，集团公司总税负为56万元。为了减轻集团公司税收负担，该集团对销售策略进行了调整，即甲公司以每套2.1万元的价格将零部件卖给处于低税区的丙公司，丙公司再以每套3.5万元的价格转卖给乙公司，则

$$甲公司应纳企业所得税 = (2.1 - 2) \times 100 \times 40\% = 4（万元）$$
$$乙公司应纳企业所得税 = (3.6 - 3.5) \times 100 \times 30\% = 3（万元）$$
$$丙公司应纳企业所得税 = (3.5 - 2.1) \times 100 \times 10\% = 14（万元）$$

这样，集团公司总税负为21万元，共计减轻了35万元的税负。

【例3-2】 某市一酒厂主要生产粮食白酒，产品销售给全国各地的批发商，当地的商业零售户、酒店、消费者也到厂里直接购买。以往，当地的购买者每年到工厂以零售价格直接购买的白酒大约为5 000箱。为了减轻零售白酒的税负，企业在该市设立了一个独立核算的白酒经销部，该厂按照销售给其他批发商的产品价格与经销部结算，每箱400元，经销部再以每箱480元的价格（不含税价）对外零售。

因为设立销售公司不影响从量消费税，在此不予考虑，则

$$转让定价前应纳消费税 = 5\,000 \times 480 \times 20\% = 480\,000（元）$$
$$转让定价后应纳消费税 = 5\,000 \times 400 \times 20\% = 400\,000（元）$$

可见，转让定价使酒厂少缴消费税80 000元。

第二节 优惠空间

一、优惠空间概述

优惠空间是指纳税人进行纳税筹划时凭借税法规定的优惠政策形成的一种操作空间。这种操作空间在日常经济生活中被纳税人广泛地加以利用，是一种重要的纳税筹划空间。纳税人利用优惠空间进行纳税筹划，既可使自己获得减税利益，又可使国家的税收政策得以落实，在很大程度上促进了经济的发展和社会的进步。

所谓税收优惠政策是指税法对某些纳税人或征税对象给予鼓励或照顾的一种特

殊规定。纳税人利用优惠空间为自己的生产经营活动服务,总的来说有三个层次:
(1) 被动地接受税收优惠政策;
(2) 主动地接受税收优惠政策;
(3) 主动创造条件符合税收优惠政策。

一些纳税人的自身状况或经济行为原本不符合税收优惠的条件要求,但主动地创造条件改变现状或者进行挂靠,就能与税收优惠政策所要求的条件相符,从而可以享受税收优惠政策获得减税利益。

二、优惠空间筹划方法

(一) 直接利用筹划法

新《企业所得税法》的税收优惠主要包括:
(1) 农、林、牧、渔业项目,国家重点扶持的公共基础设施项目,符合条件的环境保护、节能节水项目;
(2) 高新技术企业,小型微利企业,创业投资企业;
(3) 民族自治地方的企业;
(4) 安置残疾人员及国家鼓励安置的其他人员就业的企业;
(5) 企业综合利用资源,生产符合国家产业政策规定的产品;
(6) 企业购置用于环境保护、节能节水、安全生产等的专用设备;
(7) 符合条件的技术转让所得;
(8) 新技术、新产品、新工艺的研发费用。

由于这些税收优惠政策是国家从宏观上调控经济、促进资源合理利用、引导投资方向的重要工具,符合国家总体的经济目标和社会发展的需要,属于阳光下的节税政策,纳税人可以光明正大地加以利用,安排自己企业的生产经营活动,获得低税负的经营优势。

(二) 临界点筹划法

在一些税收优惠政策中,国家明确规定了纳税人可以享受税收优惠待遇的具体标准,纳税人只有达到税法规定的数量界限即临界点,才能获得节税利益。企业或个人在利用临界点进行纳税筹划时,要权衡利用临界点节税可能给企业带来的利弊得失,然后作出是否利用临界点节税的决策。

例如,我国的土地增值税法规定,纳税人建造普通标准住宅出售,增值额未超过扣除项目金额20%的,免征土地增值税。纳税人应根据当地房地产市场的供需状况及自身开发的普通住宅的价格调整空间等,在提价获得高收入与低价获得免税待遇之间进行权衡,在可调整的空间内高定价或低定价以获得缴税与否的最大利益。

再如，在契税中，税法规定：

（1）非公司制企业，按照《中华人民共和国公司法》（以下简称《公司法》）的规定，整体改建为有限责任公司（含国有独资公司）或股份有限公司或者有限责任公司整体改建为股份有限公司的，由改建后的公司承受原企业土地、房屋权属，免纳契税；非公司制国有独资企业或国有独资有限责任公司，以其部分资产与他人组建新公司，且该国有独资企业（公司）在新设公司中所占股份超过50%的，由新设立公司承受该国有独资企业（公司）的土地、房屋权属，免征契税。

（2）国有、集体企业出售，被出售企业法人注销，并且买受人妥善安置原企业30%以上职工的，对其承受所购企业的土地、房屋权属，减半征收契税；全部安置原企业职工的，免征契税。

（3）企业依照有关法律、法规的规定实施关闭、破产后，债权人（包括关闭、破产企业职工）承受关闭、破产企业土地、房屋权属以抵偿债务的，免征契税。对非债权人承受关闭、破产企业土地、房屋权属，凡妥善安置原企业30%以上职工的，减半征收契税；全部安置原企业职工的，免征契税。

纳税人在利用减免税的临界点进行纳税筹划时，应通过比较不同筹划方案所带来的税收负担的轻重，以及纳税人定价的灵活性、运营成本的高低等，尤其是方案操作的可行性，对企业的经营行为作出恰当的决策。

（三）挂靠筹划法

挂靠筹划法是指企业或个人原本不能享受税收优惠待遇，但经过一定策划，通过挂靠在某些能享受税收优惠的企业、个人或产业、行业、产品上，使自己也能符合优惠条件。在实际生活中，挂靠筹划法在很多方面都可以利用，例如：

1. 挂靠先进技术企业、科研机构和技术开发等

税法中有一些对先进技术企业、科研机构和技术开发等方面特殊的税收优惠待遇，如果纳税人在进行实质性操作的同时能够挂靠在这些名义上，并得到税务机关的认可，就可以享受税法的优惠待遇了。

2. 设计单位挂靠"建筑业"，签订工程承包合同

设计单位进行工程承包时主要负责勘探设计、设备采购、施工招标发包、项目管理、质量监督和测试考核等；一般不下辖施工队，不直接从事施工作业。按照营业税有关规定，对设计单位承包的建筑安装工程，无论是否参与施工，都一律按"建筑业"征税，同时扣缴分包人、转包人应纳的"建筑业"营业税。如果设计单位不作为工程总承包人，不与建设者签订工程承包合同，只是负责某项设计任务，则按"服务业——其他服务"项目征税，此时设计单位应确定为"服务业"纳税人。

3. 企业和个人挂靠下岗失业职工，利用其再就业优惠证避税

2006年起，我国政府新推出了三项税收优惠政策促进下岗失业人员再就业。

第一项，对商贸企业、服务性企业（除广告业、房屋中介、典当、桑拿、按摩、氧吧外）、劳动就业服务企业中的加工型企业和街道社区具有加工性质的小型企业实体，在新增加的岗位中，当年新招用持《再就业优惠证》人员，与其签订1年以上期限劳动合同并依法缴纳社会保险费的，按实际招用人数予以定额依次扣减营业税、城市维护建设税、教育费附加和企业所得税的优惠。

定额标准为每人每年4 000元，可上下浮动20%，由各省、自治区、直辖市人民政府根据本地区实际情况在此幅度内确定具体定额标准，并报财政部和税务总局备案。按上述标准计算的税收扣减额应在企业当年实际应缴纳的营业税、城市维护建设税、教育费附加和企业所得税税额中扣减，当年扣减不足的，不得结转下年使用。对2005年底前核准享受再就业减免税政策的企业，在剩余期限内仍按原优惠方式继续享受减免税政策至期满。

第二项，对持《再就业优惠证》人员从事个体经营的（除建筑业、娱乐业以及销售不动产、转让土地使用权、广告业、房屋中介、桑拿、按摩、网吧、氧吧外），按每户每年8 000元为限额依次扣减其当年实际应缴纳的营业税、城市维护建设税、教育费附加和个人所得税。纳税人年度应缴纳税款小于上述扣减限额的以其实际缴纳的税款为限；大于上述扣减限额的应以上述扣减限额为限。

第三项，对国有大中型企业通过主辅分离和辅业改制分流安置本企业富余人员兴办的经济实体（从事金融保险业、邮电通信业、娱乐业以及销售不动产、转让土地使用权，服务性企业中的广告业、桑拿、按摩、氧吧，建筑业中从事工程总承包的除外），凡符合以下条件的，经有关部门认定，税务机关审核，3年内免征企业所得税。

有关条件为：一是利用原企业的非主业资产、闲置资产或关闭破产企业的有效资产；二是独立核算、产权清晰并逐步实行产权主体多元化；三是吸纳原企业富余人员达到本企业职工总数30%以上（含30%），从事工程总承包以外的建筑企业吸纳原企业富余人员达到本企业职工总数70%以上（含70%）；四是与安置的职工变更或签订新的劳动合同。

上述优惠政策审批期限为2006年1月1日至2008年12月31日。税收优惠政策在2008年底之前执行未到期的，可继续享受至3年期满为止。

4. 挂靠资源综合利用

能够利用废弃物进行生产获得税收优惠的企业有水泥及混凝土、发电、冶金、玻璃、砖瓦、石灰和建筑业等。促进资源节约和环境保护是税收政策支持建设节约型社会和发展循环经济的主要着力点，因此，国家出台了一系列的税收优惠政策。

1) 在鼓励废物综合利用方面

(1) 对企业以《资源综合利用企业所得税优惠目录》内的资源作为主要原材料，生产非国家限定并符合国家和行业标准的产品所取得的收入，减按90%计入收入总额。

(2) 对企业生产原料中掺有不少于30%的煤矸石、石煤、粉煤灰、烧煤锅炉的炉底渣和其他废渣（不包括锅炉水渣）的建材产品免征增值税。

(3) 对企业以林区采伐、造材、加工"三剩物"和次小薪材为原料生产加工的综合利用产品实行增值税即征即退政策。

(4) 对油母页岩炼油、城市生活垃圾发电和废旧沥青混凝土回收利用实行增值税即征即退政策。对综合利用煤矸石、煤泥、油母页岩等发电、风力发电、部分新型墙体材料产品实行增值税减半征收政策。

(5) 对废旧物资回收经营单位销售其收购的废旧物资免征增值税。生产企业一般纳税人购入废旧物资回收经营单位销售的废旧物资，可按10%计算抵扣进项税额。

2) 在减少污染排放物方面

(1) 对含铅汽油与无铅汽油分别按0.28元/升和0.2元/升的税率征收消费税。

(2) 对生产销售达到低污染排放值的小轿车、越野车和小客车减征30%的消费税。

(3) 对各级政府及主管部门委托自来水厂（公司）随水费收取的污水处理费，免征增值税。

3) 在鼓励清洁生产方面

(1) 企业购置并实际使用《环境保护专用设备企业所得税优惠目录》、《节能节水专用设备企业所得税优惠目录》和《安全生产专用设备企业所得税优惠目录》规定的环境保护、节能节水、安全生产等专用设备的，该专用设备的投资额的10%可以从企业当年的应纳税额中抵免；当年不足抵免的，可以在以后5个纳税年度结转抵免。

(2) 对列入《当前国家重点鼓励发展的产业、产品和技术目录》的对环境保护和资源综合利用具有重要意义的产业、产品，如安全高效的农药原药新品种，废气、废液、废渣综合利用，环保检测仪器新技术设备制造，环境污染治理工程及检测和治理技术，防护林工程，荒漠化防治等，在规定范围内免征进口设备的关税和进口环节增值税。

此外，在鼓励使用先进环保产品方面，将一些高科技环保设备，如5.9升及以上的天然气发动机、风力发电设备及零部件、用于造纸工业中污水处理的碱回收锅炉等，列入了进口商品税则暂定税率。

"十一五"期间的税制改革，将贯彻可持续发展战略，研究制定促进循环经济发展的税收政策。

三、优惠空间筹划例证

【例 3-3】 某生活日用品生产企业吸纳残疾人员就业获得税收优惠待遇。

2007 年 6 月 15 日，财政部和国家税务总局联合下发了《关于促进残疾人就业税收优惠政策的通知》，即财税［2007］92 号，从 2007 年 7 月 1 日起执行。和原有政策相比，新政策更加科学合理，既给真心实意考虑残疾人利益吸纳残疾人就业的企业带来了实实在在的减税利益，又在一定程度上防范了一些人利用税收优惠政策进行避税的不合理行为。

某生活日用品生产企业了解了财税［2007］92 号文件的相关规定后，积极行动，吸纳残疾人就业，并按照文件的要求为残疾人办理了缴纳社会保险的手续，设置了安置残疾人上岗工作的基本设施，达到了促进残疾人就业优惠政策所要求的法定条件，获得了减轻增值税和企业所得税的双重好处。

吸纳残疾人就业，既能给企业带来减税的好处，又能体现企业家的爱心，关心残疾人、关心社会事业的发展，使企业的经营目标与社会和谐发展共同进步的目标相一致，企业均应关注残疾人事业的发展。为了让大家对这一优惠政策有所了解，下文对财税［2007］92 号的主要内容加以介绍：

1. 对安置残疾人单位的增值税和营业税政策

对安置残疾人的单位，实行由税务机关按单位实际安置残疾人的人数，限额即征即退增值税或减征营业税的办法。

（1）实际安置的每位残疾人每年可退还的增值税或减征的营业税的具体限额，由县级以上税务机关根据单位所在区县（含县级市、旗，下同）适用的经省（含自治区、直辖市、计划单列市，下同）级人民政府批准的最低工资标准的 6 倍确定，但最高不得超过每人每年 3.5 万元。

（2）主管国税机关应按月退还增值税，本月已交增值税额不足退还的，可在本年度（指纳税年度，下同）内以前月份已交增值税扣除已退增值税的余额中退还，仍不足退还的可结转本年度内以后月份退还。主管地税机关应按月减征营业税，本月应缴营业税不足减征的，可结转本年度内以后月份减征，但不得从以前月份已交营业税中退还。

（3）上述增值税优惠政策仅适用于生产销售货物或提供加工、修理修配劳务取得的收入占增值税业务和营业税业务收入之和达到 50% 的单位，但不适用于上述单位生产销售消费税应税货物和直接销售外购货物（包括商品批发和零售）以及销售委托外单位加工的货物取得的收入。上述营业税优惠政策仅适用于提供

"服务业"税目（广告业除外）取得的收入占增值税业务和营业税业务收入之和达到50％的单位，但不适用于上述单位提供广告业劳务以及不属于"服务业"税目的营业税应税劳务取得的收入。

单位应当分别核算上述享受税收优惠政策和不得享受税收优惠政策业务的销售收入或营业收入，不能分别核算的，不得享受本通知规定的增值税或营业税优惠政策。

（4）兼营本通知规定享受增值税和营业税税收优惠政策业务的单位，可自行选择退还增值税或减征营业税，一经选定，一个年度内不得变更。

（5）如果既适用促进残疾人就业税收优惠政策，又适用下岗再就业、军转干部、随军家属等支持就业的税收优惠政策的，单位可选择适用最优惠的政策，但不能累加执行。

（6）本部分所述"单位"是指税务登记为各类所有制企业（包括个人独资企业、合伙企业和个体经营户）、事业单位、社会团体和民办非企业单位。

2. 对安置残疾人单位的企业所得税政策

（1）单位支付给残疾人的实际工资可在企业所得税前据实扣除，并可按支付给残疾人实际工资的100％加计扣除。

单位实际支付给残疾人的工资加计扣除部分，如大于本年度应纳税所得额的，可准予扣除其不超过应纳税所得额的部分，超过部分本年度和以后年度均不得扣除。亏损单位不适用上述工资加计扣除应纳税所得额的办法。

单位在执行上述工资加计扣除应纳税所得额办法的同时，可以享受其他企业所得税优惠政策。

（2）对单位按照增值税和营业税政策中规定取得的增值税退税或营业税减税收入，免征企业所得税。

（3）本部分所述"单位"是指税务登记为各类所有制企业（不包括个人独资企业、合伙企业和个体经营户）、事业单位、社会团体和民办非企业单位。

3. 对残疾人个人就业的增值税和营业税政策

（1）根据《中华人民共和国营业税暂行条例》（国务院令第136号）第六条第（二）项和《中华人民共和国营业税暂行条例实施细则》[（93）财法字第40号]第二十六条的规定，对残疾人个人为社会提供的劳务免征营业税。

（2）根据《财政部国家税务总局关于调整农业产品增值税税率和若干项目免征增值税的通知》[（94）财税字第004号]第三条的规定，对残疾人个人提供的加工、修理修配劳务免征增值税。

4. 对残疾人个人就业的个人所得税政策

根据《中华人民共和国个人所得税法》（主席令第四十四号）第五条和《中华人民共和国个人所得税法实施条例》（国务院令第142号）第十六条的规定，

对残疾人个人取得的劳动所得，按照省（不含计划单列市）人民政府规定的减征幅度和期限减征个人所得税。具体所得项目为：工资薪金所得、个体工商户的生产和经营所得、对企事业单位的承包和承租经营所得、劳务报酬所得、稿酬所得、特许权使用费所得。

【例3-4】 某乳品公司为有限责任公司，由一些个人股东投资组建，生产的奶产品除直接供应给各个大小超市外，很多居民家庭也直接从公司订奶，所有的销售均送货上门，企业的运输及配送任务由其下属的非独立核算的运输部负责。

筹划思路：乳品公司新成立一家配送公司（属于交通运输企业），乳品公司及其股东各占一定比例的出资额。配送公司专门负责乳品公司产品的配送及分发服务，配送公司所需送奶车及冰箱等设备由配送公司购买，配送公司招聘下岗失业人员、城镇退役士兵等特殊人员从事配送工作，配送公司直接向用户收取运费并产生相应利润。由于吸纳特定人员就业，配送公司可以获得企业所得税上的税收优惠待遇。

纳税筹划后，企业原本属于混合销售行为，需缴纳增值税的运费转为缴纳营业税的运营收入（按照税法的规定，凡与运营业务有关的各项劳务活动，均属于"交通运输业"税目的征税范围），企业的流转税及其附加税费可以大大减轻；更为有利的是，从乳品公司随业务转移过来的利润可以少缴所得税，配送公司的利润可以直接向乳品公司及其股东分配。配送公司直接向股东分配利润，以及乳品公司从配送公司分回的投资收益分配给其股东时，其股东的税负相应减轻。

第三节 漏洞空间

一、漏洞空间概述

漏洞空间是建立在税收实务中征管方的大大小小漏洞上的操作空间。在税收实务中，税收漏洞是导致税收失效、低效的主要原因之一。纳税人可以充分利用漏洞空间进行并不违法的纳税筹划。

漏洞在各国的税收之中是普遍存在的，而且星星点点地分布在立法、执法等环节之中，因此，税收漏洞可以分为立法环节的漏洞和执法环节的漏洞。执法环节中的漏洞主要体现在以下几个方面：税务人员自身素质参差不齐、治税手段落后、稽查与征管关系协调不畅、执法人员征管税款的态度不积极等。以稽查与征管的关系为例，我国各地已普遍建立了税务稽查制度，但是税款征收与税务稽查却形成了两个相互独立的环节。由于税务稽查在很大程度上是对税款征收环节漏洞的补正，稽查的业绩越大，说明税款征收环节出现的漏洞越多。于是，出于对自己工作的肯定，税收征管人员有可能协助纳税人逃避税务稽查，这种矛盾的存在使得税收征管中的漏洞难以全部消失。

二、漏洞空间筹划例证

【例3-5】 纳税地点的纳税筹划

《中华人民共和国增值税法》（以下简称《增值税法》）规定：固定业户到外县市销售货物的，应当向其机构所在地主管税务机关申请开具外出经营活动税收管理证明，向其机构所在地主管税务机关申报纳税。

未持有其机构所在地主管税务机关核发的外出经营活动税收管理证明的，应向销售地主管税务机关申报纳税；未向销售地主管税务机关申报纳税的，由其向机构所在地主管税务机关申报纳税。这种规定的漏洞体现在纳税人未开证明的情况下，在哪里都可能不纳税。

另外，在对固定业户与非固定业户的判断标准及判定权的归属上也存在着漏洞。对认定固定业户的机构所在地的判断标准是依注册地、管理机构所在地还是经营地，税法经常未予明确。

【例3-6】 个人实报实销的补贴是否缴纳个人所得税问题

《个人所得税法》规定：个人取得的应纳税所得，包括现金、实物和有价证券。

从税收实践看，此项税法规定存在着明显的缺陷：一是税法规定的应税所得项目没有随时代的发展进行适时的调整，存在着列举项目覆盖面窄，无法涵盖经济生活中不断涌现的新的经济行为，并使之游离于税收管理的约束之外；二是限制了税务机关的管理，对一些税法规定之外的经济行为，税务人员明知道其不合理，但苦于无法可依而不能作为。

比较典型的是企业以实报实销的形式发给职工的差旅费、餐饮费、交通费等各种名目的补贴，由于税法对个人取得的上述收入未作规定，税务机关不能将这部分补贴并入工资、薪金进行征税。

第四节 空 白 空 间

一、空白空间概述

从主观上讲，税法的制定体现人类的认知和实践能力，在一定的历史阶段，这种能力会因为人类的认识水平和技术水平等多方面的限制而存在一个顶点；正是由于人类能力所存在的极限，才使得税法中的空白得以存在。从客观上讲，经济是不断发展的、社会是不断进步的，新生事物不断涌现，原来制定的税法面临着新的环境、新的事物往往就显得有些被动，这就会出现与现实情况不相吻合的空白。

税法空白与税法漏洞并不相同，两者的区别是明显的。漏洞一般是指税法对某些内容有文字规定，但因为语法或字词有歧义而导致对税法理解的多样性；另外，也可以指文字规定不利于征税，从而为避税大开绿灯。当然，漏洞也可指税法在某项具体规定中对某个细小环节的疏忽。而空白是指税法文字规定中对某些特定部分内容的疏忽，但在总规定中却有体现。空白需要补充税法，而漏洞则需要修改税法。

另外，税法空白不同于税法未规定内容。税法空白是依据税法总纲应该规定而实际上没有规定的内容，其产生是因为立法者的失误或技术研究水平不够或者是由于税法的陈旧过时造成的。而税法未规定的内容则可能是因为要体现立法者的意图，如引导消费方向、调整产业结构、扶持贫困地区等。即税法未规定的内容是因为立法者有意识回避，而税法空白则是因为立法者无意识的失误或是税法丧失了对新的环境的适应性。当然，两者的表现方式是有相同点的，那就是税法中没有相关的文字规定。

二、空白空间筹划例证

【例3-7】 出口货物关税的纳税筹划

中国某纺织品公司向美国出口手套，被认定为倾销，每双手套被课征100%的反倾销关税。后来，公司管理层发现美国税法中有一条关于进口纺织残次品按吨征收进口关税的规定，而且税率很低。于是该公司改变了出口策略，通过美国某一海关出口左手手套，过一段时间再通过另一海关出口右手手套，享受残次品的关税优惠。

【例3-8】 通过互联网销售产品的纳税筹划

某企业生产的产品通过直接常规方式交易的份额很少，大部分通过互联网进行电子交易。现在电子商务纳税方面还有很多难题尚未解决。

第五节 弹性空间

一、弹性空间概述

弹性空间筹划是指利用税法中税率的幅度和执法人员执法权力的弹性空间来

达到减轻税负效果的筹划行为。

弹性筹划的操作空间包括：

（1）税率幅度的存在。如资源税、土地使用税、车船使用税等。

（2）执法人员执法弹性的存在。造成执法弹性幅度的人为因素，一是征税人员自身水平和能力的限度（如对资源禀赋程度的认定）；二是征纳双方关系密切与否。

（3）优惠鼓励政策方面的幅度和惩罚限制方面的幅度。这主要是由于执法人员执法的弹性幅度导致的。

弹性空间筹划的总目标是增加利润、降低损失。实现这一目标的原则是税率最低、优惠最大、惩罚最轻。

二、弹性空间筹划例证

【例3-9】 利用资源税的幅度税率减税

某矿山开采企业开采某种有色金属矿原矿，其应税产品的资源等级在《几个主要品种的矿上等级表》中未列出，故而税额的评定由省级人民政府来完成。矿山开采者主要让评定者测定了相对的贫矿地带，评定的资源等级较低，适用的税额比邻近矿上的单位税额低了25%。

【例3-10】 土地选址的纳税筹划

某企业在创建时用地面积很大，在选址问题上有三个方案：一是在省会城市的城区；二是在该省的某中等城市；三是在省会城市的城郊结合地区。该单位最后选定了省会城市的城郊结合地区，适用的城镇土地使用税税额为10元/米^2，共占用土地50 000米^2，满足了单位占用土地的需要。如果当初选择大城市中心区，土地使用税为20元/米^2；如果选在中等城市，土地使用税为15元/米^2。企业为减轻土地使用税的税负，只能压缩用地面积，而这样做又不能满足用地需要。

【例3-11】 车船使用税的纳税筹划

某大型水路运输企业想购置机动船100艘，净吨位大约在1 500吨左右，以满足运输的需要。但如果购置净吨位1 550吨/艘的船，全年税额=100×1 550×3.2=49.6(万元)；如果购置净吨位1 500吨/艘的船，则全年税额=100×1 500×3.2=33(万元)。恰当选择船舶吨位可以在满足运输需要的情况下每年减税16.6万元（表3-1）。

表 3-1　机动船单位税额表

计税标准/吨	每年税额（净吨位）/(元/吨)
150 以下	1.2
151～500	1.6
501～1 500	3.2
1 501～3 000	3.2
3 001～10 000	4.2
10 001 以上	5.0

第六节　规避空间

一、规避空间概述

规避空间是指利用税法中一些可以改变税负的临界点或者通过变通企业的经营行为，避重就轻以降低税收负担的筹划方法。也就是说，规避空间的筹划方法可以分为临界点筹划法和变通筹划法。具体说，临界点筹划法是利用税法中税基临界点、税率分级的临界点和优惠分等的临界点进行纳税筹划；而变通筹划法主要是通过合理设计企业的业务流程、改变企业的经营方式、巧妙地签订合同等，灵活地选择税负较低的运营方案，规避企业较重的税收负担。

规避空间筹划方法在现实中应用广泛，使用频率较高。临界点筹划法技术要求不高，但有时变通筹划法的操作难度较大，需要纳税筹划主体全盘考虑、统筹规划、精心设计筹划方案，在重视纳税筹划利益的同时，必须考虑方案运行的可行性、方案的运营成本和可能面临的风险，此处只介绍临界点筹划法。

二、临界点筹划法

1. 税基临界点规避筹划法

首先，税基临界点规避筹划法主要是利用税法中的起征点和免征额来减税。起征点和免征额不同：起征点是征税对象达到征税数额开始征税的数量界限，征税对象达到或超过起征点的就其全部数额征税，未达到起征点的不征税；免征额是征税对象全部数额中免予征税的数额，征税对象没有达到或低于免征额时不纳税，达到或超过免征额时按扣除免征额后的余额纳税。例如，增值税起征点的幅度如下：销售货物的起征点为月销售额 2 000～5 000 元；销售应税劳务的起征点为月销售额 1 500～3 000 元；按次纳税的起征点为每次（日）销售额 150～200元。其具体起征点由省级国家税务局在规定幅度内确定。营业税的起征点为：按期纳税的起征点为月营业额 1 000～5 000 元；按次纳税的起征点为每次（日）营业额 100 元。纳税人控制销售额或者营业额就能达到不缴税的目的。

目前，个人的工资薪金所得缴纳个人所得税时的免征额全国统一为 2 000 元。企业为员工发放工资时，应尽量做到均衡发放，不能某些月份工资较高，而有些月份连免征额都没有达到。与均衡发放工资的方法相比，工资忽高忽低的发放方法肯定会提高纳税人的税负。

其次，税基临界点规避筹划法的运用还体现在控制税基以使其按低税率纳税上。例如，在企业所得税中，考虑到利润水平较低的小型企业的税负承受能力，新《企业所得税法》对小型微利企业规定了 20%的照顾性税率。针对制造业来说，如果年度应纳税所得额不超过 30 万元，从业人数不超过 100 人，资产总额不超过 3 000 万元，就可以按照 20%的税率缴纳企业所得税。所以，纳税人应分析小型微利企业的条件，考虑设置小型企业的利弊，进行节税效益分析，是否应变大为小或新设小型企业。

2. 税率分级的临界点规避筹划法

税率分级的临界点存在于一些应税商品和应税行为中，调整价格和应税行为就可降低适用税率。如卷烟税率受价格影响，适当降低价格可降低适用税率。一些应税行为可以从高税率的税种中分离出来以降低适用税率。如安装劳务可以从设备的销售中分离出来，按 3%的税率缴纳营业税。

3. 优惠分等的临界点规避筹划法

优惠分等的临界点分为三类，即时间临界点、人员临界点和优惠对象临界点。

1) 时间临界点

时间临界点体现在以下一些方面：税收优惠办法起止日期，企业经营期的长短，国际税收中属人原则对外国公民居住期限的规定等。在我国，税法有如下一些相应的规定：

(1) 自 2000 年 6 月 24 日起至 2010 年底以前，对增值税一般纳税人销售其自行开发生产的软件产品，按 17%的法定税率征收增值税后，对其增值税实际税负超过 3%的部分实行即征即退政策。所退税款由企业用于研究开发软件产品和扩大再生产，不作为企业所得税应税收入，不予征收企业所得税。

(2)《个人所得税法》对居民纳税义务人的规定是，在我国境内有住所或无住所但居住时间在一年以上的为居民纳税义务人，承担无限纳税义务。

2) 人员临界点

人员临界点主要体现在促进一些特殊社会群体就业的税收优惠政策上。我国鼓励企业吸纳残疾人员、城镇待业人员、下岗失业人员、复员转业军人、随军家属等特殊社会群体就业，为此制定了相应的税收优惠政策。这些优惠政策中要求的人员临界点在增值税、营业税和所得税中均有所体现。例如，税法规定：对为安置自主择业的军队转业干部就业而新开办的企业,凡安置自主择业的军队转业干部占企业总人数60%及其以上的,经主管税务机关批准,自领取税务登记证之日起,3年内免征营业税。

利用人员临界点进行纳税筹划时,操作难度较小。有时,一些企业只需要多用几名特殊人员,便能达到享受税收优惠的条件或在原有优惠的基础上享受更大程度的优惠待遇。

3) 优惠对象临界点

有些税收优惠政策是针对特定地区、特定行业、特定企业的,纳税人应把握好所投资的地区、行业,控制好投资规模和经营主业等,以获得相应的税收优惠。

例如,为了促进西部地区的发展,税法规定,对设在西部地区国家鼓励类产业的内资企业和外商投资企业,在2001年至2010年间,减按15%的税率征收企业所得税。国家鼓励类产业的内资企业是指以《当前国家重点鼓励发展的产业、产品和技术目录》(2000年修订)中规定的产业目录为主营业务,其主营业务收入占企业总收入70%以上的企业。自2006年开始,享受西部大开发税收优惠政策的国家鼓励类产业内资企业是指以《产业结构调整指导目录》(2005年本)中鼓励类产业项目为主营业务且主营业务收入占企业总收入70%以上的企业。同时,税法规定,对在西部地区新办交通、电力、水利、邮政、广播电视的企业,上述项目业务收入占总收入70%以上的,可以享受企业所得税如下优惠政策:内资企业自开始生产经营之日起,免二减三;外商投资企业经营期在10年以上的,自获利年度起,免二减三。

三、规避空间筹划例证

【例3-12】 某店靠两张台球桌经营,当地娱乐业营业税税率为5%,且起征点为月营业收入600元。2005年5月份,该店经营收入为650元,缴纳营业税及其附加税费35.75元,税后收入为614.25元;6月份,经营收入为590元,无需纳税,税后收入为590元;7月份,经营收入为600元,缴纳营业税及其附加税费33元,税后收入为567元。店主总结各月经营情况后发现小店的营业额一般都在600元左右,遂决定将营业额控制在600元以内,这样,就无需缴纳营业税及其附加税费了。

【例3-13】 卷烟定价的纳税筹划

按照税法的规定,卷烟采用从价定率和从量定额相结合的复合计税法。定额税率为每标准箱(50 000支)150元,比例税率为每标准条(200支)调拨价格在50元(含50元,不含增值税)以上的为45%,以下的为30%。

当调拨价格正好是50元时,就得交纳23.5元的消费税;调拨价格是49元时,只缴纳14.7元的消费税。税前收入相差1元，税后收入却相差 $(49-14.7)-(50-23.5)=34.3-27.5=6.8$（元）。所以，远离50元定价对企业有利。这里存在一个不适合定价区间，其下限为50元（适合定价区间的上限为49.99元），设 X 是不适合定价区间的上限，当不适合定价区间的上限与下限的税后收入相等时就可解出 X 值。如果考虑城建税和教育费附加（假定征收率之和为消费税税额的10%），可列出方程：

$$X - X \times 45\% \times (1+10\%) = 49.99 - 49.99 \times 30\% \times (1+10\%)$$

解得 $X=66.32$ 元，即当企业将卷烟的调拨价格定为66.32元时，其税后收入与定价为49.99元的税后收入是一样的，均为33.49元。这样，企业不如把调拨价格定得低一些，以扩大销量。当然，如果企业的卷烟等级较高，销售状况好，应超过66.32元往高定价，尽管消费税及其附加税费增加了，但是高价完全可以弥补税负增加的损失，给企业创造高额利润。

【例3-14】 销售旧机动车等应税固定资产的纳税筹划

根据财税[2002]29号通知的规定，自2002年1月1日起，纳税人销售旧货（包括旧货经营单位销售旧货和纳税人销售自己使用过的应税固定资产），无论其是增值税一般纳税人或小规模纳税人，也无论其是否为经批准认定的旧货调剂试点单位，一律按4%的征收率减半征收增值税，不得抵扣进项税额。

免征增值税的应税固定资产的销售应同时具备以下三个条件：①属于企业固定资产目录所列货物；②企业按固定资产管理，并确已使用过的货物；③销售价格不超过其原值的货物。

旧机动车经营单位销售旧机动车、摩托车、游艇，按照4%的征收率计算税额后再减半征收。

假设纳税人可以超过原值销售自己使用过的应税固定资产，设 X 为超过原值销售应税固定资产税后收入平衡时的价格，则 $X - X \div (1+4\%) \times 4\% \times 50\% =$ 原值，即 $X =$ 原值 $\div 0.9808$。例如，原值为100万元的固定资产，当售价为 $100 \div 0.9808 = 101.96$（万元）时，需要缴纳增值税 $= 101.96 \div (1+4\%) \times 4\% \times 50\% = 1.96$（万元），税后收入为100万元，如果企业将售价定为100万元，就无须纳税，因降价销售，企业可以向对方提出提前付款等有利于卖方的要求。

【例3-15】 长江实业公司和天龙服装有限公司是某市两家有着良好业务合作基础的企业。2005年，因业务发展需要，长江公司欲将一幢房产出售给天龙公司，双方议定的售价是600万元，房屋原值500万元，已提折旧100万元，房地产评估机构评定的重置成本价格为550万元，房屋成新率为六成。长江公司转让该房屋发生的评估费为2万元。

长江公司直接销售房产时，营业税及其附加税费为33万元，印花税0.3万元，土地增值税计算过程如下：

$$旧房及建筑物的评估价格＝550×60\%＝330（万元）$$
$$扣除项目金额合计＝330＋33＋0.3＋2＝365.3（万元）$$
$$增值额＝600－365.3＝234.7（万元）$$
$$增值率＝234.7÷365.3＝64.25\%$$
$$应纳土地增值税＝234.7×40\%－365.3×5\%＝75.615（万元）$$
$$应纳所得税＝(600－400－33－0.3－2－75.615)×33\%＝29.398（万元）$$

长江公司销售不动产合计税额为138.313万元。

长江公司的税务顾问建议改变上述做法，将该笔业务分两步走，首先长江公司以该房对天龙公司投资，增加天龙公司的注册资本，其次再将天龙公司新增股权按比例划转给天龙公司的股东。

具体操作方法：假设天龙公司是由股东甲和乙组建的有限责任公司，分别占有股权的比例为60%和40%，投资前天龙公司资本总额为1 000万元，投资后，长江公司占天龙公司资本总额的30%；这样，天龙公司应确认新增实收资本为：$X÷(X＋1\,000)＝30\%$，则$X＝428.57$万元，天隆公司应将$600－428.57＝171.43$万元计入资本公积；一定时间后，长江公司将其持有的30%股权按比例转让给天龙公司原股东甲和乙，其中转让给甲股东18%，转让给乙股东12%。

在长江公司投资之初，应按双方议定价格600万和房产投资成本400万之间的差额200万元，缴纳33%的所得税，其转让股权时仍按600万元的价款转让，其转让收入与税法上的股权投资成本相等，均为600万元，因此无需缴纳所得税。

复习思考题

1. 为什么说利用价格空间进行纳税筹划是一种避税筹划方法？
2. 在国际和国内，税务机关是如何进行反避税的？
3. 在我国，纳税人还可以在哪些方面利用规避空间进行纳税筹划？举例说明。
4. 请按照税种进行分类，搜集整理我国的税收优惠政策。

第四章

企业管理环节的纳税筹划

本章主要研究企业管理各个环节纳税筹划问题。着重研究企业设立、筹资、投资、采购、销售、内部核算、产权重组等环节的纳税筹划问题。

【重要概念】 企业组织形式 筹资 投资结构 销售规模 内部核算

第一节 企业设立的纳税筹划

一、组织形式筹划

（一）企业外部层次组织形式的纳税筹划

企业外部层次的组织形式通常是指企业整体的组织形式。按照企业的财产组织形式和法律责任权限，通常把企业的组织形式分为三类：公司制企业、合伙企业和独资企业。公司制企业是依据公司法组建并登记的，以营利为目的的企业法人，在我国主要指在我国境内设立的有限责任公司和股份有限公司，其投资者以其出资额为限对企业的债务承担有限责任；合伙企业和独资企业属于非法人企业，投资者需要对企业债务承担无限责任。税法对不同组织形式的企业通常实行不同的征税办法，这种差别的存在为企业纳税筹划提供了空间。企业在设立过程中选择整体组织形式时，可以从不同的角度进行处理。

1. 内资企业与外资企业的选择

1）流转税方面

在流转税方面，内外资企业的税收待遇基本相同，都要缴纳增值税、消费税和营业税，而且适用相同的税收条例。

2）其他相关税种

除流转税和所得税之外，内资企业涉及的税费种类还有印花税、城市维护建设税、土地增值税、城镇土地使用税、房产税、教育费附加等，而外资企业却无须缴纳前面所提及的城市维护建设税、城镇土地使用税、房产税及教育费附加等。

通过分析可以看出，外资企业所需缴纳的税种比内资企业要少，其享受的税收优惠比内资企业更多一些。所以，在其他条件相同的情况下，应设立外资企业。已经设立的内资企业，在企业发展的过程中，也可以考虑利用外资筹集企业发展所需资金，进一步变更为外资企业，享受相应的税收利益。

2. 企业类型的选择

企业类型的选择主要是指企业的设立是选择法人企业还是非法人企业。法人企业通常是指公司制企业。由于法人企业有独立的法人财产权，税法要求对公司的利润在企业分配环节征收企业所得税；当公司将税后利润分配给投资者时，按照税法规定，还应对投资者按其分得的利润征收个人所得税。所以，对于公司制企业的利润要课征公司和个人两个层次的所得税。非法人企业通常指合伙制企业和个人独资企业。对于合伙制企业，世界上大多数国家和地区（如韩国、中国香港等）都认为合伙制企业不具有独立的法人地位，对合伙制企业营业利润不征企业所得税，而只就各个合伙人从合伙企业分得的所得征税。但也有少数国家（如澳大利亚、奥地利、美国、德国、荷兰等）将合伙制企业区别对待，如把从事生产经营的合伙制企业认作是法人，其他的认作是非法人；把合伙企业当作一个纳税实体，甚至当作公司法人进行征税。在我国，按照现行法律的规定，合伙企业不具有法人资格。根据财政部和税务总局关于个人独资企业和合伙企业征收所得问题的通知的规定，自2000年1月1日起，对个人独资企业和合伙企业停止征收企业所得税，其投资者的生产经营所得，比照个体工商户的生产、经营所得征收个人所得税。

通过上面介绍可以看出，法人企业和非法人企业存在税收利益上的差别。所以，在企业的设立过程中，投资者就应该考虑如何根据国家现有的税收政策进行纳税筹划。规模庞大、管理水平要求高的大企业，一般宜采用公司企业形式。因为规模较大的企业所需资金多，筹资难度大，企业管理相对困难，经营风险大，如果采用无限责任的合伙企业组织形式，很难真正发展起来。规模不大的企业则适宜采用合伙制企业组织形式，因为这类企业需要资金少，易于管理，而且税法中对合伙企业的利润不征企业所得税，只征个人所得税，投资者可以因此获得税收利益。

【例 4-1】 张某、李某共同出资成立一家合伙企业，根据我国税法的规定，合伙企业所得比照个体工商户的生产、经营所得征收个人所得税。假设该企业年获利 200 000 元，两人平均分配盈利，每人分得 100 000 元。依现行税制每个合伙人需缴纳的个人所得税为 28 250（＝100 000×35%－6 750）元，每人的税后所得为 71 750 元，两人合计的税后收益为 143 500 元。

假设该企业为有限责任公司，企业所得先纳企业所得税，税率为 25%，须缴纳 50 000 元的企业所得税，税后利润为 150 000 元。税后利润全部作为股息平均分配给张某、李某，则两人每人的股息收入为 75 000 元，两人分别按股息、红利所得缴纳个人所得税 15 000 元（＝75 000×20%）元，每人的税后收益为 60 000 元，两人的税后所得合计为 120 000 元，与合伙企业相比，多负担了 23 500（＝143 500－120 000）元的所得税。

面对公司制企业税负重于合伙企业税负的情况，纳税人应作出不组织公司制企业而办合伙企业的决策，以期达到节税的效果。

（二）企业内部层次组织形式的纳税筹划

企业随着业务的发展，规模逐步扩大，通常会设立分支机构来满足其经营需要。企业应该就设立子公司或是分公司作出选择。分公司是总公司的分支机构，是总公司统一体中的一部分，不具有独立的法人资格。子公司是相对于母公司而言的，子公司是受控于母公司的分支机构，具有独立的法人资格。税法对分公司和子公司的涉税处理不尽相同，所以有筹划的必要。分公司不具有独立法人资格，因此在生产经营活动中只需在当地缴纳增值税、营业税、消费税等流转税；而所得税，需要总公司把各个分公司的所得额汇总，盈亏相抵后以其净额缴纳所得税。子公司是独立进行经济核算的组织，因此它需要独立承担自身的税收义务，其税款的计算和缴纳要与母公司分开进行。同时，子公司作为独立法人可以享受其所在地的税收优惠政策。上述差别的存在，为企业在设立分支机构时进行纳税筹划提供了一定的空间。

1. 预计分支机构的盈亏状况

由于分公司的所得额要和总公司的所得额汇总后缴纳所得税，因此如果分公司发生亏损，可以冲抵总公司的利润，减轻总公司的所得税负担。但是子公司如果发生亏损，则不享受这种税收优惠，其亏损额只能用以后年度的所得弥补，弥补期为 5 年，5 年当中无论盈亏，都作为弥补期限计算。因此，企业在设立分支机构时应先预测分支机构的盈亏情况，根据预测结果选择合适的组织形式。如果预计分支机构在开始运营的阶段会发生亏损，而且在短期内无法扭转，不能享受在 5 年内弥补亏损的税收政策，则企业应该设立分公司。如果分公司运营一段时间内扭亏为盈，则企业可以将分公司转为子公司，这样可以享受税法中规定的相关税收优惠，也可以享受子公司所在地的优惠政策。

【例 4-2】 上海百利公司要在南京设立一家分支机构,其总机构和分支机构的预计盈利状况如表 4-1 所示。假设总机构和分支机构适用的所得税税率都为 25%,其会计利润与计税利润相同,分析该公司是设立分公司还是子公司?

表 4-1 总机构和分支机构的盈亏状况预计表　　　　　　　单位:万元

年度	第 1 年	第 2 年	第 3 年	第 4 年	第 5 年	第 6 年
分支机构利润	-80	-50	0	10	20	40
总机构利润	500	800	1 000	1 200	1 600	1 700

从表中我们可以看出,该分支机构在开办之初处于亏损状态,而且其第 1 年的部分亏损无法用以后年度的利润弥补,无法享受到相关的税收优惠,而且即使可以用以后年度的利润弥补,还存在资金的时间价值问题。因此该公司可以在设立分支机构之初选择分公司的组织形式。这样,分支机构第 1 年和第 2 年的亏损可以冲减总机构的利润,总机构可以分别少纳 20 万元和 12.5 万元的所得税;等到第 3 年或第 4 年该分支机构扭亏为盈时,可以根据企业管理的需要将其转换为子公司。

2. 总、分支机构在异地时,考虑税率的差异

由于我国在税收上对经济特区、经济技术开发区、高新技术产业开发区等特殊地区给予地区性的税收优惠,所以在选择分支机构的组织形式时应考虑总、分支机构所在地税率高低的问题。如果分支机构所在地的税率低于总机构所在地的税率,此时企业宜选择子公司的形式,这样做,一方面可以利用子公司独立纳税的做法享受较低的税负;另一方面还可以通过适当的转移定价的方法将总公司的利润转移至子公司,从而降低企业的整体税负。

【例 4-3】 南京百强公司适用的所得税税率为 25%,该公司要在海南设立一家分支机构,假设分支机构的年度计税利润预计为 100 万元。如果采用子公司的形式,适用的所得税税率为 15%,应纳税额为

$$应纳税额 = 100 \times 15\% = 15(万元)$$

如果采用分公司的形式,则要将其利润汇总到总公司一并缴纳所得税,则分公司的这部分利润应该缴纳的所得税为

$$应纳税额 = 100 \times 25\% = 25(万元)$$

因此,如果采用分公司形式,要比采用子公司形式多纳 10 万元的所得税。

如果分支机构所在地的税率高于总机构所在地的税率,则应该采用分公司的形式,因为通过汇总纳税,可以降低企业的整体税负。

如上述例子中是海南某公司适用的所得税税率为 15%,要在南京设立一家

分支机构，南京同类企业的所得税税率为25%，则企业宜采用分公司的组织形式。

二、投资行业筹划

税收是国家进行宏观经济调控的一项重要手段，国家需要利用税收手段引导投资方向。我国税法对不同地区、不同行业的企业给予了不同的税收优惠政策，这也为企业在投资时进行税收筹划提供了一定的空间，如果合理筹划，也可以获取相应的税收利益。

在选择投资行业时，首先，应考虑企业的利润。所以行业的税负高低，是纳税人投资时必须考虑的因素，但不是决定因素，更不是唯一因素，纳税人不要为节税而节税。其次，要充分估计筹划获利的机会成本有多大。最后，必须充分考虑所选行业享受优惠的条件，如地域、时间等方面的限制，否则可能会得不偿失。

三、注册地点筹划

我国改革开放以来，经济发展迅速，发展的战略布局是由沿海到内地、由东南至西北的梯级开放。不同地点的税收政策有所不同，主要可以分为经济特区、经济技术开发区、沿海经济开放区、保税区、西部地区、旅游度假区和"老、少、边、穷"地区。这给企业利用注册地点进行纳税筹划提供了可能。下面以保税区为例介绍其所适用的税收优惠政策。

为了发展外向型经济，我国在上海、天津、深圳、广州、大连、青岛、张家港、福州、宁波、汕头、厦门、海口、珠海等城市设立了保税区。

保税区的税收优惠政策主要有：

（1）保税区内企业生产加工的产品出口，免征出口关税。

（2）对建设保税区基础设施所需进口的机器、设备和其他基建物资，免征进口关税和进口环节增值税。

（3）对保税区内企业进口自用的建筑材料、生产和管理设备以及所需的维修零件、生产用燃料，免征进口关税和进口环节增值税。

（4）对保税区内企业进口专为生产出口产品所需要的原材料、零部件、元器件、包装物料，予以保税。

（5）转口货物按保税货物处理，复出口后免税。

上述区域具有税收优惠政策，都可以成为注册地点筹划的考虑对象。但是在利用区域税收优惠政策选择注册地点时，还须考虑企业自身的情况和特点，根据自身条件进行选择。

四、投资方式筹划

按照不同的标准可以把投资分为不同的方式。投资方式的不同，享受的实际税收待遇也不相同。这也为税收筹划提供了一定的空间。投资者选择投资方式时，应充分考虑自身的特点，以达到减轻税负、增加利润的目的。

（一）按投资物的性质分类

1. 有形资产投资方式

我国现行税法规定：按中外合资经营企业中外双方所签合同中规定作为外方出资的机械设备、零部件及其他物件，合营企业以投资总额内的资金进口的机械设备、零部件及其他物件，以及经审批，合营企业以增加资本新进口的国内不能保证供应的机械设备、零部件及其他物件，可以免征关税和进口环节的增值税。国家为了鼓励中外合资经营企业引进国外先进机械设备而作出这种规定，也可用来作为一种节税的投资方式。这种有形资产投资方式的选择在于企业对自身具体情况以及相关税法规定的具体分析和把握。

2. 无形资产投资方式

无形资产一般是指企业长期使用而不具备实物形态的资产，它包括专利权、商标权、著作权、非专利技术、土地使用权、商誉等。利用好无形资产投资方式，不仅可以获得一定的超额利润，还能达到节税的目的。例如，甲、乙代表中外两方投资者欲投资开办一家中外合资企业。创办过程中，甲需向乙购买一项技术，须缴纳预提所得税。但如果在该投资过程中，改为由乙作为无形资产投资，则预提所得税就可以省下来。

3. 现金投资方式

现金投资方式一般是指以货币进行投资的方式。在纳税筹划时，可以考虑用现金购买享有税收优惠的有形资产，以享受税收优惠。

（二）按投资期限分类

我国现行税法规定：中外合营企业合营双方应在合营合同中注明出资期限，并按合营合同规定的期限缴清各自的出资额；合同中规定一次缴清出资的，合营双方应自营业执照签发之日起 6 个月内缴清；合同中规定分期缴付出资的，双方第一期出资不得低于各自认缴出资额的 15%，且应自营业执照签发之日起 3 个月内缴清，其最后一期出资可自营业执照签发之日起 3 年内缴清。从上述规定中不难看出，分期出资可以获得资金的时间价值，而且未到位的资金可通过金融机构或非金融机构融通解决，其利息支出可以部分地准许在税前扣除。这样，分期投资方式不但能缩小所得税税基，甚至在盈利的经济环境下还能实现少投资本、充分利用财务杠杆效应。

第二节 企业筹资的纳税筹划

一、筹资渠道筹划

资金是企业生存、发展所必需的物质基础，企业开展一系列经营活动的前提是筹资。不能筹集到足够的资金，企业就无法取得预期的经济效益。筹资作为企业的经营活动之一，对企业经营成果有直接的影响，它主要是通过资本结构的变动而产生作用的。所以，在筹资活动中应重点研究以下几个问题：①筹资活动对资本结构的影响；②资本结构的变动对企业业绩及税负产生的影响；③企业应当选择怎样的筹资方式才能取得最佳的资本结构，才能在节税的同时实现投资者净利润的最大化。

不同的筹资方式对应不同的筹资渠道，形成不同的资本结构。而不同的筹资方式的税前和税后资金成本也有所不同，这就为税收筹划提供了一定的空间。目前，企业的筹资渠道主要有企业利润留存、对外借款、向社会发行债券和股票等。

企业利润留存是由企业税后利润形成的，积累速度较慢，不能够满足企业规模迅速扩大对资金的需求，而且利润留存存在双重征税问题。虽然这种筹资方式能使企业所有者权益增大，资金所有权与经营权合二为一，但税负却最重。

企业对外借款，包括向金融机构和非金融机构借款。向金融机构借款，其成本主要是利息，其借款利息一般可以在税前冲减企业利润，从而减少企业所得税。向非金融机构借款筹资操作余地很大，但由于透明度相对较低，国家对此有限额控制。从纳税筹划角度看，企业借款即企业之间拆借资金效果最佳。

向社会发行债券和股票属于直接融资，避开了向中间商的利息支出。债券利息可以作为财务费用，即企业成本的一部分而在税前冲抵利润，减少所得税税基；而股息的分配应在企业完税后进行，股利支付没有费用冲减问题，这相对增加了纳税成本。所以一般情况下，企业以发行普通股股票方式筹资所承受的税负重于发行债券及向银行借款所承受的税负。

因此，从纳税筹划角度来看，企业之间拆借方式产生的效果最好，金融机构贷款次之，利润留存效果最差。其原因是企业之间拆借涉及的人员和机构较多，容易使纳税利润规模降低；企业在金融机构贷款时，可利用与机构的特殊联系实现部分税款的节省；利润留存由于资金的使用者和所有者合二为一，税收难以分摊和冲销，而且从税负和经营效益的关系来看，利润留存资金要经过很长时间才能完成，企业投入生产经营之后，产生的全部税负由企业负担。贷款则不一样，它不需要很长时间就可以筹足，而且投资产生收益后，出资机构实际上也要承担一定的税收，因而，企业实际税负被大大地降低了。

负债是企业筹资过程中非常重要的一项筹资渠道，负债比率是否合理是判定资本结构是否优化的关键，因为负债比率越高意味着企业的财务风险越大，但税前扣除额较大，节税效果越明显。资本结构的变动主要取决于长期负债与自有资本的比例构成。因此，选择何种筹资渠道，构成怎样的资本结构，负债比率预计的大小是一种风险与利润的权衡取舍。企业在进行筹资渠道的筹划中，必须充分考虑企业自身的特点及风险承受能力。在实际处理时，可以使多种筹资渠道相结合，在解决多重经济问题的同时，降低企业经营管理的风险。

【例 4-4】 某洗衣机厂是以生产某型号洗衣机为主的企业，近年来，企业资金比较紧张，主要原因是客户拖欠，不能及时收回货款，原材料不能及时购买，使企业陷入举步维艰的境地。为改变局面，企业财务人员根据目前情况及新的年度发展计划提出了两种筹资方式，供管理层决策。预计年度计划如下：提高产品质量，研制新产品并进行批量生产，所需资金总计 600 万元。筹资方式如下：

1. 采用发行股票方式筹资

持此意见的人认为，企业近年来虽然经营比较困难，但产品质量享有盛誉，发行股票有良好的基础。因此，可先经有关管理部门及银行机构批准，在新的一年里发行普通股，每股 1 元，共 600 万股，筹资费率 5%。普通股的股利是不固定的，逐年有所增长，现假定发行当年的股利率为 12%，按目前规定股息加红利最高不得超过 16%。以后每年根据企业经营情况确定，股票持有者能够参与企业经营管理，其利益同企业经济效益紧密联系，这样可以调动企业各方面的积极性和能动性。

2. 通过银行贷款筹资

持此意见的人认为，企业发展所需资金可同银行协商解决，第一年贷款利率为 8%，筹资费率估计为 1%，以后贷款利率可能会提高，本企业所得税税率为 25%。

试分析，企业应采取哪个方案筹资更有利一些呢？

鉴于任何渠道来源的资金都是有成本的，所以可以通过比较资金成本率来确定。其计算公式如下：

$$资金占用率 = \frac{资金使用费用}{筹资总额 - 筹资费用} \times 100\%$$

或

$$资金成本率 = \frac{资金使用费用}{筹资总额 \times (1 - 筹资费用率)} \times 100\%$$

在其他条件不变的情况下，资金成本率越高，所付出的代价越大。上述企业筹资时，资金成本率的分析如下：

1. 发行股票

$$当前资金成本率 = \frac{6\,000\,000 \times 12\%}{6\,000\,000 \times (1-5\%)} \times 100\% = 12.63\%$$

如果按股利率16%计算

$$资金成本率 = \frac{6\,000\,000 \times 16\%}{6\,000\,000 \times (1-5\%)} \times 100\% = 16.84\%$$

2. 银行贷款

由于借款的利息可以税前支付，具有抵税作用，所以，应在支付的利息中扣除25%。

$$资金成本率 = \frac{6\,000\,000 \times 8\% \times (1-25\%)}{6\,000\,000 \times (1-1\%)} \times 100\% = 6.06\%$$

计算说明，企业贷款的资金成本6.06%，明显低于发行股票资金成本16.84%，所以，对于企业而言，向银行贷款更为有利。

二、筹资方式筹划

按照企业资金来源的权益性质，企业的筹资方式可以分为权益性筹资和负债筹资两类。

权益性筹资是企业所有者投入的资金。对于权益资本，企业可以长期使用。企业在生产经营中所获得的利润首先要缴纳企业所得税，税后利润可用于分配股息、红利。通过权益性筹资获得资金的优点是可以降低企业的财务风险。但由于投资者的股息、红利是在企业缴纳企业所得税后支付，因此在一定程度上加重了企业的税收负担。

负债筹资是企业吸收债权人投入的资金。对于债务资金，企业需依照双方的约定使用，到期偿还，还要支付利息。企业通过负债筹资取得资金会增加企业的财务风险。但由于负债筹资所支付的利息允许在缴纳所得税前扣除，所以可以降低企业的税收负担。而且，通常情况下，企业资金的利用效率高于债权人要求的利息率，企业可以通过负债筹资来提高所有者的自有资金收益率。

目前，我国企业的筹资方式主要有吸收直接投资、企业利润留存、企业间拆借、发行债券和股票、商业信用、租赁等形式。从纳税角度来看，这些筹资方式产生的税收后果是有很大区别的。较好地对筹资方式进行筹划，可有效地帮助企业减轻税负，获得税收上的好处。企业在进行筹资时，还应该考虑吸收国外资金。如果利用外资增加权益资本，不仅可以降低企业的财务风险，而且当外资的比例占到企业注册资本的25%以上时，作为外商投资企业，可以享受到外商投资企业的税收优惠。

【例 4-5】 某企业需要筹集 1 000 000 元资金，现有两种筹资方案：方案一是通过权益筹资方式筹集全部资金；方案二是通过权益筹资方式筹集 600 000 元资金，通过债务筹资方式筹集 400 000 元资金，债务利息率为 10%。假设在这两种筹资方式下，企业的息税前收益为 200 000 元，企业所得税税率为 25%，结果如表 4-2 所示。

表 4-2　两种方案的对比

项目	方案一	方案二
筹资总额/元	1 000 000	1 000 000
其中：权益筹资/元	1 000 000	600 000
债务筹资/元	0	400 000
息税前收益/元	200 000	200 000
利息支出/元	0	40 000
计税收益/元	200 000	160 000
企业所得税/元	50 000	40 000
税后收益/元	150 000	120 000
权益收益率/%	15	20

从表 4-2 中可以看出，两种方案的息税前收益相同，但由于方案二通过债务方式筹集了 400 000 元资金，企业需要在税前支付 40 000 元的利息，因此在方案二中比方案一少缴纳了 10 000 元的企业所得税，这体现了债务筹资方式所起的税收屏蔽作用。同时由于企业利用资金的效率高于债务的利息率，所以企业通过负债经营提高了股东的权益收益率。但这里需要强调的是，企业在负债经营时，只有利用资金的效率高于债务的利息率，才能提高股东的权益率，而且负债经营会增加企业的财务风险。企业应根据自身的实际情况，谨慎地选择合理的筹资方式，通过设计合理的资本结构，达到既降低企业税负、提高股东收益率，又将企业的财务风险控制在可以承受的范围之内的目的。

三、筹资利息筹划

债务筹资可以分为向其他企业借款和金融机构贷款等。其中金融机构贷款利息的计算方法和利率比较稳定，进行纳税筹划的余地不大。而向其他企业借款，在利息计算和资金回收期限方面有一定的弹性空间，为纳税筹划提供了有利条件。除此之外，企业通过债务筹资的利息支付方式也应加以筹划，合理处理成本计算和将各有关费用摊入成本的问题。选择合适的利息摊入成本方法，以实现有效避税。

第三节 企业投资的纳税筹划

一、投资结构筹划

投资结构是指各类投资配置的内在秩序性，其中，各具功能特征的资金要素相互制约、相互依存，共同组成一个统一体。

投资结构依据不同的标准可以进行不同的划分，具体可以按投资行业、投资地点、投资方式、投资收益来源进行分类。投资结构是一个有机的经济体，不同的投资成分形成不同的投资结构，在税法中有着不同的规定。如税法中对不同的行业规定不同的优惠政策，对不同的地域规定不同的优惠政策，对不同的投资成分整合而成的投资结构也有不同的税收待遇，这就使企业有了进行税收筹划的必要。

按照投资收益来源不同可以将企业收益来源分为企业自身经营利润、对外投资收益和其他收益三类。收益来源的不同是由于投资对象的不同而产生的，其中，用于企业自身的投资又可分为多种类型，一般适用较多的地区划分标准。按此标准，企业自身投资可分为特区投资、开发区投资及其他地区投资。对外投资又可分为联营投资和有价证券投资。其他投资有国债投资等。

投资结构对企业税负以及税后利润的影响主要体现在三个因素的变化，即税率的总体水平、有效税基的综合比例以及综合成本的高低。上述三个因素的变化会影响企业的税后利润额以及利润水平。其中，投资结构的构成和变动决定企业纳税筹划成效的构成和变动，应税收益来源的构成和变动决定企业纳税筹划成效的高低。

在投资结构筹划的具体操作中，应使收益来源主要集中于零税率或低税率的投资成分上，如国库券投资收益税率为零，投资收益额便是税后利润额。另外，在经济特区、保税区、经济技术开发区投资经营往往能享受低税率和税收优惠。显而易见，多投资于零税率或低税率的行业、地区能达到较好的节税效果。当然，在节税成本大大减少了应税收益总额的条件下，投资结构的优化组合也是非常重要的。

二、投资过程筹划

投资过程的纳税筹划主要包括投资规模水平的确定、投资项目的确定、投资日期的选择、增加投资时间的选择、注册资金到位时间的选择等方面。

1. 投资规模水平的确定

在市场经济条件下，影响企业投资规模的因素很多，主要有市场需求，行业的技术特点，原材料、燃料、动力的保证程度，专业化分工水平，可筹集到的资金数量和外部协作配套条件等，此外，税收也是确定项目投资规模时应该考虑的问题。

项目投资规模的大小直接影响企业将来的生产经营规模及生产经营过程中的纳税水平。增值税是我国的主体税种，它的征税范围涉及生产、批发、零售和进出口货物以及加工、修理修配劳务等领域的各个环节。因此，大部分企业都会遇到缴纳增值税的问题。我国现行的增值税法将纳税人分为一般纳税人和小规模纳税人。对不同的纳税人采用不同的征税方法，二者使用的增值税率和征收率是不同的。因此投资者可以在分析、比较小规模纳税人和一般纳税人的税负水平后，对拟定的投资规模进行调整，使其能够按照低税负人的身份纳税。

此外，投资规模影响企业纳税的绝对水平，而企业应纳税额现金支付的刚性也反过来制约投资规模。一般情况下，规模大，企业的获利能力大，纳税的绝对额也大；规模小，获利能力也小，纳税的绝对额也小。企业应纳税额取决于法定税率和会计账面记载的应税收益额，而并不取决于实际现金流量。企业的会计制度采用权责发生制，因此会计账面收益与企业的实际现金流量之间存在较大的偏差，由此导致企业纳税时按权责发生制计算的应纳缴纳额与按收付实现制计算的应缴纳额之间有很大的出入。而无论企业是否收到现金，都必须在纳税义务发生之后在纳税申报期限之内申报纳税，并将税款在规定的时间内解缴到税务机关。因此，投资者在确定投资规模时，必须充分考虑纳税现金支付的刚性约束，合理确定纳税目标约束下的投资规模，避免因规模最大化导致的税前账面收益过大，由此发生的纳税现金需求超过企业现金供给，会给企业带来诸如声誉受损等消极影响。

2. 投资项目的确定

企业在投资时，应考虑具体的投资项目，因为不同的投资项目也有不同的税收规定。现行增值税法对粮食、食用植物油、自来水、暖气、冷气等生活必需品，图书、报纸、杂志等科教用品，饲料、化肥、农药、农机、农膜等农业生产资料和农业产品等，以及金属矿采选品和非金属矿采选品，适用13%的低税率；现行企业所得税法对企业利用废水、废气、废渣等废弃物为主要原料进行生产的，可在5年内减征或者免征所得税。正是由于这些税收优惠政策的存在，企业可以根据自身的经营特点，在生产经营过程中选择恰当的投资项目；经过合理的税收筹划，企业在获得更多收益的同时可以减轻自身的税收负担。

3. 投资日期的选择

我国《企业所得税法》规定，企业在一个纳税年度中间开业或者由于合并、关闭等原因，实际经营期不足12个月的，应当以实际经营期间作为一个纳税年度。同时，根据国家税务总局《关于新办企业减免税执行期限问题的通知》的规定，对部分予以定期减免税的企业，如为年度中间开业，当年实际生产经营期不足 6 个月的，可向主管税务机关申请选择就当年所得缴纳企业所得税，其减征、免征所得税的执行期限，可推延至下一年度起计算。因为许多企业开业第 1 年，多数处于亏损或微利状态，不需要缴纳或只缴纳很少的企业所得税，向后推延优惠期，可以享受到更多税收优惠。例如，新开办的能够享受减免税优惠的高新技术企业、资源综合利用企业等。如果企业在年度中间开业，可以根据以上规定，通过筹划开业日期，使开业当年经营不足 6 个月，选择把优惠期间向后推延一年。

【例 4-6】 上海虹利公司（咨询业）于 2004 年 7 月 1 日开业，当年实现利润 100 万元，无其他纳税调整事项，应纳税所得额为 100 万元，所得税率 25%。预计该公司 2005 年、2006 年的利润额分别为 400 万元、600 万元。按规定，新办的独立核算的从事咨询业、信息业、技术服务业的企业或经营单位，自开业之日起第 1 年至第 2 年免征所得税。因此，该公司 2004 年和 2005 年度可以免征所得税。那么 2004~2006 年度，纳税人合伙应缴纳的企业所得税为 150（＝600×25%）万元。如果该公司推迟到 8 月 1 日开业，2004 年度实现利润额为 100 万元。由于该事务所 2004 年度实际经营期未满 6 个月，可以选择在 2004 年度照章缴纳企业所得税，从 2005 个起再计算享受免税期限，即其免税年度是 2005 年和 2006 年。2004~2006 年度，该公司合计应纳企业所得税为 25（＝100×25%）万元。该公司仅推迟 1 个月开业，就少支出了所得税款 125（＝150－25）万元。

4. 增加投资的时间选择

根据我国税法规定，对于增加投资的投资者给予减免税的税收优惠。最明显的是，对外商投资企业追加投资给予税收减免等优惠，而且往往还给予退税。因此，企业在经营过程中应考虑到这些优惠政策，进行全面筹划，合理安排增加投资的时间，以降低税收负担。

5. 注册资金到位时间的选择

目前我国在工商注册登记中，对内资、外资企业的注册资本采用了不同的管理办法。对内资企业实行实收资本制，即在企业办理工商登记、领取登记执照前注册资本应该到位，因此，投资者无法自主选择注册资金的到位时间。而对外资企业则采用了授权资本制，即企业可以在办理工商登记、领取营业执照后的一定期限内缴清出资，因此外资企业的投资者可以选择注册资金的到位时间。所以选择注册资金的到位时间，主要用于外商投资企业。

我国对中外合资、合作经营企业各方出资期限的规定是：合营各方应当在合营合同中明确出资期限，并且应当按照合营合同中规定的期限缴清各自的出资额。合营合同中规定一次缴清出资的，合营各方应当从营业执照签发之日起 6 个月内缴清；合营合同中规定分期缴付出资的，合营各方第一期出资不得低于各自认缴出资额的15%，并应在营业执照签发之日起3个月内缴清，最后一期出资应当在营业执照签发之日起3年内缴清。所以，外资企业的投资者应选择分期投资方式，并尽可能延长投资期限，未到位的资金可通过向银行或其他机构贷款解决。而企业在生产、经营期间向金融机构借款的利息支出，按照实际发生数在税前扣除；向非金融机构借款的利息支出不高于按照金融机构同类、同期贷款利率计算的数额以内的部分，准予扣除。这样，就可以缩小所得税税基，达到节税的目的。

第四节 企业采购的纳税筹划

企业采购是为生产经营准备原材料、设备、生产工具的过程。不同的采购规模与结构、不同的采购时间，在税法中规定有不同的税收政策。这就需要企业在采购过程中进行合理筹划，以减轻税收负担。

一、采购规模和结构纳税筹划

1. 固定资产的采购

企业固定资产的采购规模不仅对企业的生产有着重大影响，而且还对企业所承受的税负有着重要的影响。

最为明显的是，按照我国企业所得税法的规定，其项目所需投资的国产设备的40%可以从企业技术改造项目设备购置当年比上一年新增的企业所得税中抵免，抵免期最长为5年。所以，对于投资于符合国家产业政策的技术改造项目的内资企业，在采购时更应注意采购国产设备。

另外，固定资产折旧额的多少直接影响着企业应纳税所得额，也就关系到企业所得税数额的多少。所以，企业在选择固定资产时，应优先考虑采购免税的进口先进设备以及性价比较好的国产设备。因为这类设备不但生产效率高，而且抵扣较多。

2. 技术引进和研究

企业在获取某项技术时，可以考虑两种途径：一是从外部引进；二是在自身人力、物力、财力允许的情况下进行自行研发。

在从外部引进时，企业可以考虑通过技术引进改变企业自身的身份，如通过挂靠途径，来享受技术引进的优惠，还可以通过技术引进建立关联企业关系，进行纳税筹划。

3. 劳动力的购置

企业应该依据生产和营运能力来设置自身的劳动力规模与结构，同时，也应考虑国家的相关税收政策。

如税法中对民政部门举办的福利工厂和街道办的非中途转办的社会福利生产单位，凡安置"四残"人员占生产人员总数的比例超过10%未达到35%的，减半征收企业所得税。所以，相关企业在雇用员工时，要善于利用税法中规定的优惠政策。

另外，企业在雇用员工的过程中，要注意员工的知识结构、年龄结构以及工资结构等，尤其是员工的工资结构以及平均工资水平的高低直接影响到企业所得税的计算与缴纳。所以，企业对销售人员、管理人员等应合理设计其工资结构。以销售人员为例，如果企业将其业务费用计入工资总额，则在计算缴纳企业所得税和代扣代缴个人所得税时就可能会加重税收负担。

4. 采购规模与结构的水平

市场需求决定了企业的产销规模与结构，产销规模与结构又制约着企业的采购规模与结构。企业采购的质量、效率以及存货管理水平等直接影响到企业的成本，进而影响到企业的税收负担。此外，我国实行的生产型增值税不允许扣除购进固定资产的进项税额。所以，为了减轻税负，企业应该依据市场需求及自身的生产营运能力，确定适当的采购规模和合理的采购结构。

二、采购单位纳税筹划

根据我国增值税法的规定，企业增值税纳税人通常划分为增值税一般纳税人和小规模纳税人。由于小规模纳税人不得开具增值税专用发票，只能由税务机关代开4%或6%的增值税专用发票，这样，从小规模纳税人处购进的材料或商品很难抵扣进项税额。绝大多数企业之所以在采购单位筹划中都选择增值税一般纳税人作为采购单位，是因为他们认为这样可以抵扣进项税额。但实际上这是一个误区，因为这样做，往往会忽视企业的整体经济效益。所以企业在进行该项纳税筹划时，应从全局出发，进行全面分析。

【例4-7】 义利公司是增值税一般纳税人，2006年10月计划外购一批货物。假设用该批货物生产的产品当月全部销售，售价为50万元，企业所得税率25%。在购货时有下列的两种方案：

甲方案：从增值税一般纳税人处购入，该货物的不含税价为40万元，增值税款为6.8万元。

乙方案：从小规模纳税人处购入，未取得增值税专用发票，价格为39万元。

此时该企业应该选择哪个方案？

计算每种方案税后实际收益：

甲方案
$$增值税 = 50 \times 17\% - 6.8 = 1.7(万元)$$
$$城市维护建设税与教育费附加 = 1.7 \times (7\% + 3\%) = 0.17(万元)$$
$$应纳企业所得税 = (50 - 40 - 0.17) \times 25\% = 2.4575(万元)$$
$$税后实际收益 = 50 - 40 - 0.17 - 2.4575 = 7.3725(万元)$$

乙方案
$$增值税 = 50 \times 17\% = 8.5(万元)$$
$$城市维护建设税与教育费附加 = 8.5 \times (7\% + 3\%) = 0.85(万元)$$
$$应纳企业所得税 = (50 - 39 - 0.85) \times 25\% = 2.5375(万元)$$
$$税后实际收益 = 50 - 39 - 0.85 - 2.5375 = 7.6125(万元)$$

从上述分析过程来看，应选择乙方案，因其税后收益较大。

三、采购时间纳税筹划

作为增值税一般纳税人，其应纳增值税额是销项税额与进项税额的差额，但增值税进项税额的抵扣是有一定限制的。因此，企业在采购时，应关注采购物品价格的变化。在保证生产供应的基础上，根据自身需要自主决定采购时间，因为选择恰当的采购时间对于企业转嫁税负有着很大的益处。

1. 关注市场供求关系

在市场经济条件下，供求关系直接影响商品价格。企业在采购时应该把握时机，充分利用市场供求关系为企业增加收益。企业应尽可能准确地预计市场变化，在不耽误正常生产的前提下选择供给量大于需求量、商品价格下降时进行采购。

2. 关注税制的变化

随着市场经济的逐步完善，我国的税收制度也在不断地健全。当新旧税收制度更替时，往往有一定的过渡时间，企业可以充分利用过渡时间进行纳税筹划。例如，我国一直以来实行的是生产型增值税，对购入固定资产的进项税额不允许抵扣。但现在我国的增值税已经开始由生产型增值税向消费型增值税转变，购入固定资产的进项税额将允许抵扣。因此，企业应利用税制的变化安排固定资产的采购时间。

四、采购合同纳税筹划

企业在采购过程中往往与对方签订采购合同，合同中注明采购的规模、采购单位、采购时间、结算方式等。因此采购合同的筹划是企业采购筹划的落脚点。为此，企业在签订合同时，必须做好签约前的准备工作，明确合同条款。在拟定合同文本时，要注意做到文字规范、用词准确。这样不仅可以获取税收利益，还可以加强对销售方的监督。鉴于采购合同筹划的重要性，在签订采购合同前应就合同内容咨询有关方面的专家。比如企业在进行采购时，一般在合同上使用这样的条款，即"付完全款，对方开具发票"。但在实际经济生活中，由于销货方产品质量、型号等方面的原因，采购方在最后往往不能付完全款，而要根据实际情况扣除部分款项，而根据合同是无权要求销货方开具发票的。实际上，企业在购物时，只须将条款改为"根据实际付款金额由对方开具发票"即可。在签订合同之后，企业还应进行实时跟踪，监测销售方的生产经营情况，做到对销售方的情况了如指掌，确保交易的顺利进行。

第五节　企业销售的纳税筹划

销售是每个企业都极为重视的环节，道理很简单，销售工作的好坏直接关系到企业利润水平的高低。同时，对于不同的销售情形，税法的规定也有所不同。这就要求企业在销售中做好纳税筹划工作，以便更好地保护自身的经济利益。

一、销售规模筹划

一般说来，企业往往认为销售规模越大越好。但事实并不完全是这样，因为，如果企业的销售规模处于无效扩张的状态下，企业实力也可能被削减。当企业销售规模过于庞大时，企业税前的账面收益也会因此快速膨胀。税收的纳税期限具有固定性和强制性，当通过快速膨胀的应税账面收益计算出的应纳税额超过企业现金供给时，就会出现迟滞纳税。这对于企业来讲并非好事，因为这些情况会影响企业的信用，使得企业的声誉受损，企业的无形资产就会相应损失一部分。所以，企业在进行销售纳税筹划时，首要任务是科学确定合理的产销规模水平。

销售规模的确定，关键在于企业获利能力和变现能力。企业的获利能力是指企业在产销活动中获得利润的能力，变现能力是企业在短期内转换现金用于支付的能力。二者是相辅相成的。如果企业的变现能力较强，可以相应支持较大的产销规模；如果变现能力较弱，扩大产销规模便是扩大企业经营风险。所以，企业销售规模的确定应依托企业的变现能力、获利能力。

【例4-8】　某汽车钢圈厂生产轿车钢圈。经预测，销路好时，从2006年开始，以后10年内，每年可销8万只钢圈，概率是0.4；销售差时，则每年只销4万只钢圈，概率是0.6。某汽车制造厂希望钢圈厂供给配套用钢圈，洽谈价格为：

（1）如能保证供应，则汽车制造厂在今后10年内不再购置其他厂的钢圈，

第四章　企业管理环节的纳税筹划

每只钢圈的价格为150元。

（2）如果钢圈厂每年只能供应4万只钢圈，则售价降低3%。

（3）如果每年固定供应8万只钢圈，则价格降低5%（超过4万只，不足8万只，也按此价格收购）。

钢圈厂根据上述洽谈结果，分析了本厂的情况：

（1）如果要达到年产量4万只钢圈，需将成型车间改建，投资50万元，由企业自有资金解决，2006年年初改建，年底可完工。

（2）如果要达到年产量8万只钢圈，需扩建成型车间，投资800万元，除了自有资金50万元外，其余资金由贷款解决，年利率6%，也可于2006年初开工，年底完工。

（3）钢圈厂现有生产轿车钢圈的固定资产1 000万元，年折旧率为20%，每年分摊管理费用10万元，每只钢圈的变动成本为75元，扩建后则可下降8%。

（4）经市场预测，2006年后的10年内，其他汽车制造厂也需要该种钢圈，预计每年需求量大的话可达3.2万只，概率是0.6，需要量少的话，也要1.2万只，概率是0.4，每只钢圈售价150元；另外，需缴纳5%流转税和25%的所得税。

该厂财务部门根据掌握的资料，对市场销售、购买者的要求，以及本厂的具体情况进行了全面的分析，提出了三个可行性方案供厂长选择。

甲方案：

用自有资金投资50万元改建车间，生产4万只钢圈，全部卖给该汽车制造厂。则

$$产品单价 = 150 \times (1-3\%) = 145.5（元/只）$$

$$年销售额 = 145.5 \times 4 = 582（万元）$$

年固定费用 =（年固定资产＋新增投资）×折旧率＋年应摊管理费
$$= (1\,000+50) \times 20\% + 10 = 220（万元）$$

$$年变动成本总额 = 75 \times 4 = 300（万元）$$

$$年总费用 = 固定费用＋变动费用总额 = 220 + 300 = 520（万元）$$

年销售利润 = 年销售收入－年销售成本－流转税 = 582－520－582×5%
$$= 32.9（万元）$$

$$年应纳所得税 = 年销售利润 \times 25\% = 32.9 \times 25\% = 8.225（万元）$$

$$年税后利润 = 年销售利－年应纳所得税 = 32.9－8.225 = 24.675（万元）$$

$$投资回收 = 投资额/年税后利 = 50/24.675 = 2.03（年）$$

乙方案：

贷款750万元，自有资金50万元，总投资800万元扩建车间，生产8万只

钢圈，全部卖给该汽车制造厂，则

$$产品单价=150×(1-5\%)=142.5（元/只）$$
$$年销售额=142.5×8=1\ 140（万元）$$
$$年固定费用=(年固定资产+新增投资)×折旧率+年应摊管理费$$
$$=(1\ 000+800)×20\%+10=370（万元）$$
$$年变动成本总额=75×(1-8\%)×8=552（万元）$$
$$年总费用=固定费用+变动费用总额=370+552=922（万元）$$
$$年销售利润=年销售收入-年销售成本-流转税$$
$$=1\ 140-922-1\ 140×5\%=161（万元）$$
$$年应纳所得税=年销售利润×25\%=161×25\%=40.25（万元）$$
$$年税后利润=年销售利润-年应纳所得税=161-40.25=120.75（万元）$$
$$投资回收=投资额/年税后利润=800/120.75=6.63（年）$$

丙方案：

扩建成型车间，达到8万只钢圈的生产能力，一部分产品供应汽车制造厂，一部分钢圈卖给其他厂，则

$$每年供应汽车制造厂钢圈数量=4×0.6+8×0.4=5.6（万只）$$
$$销售额=150×(1-5\%)×5.6=798（万元）$$
$$每年供应给其他厂钢圈数=3.2×0.6+1.2×0.4=2.4（万只）$$
$$销售额=150×2.4=360（万元）$$
$$年总销售量=5.6+2.4=8（万只）$$
$$年总销售额=798+360=1\ 158（万元）$$
$$年销售利润=1\ 158-922-1\ 158×5\%=178.1（万元）$$
$$年应纳所得税=178.1×25\%=44.525（万元）$$
$$年税后利润=178.1-44.525=133.575（万元）$$
$$投资回收期=800/133.575=5.99（年）$$

通过计算分析，可以看出乙方案的税后利润是甲方案的4.89倍，投资回收期是甲方案的3.27倍；丙方案税后利润是甲方案的5.41倍，投资回收期是甲方案的2.95倍。所以丙方案是最佳的。

二、销售结构筹划

在确定了销售规模之后，还要注意销售结构的纳税筹划。由于销售结构对于企业纳税有很大影响，所以进行销售结构的筹划是必要的。再加上产销结构可由企业自己决策选定，不同的产销结构会有不同的税收负担，使进行产销结构筹划变为可能。销售结构筹划一般分以下几个步骤：

首先，确定筹划的具体对象。一般来讲，确定筹划对象的原则在于抓大放

小；对于不重要的对象完全可以舍弃，以免浪费筹划成本，得不偿失。

其次，分析企业销售结构的历史记录，并和其他企业相比较，找出原销售结构的优缺点。

最后，根据企业现实情况，参照税法的具体规定，在企业经营目标的指导下选定新的产销结构。在这个选择作出之前，往往需要进行多项预测分析，制定出多个销售结构的方案，比较不同方案，择优采用。

三、销售价格筹划

通过产品价格筹划来减轻税负包括两个方面：一是通过关联企业之间的转让定价进行筹划；二是企业单独对某项销售的售价筹划。

（一）转让定价

转让定价，是指在经济活动中，有经济联系的企业为均摊利润或转移利润而在产品交换或买卖过程中，不依照市场买卖规则和市场价格进行交易，而是根据其共同利益最大限度地维护其收入进行的产品或非产品转让。因为这种纳税筹划方式是以产品价格或劳务价格为载体的，故而可将转让定价筹划归为价格筹划。

转让定价所涉及的企业一般都是关联企业。所谓关联企业是指两个或两个以上在管理、控制或资本等方面存在直接或间接关系的企业。其主要类型有总分公司、母子公司、总公司的分公司、母公司的子公司。

转让定价的操作的基本程序是，两个企业为关联企业，当其中一个企业所得税率高于另一个企业时，通过低价销售，使得税率低的企业实现较多利润，减轻整体的税收负担。

【例4-9】 南京的泰华公司与珠海特区的海成公司在内地组建一家合资公司，合同规定，其中90%的产品由珠海海成公司包销，10%由泰华公司销售，不得更改包销比例，且售价亦不可轻易变动。可见，该合资企业可以将产品低价销售给特区公司，然后由特区公司高价销售。这样，利润就转移到了特区公司，而特区公司享受低税率优惠，这样可以减轻税收负担；相反，该合资企业则因为利润较少，所以即使适用高税率，也因税基太小而无需缴纳大量税款。

（二）利用内外销价差进行纳税筹划

许多企业生产出来的产品，既可以内销，也可以外销，那么到底是内销还是外销呢？关键在于内销价和外销价不同时，产品的内销过程与外销过程所受到的税收待遇不完全相同。

销售相同数量的产品，按内销价计算有一个应纳税额和利润额；相应的，按外销价计算又有一个应纳税额和利润额。这两对数额的比较与选择是以利润最大化、税负最小化为指导的，所以这个选择过程便是产品价格的一种纳税筹划过程。而且国家为了促进某些产品出口或在某些特定时期为了某些特定目的（比如出口创汇等），对于产品内销和外销，制定了不同的税收政策，企业可以根据实际情况进行抉择。

【例 4-10】 南京海升公司是生产出口 A 产品的专业生产厂家，年生产能力 400 吨左右。国内市场价格每吨 7 000 元，市场销路很好。单位变动成本 3 200 元，固定成本总额 480 000 元，外贸管理局意欲收购全部 A 产品，按出口价 4 000 元/吨收购，给企业 80% 的创汇额度价的提成，并且企业还可以按每 1 美元提取 0.10 元人民币的创汇奖作为企业职工奖励基金。假设国家规定的 1 美元兑换人民币汇率为 1∶3.82，当时市场上汇率 1∶8.01，同时在出口政策允许的范围内向企业退税 13%。请问南京海升公司是否应该接受外贸管理局的条件？

该产品按上期应纳增值税与上期销售收入换算的税率为 5.2%，城市维护建设税率 7%，教育费附加 3%。分析时可按内销与外销分别计算，然后进行比较并作出决策。

(1) 按内销价格计算 A 产品的保本点销售量和年产 400 吨的盈利额

单位产品增值税额 = 7 000 × 5.2% = 364（元）

单位产品应纳城市维护建设税 = 364 × 7% = 25.48（元）

单位产品应缴纳教育费附加 = 364 × 3% = 10.92（元）

A 产品保本销售量

= [480 000/（7 000 − 364 − 25.48 − 10.92 − 3 200）] = 141.19（吨）

年产 400 吨全部内销可获利润

= [400 ×（7 000 − 364 − 25.48 − 10.92 − 3200）− 480 000] = 879 840（元）

(2) 按外销价和相应的出口政策分析计算

1) 如按 4 000 元/吨售价卖给外贸部门，则企业将可获利润为 −251 520 元，计算如下：

销售收入 = 4 000 × 400 = 1 600 000（元）

应纳增值税 = 1 600 000 × 5.2% = 83 200（元）

应纳城市维护建设税 = 83 200 × 7% = 5 824（元）

应缴纳教育费附加 = 83 200 × 3% = 2 496（元）

产品变动成本 = 400 × 3 200 = 1 280 000（元）

产品销售利润 = 1 600 000 − 83 200 − 5 824 − 2 496 − 1 280 000 − 480 000

= −251 520（元）

2) 可为国家创外汇 418 848.17 美元，计算如下：

创汇额 = 4 000 × 400/3.82 = 418 848.17（美元）

第四章 企业管理环节的纳税筹划　　69

3）可提取创汇奖 41 884.82 元和创汇额度分成 1 403 979.07 元，计算如下：
$$提取创汇奖＝418\ 848.17×0.10＝41\ 884.82（元）$$
此项奖金用于职工奖励基金。
$$创汇额度分成＝418\ 848.17×(8.01－3.82)×80\%＝1\ 403\ 979.07（元）$$
4）按销售收入的 13% 退税，有
$$企业可得净利润＝4\ 000×400×13\%＝208\ 000（元）$$
5）400 吨 A 产品全部外销可获净利润为
$$－251\ 520＋41\ 884.82＋1\ 403\ 979.07＋208\ 000＝1\ 402\ 343.89（元）$$

南京海升公司在分别考虑了内销与外销所获净利润后认为，产品外销所获净利润大于产品内销所获净利润 522 503.89 元（＝1 402 343.89－879 840），企业职工又可多得奖金 41 884.82 元，国家可得外汇 418 848.17 美元。对于国家、企业和职工个人都有益处。所以，企业应决定接受这笔生意。

从理论上说一个企业产品价格越高，厂家的收益应该越大。但实际并不完全如此，因为实际销售中，产品的销售价格越高，购买者的有效需求也就越少，售价与销售数量之积所构成的销售收入也会呈现先升后降的变化，因而最高点是企业进行价格筹划时应注意的。除此之外，价格筹划中应注意价格对税收的影响，因为根据税法规定，价格定在某个点以下，将会获取一定的税收优惠，如企业出售自用的固定资产。

【例 4-11】　哈尔滨市宏利房地产开发公司开发 20 000 米^2 的普通标准居民住宅，其成本费用开支：地价款 600 元/米^2，开发成本 1 000 元/米^2，开发费用 90 元/米^2（不包括利息），总计利息支出 350 万元，其他扣除 640 万元。该房地产公司为销售房地产确定了以下三种销售价方案：甲方案：每平方米 3 200 元。乙方案：每平方米 3 000 元。丙方案：每平方米 2 800 元。请问该公司应选哪一方案？（已知营业税税率 5%，城市维护建设税税率为 7%，教育费附加征收率为 3%，所得税税率 25%）

经计算，在各方案下，房地产开发商的各项费用支出、增值额、增值率及应纳土地增值税、所得税、净收益见表 4-3 所示。

表 4-3　宏利房地产开发公司各项指标统计

方案	甲	乙	丙
总销售收入/万元	6 400	6 000	5 600
地价/万元	1 200	1 200	1 200
开发成本/万元	2 000	2 000	2 000
开发费用/万元	180	180	180
利息支出/万元	350	350	350

续表

方案	甲	乙	丙
税金/万元	352	330	308
加计扣除/万元	640	640	640
增值额/万元	1 678	1 300	922
增值率/%	35.54	27.66	19.71
土地增值税/万元	503.4	390	0
应税所得/万元	1 814.6	1 550	1 562
所得税/万元	453.65	387.5	390.5
净收益/万元	1 360.95	1 162.5	1 171.5

很明显，甲方案可以获取最大收益，但收益相对乙、丙方案只增加100多万元，但价格定得过高，可能会使消费者的购买需求急剧下降，销售并不一定十分理想；乙方案和丙方案相比，明显是丙方案更好，该方案价格便宜，可以最快实现销售，获取资金再投资，收益会更好。所以应选择丙方案。

该项筹划便是利用了土地增值税的税收优惠政策。根据《中华人民共和国土地增值税暂行条例》的规定，纳税人建造普通标准住宅出售，增值额未超过扣除项目金额20%的，可以免征土地增值税，增值额超过扣除项目金额20%的，其全部增值额应按规定纳税。

四、销售收入实现时间筹划

销售收入实现时间和结算方式密切相关。现销方式和赊销方式的销售收入实现时间就不相同。

我国现行税法对销售收入实现时间的确定与产品销售收入实际流入的时间并不是完全相同的。法定时间与实际时间的不同给企业带来许多不便。在我国，税制和财务制度两者对于纳税义务发生时间和销售实现时间是不一致的。企业产品销售收入实际流入的时间往往会因为多种原因滞后于纳税义务发生时间。这样，纳税提前，往往会造成企业资金紧缺。所以，对产品销售收入实现时间的筹划是必要的。

根据《增值税暂行条例》的规定，纳税人销售货物或者应税劳务的纳税义务发生时间，按销售方式不同而不同：采取直接收款方式销售货物，不论货物是否发出，均为收到销售额或取得索取销售额的凭据，并将提货单交给买方的当天；采取托收承付和委托银行收款方式销售货物，为发出货物并办妥托收手续的当天；采取赊销或分期收款方式销售货物，为合同约定的收款日期当天；采取预收货款方式销售货物，为货物发出的当天；采取委托其他纳税人代销货物，为收到代销单位销售的代销清单的当天；销售应税劳务，为提供劳务同时收讫销售额或取得索取销售额凭据的当天；纳税人发生视同销售货物行为，为货物移送的当天。

根据《企业所得税法》的有关规定，企业所得税的收入确认时间为：在交货提款的前提下，如果货款已经收到或者取得索取货款的权利，同时已将发票或者提货单交给对方时，即确认为收入的实现，无论商品是否发出；如果未交给对方发票或提货单时，则不用纳税；采用预收货款销售方式，应于商品已经发出时确认销售收入的实现；采用托收承付或委托收款方式，应当在商品已经发出，并在发票、账单送交银行办妥托收手续手作为收入实现；采用委托其他单位代销产品，应在收到代销清单后作为收入实现；采用分期收款方式，应以本期收到货款或以合同约定的本期应收款日期作为本期销售收入的实现日期；企业长期工程合同收入应根据企业完工进度法或完成合同法合理确认营业收入。

收入确认时间的不同，产品销售收入实现的法定时间也不相同，因此在产品销售收入实现时间的筹划过程中必须选择与之匹配的销售方式。产品销售收入实现时间筹划基本思路就是让收入确定的法定时间与实际收入实现时间一致或晚于实际收入实现时间。这样，企业就能有较为充足的现金纳税，或享受到一笔相当于无息贷款的资金。

五、销售方式筹划

在企业的销售活动中，为了增加销售数量，经常采取不同的销售方式（如折扣和销售折让等）。在不同的销售方式下，销售者取得的销售额会有所不同，企业用于计税的销售额也会不同。

我国增值税法对折扣销售有明确的定义和特殊的税收处理。税法中所谓的"折扣销售"是指销货方在销售货物或应税劳务时，因购货方购货数量较大等原因而给予购货方的价格优惠。由于折扣是在实现销售的同时发生的，因此税法规定，如果销售额和折扣在同一张发票上分别注明的，可按折扣后的余额作为销售计算增值税；如果将折扣额另开发票的，则无论其在财务上如何处理，均不得从销售额中扣减折扣额。

所以，进行折扣销售时，一定要把折扣额与销售额在同一张发票上注明，以达到节税的目的。

六、销售地点筹划

企业销售活动的地点不同会对企业的税收负担产生很大的影响，因而销售地点的筹划对企业来说也是必要的。销售地点筹划的存在依据主要是地区性税负差异。国家为了鼓励某些地区的发展，一般会在税收政策上向该地区倾斜，于是企业就有了税收筹划的必要。

例如，我国内地某企业与经济特区某企业共同投资在内地兴办一家合营企业，该合营企业生产的产品，90%由经济特区企业销售，10%由内地公司负责销售。合营企业销售给经济特区企业的产品价格低于市场正常价格，而销给内地公司的产品价格高于市场价格，就是利用地区税负差异转让定价进行纳税筹划。合营企业将绝大部分产品低价销售给经济特区企业，由于经济特区的税率普遍低于内地，所以在同等税基总额情况下，在特区销售后的应纳税额无疑低于内地，所以合资企业在一定量产品的销售中，将绝大部分产品运往低税负的经济特区，而把少量产品留给内地的企业销售，这样就使企业所得税税基很小，增值额大大小于平均摊售的水平。

国内或世界范围内许多地方税负存在差别，如避税地、避税港等。这些地区一般只对少量物品征税，而且税率也特别低，于是为跨国销售地点的筹划提供了机会，跨国纳税企业可以再在国际避税地、避税港设立分支机构，通过转让定价的方法将高税区的利润转移至分支机构的名下，以减轻税负。

第六节 企业内部核算的纳税筹划

一、存货计价方法纳税筹划

所谓存货，是指企业在生产经营过程中为销售或者耗用而储存的各种资产，包括商品、产成品、半成品、在产品以及各类材料、燃料、包装物、低值易耗品等。存货是企业流动资金的重要组成部分。其中，材料存货在产品成本之中占有很大的比例，而且，材料存货的种类繁多，更替变动频繁，所以存货核算在企业内部核算中起着十分重要的作用。

在会计核算的存货核算部分，一般会涉及存货核算方式，即材料计价方法。材料计价方法有许多种，如加权平均法、移动加权平均法、先进先出法等。不同的存货计价方式会得出不同的应纳税额，从而让企业承受不同的税收负担。存货计价方式是由企业选定的，所以选择恰当的存货计价方式对减轻税负至关重要。

存货计价是指企业在计算成本时存货计入成本的金额，一般来说，企业会采取最有利于自己的成本计价方法。企业在生产过程中所需材料的购入价格随市场商品价格的波动而发生变化；供不应求时，存货价格就会上涨，反之就要下落。存货用于产品生产，存货费用如何计入成本，直接影响到所得税额。对企业来讲，存货计价法常用的有先进先出法、移动平均法、加权平均法、个别计价法等。不同的计价方法对企业利润和纳税额的影响是不均等的。所以，合理筹划、减小税基有利于企业减少税额、减轻税负。

存货计价方法作为企业内部核算的具体方式，主要利用市场价格的波动来达到节约税款的目的。企业究竟采用哪一种存货计价方法，应依据具体情况进行预测分析，用多种存货计价方案计算出多组数据，然后选择一种最有利于自己的存货计价方法。

【例 4-12】 南京市保利公司为保证正常生产经营，每年需要进货 4 次。2006 年 4 次进货的数量和价格如表 4-4 所示。

表 4-4　进货数量与价格表

进货次数	进货数量/件	单价/元	金额/元
1	14 000	13	182 000
2	12 000	17	204 000
3	10 000	19	190 000
4	10 000	20	200 000

年底，该企业 10 000 件产品售出，市场价格为 36 元/件，除材料费用外，其他开支 10 元/件。计算不同计价方法下企业净收益：

(1) 采用先进先出法情况下：

材料成本＝13×10 000＝130 000（元）

总成本＝130 000＋10 000×10＝230 000（元）

销售收入＝36×10 000＝360 000（元）

扣除成本后利润＝360 000－230 000＝130 000（元）

应纳企业所得税＝130 000×25％＝32 500（元）

税后净收益＝130 000－32 500＝97 500（元）

(2) 采用加权平均法情况下：

$$加权平均单价=\frac{182\ 000+204\ 000+190\ 000+200\ 000}{14\ 000+12\ 000+10\ 000+10\ 000}=16.87（元/件）$$

材料成本＝10 000×16.87＝168 700（元）

总成本＝168 700＋10 000×10＝268 700（元）

销售收入＝36×10 000＝360 000（元）

扣除成本后利润＝360 000－268 700＝91 300（元）

应纳企业所得税＝91 300×25％＝22 825（元）

税后净收益＝91 300－22 825＝68 475（元）

通过计算可知，采用先进先出法计算材料成本企业所获得的净收益最大，加权平均法较差。

二、固定资产折旧纳税筹划

固定资产折旧是固定资产由于损耗而转移到产品成本中的价值。由于固定资产保持在原有的实物形态下，可以长期使用，发生损耗是必然的，其价值也就逐渐减少，逐步转入产品成本。由于计算固定资产折旧的方法不同，计入成本的时间不完全一样，所以就有必要对固定资产折旧进行纳税筹划。

固定资产折旧的方法很多，主要有以下几种：

（1）平均使用年限法，又称平均法、直线法，是固定资产的原始价值扣除预计净残值后，按照预计使用年限平均计算折旧的一种方法。折旧额的具体计算方法是固定资产的原值减去净残值的余额除以使用年限。

（2）自然损耗法，即根据固定资产自然磨损程度提取折旧，这种方法的特点在于折旧额先少后多。

（3）加速折旧法，又称为递减折旧费用法，指固定资产每期计提的折旧费用，在使用初期提的多，后期则提的少，从而相对加快了折旧的速度，以比机器寿命更短的年限内提完折旧额。加速折旧法又有多种，主要的有双倍余额递减法和年数总和法两种。

（4）产量法。假定固定资产服务潜力会随着使用程度而减退，因此单位产品折旧额的计算为将年限平均法的固定资产使用年限改为使用这项固定资产所能生产的产品或劳务数量。

采用什么样的固定资产折旧方式对纳税企业会产生不同的税收影响。首先，不同的折旧方法产生不同的固定资产价格补偿和实物补偿，可以产生价格筹划节税机会以及税收屏蔽。其次，不同的折旧方式使年折旧提取额不同直接关系到利润额抵减的程度，因而会造成纳税的差异。企业就是在有关折旧规定的范围内，通过不同的折旧方法的选择，力图减少税收，维护企业利益。

通常情况下，采用加速折旧法对企业最为有利，因为加速折旧法可以使固定资产成本在使用期限内加速得到补偿，企业前期利润少，纳税少，后期利润多，纳税较多，从而达到了推迟纳税的效果。

【例 4-13】 某企业固定资产原值 100 万元，使用期限 5 年，无残值。5 年内未扣除折旧前的年利润维持在 60 万元。该企业适用企业所得税税率 25%。请分析该企业分别采用平均年限法和双倍余额递减法下应纳的企业所得税。

（1）企业采用平均使用年限法下：

年折旧额 = 1 000 000/5 = 200 000(元)

扣除折旧后的利润 = 600 000 − 200 000 = 400 000(元)

每年应纳所得税额 = 400 000 × 25% = 100 000(元)

5 年共纳所得税 100 000 × 5 = 500 000(元)

(2) 企业采用双倍余额递减法下：

第 1 年折旧＝1 000 000×2/5＝400 000（元）

第 1 年纳所得税＝(600 000－400 000)×25％＝50 000（元）

第 2 年折旧＝600 000×2/5＝240 000（元）

第 2 年纳所得税＝(600 000－240 000)×25％＝90 000（元）

第 3 年折旧＝360 000×2/5＝144 000（元）

第 3 年纳所得税＝(600 000－144 000)×25％＝114 000（元）

第 4、5 年折旧＝(360 000－144 000)/2＝108 000（元）

第 4、5 年纳所得税＝(600 000－108 000)×25％＝123 000（元）

5 年共纳所得税＝50 000＋90 000＋114 000＋123 000＋123 000
＝500 000（元）

通过比较，5 年间用上述两种折旧方法，企业应纳的所得税总额是相同的。但采用双倍余额递减法，先纳的所得税少，后纳的所得税多，可以推迟缴纳税款，从而为企业取得税收上的好处。

三、技术改造时机纳税筹划

技术改造是企业为改善其设备性能进行的技术和工艺的革新、改造。一般来说，技术改造的选择权在企业自身，例如，机器设备技术改造的时间企业可以自己决定。从纳税角度来讲，企业选择不同的时间进行技术改造，会对纳税产生不同的影响。所以，企业应合理选择技术改造时间，使企业获得更多的税后利润。技术改造的筹划除了技术改造时间的选取之外，还包括技术引进方式、技术转让购进渠道的筹划。

1. 技术引进方式的筹划

技术引进，一般是针对技术进口而言的。为了学习国外的先进技术，我国对引进技术、仪器设备的税收实行优惠，主要有：开放地区的企业进行技术改造进口的仪器设备免征关税和增值税；内地企业技术改造、生产制造新设备、新产品而必须引进的关键设备仪器减半征收关税所涉及的增值税。

所以，有些企业通过改变自己的身份引进技术，主要有三种方式：一是挂靠开放地区企业，享受开放地区免征进口税和增值税的优惠；二是挂靠内地企业，享受减征关税及所涉及的增值税部分优惠；三是集中引进先进技术和设备来享受免税待遇。

2. 技术转让购进的渠道筹划

技术转让购进主要是针对国内企业间相互转让技术而言的。关联企业间的技术转让当然会依照转让定价的途径来进行纳税筹划，而且这条途径也相对容易一些。若是非关联企业，企业之间可以相互取长补短，在转让技术时合作，使技术转让价格相对较低，甚至低于征税的起点。

四、费用分摊纳税筹划

费用是企业在生产经营过程中发生的各种耗费。按照经济用途可以将费用划分为两部分，即生产经营成本和期间费用。生产经营成本是指企业在生产经营过程中为生产商品和提供劳务等直接发生的人工、材料和制造费用。期间费用是指企业在一定的经营期间所发生的费用，包括产品销售费用、管理费用以及财务费用三部分。

费用是对企业利润的抵减，在费用增加，企业的收入一定的情况下，所得额就会减少，从而达到减轻税负的避税效果。

常用的费用分摊方法有三种：

（1）实际费用摊销法，即根据实际费用进行摊销，多则多摊，少则少摊，没有则不摊。

（2）不规则摊销法，即根据经营需要进行费用摊销，可以将一笔费用集中摊入某一产品的成本之中，又可以在某一批产品中，不摊分文。这体现出了费用摊销的不规则性，因而被称为不规则摊销法，如广告费用可以进行不规则摊销。

（3）平均摊销法，即把一定时间内发生的费用平均摊入每个产品的成本之中。

以上三种摊销方法，会使企业利润的大小和纳税的多少产生差异。正是由于会产生不同的结果，企业可以利用这种差异来进行有效的纳税筹划。

费用分摊绝非简单地将发生的费用计入产品成本就可以实现的。费用难以控制时，可以采用不同的费用分摊法对其加以调整。由于不同费用分摊方法会对利润和应纳税额产生重大影响，所以企业在计算成本费用时一定要先进行测算，然后再进行选择。实践表明：平均费用分摊法是最大限度抵消利润、减少税基的最佳选择。只要企业在生产经营中长期从事某项经营活动，那么将一定时期内发生各项费用进行最佳的分摊，就可以将这段时间获得的利润进行最大限度的平均，就可以得到费用筹划的好处。

第七节 企业产权重组的纳税筹划

一、企业分立纳税筹划

1. 企业分立

企业分立是指一个企业依照法律的规定，将部分或全部业务分离出去，分化成两个或两个以上新企业的法律行为。

分立按被分立公司是否存续，可分为派生分立与新设分立。

派生分立，是指公司以其财产设立另一家新公司的行为。这种方式下，新设的公司需注册登记，原公司存续，但需要办理减少注册资本的变更登记。

新设分立，是指将公司全部财产分解为若干份，重新设立两个或两个以上的新公司，原公司解散。

企业分立的动因很多。适应经营环境变化、调整经营战略、提高管理效率、谋求管理激励、提高资源利用效率、突出企业的主营业务等，都是企业分立的动因。企业分立也可能是为了弥补并购决策失误或成为并购决策的一部分。从税收角度讲，获取税收方面的利益也是企业分立的一个动因。分立后，企业在本质上并没有消失，只是同原有企业相比，有了新的变化；正是这种实质上的存续，为纳税筹划提供了可能。

2. 企业分立的纳税筹划

在流转税中，一些特定产品是免税的或者适用税率较低。这类产品在税收核算上有一些特殊的要求，而企业往往由于种种原因不能符合这些核算要求而丧失了税收上的一些利益。如果将这些特定产品的生产部门分立为独立的企业，就可能获得流转税免税或税负降低的好处。

我国现行税制对增值税纳税人兼营行为规定：纳税人兼营免税项目或非应税项目而无法准确划分不得抵扣进项税额时，按下列公式计算不得抵扣的进项税额：

不得抵扣的进项税额＝

当月全部增值税进项税额 × $\dfrac{当月免税项目销售额和应税项目营业额合计}{当月全部销售额、营业额合计}$

可抵扣比例 ＝ $\dfrac{（当月全部增值税进项税额－不得不抵扣的进项税额）}{当月全部增值税进项税额}$

二、企业合并纳税筹划

（一）企业合并

企业合并是指两个或两个以上的企业，依据法律规定或合同的约定，合并为一个企业的法律行为。我国《公司法》规定，公司合并可以采用吸收合并与新设合并两种形式。

吸收合并是指接纳一个或一个以上的企业加入本公司，加入方解散并取消法人资格，接纳方存续，也就是所谓企业兼并。

新设合并是指公司与一个或一个以上的企业合并成立一个新企业，原合并企业方解散，取消法人资格。

企业合并的动因主要有两个：一是实现企业股东权益最大化；二是来自于市

场竞争的巨大压力。一个企业为了生存与获利，往往通过与其他企业进行合并，以实现规模效益，在行业中某方面占有优势。

（二）企业合并的纳税筹划

我国《公司法》规定，公司合并时，合并各方的债权债务，应当由合并后存续的公司或者新设的公司承担。

企业合并的纳税筹划主要包括两个方面：一是合并中产权交换支付方式选择的纳税筹划；二是合并后存续公司的纳税筹划。

1. 合并中产权交换支付方式的纳税筹划

1）合并中产权交换支付的一般方式

一般来说，一个公司与另一个公司合并，可以采用四种支付方式：以现金购买被合并公司股票；以股票换取被合并公司股票；以股票加现金换取被合并公司股票；以信用债券换取被合并公司股票。这四种产权交换支付方式对被合并公司股东来说，按照通常的做法，有的是应税交易，有的是免税交易。

（1）免税合并。当一个公司合并另一个公司，是以公司的股票按一定比率换取被合并公司的股票的方式进行的，被合并公司的股东未收到合并公司的现金，就是免税合并。在这种情况下，股票转换不视为资产转让，被合并公司的股东没有实现资本利得，这一合并所得在股东以后出售其股票时才成为应税所得。

（2）应税合并。当合并公司采用以现金或无表决权的证券购买被合并公司股票的方式时，就是应税合并，被合并公司股东收到合并公司的现金和债券，被视为转让其股票的收入，并由此会产生资本利得，被合并公司的股东要就其资本利得缴纳资本利得税或所得税。

（3）部分应税合并。当合并公司采用以股票加现金换取被合并公司股票的方式时，就是部分应税合并。被合并公司股东换取合并公司的股票被视为免税交易，而收到的合并公司的现金则被视为处置其部分股票的收入，要计算其处置利得，并就利得缴纳资本利得税或所得税。

通过股票换股票的合并方式，在不缴纳所得税的情况下，公司可以实现资产的流动和转移，达到追加投资和资产多样的目的，被合并公司的股东持有的合并公司的股票在要出售后才计算损益，作为资本利得课税。

2）我国企业合并业务的税务处理

国家税务总局在《关于企业合并分立业务有关所得税问题的通知》中有以下规定：

（1）一般情况下，被合并企业应视为按公允价值转让、处置全部资产，计算资产的转让所得，依法缴纳所得税。

（2）合并企业支付给被合并企业或其股东的收购价款中，除合并企业股权以外的现金、有价证券和其他资产，不高于所支付的股权票面价值 20% 的，经税务机关审核确认，当事各方可选择按下列规定进行所得税处理：①被合并企业不确认全部资产的转让所得或损失，不计算缴纳所得税，被合并企业合并以前的全部企业所得税纳税事项由合并企业承担。②被合并企业的股东以其持有的原被合并企业的股权交换合并企业的股权，不视为出售旧股、购买新股处理。被合并企业的股东换得新股的成本，须以其所持旧股的成本为基础确定。但未交换新股的被合并企业的股东取得的全部非股权支付的全部非股权支付额，应视为其所持有的旧股的转让收入，按规定计算确认财产转让所得或损失，依法缴纳所得税。③合并企业接受被合并企业全部资产的计税成本，须以被合并企业原账面净值作为基础确定。

（3）关联企业之间通过交换普通股实现企业合并时，必须符合独立企业之间公平交易的原则，否则，对企业应纳税所得造成影响的，税务机关有权调整。

（4）如被合并企业的资产与负债基本相等，不视为被合并企业按公允价值转让、处置全部资产，不计算资产的转让所得。合并企业接受被合并企业全部资产的成本，以被合并企业原账面价值为基础确定，被合并企业的股东视为无偿放弃所持有的旧股。

2. 合并后所得税的纳税筹划

企业合并后所得税的纳税筹划主要考虑的因素有以下两个方面：

1）原被合并企业的亏损的承继结转

公司亏损的向后期结转是指，如果一个公司在某一年度出现亏损，该公司不但可以免缴当年的公司所得税，其亏损还可以向后期结转，冲抵以后若干年度的所得，直至公司亏损全部冲抵完的年度，公司才就冲抵亏损后的所得缴纳公司所得税。

公司合并后的亏损承继结转是指，两个或两个以上的公司合并后，存续公司或新设公司可以承继被兼并公司或原各公司的亏损，结转冲抵以后若干年度的所得，直至亏损全部冲抵完才开始缴纳公司所得税。这样，如果一个公司在某一年中严重亏损，或连续几年亏损，拥有相当数量的累积亏损，那这个公司往往就会被有大量盈利的公司作为合并对象，以达到其节税的目的。

国家税务总局在《关于企业合并分立业务有关所得税问题的通知》中规定：企业合并在通常情况下，被合并企业以前年度的亏损，不得结转到合并企业弥补。但如果合并企业支付给被合并企业或其股东的收购价款中，除合并企业股权以外的现金、有价证券和其他资产，不高于所支付的股权票面价值 20% 的，经税务机关审核确认，可以不确认被合并企业全部资产的转让所得或损失，不计算缴纳所得税。被合并企业以前的全部企业所得税纳税事项由合并企业承担，以前年度的亏损，如果未超过法定弥补期限，可由合并企业继续按规定用以后年度实现的与被合并企业资产相关的所得弥补。具体按下列公式计算：

某一纳税年度可弥补被合并企业亏损的所得额
＝合并企业某一纳税年度未弥补亏损前的所得额
×被合并企业净资产公允价值/合并企业全部净资产公允价值

【例4-14】 南京华日公司为扩大经营规模，计划在2006年底吸收合并华德公司，合并基准日华德公司净资产的账面价值和计税成本均为600万元，公允价值为800万元，2004年度及2005年度未弥补亏损额共50万元。华日公司在合并后预计每年均有较大的应税所得。现有甲、乙两个方案可供选择。

甲方案：现金收购。华日公司支付给华德公司的收购价款中包括现金800万元。

乙方案：华日公司将公允价值为800万元的股票给华德公司的股东，实现合并。

两种方案纳税的比较：

在甲方案下，亏损由华德公司的全部资金转让所得弥补。被合并的华德公司应纳所得税税额为37.5 [＝(800－600－50)×25％] 万元。

在乙方案下，因为没有现金，根据相关规定，除合并企业股权以外的现金、有价证券和其他资产，不高于所支付的股权票面价值20％的，经税务机关审核确认，可以不确认被合并企业全部资产的转让所得或损失，不计算缴纳所得税。被合并企业以前的全部企业所得税纳税事项由合并企业承担，以前年度的亏损，如果未超过法定弥补期限，可由合并企业继续按规定用以后年度实现的与被合并企业资产相关的所得弥补。所以不用纳税，而且被合并企业亏损还可以弥补。

一般而言，由于有推迟纳税的政策，所以在不考虑其他因素的情况下，免税重组优于应税重组。

按照我国《关于外商投资企业合并、分立、股权重组、资产转让等重组业务所得税处理的暂行规定》：股权重组后的企业，如果仍然为外商投资企业或仍适用外商投资企业的有关税收法律、法规的，其在重组前尚未弥补的经营亏损，可在亏损弥补年限的剩余期限内，在股权重组后逐年延续弥补；收购和被收购企业在资产转让前后发生的经营亏损，各自在亏损弥补年限内逐年弥补，不论企业转让部分还是全部资产及其业务，企业经营亏损均不得在资产转让方和受让方之间相互结转。

2) 合并后承继的税收优惠

我国颁布的《关于外商投资企业合并、分立、股权重组、资产转让等重组业务所得税处理的暂行规定》，允许外商投资企业合并后可以在以下条件下承继税收优惠。

(1) 定期减免税收优惠。合并后企业的生产经营业务符合税法规定的定期减免税收优惠适用范围的，可以承继合并前的税收待遇。合并前各企业应享受的定期减免税优惠享受期未满而且剩余期限一致的，合并后的企业继续享受优惠至期满。

合并前各企业剩余的定期减免期限不一致的，或者其中有不适用定期减免税优惠的，合并后的企业应按税法规定划分计算。对其中剩余减免期限不一致的，分别继续享受优惠至期满；对不适用税收优惠的业务的应纳税所得额，不享受优惠。

股权重组后的企业，如果仍然为外商投资企业或仍适用外商投资企业有关税收法律、法规的，其按照重组后可就其尚未享受期满的税收优惠继续享受至期满，但不得重新享受有关税收优惠。

收购和被收购企业在资产转让后未改变其生产经营业务的，应承续其原税收待遇。其中享受定期减免税优惠的，不得因为资产转让而重新计算减免税期。

收购和被收购企业在资产转让后改变其生产经营业务的，凡属原适用有关税收优惠的业务改变为非适用优惠业务的，在资产转让后不得继续享受该项税收优惠；凡属原不适用有关税收优惠的业务改变为适用优惠业务的，可享受自该企业获利年度起计算的税收优惠年限中剩余年限的优惠。

(2) 降低税率。对合并的企业及其各营业机构，可以根据其实际生产经营情况，依照税法及其实施细则的有关规定，确定适用有关地区性或行业性低税率，并按照税法规定分别计算相应的纳税所得额。

三、企业清算纳税筹划

企业清算是企业宣告终止以后，除因合并与分立事由外，注销其法人资格的法律行为。企业清算完成后，其法人资格即消失。在市场经济中，随时有企业建立，也随时有企业由于经营管理不善或其他原因，清算解散。

清算按其原因划分，可分为解散清算和破产清算；按清算是否自行组织，可以分为普通清算和特别清算。

1. 企业清算的所得

纳税人依法进行清算时，其清算终了后的清算所得，应按规定缴纳企业所得税。进行清算时，其资产净额或剩余财产减除企业未分配利润、各项基金和清算费用后的余额，超过实缴资本的部分为清算所得，应依法缴纳所得税。其计算公式如下：

清算所得税额＝企业的清算所得×企业清算当年经营所得适用的税率

企业在办理注销登记之前，应向主管税务机关申报缴纳清算所得税。

2. 企业清算的纳税筹划

企业的清算日期不同,对税负的影响也不同,企业可以利用改变解散日期的方法影响其清算期间应税所得额的大小。

【例 4-15】 上海吉利公司股东会 6 月 20 日作出解散决议,6 月 30 日解散。7 月 1 日开始正常清算。公司在清算过程中发现,1~6 月公司可盈利 6 万元。于是,在尚未公告的前提下,股东会再次通过决议,把解散日期改为 7 月 16 日,于 7 月 17 日开始清算。公司在 6 月 1~15 日共发生清算费用 12 万元。按照规定,清算期间应单独作为一个纳税年度,即这 12 万元费用本属于清算期间费用,但因清算日期的改变,该公司 1~6 月由原盈利 6 万元变为亏损 6 万元。假设该公司清算所得为 8 万元。

(1) 如果清算开始日期为 7 月 1 日,该公司 1~6 月应纳所得税额为

$$应纳所得税额 = 60\,000 \times 25\% = 15\,000\,(元)$$

清算所得为亏损 4 万元,不纳税,合计税额为 15 000 元。

(2) 如果清算开始日期为 7 月 17 日时,该公司 1~6 月亏损 6 万元,该年度不纳税,清算所得为 8 万元,须抵减上期亏损后,再纳税。清算所得额为

$$应纳所得税额 = (80\,000 - 60\,000) \times 25\% = 5\,000\,(元)$$

通过计算后比较可知,经过筹划后,可以减轻税负 10 000 元。

复习思考题

1. 企业在选择分支机构的组织形式时应考虑哪些因素?
2. 根据我国现行税法的规定,不同行业有哪些不同的税收优惠政策?
3. 我国对经济特区、经济技术开发区、沿海经济开放区、保税区、西部地区、旅游度假区有哪些税收优惠政策?
4. 哪类企业可以利用注册资金的到位时间进行税收筹划?
5. 企业在选择增加投资的时间时应注意什么问题?
6. 企业在采购过程中,应从哪些方面做好税收筹划工作?
7. 在确定采用何种销售结算方式时,企业应该考虑哪些因素?
8. 按照我国税法,符合何种条件才能实现重组中得到税收优惠?
9. 企业合并时和合并后应如何进行纳税筹划?
10. 企业分立考虑的税收因素是什么?

第五章

增值税纳税筹划

本章主要研究增值税制度、增值税优惠政策、增值税纳税筹划三个方面内容。以制度为导向，突出纳税筹划的实务操作。

【重要概念】 增值税　生产型增值税　起征点　兼营行为　混合销售行为

第一节　增值税制度

增值税是对在我国境内销售货物或者提供加工、修理修配劳务以及进口货物的单位和个人，就其取得货物或应税劳务销售额以及进口货物金额计算税款，并实行税款抵扣的一种流转税。

一、增值税的特点

（一）对增值额的计税

所谓增值额，从理论上分析是指企业或其他经营者在一定时期内因从事生产经营或提供劳务而新增价值额，或者说是纳税人在一定时期内销售收入额大于购进货物所支付金额的差额，即产品价值 $C+V+M$ 中的 $V+M$，但在实际运用中是指法定增值额。各国增值税制中的增值额各不相同。一些发达国家从鼓励设备更新和鼓励投资的角度考虑，在计算增值额时对购入固定资产一次性扣除，增值额相当于 $V+M$。而大多数发展中国家对购入固定资产不允许扣除，增值额相当于 $Q+V+M$，公式中的 Q 指劳动手段。增值税只就部分进行征税。

（二）增值额实行价外计税

增值税的税额部分与销售额在专用发票中单独列示，这也表明现行增值税是一种价外税，价款与税款分开，使得商品或产品的整体税负成为可确定的因素，为正确制定价格提供了有利条件。

（三）连续征收而不重复纳税

增值税是多环节征税，商品从生产、批发到零售，不论生产、流通环节有多少，每一个环节征一道税，但由于价外抵扣原则，以不含增值税税额的价格作为计税依据，就避免了以流转额总额征税而产生的重复征税的现象。

二、增值税的种类

（一）生产型增值税

生产型增值税，是指在征收增值税时，不允许扣除固定资产价值中所含的税款，也就是说，它是以一定时期内纳税人的销售收入减去其耗用的外购商品和劳务的余额，作为计税依据的增值税。这样，就整个国民经济而言，计税依据相当于工资、利息、租金、利润和折旧之和，即大体相当于国民生产总值的统计口径，故被称为生产型增值税。在此类型增值税下，其税基范围超过了增值额概念的税基范围，相当于将固定资产转移的价值又作为新价值进行征税。因而，在一定程度上存在重复征税，而且，资本有机构成越高，重复征税越严重。但采用这种类型的增值税并不影响发票扣税法的实行，且因税基较宽，因而能在一定程度上保证国家财政收入的稳定与增长。目前，这种类型的增值税主要为我国和印度尼西亚所采用。

（二）收入型增值税

收入型增值税，是指在征收增值税时，只允许扣除当期固定资产折旧部分所含的税款，也就是说，这种类型的增值税是以一定时期内纳税人的销售收入减去其耗用的外购商品和劳务及固定资产折旧后的余额，作为增值额计税，这一金额相当于纳税人的工资、利息、租金和利润之和。从总体上看，这一类型的增值税税基为国民生产总值减去当期资本损耗后的余额，即国民生产净值，故称为净产值型增值税。同时，按照西方早期经济学家的生产三要素理论，其税基相当于纳税人的工资、利息、租金和利润之和，与纳税人分配给各生产要素的收入总额相同。就整个国民经济而言，即相当于国民收入的部分，因此，这种类型的增值税又被称为收入型增值税。在此类型的增值税下，其税基与增值额概念范围正好吻合，从理论上而言，它属于一种标准的增值税。

虽然收入型增值税考虑到固定资产价值的损耗与转移是分期进行的，其税基完全符合了增值税的概念，而其价值转移中不能获得任何凭证，其增值税要依据会计账簿中提取的固定资产折旧额来进行抵扣，不能很好地利用增值税专用发票的交叉稽核功能，具有一定的主观性和随意性，因此，采用的国家较少，主要有阿根廷、摩洛哥等国家。

（三）消费型增值税

消费型增值税，是指在征收增值税时，允许将购置的所有投入物，包括固定资产在内的已纳税款一次性予以全部扣除，使得纳税人用于生产应税产品的全部外购投入物都不在课税之列。也就是说，作为计税依据的增值税相当于一定时期内纳税人的商品销售收入额减去其耗用的外购商品和劳务的金额，再减去本期所购置的固定资产金额后的余额。就整个国民经济而言，作为增值税计算依据的部分仅限于消费资料的价值部分，国民所得用于储蓄或投资的部分则不予课税，故称为消费型增值税。

在消费型增值税的情况下，固定资产购进的当期，显然会使得增值税税基小于理论上的增值税，但由于这种情况最适宜采用规范的发票扣税法，而发票能对每笔交易的税额进行计算，所以该方法在法律上和实务上都远较其他方法优越，是一种先进而规范的增值税类型，为欧共体及许多发达国家和发展中国家所采用。

以上三种增值税中，收入型增值税虽然允许外购固定资产已纳税款按折旧分期抵扣，但折旧额的计算和扣除相当复杂，与现代税收要求的简便原则、效率原则相悖，因此，这里论述的内容仅针对生产型增值税。

三、增值税的基本内容

（一）纳税义务人

根据《增值税暂行条例》的规定，凡在我国境内销售货物或者提供加工、修理修配劳务，以及进口货物的单位和个人，为增值税的纳税义务人。具体包括：

1. 单位

一切从事销售、进口货物或者提供应税劳务的单位，都是增值税的纳税人，包括国有企业、集体企业、私有企业、股份制企业、其他企业和行政单位、事业单位、军事单位、社会团体及其他单位。

2. 个人

凡从事货物销售、进口货物或者提供应税劳务的个人都是增值税的纳税人，包括个体经营者及其他个人。

3. 外商投资企业和外国企业

自1994年1月1日起，外商投资企业和外国企业凡从事货物销售、进口货物或提供应税劳务的,为增值税纳税义务人。

4. 承租人和承包人

企业租赁或者承包给他人经营的,以承租人或承包人为纳税人。

5. 扣缴义务人

境外的单位和个人在境内销售货物或提供应税劳务而在境内未设有经营机构的,其应纳税款以代理人为扣缴义务人;没有代理人的,以购买者为扣缴义务人。

(二) 征税范围

1. 一般规定

(1) 销售或者进口的货物。货物指有形资产,包括电力、热力、气体在内。

(2) 提供的加工、修理修配劳务。加工指受托加工货物,即委托方提供原料及主要材料,受托方按照委托方的要求制造货物并收取加工费的业务;修理修配,是指受托对操作和丧失功能的货物进行修复,使其恢复原状和功能的业务。

2. 视同销售货物行为

(1) 将货物交付他人代销;

(2) 销售代销货物;

(3) 设有两个以上机构并实行统一核算的纳税人,将货物从一个机构移送其他机构用于销售,但相关机构设在同一县市的除外;

(4) 将自产或委托加工的货物用于非应税项目;

(5) 将自产、委托加工或购买的货物作为投资,提供给其他单位或个体经营者;

(6) 将自产、委托加工或购买的货物分配给股东或投资者;

(7) 将自产、委托加工的货物用于集体福利或个人消费;

(8) 将自产、委托加工或购买的货物无偿赠送他人。

上述 8 种行为属于视同销售行为,均要征收增值税。

3. 混合销售行为

一项销售行为如果既涉及货物又涉及非应税劳务,为混合销售行为。税法明确规定:从事货物的生产、批发或零售的企业、企业性单位及个体经营者的混合销售行为,视同销售货物,应当征收增值税;其他单位和个人的混合销售行为,视为销售非应税劳务,不征收增值税。以从事货物的生产、批发或零售为主,并兼营非应税劳务的企业、企业性单位及个体经营者的混合销售行为,视为销售货物,征收增值税。

4. 兼营非应税劳务、兼营不同税率货物或应税劳务

纳税人兼营非应税劳务的,应分别核算货物或应税劳务和非应税劳务的销售额。不分别核算、不能准确核算货物或应税劳务和非应税劳务销售额的,其非应税劳务应与货物或应税劳务一并征收增值税。

纳税人兼营不同税率货物或应税劳务,应分别核算不同税率货物或者应税劳务的销售额。未分别核算或不能准确核算销售额的,应从高税率征收增值税。

(三) 一般纳税人和小规模纳税人的划分

1. 小规模纳税人

1) 小规模纳税人的认定标准

小规模纳税人是指年销售额在规定标准以下,并且会计核算不健全,不能按规定报送有关税务资料的增值税纳税人。所谓会计核算不健全是指不能正确核算增值税的销项税额、进项税额和应纳税额。根据现行增值税税法规定,小规模纳税人的认定标准是:

(1) 从事货物生产或提供应税劳务的纳税人,以及以从事货物生产或提供应税劳务为主,并兼营货物批发或零售的纳税人,年应税销售额在100万元以下的;

(2) 从事货物批发或零售的纳税人,年应税销售额在180万元以下的;

(3) 年应税销售超过小规模纳税人标准的个人、非企业性单位、不经常发生应税行为的企业,视同小规模纳税人纳税。

2) 小规模纳税人的管理

只要小规模纳税企业有会计、有账册,能够正确计算进项税额、销项税额和应纳税额,并按规定报送有关税务资料,年应税销售额不低于30万元的可以认定为增值税一般纳税人。但商业性质的企业除外。

2. 一般纳税人

1) 一般纳税人的认定标准

一般纳税人是指年应纳增值税销售额超过增值税暂行条例实施细则规定的小规模纳税人标准的企业和企业性单位。但下列纳税人不属于一般纳税人:

(1) 年应税销售额未超过小规模纳税人标准的企业;

(2) 个人;

(3) 非企业性单位;

(4) 不经常发生增值税应税行为的企业。

2) 一般纳税人的认定办法

企业符合一般纳税人的标准,根据有关规定,要向主管税务机关申请办理一般纳税人认定手续。要提出申请报告,提供营业执照、相关合同、章程、协议书、银行账号证明以及税务机关要求提供的其他有关证件、资料等。

税务机关审核后,填写《增值税一般纳税人申请认定表》,经县以上税务机关批准后,在其《税务登记证》副本首页上方加盖"增值税一般纳税人"确认专用章。已开业的小规模企业,当年应税销售额超过小规模纳税人标准时,可以在次年1月底以前申请办理一般纳税人认定手续。

(四) 税率

1. 基本税率

一般纳税人销售或进口适用低税率以外的货物及提供加工、修理修配劳务,适用基本税率17%。

2. 低税率

纳税人销售或者进口下列货物,适用低税率13%:

(1) 粮食、食用植物油、鲜奶;

(2) 暖气、冷气、热水、煤气、石油液化气、天然气、沼气、居民用煤炭制品;

(3) 图书、报纸、杂志;

(4) 饲料、化肥、农药、农机、农膜;

(5) 国务院规定的其他货物。

另外,根据国务院的规定,对农业产品、金属矿采选产品、非金属矿采选产品增值税税率也为13%。

3. 特殊规定

(1) 纳税人出口法律不限制的货物,以及输入海关管理的保税工厂、保税仓库和保税区的货物实行零税率,国务院另有规定的除外。

(2) 小规模纳税人商业企业实行4%征收率,商业企业以外的其他企业适用6%的征收率。

(3) 自1998年8月1日起,下列特定货物的征收率由6%调低至4%:①寄售商店代销寄售物品;②典当业销售死当物品;③经有关机关批准的免税商店零售免税货物。

须注意,税率是指名义税率,而征收率是实际税收负担。

(五) 计税依据

不论是一般纳税人还是小规模纳税人,其增值税的计税依据都是不含税的销售额。若出现含税销售额,纳税人计税时需要注意,应还原成不含税的销售额。

(六) 纳税义务发生时间

《增值税暂行条例》规定:销售货物或者应税劳务的纳税义务发生时间,按销售结算方式的不同,分为以下几种情况:

(1) 采取直接收款方式销售货物，不论货物是否发出，均为收到销售额或取得索取销售额的凭据，并将提货单交给买方的当天；

(2) 采取托收承付和委托银行收款方式销售货物，为发出货物并办妥托收手续的当天；

(3) 采取赊销和分期收款方式销售货物，为按合同约定的收款日期当天；

(4) 采取预收货款方式销售货物，为货物发出的当天；

(5) 委托其他纳税人代销货物，为收到代销单位销售的代销清单的当天；

(6) 销售应税劳务，为提供劳务同时收讫销售额或取得索取销售额的凭据的当天；

(7) 纳税人发生视同销售货物行为，为货物移送的当天；

(8) 进口货物，为报关进口的当天。

（七）纳税期限

增值税的纳税期限分别为1日、3日、5日、10日、15日或者1个月。纳税人的具体纳税期限，由主管税务机关根据纳税人应纳税额的大小分别核定；不能按照固定期限纳税的，可以按次纳税。纳税人以一个月为一期纳税的，自期满之日起10日内申报纳税；以1日、3日、5日、10日或者15日为一期纳税的，自期满之日起5日内预缴税款，于次月1日起10日内申报纳税并结清上月应纳税款。

纳税人进口货物，应自海关填发税款缴纳书的当日起15日内缴纳税款。

纳税人出口适用税率为零的货物，可按月向税务机关申报办理该项出口货物的退税。

（八）纳税地点

(1) 固定业户应当向其机构所在地主管税务机关申报纳税。总机构和分支机构不在同一县的，应当分别向各自所在地主管税务机关申报纳税；经国家税务总局或其授权的税务机关批准，可以由总机构汇总向总机构所在地主管税务机关申报纳税。

(2) 固定业户到外县销售货物的，应当向其机构所在地主管税务机关申请开具"外出经营活动税收管理证明"，回原地申报纳税。对未持"外出经营活动税收管理证明"的，到外县销售货物或者应税劳务，应当向销售地主管税务机关申报纳税；未向销售地主管税务机关申报纳税的，由其机构所在地主管税务机关补征税款。

(3) 非固定业户销售货物或者应税劳务，应向销售地主管税务机关申报纳税。

(4) 进口货物，应当由进口人或者其代理人向报关地海关申报纳税。

(5) 非固定业户到外县销售货物或者应税劳务，未向销售地主管税务机关申报纳税的，由其机构所在地或者居住地主管税务机关补征税款。

（九）增值税专用发票的联次及管理

1. 增值税专用发票的基本联次

防伪税控系统增值税专用发票的基本联次，统一规定为三联：第一联为发票联，由购货方作为付款的记账凭证；第二联为税款抵扣联，由购货方作扣税凭证；第三联为记账联，由销货方作销售的记账凭证。

2. 增值税专用发票的领购

在专用发票的领购方面，增值税专用发票仅限于增值税的一般纳税人领购使用。小规模纳税人确需要使用的，由主管税务机关代为填开。一般纳税人如果会计核算不健全，或不能向税务机关准确提供增值税的税务资料，或者有发票违法行为在限期内仍未改正的，或者销售的货物全部属于免税项目的，则不得领购使用专用发票。

3. 增值税专用发票的开具

一般纳税人从事应纳增值税的活动，必须向购买方开具专用发票。但下列情况不得开具增值税专用发票：向消费者销售应税项目；销售免税项目；销售报关出口的货物、在境外销售应税劳务；将货物用于非应税项目；将货物用于集体福利或个人消费以及提供非应税劳务、转让无形资产或销售不动产。须注意，向小规模纳税人销售应税项目，可以不开具增值税专用发票。

（十）增值税应纳税额的计算

1. 一般纳税人应纳税额的计算

1）销售额

销售额是指纳税人销售货物或者应税劳务向购买方所收取的全部价款和价外费用，但不包括收取的销项税额。

价外费用是指价外向购买方收取的手续费、补贴、基金、集资费、返还利润、奖励费、违约金、包装费、包装物租金、储备费、优质费、运输装卸费、代收款项、代垫款项及其他各种性质的价外收费。但下列项目不包括在内：

(1) 向购买方收取的销项税额；

(2) 受托加工应征消费税的消费品所代收代缴的消费税；

(3) 同时符合以下条件的代垫运费：①承运者的运费发票开具给购货方的；②纳税人将该项发票转交给购货方的。

凡随同销售货物或提供应税劳务向购买方收取的价外费用，无论其会计制度如何核算，均应并入销售额计算应纳税额。必须注意，因增值税是价外税，所以销售额应是不含税的。

2）含税销售额的换算

在实际工作中，常常会出现一般纳税人将销售货物或者应税劳务采用销售额和销项税额合并定价收取的方法，这样，就会形成含税销售额。在计算应税税额时，如果不将含税销售额换算为不含税销售额，就会导致增值税计税环节出现重复纳税的现象，甚至出现物价非正常上涨的局面。因此，一般纳税人销售货物或应税劳务取得的含税销售额在计算销项税额时，必须将其换算为不含税的销售额。小规模纳税人因不得开具专用发票，其销售额也会为含税销售额，也必须换算成不含税的销售额，具体换算公式为

销售额 = 含税销售额/（1＋增值税税率或征收率）

须注意，下列情况如果没有特殊规定，应为含税价格：直接面向消费的商业零售行为；一般纳税人销售货物向对方收取的价外费用；纳税人销售自己使用过的固定资产；销售货物时收取的包装物押金；普通发票上注明的价款；企业开具的商业承兑汇票。

3）特殊销售方式下销售额的确定

（1）折扣方式销售额的确定。税法规定，如果销售额和税额在同一张发票上分别注明的，可按折扣后的余额作为销售额计算增值税；如果将折扣额另开发票，不论其在财务上如何处理，均不得从销售额中减除折扣额。对销售折让可以折让后的货款为销售额。另外，折扣销售仅限于货物价格的折扣，如果将自产、委托加工或购买的货物用于实物折扣的，则该实物款额不能从货物销售额中减除，且该实物应按增值税条例"视同销售货物"中的"赠送他人"计算征收增值税。

（2）以旧换新方式销售额的确定。税法规定，采取以旧换新方式销售货物的，应按新货物的同期销售价格确定销售额，不得扣减旧货物的收购价格，同时收购的旧货不存在抵扣进项税额的内容。考虑到金银首饰以旧换新业务的特殊情况，对金银首饰以旧换新的业务，可以按销售方实际收取的不含增值税的全部价款征收增值税。

（3）还本销售方式销售额的确定。这种方式实际上是一种筹资，是以货物换取资金的使用价值，到期还本付息的方法。税法规定，采取还本付息方式销售货物，其销售额是货物的销售价格，不得从销售额中减除还本支出。

（4）以物易物方式销售额的确定。税法规定，以物易物双方均应作购销处理，以各自收到的货物按规定核算购货额并计算进项税额。须注意，在以物易物活动中，应分别开具合法的票据，如收到的货物不能取得相应的增值税专用发票或其他合法票据的，不能抵扣进项税额。

(5) 包装物押金是否并入销售额的确定。税法规定，纳税人为销售货物而出租出借包装物收取的押金，单独记账核算的，时间在 1 年以内，又未过期的，不并入销售额征税；但对因逾期未收回包装物不再退还的押金，应按所包装货物的适用税率计算销项税额。须注意，"逾期"是指按合同约定实际逾期或以 1 年为期限，对收取 1 年以上的押金，无论是否退还均并入销售额征税。当然，在将包装物押金并入销售额征税时，须要先将该押金换算为不含税价，再并入销售额征税。对于个别包装物周转使用期限较长的，报经税务机关确定后，可适当放宽逾期期限。另外，包装物押金不应混同于包装物租金，包装物租金在销货时作为价外费用并入销售额计算销项税额。

须注意，从 1995 年 6 月 1 日起，对销售除啤酒、黄酒外的其他酒类产品而收取的包装物押金，无论是否返还以及会计上如何核算，均应并入当期销售额征税。对销售啤酒、黄酒所收取的押金，按上述一般押金的规定处理。

(6) 旧货、旧机动车销售额的确定。自 2002 年 1 月 1 日起，纳税人销售旧货，无论其是增值税一般纳税人或小规模纳税人，也无论其是否为批准认定的旧货调剂试点单位，一律按 4% 的征收率计算税额后再减半征收增值税，不得抵扣进项税额。

纳税人销售自己使用过的属于征收消费税的机动车、摩托车、游艇，售价超过原值的，按照 4% 的征收率计算税额后再减半征收增值税；售价未超过原值的，免征增值税。旧机动车经营单位销售旧机动车、摩托车、游艇，按照 4% 的征收率计算税额后再减半征收增值税。

4) 销售额的确定

销售额明显偏低且并无正当理由，或者有视同销售行为而无销售额的，税务机关有权核定其销售额。

核定顺序如下：

(1) 按纳税人当月同类货物的平均销售价格确定；

(2) 按纳税人最近时间同类货物的平均销售价格确定；

(3) 按组成计税价格确定：

$$组成计税价格 = 销售成本 \times (1 + 成本利润率) + 消费税$$

须指出，若产品属于应税消费品，则组成计税价格中包括消费税，反之，则没有消费税。另外，公式中的成本，是指销售自产货物的实际生产成本，销售外购货物的为实际采购成本。公式中的成本利润率按 1993 年 12 月 28 日国家税务总局颁发的《增值税若干具体问题的规定》确定为 10%。但属于应从价定率征收消费税的货物，其组成计税价格公式中的成本利润率为《消费税若干具体问题的规定》中规定的成本利润率。

5）销项税额

按照销售额和规定的税率计算。其计算公式为

$$销项税额 = 销售额 \times 税率$$

6）进项税额

（1）准予从销项税额中抵扣的进项税额。具体包括：从销货方取得的增值税专用发票上注明的增值税额；从海关取得的完税凭证上注明的增值税额。特殊规定内容如下：①收购免征增值税的农业产品或者向小规模纳税人购买的农产品，从2002年1月1日起，准予按照买价和13%的扣除率计算进项税；②一般纳税人外购货物所支付的运输费用，根据运费结算单据所列运费、建设基金，依7%的扣除率计算进项税；③生产企业一般纳税人购入废旧物资回收经营单位销售的免税废旧物资，按支付的金额，依10%的扣除率计算进项税，准予抵扣。

（2）不得从销项税额中抵扣的进项税额项目。按《增值税暂行条例》规定，下列7个项目的进项税额不得从销项税额中抵扣：购进固定资产；用于非应税项目的购进货物或者应税劳务；用于免税项目的购进货物或者应税劳务；用于集体福利或者个人消费的购进货物或者应税劳务；正常损失的购进货物；非正常损失的在产品、产成品所耗用的购进货物或者应税劳务以及增值税扣税凭证上未按照规定注明增值税及其他有关事项的。其进项税额不得从销项税额中抵扣。

（3）进项税额申报抵扣的时间。增值税一般纳税人申请抵扣的防伪税控系统开具的增值税专用发票，必须自该专用发票开具之日起90日内到税务机关认证，否则不予抵扣进项税额。增值税一般纳税人认证通过的防伪税控系统开具的增值税专用发票，应在认证通过的当月按照增值税有关规定核算当期进项税额并申报抵扣，否则不予抵扣进项税额。

7）应纳税额

纳税人销售货物或提供应税劳务，其应纳税额为当期销项税额抵扣当期进项税额后的余额。其计算公式为

$$应纳税额 = 当期销项税额 - 当期进项税额$$

须注意，当期是指税务机关依照税法规定对纳税人确定的纳税期限。且当进项税额不足抵扣时，可结转下期继续抵扣。自2004年7月1日起，对商业企业向供货方收取的与商品销售量、销售额挂钩的各种返还收入，均应按照平销返利行为的有关规定冲减当期增值税进项税金。应冲减进项税金的计算公式为

$$当期应冲减的进项税金 = 当期取得的返还资金 \div (1 + 所购货物适用增值税税率) \times 所购货物适用增值税税率$$

2. 小规模纳税人应纳税额的计算

（1）应纳税额的计算。小规模纳税人销售货物或应税劳务，按销售额和规定

的6%或4%的征收率计算应纳税额,且不得抵扣进项税。其计算公式为

$$应纳税额 = 销售额 \times 征收率$$

(2) 自来水公司销售自来水应纳税额的计算。自2002年6月1日起,对自来水公司销售自来水按6%的征收率征收增值税的同时,对其购进独立核算水厂的自来水取得的增值税专用发票上注明的增值税税款予以抵扣。

(3) 购置税控收款机的税款抵扣。自2004年12月1日起,增值税小规模纳税人购置税控收款机,经税务机关审核批准后,可凭购进税控收款机取得的增值税专用发票,按照发票上注明的增值税税额,抵免当期应纳增值税。或者按照购进税控收款机取得的普通发票上注明的价款,依公式计算可抵免税额:

$$可抵免税额 = \frac{普通发票注明金额}{1+17\%} \times 17\%$$

须注意,当期应纳税额不足抵免的,未抵免部分可在下期继续抵免。

3. 进口货物应纳税额的计算

申报进入中华人民共和国海关境内的货物,均应缴纳增值税。

确定一项货物是否属于进口货物,必须首先看其是否有报关进口手续。一般来说,境外产品要输入境内,都必须向我国海关申报进口,并办理有关报关手续。只要是报关进口的应税货物,不论其是国外生产还是我国已出口而转销国内的货物,不论其是进口者自行采购还是国外捐赠的货物,也不论是进口者自用还是作为贸易或其他用途的货物,均应缴纳进口环节的增值税。当然,国家在规定对进口货物征税的同时,也对某些进口货物制定了减免税的特殊规定。

纳税人进口货物,按组成计税价格和规定的税率计算应纳税额。其计算公式为

$$组成计税价格 = 关税完税价格 + 关税 + 消费税$$
$$应纳税额 = 组成计税价格 \times 税率$$

须注意,纳税人进口应税消费品时,计算组成计税价格中包括消费税,其他进口产品计算组成计税价格时没有消费税。

4. 出口货物退税额的计算

1) 出口货物退(免)税的三大基本政策

(1) 出口免税并退税。出口免税是指对货物出口销售环节不征增值税、消费税。出口退税是指对货物在出口前实际承担的税收负担,按规定的退税率计算后予以退还。

(2) 出口免税不退税。出口不退税是指适用这个政策的出口货物因在前一道生产、销售环节或进口环节是免税的,因此,出口时该货物的价格中本身就不含税,也无须退税。

(3) 出口既不免税也不退税。出口不免税是指对国家限制出口的货物的出口环节视同内销环节，照常征税。出口不退税是指对这些货物出口不退还出口前其所负担的税款。

2) 出口货物退（免）税应具备的条件

出口货物退（免）税一般应具备以下四个条件：必须属于增值税、消费税征税范围的货物；必须是报关离境的货物；必须是在财务上作销售处理的货物；必须是出口收汇并已核销的货物。

3) 出口货物退（免）税适用的范围

(1) 免税并退税的适用范围：①生产企业自营出口可委托外贸企业代理出口的自产货物；②由出口经营权的外贸企业收购后直接出口或委托其他外贸企业代理出口的货物；③特定出口的货物。

在这里，须注意两点：一是免税货物或限制、禁止出口的货物，不适用此政策；二是非生产型企业委托外贸企业出口的货物不予退（免）税。

(2) 免税但不退税的适用范围。

针对企业而言包括以下三种情况：①属于生产企业的小规模纳税人自营出口或委托外贸企业代理出口的自产货物；②外贸企业从小规模纳税人购进并持普通发票的货物出口，免税但不予退税，但税法列举的12种出口货物除外；③外贸企业直接购进国家规定的免税货物出口的，免税但不予退税。

针对货物而言包括以下五种情况：①来料加工复出口的货物，即原材料进口免税，加工自制的货物出口不退税。②避孕药品和用具、古旧图书，赊销免税，出口也免税。③出口卷烟。有出口卷烟权的企业出口国家出口计划内的卷烟，在生产环节免税增值税、消费税，出口环节不办理退税。其他非计划内出口的卷烟照章征收增值税和消费税，出口一律不退税。④军品以及军队系统企业出口军需工厂生产或军需部门调拨的货物免税。⑤国家规定的其他免税货物，如农业生产者销售自产农业产品、饲料、农膜等。

须注意，出口享受免征增值税的货物，其耗用的原材料、零部件等支付的进项税额，包括准予抵扣的运输费用所含的进项税额，不能从赊销货物的销项税额中抵扣，应计入产品成本处理。

(3) 不免税也不退税的适用范围：①国家计划外出口的原油（自1999年9月1日起国家计划内出口的原油恢复按13%的退税率退税）。②援外出口货物（自1999年1月1日起，对一般物资援助项下出口货物，仍实行出口不退税政策；对利用中国政府的援外优惠贷款和合作项目基金方式下出口的货物，比照一般贸易出口，实行出口退税政策）。③国家禁止出口的货物，包括天然牛黄、麝香、铜及铜基合金（出口电解铜自2001年1月1日起按17%的退税率退还增值税）、白银等。

4) 出口货物的退税率

增值税退税率与征税率不完全相同，消费税退税率与征税率相同。现行增值税的退税率分为6档，即17%、13%、11%、8%、6%和5%。自2002年1月1日起，出口棉花、大米、小麦、玉米的增值税实行零税率。

5) 出口货物退税额的计算

(1) "免、抵、退"税的计算方法。"免、抵、退"税计算方法的适用范围是：用于自营和委托出口自产货物的生产企业。"免"税是指对生产企业出口的自产货物，免征本企业生产销售环节的增值税；"抵"税是指生产企业出口自产货物所耗用的原材料、零部件、燃料、动力等所含应予退还的进项税额，抵顶内销货物的应纳税额；"退"税是指生产企业出口的自产货物在当月内应抵顶的进项税额大于应纳税额时，对未抵扣完的部分予以退税。具体计算公式如下：

当期应纳税额的计算：

当期应纳税额＝当期内销货物的销项税－(当期进项税额－当期免抵退税不得免征和抵扣税额)－上期留抵税额

当期免抵退税不得免征和抵扣税额＝当期出口货物离岸价×外汇人民币牌价×(出口货物征税率－出口货物退税率)－免抵退税不得免征和抵扣税额抵减额

免抵退税不得免征和抵扣税额抵减额＝免税购进原材料价格×(出口货物征税率－出口货物退税率)

若是进料加工免税进口料件，其价格为组成计税价格。

进料加工免税进口料件的组成计税价格＝货物到岸价＋海关实征关税和消费税

免抵退税额的计算：

免抵退税额＝出口货物的离岸价×外汇人民币牌价×出口货物退税率－免抵退税额抵减额

免抵退税额抵减额＝免税原材料价格×出口货物退税率

当期应退税额和当期免抵税额的计算：

若当期期末留抵税额≤当期免抵退税额，则

当期应退税额＝当期期末留抵税额当期免抵税额

＝当期免抵退税额－当期应退税额

若当期期末留抵税额＞当期免抵退税额，则

当期应退税额＝当期免抵退税额，当期免抵税额＝0

(2) "先征后退"的计算办法。"先征后退"的计算办法适用范围是：用于收购货物出口的外贸企业。

若外贸企业持有货物的专用发票出口，则应退税额为

应退税额＝外贸收购不含增值税购进金额×退税率

若从小规模纳税人购进出口货物并取得普通发票，则应退税额公式为

应退税额＝普通发票所列（含增值税）销售金额
÷(1＋征收率)×6％或 5％

若从小规模纳税人购进得到税务机关代开的专用发票，则应退税额公式为

应退税额＝增值税专用发票注明的金额×6％或 5％

第二节　增值税优惠政策

为了能够更好地进行纳税筹划，应该熟悉掌握有关增值税的税收优惠政策。我国《增值税暂行条例》规定了一些税收优惠的政策，纳税人需要将优惠政策与企业实际相结合，使企业获取一定的税收利益。

一、增值税的起征点

我国《增值税暂行条例实施细则》中明确规定，我国增值税的起征点的幅度为：

（1）销售货物的起征点为月销售额 600～2 000 元；
（2）销售应税劳务的起征点为月销售额 200～800 元；
（3）按次纳税的起征点为每次（日）销售额 50～80 元。

这里的"销售额"，是指小规模纳税人的不含税销售额。具体的起征点数额，由国家税务总局直属分局在规定的幅度内，根据本地区的实际情况确定，并报国家税务总局备案。

另外，根据财政部和国家税务总局 2002 年 12 月 27 日《关于下岗失业人员再就业有关税收政策问题的通知》（财税 2002208 号），对于下岗失业人员再就业的，提高增值税的起征点。

对纳税人的销售额未达到以上起征点的，免征增值税。因此，如果纳税人的销售额与起征点数额接近，那么纳税人应特别注意，防止因销售额略超过起征点而承担增值税，因为其结果很可能是，超过起征点以上的销售额，尚不足以负担应纳的增值税税款，最终反而导致纳税人利润总额的减少。

二、免征增值税的项目

（1）农业生产者销售的自产农业产品；
（2）避孕药品和用具；
（3）古旧图书；

(4) 直接用于科学研究、科学试验和教学的进口仪器、设备；
(5) 外国政府、国际组织无偿援助的进口物资和设备；
(6) 来料加工、来件装配和补偿贸易所需进口的设备；
(7) 由残疾人组织直接进口供残疾人专用物品；
(8) 个体经营者及其他个人销售自己使用过的物品。这里是指销售自己使用过的除游艇、摩托车、汽车之外的货物。

除上述项目外，财政部、国家税务总局报经国务院批准，对少数货物或应税劳务作了免税规定，如：供残疾人专用的假肢、轮椅、矫形器，以及国家定点企业生产和经销单位经销的专供少数民族饮用的边销茶，均免征增值税。

比如，企业在出售自己使用过的固定资产时，除游艇、摩托车和应征消费税的汽车外，如果同时具备以下几个条件时，可以免征增值税：①属于企业固定资产目录所列货物；②企业按固定资产管理，并确已使用过的货物；③销售价格不超过其原值的货物。

三、增值税先征后返优惠

增值税的先征后返（包括即征即退），是指纳税人应先按规定缴纳增值税，然后由财政部门或税务部门将纳税人已缴纳的增值税税款全部或部分返还给纳税人。增值税先征后返的优惠范围包括：

(1) 民政福利企业。由民政部门、街道、乡镇举办的福利企业（不包括外商投资企业）必须经过省级民政部门和主管税务机关的严格审查和批准；安置的"四残"人员占企业生产人员的35%以上。增值税减免优惠仅限于符合上述条件的民政福利工业企业，对从事商品批发、商品零售的民政福利企业，不能减免增值税。

(2) 校办企业。是指由教育部门所属的普教性学校举办的校办企业。享受税收优惠的校办企业必须同时具备以下三个条件：必须是学校出资自办的；由学校负责经营管理；经营收入归学校所有。

(3) 批发肉、禽、蛋、水产品和蔬菜的商业企业。适用于国有、集体商业企业，包括兼营肉、禽、蛋水产品和蔬菜批发业务的国有、集体加工企业。承包给个人运营的国有、集体企业不能享受这项优惠政策。

(4) 软件开发企业。自2000年6月24日起至2010年底以前，对增值税一般纳税人销售其自行生产的软件产品，按17%的法定税率征收增值税后，增值税实际税负超过3%的部分实行即征即退政策。

(5) 集成电路生产企业。自2002年1月1日起至2010年底以前，对增值税一般纳税人销售其自行生产的集成电路产品，按17%的法定税率征收增值税后，对其增值税实际税负超过3%的部分实行即征即退政策。

第三节 增值税纳税筹划实务

一、纳税人的筹划

增值税对一般纳税人和小规模纳税人的差别待遇，为小规模纳税人与一般纳税人进行税收筹划提供了可能性。在一般情况下，增值税小规模纳税人的税负略重于一般纳税人，但也并非在任何情况下都是如此。企业为了减轻增值税税负，可以事先从不同的角度计算两类纳税人的税负平衡点，通过税负平衡点，就可以合理合法地选择税负较轻的增值税纳税人身份。

由于增值税一般纳税人实行进项税额抵扣制度，其应纳税额的计税原理是将在本环节的增值额乘以税率，所以，无论一般纳税人的增值额多么小，都可以保证有利可图，只要有增值额，企业就可以获利。而小规模纳税人不实行进项税额抵扣制度，其取得的进项税额计入购货成本，在销售时，按开具给购买方的普通发票"价税合计"金额，进行换算，并以不含税销售额乘以征收率直接缴税，在增值率很低时，不仅无利可图，甚至还会赔钱。这就大大限制了小规模纳税人对微利行业的介入，限制了小规模纳税人的业务经营。但是，如果一般纳税人在生产经营过程中，能够取得的进项税额很少，而增值率很高时，可能小规模纳税人反而比一般纳税人要合算。如纯净水行业，由于进项税额少，小规模纳税人在竞争中比一般纳税人往往占有优势。

除此之外，开具增值税专用发票对销售量的影响等因素也不容忽视，因此，对于小规模企业来说，应根据自身的生产特点和具体情况，慎重考虑和选择是作为一般纳税人还是小规模纳税人。具体方法有以下几种：

（一）增值率法

假设企业购入的存货或接受的劳务能够全部取得增值税专用发票，并能够全部依法抵扣，那么，企业实现的销售收入减去可依法抵扣进项税额的购进货物或接受劳务外，其余为增值额。增值率与进项税额成反比关系，与应纳税额成正比关系。其计算公式如下：

增值率 =（销售收入－购进项目价格）÷销售收入×100%

或

增值率 =（销项税额－进项税额）÷销项税额

即

进项税额 = 销售收入×增值税税率×（1－增值率）

又

一般纳税人应纳税额 = 当期销项税额 — 当期进项税额
= 销售收入×17% — 销售收入×17%×(1 — 增值率)
= 销售收入×17%×增值率

小规模纳税人应纳税额 = 销售收入×6%(或 4%)

则应纳税额无差别平衡点的计算公式如下：

销售收入×17%×增值率=销售收入×6%（或 4%）
增值率=销售收入×6%（或 4%）÷(销售收入×17%)
=35.3%（或 23.5%）

当增值率为 35.3%（或 23.5%）时，两者税负相同；当增值率低于 35.3%（或 23.5%）时，小规模纳税人的税负重于一般纳税人；当增值率高于 35.3%（或 23.5%）时，一般纳税人的税负重于小规模纳税人。

【例 5-1】 上海同方公司是一个年不含税销售额 90 万元的生产企业，会计核算制度也比较健全，符合作为一般纳税人的条件。该公司每年购进的可以抵扣进项税额的材料为 50 万元，如果是一般纳税人，适用 17%的增值税率；如果是小规模纳税人则适用征收率 6%。在这种情况下，对公司的纳税人身份进行筹划。

增值率 = (90 — 50)÷90×100% = 44.44%

由于增值率 44.44%大于 35.3%时，一般纳税人的税负重于小规模纳税人。所以该公司作为小规模纳税人更为有利。

如果公司为一般纳税人：

公司应纳增值税额 = 90×17% — 50×17% = 6.8(万元)

如果公司为小规模纳税人：

公司应纳增值税额 = 90×6% = 5.4(万元)

很明显，作为小规模纳税人，可比一般纳税人节省税款。

（二）可抵扣的购进项目占销售额的比重法

销售收入×6%=销售收入×17%×增值率
=销售收入×[(销售收入 — 购进项目价格)÷销售收入]×17%
=销售收入×(1 — 可抵扣的购进项目占销售额的比重)×17%

所以

可抵扣的购进项目占销售额的比重=1 — (6%×销售收入)÷(17%×销售收入)=1 — 6%÷17%=64.7%

这就是说，当企业可抵扣的购进项目价款占销售额的比重为 64.7%时，两者税负完全相同；当企业可抵扣的购进项目价款占销售额的比重大于 64.7%时，一般纳税人税负轻于小规模纳税人；当企业可抵扣的购进项目占销售额的比重小于 64.7% 时，则一般纳税人税负重于小规模纳税人。

由此可知，企业设立时，纳税人便可以通过计算并进行适当的设计，从而选择不同的纳税人身份，以达到减少税金支出增加企业效益的目的。但是，这种选择只能在企业既可以成为一般纳税人也可以成为小规模纳税人的情况下才能进行适当的筹划。这种筹划需要考虑企业的规模、生产经营的总体增值水平、接受本企业产品和劳务的对象等因素，进行综合考虑权衡利弊后才能确定。当然，企业可以通过将增值率高的企业分支，分立为独立的企业达到节约税费的目的，也可以将增值率低的企业通过企业合并而实现从小规模纳税人变为一般纳税人，但无论采用什么手段和方式实现纳税身份的转变，都必须在合法的前提下进行。

【例 5-2】 香裕加工厂本期购进不含税材料 60 万元，不含税销售收入 80 万元，该企业会计核算制度也比较健全，符合作为一般纳税人的条件。如果是一般纳税人，适用 17% 的增值税率；如果是小规模纳税人则适用征收率 6%。试对该企业的纳税人身份进行筹划。

$$可抵扣的购进项目占销售额的比重 = 60 \div 80 \times 100\% = 75\%$$

由于企业可抵扣的购进项目价款占销售额的比重大于 64.7% 时，一般纳税人税负轻于小规模纳税人，所以，该企业应申请认定为一般纳税人。

如果为一般纳税人：

$$应纳增值税 = 80 \times 17\% - 60 \times 17\% = 3.4（万元）$$

如果为小规模纳税人：

$$应纳增值税 = 80 \times 6\% = 4.8（万元）$$

很明显，作为一般纳税人比小规模纳税人的税收负担轻。

二、几种经营行为的税收筹划

（一）兼营行为的筹划

增值税税法规定：纳税人兼营不同税率的货物或者应税劳务，应当分别核算不同税率货物或者应税劳务的销售额。未分别核算销售额的，从高适用税率。所谓兼营不同税率的货物或应税劳务，是指纳税人生产或销售不同税率的货物，或者既销售货物又提供应税劳务。纳税人兼营非应税劳务的，应分别核算货物或应税劳务和非应税劳务的销售额，对货物和应税劳务的销售额按各自适用的税率征收增值税，对非应税劳务的销售额（即营业额）按适用的税率征收营业税。如果不分开核算或者不能准确核算货物或应税劳务和非应税劳务销售额，其非应税劳务应与货物或应税劳务一并征收增值税。

【例 5-3】 万发商场 2006 年 9 月实现销售收入 300 万元，其中 210 万元是销售化肥和农机收入，适用13%的税率，其他商品适用17%的税率，当月可以抵扣的进项税额为20万元。就是否分别核算做出分析。

(1) 如果该公司将这部分收入在账务上分别核算：
应纳税额＝210×13%＋90×17%－20＝27.3＋15.3－20＝22.6（万元）

(2) 如果该公司将这部分收入在账务上不分别核算：
应纳税额＝300×17%－20＝51－20＝31（万元）

很明显，分别核算可以为企业节省8.4万元的增值税。

（二）混合销售行为的筹划

增值税税法规定：一项销售行为如果既涉及增值税应税劳务又涉及非应税劳务，为混合销售行为。从事货物的生产、批发或零售的企业、企业性单位及个体经营者以及从事货物生产、批发或零售为主，并兼营非应税劳务的企业、企业性单位及个体经营者的混合销售行为，视为销售货物，应当征收增值税；其他单位和个人的混合销售行为，视为销售非应税劳务，征收营业税。上述所称"以从事货物的生产、批发或零售为主，并兼营非应税劳务"，是指纳税人年货物销售额与非应税劳务营业额的合计数中，年货物销售额超过50%，非应税劳务营业额不到50%。同时，税法规定，纳税人的销售行为是否属于混合销售行为，由国家税务总局所属的征收机关确定。

【例5-4】 某电梯厂生产并销售电梯，一部电梯的销售收入为60万元，为购买方安装电梯的劳务收入为30万元。计算该行为应缴纳的税额。

由于销售电梯与安装电梯两种业务具有从属和连续的关系，两种业务混合发生，难以分开，根据简化、合理的原则，税法规定混合销售业务的全部收入不再按发生的内容区分或分别缴税，而是按混合销售业务的主要业务适用的税率和税种一并纳税，所以，销售电梯的销售额与安装电梯的劳务收入共计90万元应一并缴纳增值税。

$$应纳增值税 = (60+30) \times 17\% = 15.3(万元)$$

如果既发生混合销售行为又兼营非应税劳务，且当年混合销售行为较多，金额也较大，纳税人就有必要增加非应税劳务营业额，并使其超过年销售额和营业额合计数的50%，这样，就只需缴纳营业税，从而降低企业的税负。

（三）视同销售的筹划

对视同销售货物的行为征收增值税的目的有两个：一是为了保证增值税税款抵扣制度的实施，不致因上述行为而造成税款抵扣环节的中断；二是尽量避免因发生上述行为而造成货物销售税收负担不平衡的矛盾，防止以上述行为逃避纳税的现象。视同销售行为中的某些行为由于不是以资金的形式反映出来的，会出现无销售额的现象，因此，我国税法规定，对视同销售征税而无销售额的按下列顺序确定销售额：按纳税人当月同类货物的平均销售价格确定；按纳税人最近时期同类货物的平均销售价格确定；按组成计税价格确定，即

$$组成计税价格 = 成本 \times (1 + 成本利润率)$$

代销行为是视同销售行为中比较典型的特殊销售行为。它通常有两种方式：收取手续费方式和视同买断方式。在实际运用时，视同买断代销方式会受到一些限制：首先，采取这种方式的优越性只能在双方都是一般纳税人的前提下才能得到体现；如果一方为小规模纳税人，则受托方的进项税额不能抵扣，就不宜采取这种方式。其次，节约的税额在双方之间如何分配可能会影响到该种方式的选择。总之，企业应合理选择对本企业有利的代销方式，以达到税收筹划的目的。

根据我国税法，行政区划的变动也会为增值税的税收筹划提供空间，如统一核算的机构间的货物调拨。但纳税人应当注意：虽然《增值税暂行条例实施细则》规定的机构间移送货物视同销售，以县（市）为界限，但各地在执行中对县（市）范围的规定是有区别的。

三、基本购销业务的税收筹划

由于企业应纳增值税额等于当期销项税额与当期进项税额之差，所以，企业在进行基本购销业务的税收筹划时，总体原则应是尽可能地缩小销项税额，扩大进项税额。销项税额的税收筹划应当从缩小销售额和降低税率两个方面进行。前者主要通过对不同的销售方式、结算方式、结算工具的选择来实现；后者由于增值税税率的档次较少，企业筹划的余地不大。进项税额的税收筹划主要是通过对不同购进价格、不同抵扣时间的选择来实现。

（一）销项税额的筹划

1. 销售额的筹划

企业在当期进项税额一定的情况下，当期应缴纳的增值税额的多少取决于当期销项税额的多少。由于"销项税额＝销售额×增值税税率"，所以，对销项税额的筹划关键在于销售额。销售额是指纳税人销售货物或者提供应税劳务向购买方收取的全部价款和价外费用，但不包括收取的销项税额。

税法规定，凡随同销售货物或提供劳务向购买方收取的价外费用，无论如何进行会计核算，均应并入销售额计算应纳税额。税法之所以做出上述规定，是为了防止企业以各种名义分解收入，减少销售额，逃避纳税义务。作为税收筹划来讲，首先要做到的是不能将本来与销售货物或提供劳务无关的事项与销售货物人为地联在一起，从而多缴税款。其次，将能够单独收费的非增值税应税劳务或业

务与产品销售业务分离开来。应将它们分离为两个纳税主体的业务，从纳税主体上实现业务的有效分离，将"价外费用"转变为营业税应税劳务。一般来讲，企业可以采取措施将在一个纳税主体内属于混合销售的主收入业务和形成的价外费用的业务，分离到两个纳税主体中分别完成，进而实现价外费用的有效剥离，适用较低的税种和税率。最后，企业在销售货物时为其他单位代收的其他款项，税法规定必须并入销售额一并缴纳增值税。因此，企业在代收款项时，应注意代收款项缴税的因素，以免给他人代收款项，自己垫上税款，造成不应有的损失。

2. 结算方式的筹划

企业选择合理的结算方式，不仅可以拖延入账时间，达到延缓税款缴纳、获得资金的时间价值的目的，而且可以避免不必要的税收损失。因此在实际操作中，企业应根据自身的实际情况，确定比较方便而且能避免垫付税款的方式进行交易及结算。

如果企业采取直接收款方式销售货物，不论货物是否发出，其纳税义务发生时间均为收到销售额或者取得索取销售额的凭据并将提货单交给买方的当天。在这种情况下，不论该企业是否收到货款，只要将提货单交给购货方并开具发票，就必须替购货方承担销项税额。因此出现了税款实现在前、货款回收在后的现象。在这种情况下，如果企业的销售合同能够切实履行，作为销售方而言，损失的只是销项税额的时间价值，这与企业所获得的购买方能够及时付款的利益相比似乎微乎其微；而一旦合同的付款出现问题，则销售方不但会损失税款的时间价值，而且可能会发生一定的损失。如果把直接收款方式变为分期收款方式，则是在合同约定的收款日期的当天开具增值税专用发票，并发生相应的纳税义务，这样不但可以获得该税款的时间价值，还可以避免税款的损失。同时，在分期收款方式下，在合同约定的收款日期的当天开具增值税专用发票，与原来的直接收款方式相比，由于购买方没有在收到货物的同时取得增值税专用发票，无法抵扣其进项税额，所以可以促使购买方及时付款。

企业在实际的税收筹划过程中，应从整体考虑结算方式的优缺点，而不能单纯从税收利益角度考虑，以免损失企业的整体利益。一般来说，企业在选择结算方式时，应该考虑以下几个方面的因素：

1) 购买方的实际情况

为了更好地了解客户的情况，企业应根据生产经营情况的变动，逐步完善、丰富客户关系数据库，其中应包括以往的合同编号、签订日期、签订地点、订货单位、订货数量、单价、规格、质量标准、总价款、交货时间、发货方式及到站、运费负担、结算方式以及合同实际履行情况等内容。建立客户关系数据库，不仅可以方便企业进行税收筹划，而且可以提高企业的营销管理水平。通过建立客户关系数据库，企业可以根据不同客户的情况，采取不同的收款方式。如果购买方的资信、现金流转、以往合同履行等情况比较好，企业就可以采取银行托收等方式销售货物；如果购买方资信、以往合同履行情况比较好，只是近期现金流转有一定的问题，企业则可以采用分期收款方式销售货物；如果购买方以往合同履行情况较差，则企业在销售过程中可以考虑采用降低销售价格、预收货款或及时清结的方式销售货物。

需要注意的是，企业在建立客户关系数据库时，不仅要关注现有的客户关系，更要关注潜在的客户，为企业开拓新的市场做准备。

2）企业自身的具体情况

企业在确定结算方式时，不仅要考虑外部情况，也要考虑自身的实际情况，包括企业的生产情况、原材料供应情况、供销情况、现金流情况、企业的融资能力与融资利率、今后的发展计划等。

3）市场上产品的供求关系

市场上的产品的供求关系不同，企业的销售压力就不同，其结算方式也应该有所不同。如市场上产品供小于求时，可以采取预收货款的结算方式，这对企业是最为有利的，不但可以完全避免其他结算方式下潜在的税收损失，而且可以确保企业货款的回收，同时可以达到占用购买方货款、获得资金时间价值的目的。

这就要求企业正确预测市场上产品的供求关系，根据预测结果采取相应的结算方式。在预测市场产品的供求关系时，从宏观角度而言，企业应该关注整个国民经济的走势、国际市场的变化、本行业、相关行业以及替代品行业的走势；从微观角度而言，企业应该关注本企业产品的供求变动等。

4）适当改革企业的绩效考核系统

现在我国的大多数企业在进行绩效考核时，是以利润额作为主要的考核指标。企业通过销售结算方式进行税收筹划，在一定程度上会影响企业的会计账面利润。如在直接收款方式下，企业在收到销售额或者取得索取销售额的凭据，并将提货单交给购买方时，就可以确认销售收入，从而可以确认与此相关的会计利润；而在采用赊销和分期收款方式下，只能在合同约定的收款日期的当天才能够确认销售收入，才能够确认与此相关的会计利润。可见企业采用何种销售结算方式，会影响销售收入的确认时间，进而影响企业的账面利润。所以，要想利用结算方式进行纳税筹划，前提条件必须是改革绩效考核系统，即将考核指标由以账面利润为主改为以现金流量为主。

3. 特殊销售方式的筹划

特殊的销售方式主要有折扣销售、销售折扣、销售折让、以旧换新、以物易物。

折扣销售又称商业折扣，是指销货方在销售货物时，因购买方购货数量较大等原因，给购货方的一种价格优惠。折扣销售是在销售过程中发生的，是一种定价行为。因此，国家税务局规定，纳税人采取折扣方式销售货物，如果销售额和折扣额在同一张发票上分别注明的，可按折扣后的销售额征收增值税；如果将折扣额另开发票，不论其在财务上如何处理，均不得从销售额中减除折扣额。另外，折扣销售仅限于货物价格的折扣，如果销货者将自产、委托加工和购买的货物用于实物折扣的，则该实物款额不能从货物销售额中减除，且该实物应按"视同销售货物行为"中的"赠送他人"计算征收增值税。所以，企业为了避免不必要的税费支出，应按折扣销售后确定的销售价格开具增值税专用发票或将销售额和折扣额在同一张发票上分别注明，并按折扣后的销售额计算销项税额，避免将销售额另开发票或做实物折扣。

销售折扣又称现金折扣，是指销货方在销售货物或应税劳务后，为了鼓励购货方早日偿还货款，通过协议的方式许诺给购货方的一种折扣优惠。销售折扣发生在销货之后，是一种融资性质的理财费用，因此，销售折扣不得从销售额中减除。

销售折让是指销货方在货物销售出去以后，由于销售货物的品种、质量、性能等方面的原因，购货方虽未退货，但需要销货方给购货方一定的价格折让，即降价处理的情形。由于销售折让产生的原因是原销售额的减少，所以税法规定，企业在发生销售折让后，可以按折让后的价格计算销项税额。

以旧换新是指纳税人在销售自己的货物时，有偿收回旧货物的行为。采用以旧换新方式销售货物的，应按新货物的同期销售价格来确定销售额，不得扣减旧货物的收购价格。

以物易物是指购销双方不是以货币结算，而是以同等价款的货物相互结算，实现货物购销的一种方式。以物易物双方都应作购销处理，以各自发出的货物核算销售额并计算销项税额，以各自收到的货物按规定核算购货额并计算进项税额。

【例5-5】 某商场为增值税一般纳税人，销售利润为20%，现销售200元商品，其成本为160元，春节期间为了促销欲采用四种方案。

方案一：采取以旧换新的方式销售，旧货的价格为20元，即买新货时可以少交20元。

方案二：商品九折销售。

方案三：购买物品满200元时返还20元。

方案四：购买物品满200元时赠送价值20元的小商品，其成本为12元，均为含税价格。

在仅考虑增值税的情况下，以上四种方案的税负情况是不同的：

方案一：

$$应纳增值税税额 = 200 \div (1+17\%) \times 17\% - 160 \div (1+17\%) \times 17\%$$
$$= 5.81 （元）$$

方案二：将折扣额和销售额开在同一张发票上。
  应纳增值税税额＝(200×90%)÷(1+17%)×17%
  　　　　　　　－160÷(1+17%)×17%
  　　　　　　＝2.91（元）

方案三：按税法规定应按200元缴纳销项税额。
  应纳增值税税额＝200÷(1+17%)×17%－160÷(1+17%)×17%
  　　　　　　＝5.81（元）

方案四：
  应纳增值税税额＝[200÷(1+17%)×17%－160÷(1+17%)×17%]
  　　　　　　　＋[20÷(1+17%)×17%－12÷(1+17%)×17%]
  　　　　　　＝5.81＋1.16
  　　　　　　＝7.01（元）

可见，方案二最好，税负最轻。

总之，在商品或劳务的销售过程中，企业有必要对销售方式进行自主选择。因为不同的销售方式，往往适用不同的税收政策，也就存在税收待遇差别的问题。另外，销售方式依据是否收到货款或销售收入的实现时间不同，表现为现销和赊销两种方式，所以销售方式的筹划可以与销售收入实现时间的筹划结合起来。如果企业销售方式的划分以结算方式为标准，则销售方式决定了产品销售收入的实现时间，产品销售收入的实现时间又在很大程度上决定了企业纳税义务发生的时间，而纳税义务发生时间的早晚又为减轻税负提供了筹划机会。

（二）进项税额的筹划

增值税一般纳税人当期缴纳的增值税额是当期销项税额减去当期应抵扣的进项税额后的差额。所以企业当期应纳税额的大小，除与企业当期产生的销项税额密切相关外，还取决于当期可抵扣的进项税额的大小。从税收筹划的角度来看，对进项税额的筹划，有两个主要目标：一是在税法允许的范围内，取得尽可能大的进项税额，进而减少应纳税额；二是尽量将税法允许抵扣的进项税额在当期抵扣，以减少当期的应纳税额。

1. 购货对象的筹划

一般纳税人在购入货物和接受劳务的同时，取得的可以抵扣的进项税额的大小对纳税人的税负有着至关重要的影响。由于向企业提供货物和提供劳务的企业有一般纳税人和小规模纳税人之分，而根据税法规定，小规模纳税人只能开具普通发票，而不能开具增值税专用发票，从小规模纳税人那里购入货物和取得劳务，不能取得用于抵扣税款的增值税专用发票，无法在购入货物或接受劳务的同时抵扣增值税，所以，一般纳税人在购入货物的价格相同时，应尽量从一般纳税人那里购入货物，购进可以抵扣进项税额的货物，从而减少当期应纳的增值税额。简单的比较方法就是将支付给一般纳税人的货物价款部分与支付给小规模纳税人的全部价税合计进行比较，择其最低者。如果产生的应缴增值税数额减少，则产生的税费附加也相应减少，从而减少对企业净利润的影响。

对于小规模纳税人来说，其取得的增值税专用发票不得用于抵扣，因此，从一般纳税人处购买货物或接受劳务的成本中所含的税额将高于从小规模纳税人处购买货物或接受劳务的成本。当然，这也不是选择购货对象的绝对标准，要充分考虑小规模纳税人的信誉、质量风险，以做出正确判断。

购货对象的选择决定是否能够取得增值税专用发票，主要取决于购货渠道、供应部门人员的责任心和敬业精神，而不在于企业财务部门和会计人员的水平高低。在购入货物和接受劳务的同时是否取得专用发票，主要依靠货物的采购人员和劳务的接受人员的税收意识，所以应对有关的业务员进行必要的培训及形成必要的制度，让有关的业务员具备起码的税法常识和进行税费计算比较的业务素质。

【例 5-6】 华美公司计划为生产车间购入 20 台小型电热锅炉供员工使用。目前市场上有两个商场都在销售这种电热锅炉。A 商场销售单价在 2 200 元，并赠送价值 400 元的礼品券。B 商场销售单价也是 2 200 元，但可由顾客选择接受赠送价值 400 元的礼品，或者为客户折价 300 元，并以折扣的方式开在发票中。从纳税筹划的角度考虑，华美公司应从哪个商场购买？

从 A 商场购买电热锅炉，属于固定资产，进项税额不可以抵扣。

从 B 商场购买电热锅炉，选择折价 300 元的购买方式，使该锅炉的单价降低至 1 900 元，可以不被认定为企业的固定资产，相应的进项税额可以允许抵扣。

获得的进项税额 $= 1\ 900/(1+17\%) \times 17\% \times 20 = 5\ 521.37$（元）

通过计算可以知道，华美公司可以少纳增值税 5 521.37 元，这就是公司通过纳税筹划获得的利益。

2. 进货规模的筹划

企业生产经营所需原材料的购进，是一个连续的过程。从企业管理角度来说，存在一个最佳经济进货批量和进货批次的问题；从税收筹划角度来说，仍然存在一个最佳进货额的问题。

在企业年进货额一定的情况下，进货批次少，则每批货物的进货批量就大。在不存在延迟付款或延迟取得增值税专用发票的情况下，进货批量较大时，企业一次性取得的进项税额就大。如果企业当期取得的进项税额大于销项税额，就会出现待下期抵扣的增值税进项税额。在货款已支付的情况下，企业出现的待下期抵扣的进项税额，意味着企业已事先通过向供货方付款的方式上缴了增值税款。但从税收筹划的角度看，对进货规模的基本要求是在保证企业正常生产经营所需货物的正常供应的前提下，或者在最佳经济进货批量的前提下，尽量防止税款的提前支付。

同时，由于企业进货与消耗所带来的库存物资的峰值现象，企业进货时点的选择对于企业的税负也会产生重大的影响。如企业可以在月末进货，也可以选择在月初进货，倘若企业需要每月进货一次，增值税款也每月上缴一次，那么进货时点选择在月初或者月末对税负将有着很大的影响。月末进货，每月末库存的货物多，可以抵扣的进项税额也多，企业可以减少当期应缴纳的增值税额；月初进货，月末库存的货物少，可以抵扣的进项税额也少，企业需要上缴较多的增值税。从资金管理的角度来看，企业在月末进货或月初进货占用的资金相同。如果本来应在下月月初进货，提前到本月末进货，可以减少当期增值税的缴纳。因此，在符合经济性原则的前提下，将进货时点尽量安排到纳税期限到来之前的时点，将库存峰值调节到纳税期限到期的前面，对于节约税费有着一定的经济意义。

3. 利用购进扣税法、发票扣税法进行筹划

购进扣税法是指工业生产企业购进货物（包括外购货物所支付的运输费用）时，只要取得增值税专用发票并经过认证，就能申报抵扣，计入进项税额，而不管所购进的原材料是否已经被耗用。增值税实行购进扣税法，尽管不会降低企业应税产品的总体税负，但却为企业通过各种方式延缓缴税并利用通货膨胀因素和时间价值因素相对降低税负创造了条件。具体做法是，根据销项税额和进项税额的数量对比，一旦销项税额大于进项税额，就组织进货，使当期的应纳税额一直处于没有或极小的数量，推迟纳税。利用购进扣税法延缓纳税，在通货膨胀的情况下，效果比较明显。

需要注意的是，对税负的延缓缴纳，应该在法律允许的范围内操作。纳税人必须严格把握当期进项税额从当期销项税额中抵扣这个要点。只有在纳税期限内实际发生的销项税额、进项税额，才是法定的当期销项税额或当期进项税额。

发票扣税法，指的是有发票可以扣税，无发票不能扣税。因此，纳税人在采购过程中，取得专用发票非常重要，它直接关系到企业税收负担的高低。只有农产品、运费和废旧物资购进取得的普通发票可以作为扣税凭证，其他普通发票均不得作为扣税凭证。

【例5-7】 光明木材公司为增值税一般纳税人，每年从黑龙江某林业单位购进原木，由于该林业单位属事业机构，为非增值税一般纳税人，因此不得开具专用发票。而且长期以来，该林业机构单位养成了调出木材只开收据而不开发票的习惯。木材公司收到该收据后，无法按农产品收购凭证扣税。

经与该林业单位协商，林业单位同意向当地税务机关申领普通发票，在木材公司购进原木时开具普通发票。因为木材属于农产品，林业单位无论开收据还是普通发票，均不需要缴纳增值税。而对于木材公司来说，根据现行政策，从小规模纳税人处购进农产品可凭普通发票按13%抵扣进项税额，这样就解决了进项税金的抵扣矛盾，合理地降低了税收负担。

4. 兼营免税或非应税项目进项税额核算的筹划

纳税人兼营免税项目或非应税项目，应当正确划分其不得抵扣的进项税额。对不能准确划分进项税额的，按下列公式计算不得抵扣的进项税额：

不得抵扣的进项税额＝当月全部进项税额×当月免税项目销售额、非应税项目营业额合计÷当月全部销售额、营业额合计

纳税人可将按照上述公式计算的不得抵扣的进项税额与实际免税项目、非应税劳务不应抵扣的进项税额对比，如果前者大于后者，则应正确划分并按照规定转出进项税额；如果前者小于后者，则无需在核算时划分。

【例 5-8】 麒麟公司为增值税一般纳税人，既经营应税商品，又兼营免税商品。本月从某公司购得原料，取得增值税专用发票上注明的价款为100万元，增值税税款为17万元。当月将该批材料的80%用于销售，取得不含税收入100万元，另外20%用于免税产品取得收入50万元。应纳税额的筹划如下：

(1) 不划分免税项目的进项税额时

不得抵扣的进项税额 = 17×50÷(100+50) = 5.67(万元)

(2) 正确划分各自的进项税额

不得抵扣的进项税额 = 17×20% = 3.4(万元)

由此可见，正确划分进项税额可以节省增值税2.27万元。

四、延缓纳税的纳税筹划

（一）延期纳税的概念

延期纳税技术是指在不违法和合理的情况下，纳税人通过延期缴纳税收而取得相对收益的税务筹划技术。因为货币存在时间价值，延期纳税就如同纳税人取得了一笔无息贷款，可以在本期有更多的资金用于投资和再投资，将来可以获得更大的投资收益或者可以减少企业的筹资成本，相对节减了税收负担取得了利益。

（二）延期纳税技术特点

(1) 属于相对收益筹划。延期纳税技术运用的是相对收益筹划原理，纳税绝对额并没有减少，而是利用货币时间价值节减税款。

(2) 运用税额筹划原理。延期纳税技术运用了税额筹划原理，推迟了税金的缴纳。

(3) 技术复杂。运用延期纳税技术需要对纳税人的预期应税所得进行测算，计算较为复杂，需要考虑的因素较多。

(4) 适用范围广泛。延期纳税技术几乎适用于所有纳税人，适用范围较大。

(三) 延期纳税技术要点

(1) 延期纳税项目最多化。在不违法和合理的情况下，尽量争取更多的延期纳税。在其他条件包括一定时期纳税总额相同的情况下，延期纳税的项目越多，本期缴纳的税款就越少，获取的货币时间价值也就越高，因而相对节减的税款就越多，筹划的收益就越大。

(2) 延长期最长化。在不违法和合理的情况下，尽量争取纳税延长期最长化。在其他条件包括一定时期纳税总额相同的情况下，纳税延长期越长，由延长期纳税增加的现金流量所产生的收益也将越多，因而相对节减的税收也越多。纳税延长期最长化，可以达到筹划收益的最大化。

比如，我国规定，境外进入免税区的货物，除国家另有规定外，免征增值税和消费税，以后如果免税进入保税区的货物再运往非保税区时，再照章征收增值税和消费税；保税区生产的产品，除国家另有规定外，运行境外，免征增值税和消费税。从该规定的性质看，它是一种延期纳税。

五、分散经营的纳税筹划

如第四章所述，企业不同的生产经营方式对企业税收负担有着不同的影响，在适当的时候，将企业的生产经营分开，分开后，独立核算可以为企业节省不少税款。

【例5-9】 光华厂是一家大型机械生产企业，生产的机械属于大型笨重商品，一般运费占产品销售额的20%左右。一直以来，该机械企业销售机械并提供运输服务，将运费包含在销售额中，全额按17%计算销项税额。

后来经企业决策层研究，决定成立一家专门运输公司，独立法人，独立核算。因此，该企业销售机械的销售额中不再包括运费。这样，运输由运输公司单独开票进行结算，而运输公司按3%的营业税税率缴纳营业税，使得这部分运输费用的税收负担下降到3%。一般企业购进大型机械均作为固定资产进行管理，因而不涉及购货方扣税问题。所以将运费部分单独核算也不会影响购货方扣税，不会危及双方的购销业务。

六、合作经营的纳税筹划

企业可以通过分散经营达到节税的目的，自然也可以通过联合经营来进行纳税筹划，这也会给企业带来纳税上的好处。但通过合作经营进行纳税筹划的关键，是整个过程应被税务机关认为是合法的，否则就有可能被税务机关认定为逃税行为。

【例 5-10】 智和电子器材公司购买一批国外先进的寻呼机，在国内销售预计利润将很高，增值税税负会很重。该公司决策层经过研究，决定改变目前的经营形式，主动与邮电局某三产企业联营，成立一个专门寻呼台，由三产企业和该公司共同投资设立。三产企业以寻呼网络投资，而该电子器材公司则以该批寻呼机投资。该寻呼台经过电信管理部门批准正式开始营运，销售该批寻呼机并提供寻呼服务。按照现行税收政策规定，经过电信管理部门批准设立的机构，既销售寻呼器材，又为客户提供有关的电信劳务服务的，不缴纳增值税而缴纳营业税。而单独销售寻呼器材，不提供有关的电信劳务服务的应缴纳增值税。这样，通过合作经营，电子器材公司销售该批寻呼器材，仅按 3% 的税率缴纳营业税，税负大大低于缴纳增值税的税负。

七、销售自己使用过的固定资产纳税筹划

在实际经济活动中，一些纳税人为了更新设备、工具等，将自己使用过的固定资产出售。根据税法规定，单位和个体经营者销售自己使用过的游艇、摩托车和汽车应征消费税，售价高于原值，一律依简易办法按照 4% 的征收率计算应纳税额，再减半计算缴纳增值税。企业在出售自己使用过的固定资产时，除游艇、摩托车和应征消费税的汽车外，如果同时具备以下几个条件时，可以免征增值税：

(1) 属于企业固定资产目录所列货物；
(2) 企业按固定资产管理，并确已使用过的货物；
(3) 销售价格不超过其原值的货物。

【例 5-11】 红星公司拟将一项已使用过两年的固定资产出售，该固定资产账面原值 100 万元，已提折旧 10 万元。如果该企业以 101 万元的价格将此项资产出售，其应纳增值税是多少？如何进行纳税筹划？

由于售价超过原值，应纳增值税：

$$101 \div (1+4\%) \times 4\% \times 50\% = 19\,423.08(元)$$

企业净收益 990 576.92 元。

如果进行筹划，出售价格为 99.5 万元，售价低于原值，使该项固定资产的

出售获得免征增值税的优惠，企业的净收益反而因此增加了 4 423.08 元。

而且，价格的下降也会有利于改善交易双方的关系，更有利于企业以后的生产经营活动。比如，双方都提供更为便利的条件进行生产经营及交易，对企业的长远发展有百利而无一害。因此，企业在销售自己使用过的固定资产时，一定要选择适当的销售价格，以实现经济利益的最大化。

八、出口退税方式的纳税筹划

（一）进口国外料件加工复出口的纳税筹划

企业发生国外料件加工复出口业务，可采取以下三种贸易方式，出口退税分别按"免、抵、退"办法和"免税"办法处理。

1. 自营进口

将国外料件正常报关进口，缴纳进口环节的增值税或消费税及关税，加工复出口后再申请退还增值税或消费税。

2. 进料加工方式

"进料加工"是专门为制造外销货物而进口原、辅材料等，经加工制成成品出口的一种国际贸易方式。进料加工实行退税而非免税，即进口原料、零部件时减征进口环节增值税，而加工复出时则享受退税待遇。

3. 来料加工方式

"来料加工"是指外商无偿提供全部或部分原辅料或半成品，由我方按对方要求进行加工、装配，成品交外方，我方只收取加工费的一种贸易方式。来料加工方式下，在来料进口及成品生产环节均予免税，不实行退税。

出口企业承接国外料件加工，是采取进料加工方式还是采取来料加工方式，要根据出口退税业务经营情况，经过全面考虑和具体分析后才能作出最佳选择。

1）企业出口货物的征税率与其退税率相等

当企业出口货物的征税率与其退税率相等，应该选择进料加工方式。因为进料加工业务，货物出口后可以办理全部进项税额的出口退税，而来料加工业务，虽然免征增值税，但进项税额不予办理退税，从而增加了出口货物的销售成本。

2）企业出口货物的征税率大于其退税率

当企业出口货物的征税率大于其退税率时，可以分以下两种情况：

（1）当加工复出口货物耗用的国产件件少、利润率较高时，应选择来料加工方式。来料加工业务免征增值税，而进料加工业务虽可办理增值税退税，但由于退税率可能低于征税率，其增值税差额要计入出口货物销售成本，这使进料加工方式业务成本较大。

【例 5-12】　盈美公司为出口型生产企业，采用进料加工方式为国外某公司加工产品一批,进口保税料件价值900万元,加工完成后返销外国公司售价1 600万元,为加工该批产品耗用辅料、动力费等的进项税额为18万元,该产品征税率为17%、退税率为13%。

该企业当期的应纳税额计算如下:

免抵退税额抵减额＝免税购进原材料价格×出口货物退税率
＝900×13%＝117(万元)

免抵退税额＝出口货物离岸价×外汇人民币牌价×退税率
－免抵退税额抵减额
＝1 600×13%－117＝91(万元)

免抵退税不得免征和抵扣税额抵减额＝免税购进原材料价格
×(出口货物征税率－出口货物退税率)
＝900×(17%－13%)＝36(万元)

当期免抵退税不予免征和抵扣税额＝当期出口货物离岸价×外汇人民币牌价
×［出口货物征税率－出口货物退税率］
－免抵退税不得免征和抵扣税额抵减额
＝1 600×(17%－13%)－36＝28(万元)

当期应纳税额＝当期内销货物的销项税额
－(当期全部进项税额－当期免抵退不予免征和抵扣税额)
＝0－(18－28)＝10(万元)

企业应纳税额为正数,故当期应退税额为零。该企业应缴纳增值税10万元。由于来料加工实行免税政策,如果该企业改为来料加工方式,则比进料加工方式少纳税10万元。

(2)当加工复出口货物耗用的国产料件较多,利润率较低时,应选择进料加工方式。

进料加工业务可办理出口退税,虽然因退税率低于征税率而增加了出口货物成本,但与来料加工业务相比,随着耗用国产料件数量的增多,其成本会逐渐地抵消,甚至小于后者的业务成本。

【例5-13】 若上例中的出口销售价格改为1 300万元,其他条件不变,应纳税额的计算如下:

免抵退税额抵减额＝免税购进原材料价格×出口货物退税率
＝900×13%＝117(万元)

免抵退税额＝出口货物离岸价×外汇人民币牌价
×退税率－免抵退税额抵减额
＝1 300×13%－117＝52(万元)

免抵退税不得免征和抵扣税额抵减额
= 免税原购进材料价格×(出口货物征税率－出口货物退税率)
= 900×(17%－13%) = 36(万元)

当期免抵退不予免征和抵扣税额
= 当期出口货物离岸价×外汇人民币牌价
×(出口货物征税率－出口货物退税率)
－免抵退税不得免征和抵扣税额抵减额
= 1 300×(17%－13%)－36 = 16(万元)

当期应纳税额 = 当期内销货物的销项税额
－(当期全部进项税额－当期免抵退不予免征和抵扣税额)
= 0－(18－16) = －2(万元)

若当期期末留抵税额＜当期免抵退税额，则当期应退税额 = 当期期末留抵税额。因此，该企业的应取得出口退税款为2万元。

通过计算可以知道，采用进料加工方式中获得退税2万元，比来料加工方式的不征不退方式更优惠，因此，应选用进料加工方式。

但若从资金运用角度来看，进料加工业务占用的资金数额大，来料加工方式占用资金小或不占用资金，而且，在进料加工贸易办理退税时，因出口货物退税率低于征税率而产生的增值税差额计入出口货物销售成本，势必增大成本，减少利润，可少缴一部分企业所得税。

(二) 货物出口方式的纳税筹划

我国企业出口商品主要有生产企业自营出口、委托代理两种方式。

自营出口是由出口企业自己办理出口业务，出口商品定价权属于出口企业，与出口业务有关的一切国内外费用以及佣金支出、索赔、理赔等，均由出口企业负担，出口企业直接办理退税，并享有出口收入。

委托代理出口是指货物出口企业委托代理企业出口货物。

现行外贸企业出口货物退增值税采取"先征后退"方式，而生产企业自营出口，应退的增值税是实行"免、抵、退"方式。自营出口与外贸企业出口采取不同的退税方式，对企业的税负产生不同影响，所以企业可以进行相应的纳税筹划。

(1) 当征税率等于退税率时，自营出口与通过关联外贸企业出口，企业所负担的增值税相同。

【例5-14】 利众公司是一家中外合资企业，从国内购买原材料进行生产加工，产品全部出口。该企业2006年出口产品取得销售收入折合人民币200万元，当年购进原材料可抵扣的进项税额为 25 万元。该企业增值税税率为 17%，出口退税与征税率相同，也为 17%，无上期留抵税额。

(1) 该企业自营出口，则当期应纳税额的计算如下：

免抵退税额＝出口货物离岸价×外汇人民币牌价×退税率
　　　　　－免抵退税额抵减额
　　　　＝200×17%＝34（万元）

当期应纳税额＝当期内销货物的销项税额
　　　　　－(当期全部进项税额－当期免抵退不予免征和抵扣税额)
　　　　＝0－(25－0)＝－25（万元）

若当期期末留抵税额≤当期免抵退税额，则当期应退税额＝当期期末留抵减额。因此，该企业应取得的出口退税款为 25 万元。

(2) 如该企业通过外贸企业出口，将产品以 180 万元的价格销售给外贸企业，外贸企业以 200 万元的价格对外出口，则

利众公司应纳增值税＝180÷(1+17%)×17%－25＝1.15（万元）
外贸企业应取得出口退税款＝180÷(1+17%)×17%＝26.15（万元）

两企业合计获取的税收利益为 25 万元。

(2) 当征税率大于退税率时，自营出口与通过关联外贸企业出口所负担的增值税税负存在差异。

【例 5-15】　接上例，如果利众公司产品的征税率为 17%，出口退税率为 13%，则纳税和退税情况就会发生变化。

(1) 如该企业自营出口，则当期应纳税额的计算如下：

免抵退税额＝出口货物离岸价×外汇人民币牌价×退税率
　　　　　－免抵退税额抵减额
　　　　＝200×13%＝26（万元）

当期免抵退不予免征和抵扣的税额＝当期出口货物离岸价×外汇人民币牌价
　　　　　　　　　　　　　　　×(出口货物征税率－出口货物退税率)
　　　　　　　　　　　　　　　－免抵退税不得免征和抵扣税额抵减额
　　　　　　　　　　　　　　＝200×(17%－13%)－0＝8（万元）

当期应纳税额＝当期内销货物的销项税额
　　　　　－(当期全部进项税额－当期免抵退不予抵扣或退税的税款)
　　　　＝0－(26－8)＝－17（万元）

若当期期末留抵税额≤当期免抵退税额，则当期应退税额＝当期期末留抵税额。因此，该企业应取得的出口退税款为 17 万元。

(2) 如该企业通过外贸企业出口，将产品以 180 万元的价格销售给外贸企

业，外贸企业以 200 万元的价格对外出口。则

利众公司应纳增值税＝180/(1＋17％)×17％－26＝1.15（万元）

外贸企业应取得出口退税款＝180/(1＋17％)×13％＝20（万元）

两企业合计获取的税收利益为 18.85 万元。

由此可以看出，在征税率大于退税率的情况下，选择委托外贸企业代理出口获得的出口退税数额大于自营出口收到的退税数额，因此选择外贸企业出口有利于减轻增值税税负。

在产品出口价格确定的情况下，利用外贸企业出口可为生产企业进行纳税筹划提供更广阔的空间，因为生产企业可在将产品销售给关联外贸企业时，通过压低销售价格进行纳税筹划，从而获得更多的税收利益。

（三）出口加工区和保税区的纳税筹划

2000 年 6 月，国务院正式下发了《中华人民共和国海关对出口加工区监督的暂行办法》，该暂行办法决定在北京、深圳、天津等地设立 15 个出口加工区的试点。凡是进入出口加工区内的加工企业在购买国内生产设备和原材料时，这些设备和原材料均可以视同出口，享受有关出口退税政策。

因此，对于出口企业来说，在出口加工区建立关联企业或将出口加工业务从企业分离出来迁到出口加工区去，凡是企业用来生产出口加工业务的机器、设备都能够视同出口，享受退税的好处。

另外，充分利用出口加工区和保税区的税收优惠政策，可以获得延迟纳税或提前退税的好处。根据有关规定，保税区所有进口料件免税，所有进口设备、原材料和办公用品也可免税。因此，出口企业可以在保税区内设立关联企业，在进口料件时，先由设在保税区内的关联企业进口，获得免税优惠，待实际使用时，再将料件从区内企业转出，这样就可以获得延迟纳税的好处。再如，根据有关税法规定，进入出口加工区的货物即视同出口，因此，企业可在出口加工区内设立关联企业，出口产品时可先将产品销售给区内的关联企业，再由其出口，这样就可以获得提前退税的好处。

（四）出口货物退税单证遗失后的纳税筹划

出口企业只有在出口货物报关单、出口收汇核销单、增值税专用发票、增值税专用缴款书等退税单证齐全的情况下，方能办理退税。由于出口货物从购进、销售到出口要经过许多环节和部门，常常出现退税单证被遗失的情况。如发生退税单证遗失的，必须立即到有关部门补办手续，否则不能办理退税。

1. 补办出口货物报关单

（1）出口企业必须在 6 个月内向海关提出补办申请，逾期海关不予受理；

(2) 出口企业必须出具主管其出口退税地的国家税务局签发的《关于申请出具证明的报告》。

2. 补办出口收汇核销单

国家有关部门下发的《出口收汇核销管理办法补充规定》中对补办出口收汇核销单有以下规定：

(1) 出口企业未办理报关就将核销单丢失的，必须在5个工作日内向外汇管理局申报，经核实批准后予以注销，外汇管理局将统一登报声明作废，费用由丢失核销单者负担。

(2) 出口企业报关后将核销单遗失的，外汇管理局应凭报关单核销专用联或海关出具的有关出口证明上的核销单号及有关单据，为出口单位先办理外汇核销有关登报声明作废手续，然后再办理《出口收汇核销单退税联补办证明》的签发手续。

(3) 出口企业将外汇管理局签发的核销单退税联遗失后申请补办的，外汇管理局必须凭主管出口企业退税的税务机关出具的与该核销单对应的出口未办理退税的证明，方可出具《出口收汇核销单退税联补办证明》。

3. 遗失出口货物增值税专用缴款书办理退税所需证明

根据国家税务总局《关于出口企业遗失出口货物增值税专用缴款书后如何办理退税问题的批复》的有关规定，出口企业在申报退税时，如果因遗失而不能提供出口货物增值税专用缴款书的，必须提供以下证明，方能办理退税：

(1) 供货企业所在地县级以上主管征税机关出具的有关该批货物税收专用缴款书已开具证明，以及县级以上征税机关签署意见并盖章的原税收专用缴款书复印件。

(2) 供货企业所在地银行出具的该批出口货物原税收专用缴款书所列税款已入库证明。

复习思考题

1. 增值税两类纳税人的税负是否存在差异？如何利用纳税人的身份进行纳税筹划？
2. 增值税纳税人如何进行销售方式的纳税筹划？
3. 如何进行销售已使用过固定资产的增值税纳税筹划？
4. 如何进行购进价格的纳税筹划？
5. 如何进行兼营行为的纳税筹划？
6. 如何进行混合销售行为的纳税筹划？

第六章

营业税纳税筹划

通过介绍营业税制度中的纳税人、扣缴义务人、营业税的计税依据、营业税的税目、税率、营业税的纳税义务发生时间、营业税的纳税地点和营业税的减免税规定等税收政策法规,重点分析企业的工程承包、合作建房、营业额、兼营行为、混合销售行为和利用减免税政策等六个有代表性的纳税筹划方法。

【重要概念】 营业税制度 营业额 纳税筹划方法

第一节 营业税制度

营业税是对在中华人民共和国境内提供应税劳务、转让无形资产和销售不动产的单位和个人,就其营业额征收的一种税。

在我国,营业税这一名称最早出现在1928年南京政府制定的《营业税办法大纲》中。中华人民共和国成立后,1950年政务院公布了《工商业税暂行条例》,把营业税作为工商税的一个组成部分,营业税并没有独立的税法。1958年税制改革时,将工商税中的营业税部分合并到工商统一税中。1973年简化税制又将工商统一税同其他几种税合并为工商税,取消了营业税税种。直到1984年10月,实行第二步利改税时,将原工商税一分为四,即产品税、增值税、营业税和盐税。由国务院颁布了《中华人民共和国营业税条例(草案)》,发布了营业税11个税种的条例(草案),营业税第一次作为一个独立的税种立法。为了适应我国改革开放和社会主义市场经济的需要,国务院决定从1994年1月1日起,对我国工商税制实行全面改革,于1993年12月13日发布了《中华人民共和国营业税暂行条例》,12月25日又发布了《中华人民共和国营业税暂行条例实施细则》。新税制中设立的营业税,与原营业税条例(草案)相比,扩大了适用范围，调整了征收范围，简化了税目和税率，统一了减免税政策，取消了外资企业实行的工商统一税。

营业税是世界各国普遍实行的税种。我国的营业税是价内税，有征收范围广、税率低、税率均衡、计算简单等特点。营业税分行业划分税目、设计税率，有利于平等竞争。对于更好地发挥税收的调节作用、保证国家的财政收入、发展社会主义市场经济，具有重要的意义。

一、营业税的纳税人

营业税的纳税人是指在我国境内提供应税劳务、转让无形资产和销售不动产的单位和个人。

在我国"境内"，是指实际税收行政管理的区域。具体情况是：

（1）所提供的劳务发生在境内。
（2）在境内载运旅客或货物出境。
（3）在境内组织旅客出境旅游。
（4）转让的无形资产在境内使用。
（5）所销售的不动产在境内。
（6）在境内提供保险劳务。所提供的保险劳务包括：境内保险机构提供的保险劳务，但不包括境内保险机构为出口货物提供的保险；境外保险机构以在境内的物品为标的提供的保险劳务。

应税劳务是指属于交通运输业、建筑业、金融保险业、邮电通信业、文化体育业、娱乐业、服务业税目征收范围的劳务。但提供加工、修理、修配劳务属于增值税征收范围，因此不属于营业税的应税劳务。单位或个人经营者聘用的员工为本单位或雇主提供的劳务，也不属于营业税的应税劳务。

"单位"是指国有企业、集体事业、私营企业、股份制企业、外商投资企业和外国企业、其他企业和行政事业单位、军事单位、社会团体和其他单位。

"个人"是指个体工商户以及其他有经营行为的中国公民和外国公民。

二、营业税的扣缴义务人

为了加强税收的源泉控制、简化征收手续，营业税条例规定了扣缴义务人。下列单位和个人直接负有代扣代缴营业税的义务。

1. 境外单位或个人在境内发生应税行为时的扣缴义务人

境外单位或个人在境内发生应税行为而在境内不设有经营机构的，其应纳税款以代理者为扣缴义务人；没有代理者的，以受让者或购买者为扣缴义务人。

2. 金融业的扣缴义务人

在金融业务中，委托金融机构发放贷款，以委托发放贷款的金融机构为扣缴义务人。保险业务由初保人全权缴纳营业税，分保人的分保业务不再缴纳营业税。

3. 建筑业的扣缴义务人

建筑业实行分包或转包的，以总承包人为扣缴义务人。

4. 文化体育业的扣缴义务人

单位和个人进行演出由他人售票的，其应纳税款以售票者为扣缴义务人。

5. 转让无形资产的扣缴义务人

个人转让除土地使用权外的其他无形资产，其应纳税款以受让人为扣缴义务人。

三、营业税的税目和税率

营业税按照不同的经营业务，分行业划分纳税项目。现行的营业税共设置9个纳税科目，即交通运输业、建筑业、金融保险业、邮电通信业、文化体育业、娱乐业、服务业、转让无形资产、销售不动产。同时按照行业、类别的不同采用了不同的比例税率。营业税的税率是中性比例税率，税目基本上按行业的利润水平和消费水平设置。一个税目一般设置一个税率。制定5%～20%的幅度税率。总体来说共分为三个档次：交通运输业、建筑业、邮电通信业、文化体育业的税率为3%；金融保险业、服务业、销售不动产和转让无形资产的税率为5%；娱乐业则适用5%～20%的幅度税率。营业税税目税率见表6-1。

表6-1 营业税税目税率

税目	征收范围	税率/%
一、交通运输业	陆路运输、水路运输、航空运输、管道运输、装卸运输	3
二、建筑业	建筑、安装、修缮、装饰及其他工程作业	3
三、金融保险业	金融、保险	5①
四、邮电通信业	邮政、电信	3
五、文化体育业	文化、体育	3
六、娱乐业	歌厅、舞厅、卡拉OK歌舞厅、音乐茶座、台球、高尔夫球、保龄球、游艺	5～20②
七、服务业	代理业、旅店业、饮食业、旅游业、仓储业、租赁业、广告业及其他服务业	5
八、转让无形资产	转让土地使用权、专利权、非专利技术、商标权、著作权、商誉	5
九、销售不动产	销售建筑物及其他土地附着物	5

注：①金融保险业1997～2000年，按8%计税；从2001年起，每年降一个百分点，自2003年起按5%计税。

②歌厅、舞厅、卡拉OK歌舞厅、高尔夫球、音乐茶座、游艺等按20%计税。从2004年7月1日起，台球、保龄球税率降为5%。

税法规定，纳税人兼营不同税率的应税项目的，应当分别核算不同税目的营业额、转让额、销售额；未分别核算营业额、转让额、销售额的，从高适用税率。

四、营业税的计税依据

营业税的计税依据又称营业税的计税营业额。税法规定，营业税的计税依据为应税营业额，是纳税人提供应税劳务、转让无形资产或者销售不动产向对方收取的全部价款和价外费用。

从上述规定可看出，营业税的计税依据是提供应税劳务的营业额、转让无形资产的转让额或者销售不动产的销售额，统称为营业额。它是纳税人向对方收取的全部价款，包括在价款之外取得的一切费用，如手续费、服务费和基金等。显然，它与纳税人财务会计核算中的销售收入是不同的。这也体现了对一切收入都要征税的基本原则。

对纳税人提供应税劳务、转让无形资产或销售不动产的价格明显偏低而无正当理由的，主管税务机关有权依据以下原则确定营业额：

（1）按纳税人当月提供的同类应税劳务或者销售的同类不动产的平均价格核定。

（2）按纳税人最近时期提供的同类应税劳务或者销售同类不动产的平均价格核定。

（3）按下列公式核定计税价格：

$$计税价格 = 成本 \times (1 + 成本利润率) \div (1 - 营业税税率)$$

上述公式中的成本利润率，由省、自治区、直辖市地方税务局确定。

其中，从计税依据中可以扣除的项目如下：

（1）运输企业自我国境内运输旅客或者货物出境，在境外改由其他运输企业承运乘客或者货物的，以全程运费减去付给该承运企业的运费后的余额为营业额。

（2）旅游企业组织旅游团到我国境外旅游，在境外改由其他旅游企业接团的，以全程旅游费减去支付给该接团企业的旅游费后的余额为营业额。

（3）建筑业的总承包人将工程分包或者转包给他人的，以工程的全部承包额减去付给分包人或者转包人的价款后的余额为营业额。

（4）转贷业务，以贷款利息减去借款利息后的余额为营业额。

（5）外汇、有价证券、期货买卖业务，以卖出价减去买入价后的余额为营业额。

（6）财政部规定的其他情形。

五、营业税的纳税义务发生时间

营业税暂行条例第九条规定：营业税的纳税义务发生时间为纳税人收讫营业收入款项或取得索取营业收入款项凭据的当天。

为了适应不同行业经营、核算情况，营业税暂行条例实施细则规定了一些特殊规定，具体项目如下：

（1）纳税人转让土地使用权或者销售不动产，采用预收方式的，其纳税义务发生时间为收到预收款的当天；

（2）纳税人自建建筑物后销售，其自建行为的纳税义务发生时间为其销售自建建筑物并收讫营业额或索取营业额凭证的当天；

（3）纳税人将不动产无偿赠与他人，其纳税义务发生时间为不动产所有权转移的当天；

（4）扣缴税款义务发生时间为扣缴义务人代纳税人收讫营业收入款项或取得索取营业收入款项凭证的当天；

（5）建筑业纳税义务发生时间比较复杂，分为几种情况：①实行合同完成后一次性结算价款办法的工程项目，其纳税义务发生时间为施工企业与发包单位进行工程合同价款结算的当天；②实行平时预支、月末结算、竣工后清算办法的工程项目，其纳税义务发生时间为月末与发包单位进行已完工程价款结算的当天；③实行按工程进度划分不同阶段结算价款办法的工程项目，其纳税义务发生时间为月末与发包单位进行已完工程价款结算的当天；④实行其他结算方式的工程项目，其纳税义务发生时间为与发包单位结算工程价款的当天。

六、营业税的纳税期限和纳税地点

营业税的纳税期限分别为5日、10日、15日或者1个月。纳税人的具体纳税期限，由主管税务机关根据纳税人应纳税额的大小分别核定；不能按照固定期限纳税的，可以按次纳税。纳税人以1个月为一期的，自期满之日起10日内申报纳税；以5日、10日、15日为一期的，自期满之日起5日内预缴税款，于次月1日起10日内申报纳税并结清上月应纳税款。金融业（不包括典当业）的纳税期限为1个季度，自纳税期满之日起10日内申报纳税。其他纳税人从事金融业务，应按月申报纳税。保险业的纳税期限为1个月。

营业税的纳税地点，一般在提供应税劳务、转让土地使用权、销售不动产等所在地的主管税务机关申报纳税；运输业务、转让土地使用权以外的无形资产，应向其机构所在地的主管税务机关申报纳税；异地提供应税劳务，应向劳务发生地的主管税务机关申报纳税；未申报纳税的，由其机构所在地或居住地的主管税务机关补征税款；跨省、市、地区的承包工程，向其机构所在地的主管税务机关申报纳税。

第二节　营业税优惠政策

为了贯彻国家有关政策，对文化教育事业、农业生产、医疗事业和其他社会公益事业等特殊经济活动给予关照和支持。根据营业税暂行条例和国家政策性文件的规定，对营业税的优惠政策作出了具体的规定。

一、起征点的规定

对于经营营业税应税项目的个人，财政部规定了营业税起征点。营业额达到或超过规定起征点的全额计算、照章纳税；营业额未达到规定起征点的则免征营业税。按照财税［2002］208号文件规定，现行营业税的起征点为：按期纳税的起征点幅度为1 000~5 000元；按次纳税的起征点为每次（日）营业额100元。

二、营业税的免税项目

(1) 托儿所、幼儿园、养老院、残疾人福利机构提供的育养服务，婚姻介绍、殡葬服务。

(2) 残疾人员个人为社会提供的劳务。

(3) 医院、诊所、其他医疗机构提供的诊断、治疗、防疫、接生、计划生育等方面的医疗服务，以及与此有关的提供药品、医疗用具、病房和伙食的服务。

(4) 普通学校和其他教育机构提供的教育劳务，学生勤工俭学提供的劳务。

(5) 农业机耕、排灌、病虫害防治、植物保护、农牧业保险以及相关的技术培训业务，家禽、牲畜、水生动物的配种和疾病防治。

(6) 纪念馆、博物馆、文化馆、美术馆、展览馆、书画院、图书馆、文物保护单位等举办文化活动的门票收入，宗教场所举办文化、宗教活动的门票收入。

(7) 将土地使用权转让给农业生产者用于农业生产的免征营业税。这里的农业，包括农业、林业、牧业、水产业。

(8) 个人转让著作权，免征营业税。

(9) 科研单位的技术转让收入免征营业税。

(10) 为支持技术创新和高新技术企业的发展，自1999年10月1日起，对单位和个人（包括外商投资企业、外商投资设立的研究开发中心、外国企业和外籍个人）从事技术转让、技术开发业务和与之相关的技术咨询、技术服务业务取得的收入，免征营业税。

(11) 根据《财政部　国家税务总局关于调整房地产营业税有关政策的通知》

(财税 [2006] 75号) 规定，2006年6月1日后，个人将购买不足5年的住房对外销售的，全额征收营业税；个人将购买超过5年（含5年）的普通住房对外销售的，免征营业税。

(12) 对学校从事技术开发、技术转让业务和与之相关的技术咨询、技术服务业取得的收入，免征营业税。

(13) 对政府举办的高等、中等和初等学校（不含下属单位）举办进修班、培训班取得的收入、收入全部归学校所有的，免征营业税。

(14) 对科技馆、自然博物馆、对公众开放的天文馆（站、台）和气象台（站）、地震台（站）、高校和科研机构对公众开放的科普基地的门票收入，以及县及县以上（包括县级市、区、旗等）党政部门和科协开展的科普活动的门票收入免征营业税。

(15) 国有商业银行按照财政部核定的数额，无偿划转给金融资产管理公司（信达、华融、长城、东方）的资产，在办理过户手续时，免征营业税。

除以上规定以外，营业税的减免项目由国务院规定，任何地区、部门均不得任意规定减免项目。纳税人兼营减免项目的，应当单独核算减免税营业额，否则不得减税、免税。

第三节　营业税纳税筹划实务

如何合理确定营业税计税依据，充分利用营业税的优惠政策是营业税纳税筹划的关键；同时，对混合销售及兼营行为的合理筹划也是纳税人必须重视的环节。

一、工程承包的纳税筹划

根据《营业税暂行条例》第五款第三条的规定，建筑业的总承包人将工程分包或者转包给他人的，以工程的全部承包额减去付给分包人或者转包人的价款后的余额为营业额。也就是说，存在工程分包的情况下，总承包单位应以全部承包额减去付给分包方价款后的余额计算缴纳营业税，分包人应该按其完成的分包额承担相应的纳税义务。如果工程承包公司承包建筑安装工程业务，再与建设单位签订建筑安装工程承包合同进行施工建设的，无论其是否参与施工，都应遵照以上规定，按"建筑业"税目征收营业税，税率为3%；如果工程承包公司不与建设单位签订建筑安装工程合同，只是负责工程的组织协调业务，则此项业务应按"服务业"税目征收营业税，税率为5%。

工程承包公司对工程的承包有两种形式：第一种形式是由工程承包公司同建

设单位签订承包合同,然后将设计、采购等项工作分别转包给其他单位,工程承包公司负责各个环节的协调与组织。有的工程承包公司自身没有施工力量,或者自身虽有施工力量,但不参与该项目的施工,而将所有设计、采购、施工等项业务全部转包给其他单位,自身只从事协调或组织工作;有的自身有一定的施工力量且参与了该项目的施工,但仍将其中大部分施工任务转包给其他单位,工程承包公司的收入主要是总承包金额与分包金额之间的差额。第二种形式是工程合同由施工单位同建设单位签订,工程承包公司负责设计及对建设单位承担保证,并向施工单位按工程总额的一定比例收取管理费。

对于第一种形式,即工程承包公司作为工程总承包人同建设单位签订合同,无论其是否具备施工力量、是否参与工程施工业务,对其取得的全部收入,按建筑业税目征收营业税,而不按服务业税目征收营业税。对于第二种形式,即工程承包公司不作为工程总承包人,不与建设者签订工程承包合同,而仅作为建设单位与施工企业的中介人,无论工程承包公司是否具备施工力量,一律按"服务业"税目中的"代理服务"项目征收营业税。

以上两种形式适用的营业税税目和税率不一样,营业税税负也不一样。获取中介费收入的营业税税负重于获取承包收入的总承包单位的税负。然而,这两者之间是可以转换的。应该说,施工企业以其资力和实力获取工程承包资格,再部分转包给其他施工单位,具有中介性质,如果中介方也具有施工能力和施工资格,就应该尽力避免中介收入,或者将中介收入转化为承包收入。

这就为工程承包公司进行税务筹划提供了空间。建筑工程承包公司可以综合考虑自身情况,合理选择适当的承包形式。

【例6-1】 乙单位有一工程项目需找施工单位承建,在甲工程公司的努力下,由丙建筑公司与乙单位签订承建合同,合同金额为5 000万元,另外乙单位付给甲公司劳务费500万元。

甲公司应纳营业税税额=500×5‰=25(万元)

乙公司应纳营业税税额=5 000×3‰=150(万元)

两公司合计应纳营业税税额=25+150=175(万元)

如果甲公司进行筹划,直接与乙单位签订合同,合同金额为5 500万元,然后再将工程以5 000万元转包给丙公司,则

甲公司应纳营业税额=(5 500-5 000)×3‰=15(万元)

乙公司应纳营业税额=5 000×3‰=150(万元)

两公司合计应纳营业税税额=15+150=165(万元)

节税额=175-165=10(万元)

经过纳税筹划后,可以节约营业税额10万元,但却增加了应交印花税3万元的支出。因为按照印花税条例规定:甲公司与丙公司签订5 000万元的建筑安

装工程承包合同，双方都要按建筑安装工程承包合同规定的印花税税率0.3‰，计算交纳印花税。其应纳印花税额合计3万元，实际节税额为7万元。

二、合作建房的纳税筹划

根据国家税务总局国税函发［1995］156号文规定：合作建房，是指由一方（以下简称甲方）提供土地使用权，另一方（以下简称乙方）提供资金，合作建房。合作建房的方式一般有两种。

第一种方式是纯粹的"以物易物"，即双方以各自拥有的土地使用权和房屋所有权相互交换。具体的交换方式也有以下两种：①土地使用权和房屋所有权相互交换，双方都取得了拥有部分房屋的所有权。在这一合作过程中，甲方以转让部分土地使用权为代价，换取部分房屋的所有权，发生了转让土地使用权的行为；乙方则以转让部分房屋的所有权为代价，换取部分土地的使用权，发生了销售不动产的行为。因而合作建房的双方都发生了营业税的应税行为。对甲方应按"转让无形资产"税目中的"转让土地使用权"子目征税；对乙方应按"销售不动产"税目征税。由于双方没有进行货币结算，因此应当按照《中华人民共和国营业税暂行条例实施细则》第十五条的规定分别核定双方各自的营业额。如果合作建房的双方（或任何一方）将分得的房屋销售出去，则又发生了销售不动产行为，应对其销售收入再按"销售不动产"税目征收营业税。②以出租土地使用权为代价换取房屋所有权。例如，甲方将土地使用权出租给乙方若干年，乙方投资在该土地上建造建筑物并使用，租赁期满后，乙方将土地使用权连同所建的建筑物归还甲方。在这一经营过程中，乙方是以建筑物为代价换得若干年的土地使用权，甲方是以出租土地使用权为代价换其建筑物。甲方发生了出租土地使用权的行为，对其按"服务业——租赁业"征营业税；乙方发生了销售不动产的行为，对其按"销售不动产"税目征营业税。对双方分别征税时，其营业额也按《中华人民共和国营业税暂行条例实施细则》第十五条的规定核定。

第二种方式是甲方以土地使用权、乙方以货币资金合股，成立合营企业，合作建房。对此种形式的合作建房，则要视具体情况确定如何征税：①房屋建成后，如果双方采取风险共担、利润共享的分配方式，按照营业税"以无形资产投资入股，参与接受投资方的利润分配、共同承担投资风险的行为，不征营业税"的规定，对甲方向合营企业提供的土地使用权，视为投资入股，对其不征营业税；只对合营企业销售房屋取得的收入按销售不动产征税；对双方分得的利润不征营业税。②房屋建成后，甲方如果采取按销售收入的一定比例提成的方式参与分配，或提取固定利润，则不属营业税所称的投资入股不征营业税的行为，而属于甲方将土地使用权转让给合营企业的行为，那么，对甲方取得的固定利润或从销售收入按比例提取的收入按"转让无形资产"征税；对合营企业则按全部房屋的销售收入依"销售不动产"税目征收营业税。③如果房屋建成后双方按一定比例分配房屋,则此种经营行为也未构成营业税所称的以无形资产投资入股、共同承担风险的不征营业税的行为。因此,首先对甲方向合营企业转让的土地,按"转让无形资产"征税,其营业额按实施细则第十五条的规定核定。其次,对合营企业的房屋,在分配给甲、乙方后,如果各自销售,则再按"销售不动产"征税。

合作建房项目作为一个会计主体,在收入和费用相同时,经营方式不同会导致税负不同,双方合作建房并采取在房屋建成后合作双方风险共担、利益共享的利润分配方式最为节税,只需在销售房屋取得收入时按销售不动产缴税;而成立合作企业并采取在房屋建成后合作双方按一定比例分配房屋的利润分配方式,以土地使用权投资的一方还须在前种方式税负的基础上,就转让的无形资产缴税。

至于"以物易物"的合作建房方式,合作双方应分别按其销售房屋的价值和转让土地使用权价值缴纳营业税,合作建房双方将分得房屋出售时,还应按房屋销售额交纳营业税,其税负最高。因此,房地产企业应利用国家税收杠杆导向,选择最有利的经营方式,达到节税的目的。

【例6-2】 A、B两企业合作建房,A提供土地使用权,B提供资金。A、B两企业约定,房屋建好后,双方均分。完工后,经有关部门评估,该建筑物价值1 000万元,于是,A、B各分得500万元的房屋。

根据上述约定,A企业通过转让土地使用权而拥有了部分新建房屋的所有权,从而产生了转让无形资产应缴纳营业税的义务。此时其转让土地使用权的营业额为500万元。则

A企业应纳的营业税＝500×5％＝25(万元)

若A企业进行纳税筹划,则可以不缴纳营业税。

具体操作过程如下:A企业以土地使用权、B企业以货币资金合股成立合营企业,合作建房,房屋建成后双方采取风险共担、利润共享的分配方式。

现行营业税法规定:以无形资产投资入股,参与接受投资方的利润分配、共同承担投资风险的行为,不征收营业税。

由于A向企业投入的土地使用权是无形资产,因此,无需缴纳营业税。仅此一项,A企业就少缴了25万元的税款,从而取得了很好的筹划效果。

三、营业额的纳税筹划

营业税的营业额又称计税依据,是纳税人提供应税劳务、转让无形资产或销售不动产向对方收取的全部价款和价外费用。在实际经济生活中,从事营业税规定的应税项目在价格的确定上多是经营双方面议,这样就为营业税纳税义务人以较低的价格申报营业税而少缴营业税提供了可能。

决定纳税人应纳税额有两个因素，即营业税税率和营业额。营业税税率比较固定，从税率上进行纳税筹划的可能很小。而营业额的确定则要灵活得多，因此，营业税纳税筹划的关键在于营业额。

（一）建筑业计税依据的纳税筹划

税法规定，从事建筑、修缮、装饰工程作业，无论怎样结算，营业税均包括工程所用原材料及其他物资和动力的价款。因此，纳税人在确定营业额时：

（1）要注意建筑、修缮、装饰工程所用材料物资和动力应包括在营业额内；

（2）可以通过严格控制工程原料的预算开支，尽量降低工程所用原材料及其他物资和动力的价款；

（3）尽量不将设备价值作为安装工程产值，可由建设单位提供机器设备，使营业额中不包括安装设备价款；

（4）要注意合作建房的方式，"以物易物"和"合营企业"两种不同的方式会产生不同的纳税义务，这就使纳税人有了纳税筹划的机会。

【例6-3】 施工企业A为建设单位B建造一座房屋，总承包价为300万元。工程所需的材料由建设单位B来购买，价款为200万元。

价款结清后：

施工企业A应纳营业税＝(300＋200)×3％＝15（万元）

若施工企业A进行筹划，不让建设单位B购买建筑材料，而自己购买。这样，施工企业A就可利用自己在建材市场上的优势（熟悉建材市场，能以低价买到质优的材料），以150万元的价款买到所需建材。这样，总承包价就成了450万元。

此时：

施工企业A应纳营业税＝450×3％＝13.5（万元）

由此可见，与筹划前相比：

施工企业A就少缴营业税款＝15－13.5＝1.5（万元）

（二）运输业计税依据的纳税筹划

税法规定，凡是将旅客或货物由境内载运出境的，属于营业税的管辖权范围；凡是将旅客或货物由境外载运境内的，就不属于营业税管辖权范围。因此，运输企业将客货从我国境外运往我国境内，或者将客货从境外的一个地方运往境外的另一个地方，这两种运输业务因起运地不在我国境内，所以不缴纳营业税。运输企业可以充分利用这一规定，开展起运地在境外的业务，尤其是在与我国有税收互惠协定的国家进行客货运输业务，以达到减轻税负的目的。

运输企业将货物或旅客运往境外时，如果直接运往目的地，其营业额为收入全额;但如果运输企业在将货物或旅客运往目的地的过程中,先将货物或旅客运往境外某地,然后委托境外企业将货物或旅客从该地运往目的地,这种情况下,以全程运费减去付给境外承运企业运费后的余额为计税依据。因此企业就有了纳税筹划机会,企业可以与国外合伙人协商,扩大国外承运部分的费用,然后通过其他形式回报高费用带来的损失,从而达到减少应纳营业税额的目的。

(三)金融业计税依据的纳税筹划

转贷业务应以贷款利息减去借款利息后的余额作为营业额,计算应缴纳的营业税。转贷业务筹划的关键在于提高借款利息支出,降低贷款利息收入,缩小转贷利息差距,从而达到降低税收成本的目的。

银行中间业务是指通过中间服务获得手续费收入的业务。其营业额就是手续费收入。银行可以通过降低手续费收入,来降低计税依据,从而降低税收负担,然后再通过其他途径求得交换补偿。

已缴纳营业税的应收未收利息,可以冲减当期应税营业额或报税务机关批准后冲减应税营业额。金融企业应充分利用这一政策,降低计税依据,减轻营业税负担。

(四)代理业计税依据的纳税筹划

根据规定,物业管理企业代有关部门收取的水费、电费、燃气费、维修基金、房租的行为,属于营业税"服务业"中的"代理"业务,仅对其从事此项业务取得的手续费征收营业税。

酒店、房地产公司应将此部分物业管理费单独核算,并与客户签订委托代缴物业管理费的标准合同,也就是将自己、客户、公共设施部门设计为代理人、被代理人和第三人的法律关系,则可以只按收取的手续费缴纳营业税,不必缴纳代收费用的营业税。由于代理在法律上都有严格的定义和限定条件,因此在设计纳税筹划方案时,就必须考虑备齐其相应法律文件及凭证,并履行必要的程序。在会计处理上也应单独核算,分别记录。

营业税的特点是,只要取得营业收入,就要缴纳营业税,而不管其成本、费用的大小,即使没有利润,只要有了营业额,也要依法缴税。对此,纳税筹划做法是:通过减少纳税环节,分解应税营业额,达到合理减少税负的目的。

【例6-4】 T展览公司2003年3月份在某展览馆成功举办了一期出口产品展览会,吸引了300家客商参展,取得营业收入800万元,应交展览馆租金400万元。

T展览公司的收入,属于中介服务,按服务业计征营业税。其应纳营业税税额为

$$应纳税额＝800\times5\%＝40（万元）$$

如果T展览公司举办展览时，让客户分别缴费，T展览公司按400万元给客户开票，展览馆按400万元给客户开票。分解后，T展览公司应纳的营业税税额为

$$应纳税额＝400\times5\%＝20（万元）$$

通过纳税筹划，T展览公司少交了营业税20万元，并且不会因此而增加其客户和展览馆的税收负担。

四、兼营行为的纳税筹划

兼营是指纳税人既销售增值税的应税货物或提供增值税应税劳务，同时又从事营业税的应税劳务，并且这两种经营活动之间没有直接的联系和从属关系。它是企业经营范围多样性的反映。兼营业务一般涉及两种情况：一是税种相同，税率不同；二是不同税种，不同税率。

《增值税暂行条例实施细则》第六条规定："纳税人兼营非应税劳务的，应分别核算货物或应税劳务和非应税劳务的销售额，不分别核算或者不能准确核算的，其非应税劳务与货物或应税劳务一并征收增值税。"而《增值税暂行条例》第三条规定："纳税人兼营不同税率的货物或者应税劳务，应当分别核算不同税率货物或者应税劳务的销售额。未分别核算销售额的，从高适用税率。"如企业的兼营行为本应按17%和13%的不同税率分别计税，未分别核算的则一律按17%的税率计算缴税。纳税人兼营非应税劳务的，不分别核算或者不能准确核算的，其非应税劳务应与货物或应税劳务一并征收增值税。营业税税率一般为3%和5%，远远低于增值税税率。

因此，从这个意义上讲，分别核算意味着税负的减轻。

(1) 兼营不同税率的货物或应税劳务，在取得应税收入后，应分别记账，并按其所适用的不同税率各自计算应纳税额。

(2) 兼营非应税劳务的，企业应分别核算应税货物或应税劳务和非应税劳务销售额，并对应税货物或应税劳务的销售收入按所适用税率计算增值税；对非应税劳务的营业额，按其适用税率缴纳营业税。

(3) 兼营免税、减税项目的，还应单独核算免税、减税项目的销售额。未单独核算销售额，则不得免税、减税，那么，政策给予的税收优惠就不能充分享受。

兼营行为的产生有两种可能：一是增值税的纳税人为加强售后服务或扩大自己的经营范围，涉足营业税的征税范围，提供营业税的应税劳务；二是营业税的纳税人为增强获利能力转而也销售增值税的应税商品或提供增值税的应税劳务。

在第一种情况下，若该企业是增值税的一般纳税人，提供应税劳务时，可以

得到的允许抵扣进项税额也就少,选择分开核算分别纳税有利;若该企业是增值税小规模纳税人,则要比较一下增值税的含税征收率和该企业所适用的营业税税率,如果企业所适用的营业税税率高于增值税的含税征收率,选择不分开核算有利。

在第二种情况下,由于企业原来是营业税纳税人,转而从事增值税的货物销售或劳务提供时,一般是按增值税小规模纳税人方式来征税,这和小规模纳税人提供营业税的应税劳务的筹划方法一样。

在兼营行为中,属于增值税的应税货物或劳务不论是否分开核算,都要征收增值税,没有筹划的余地;但对营业税应税劳务,纳税人可以选择是否分开核算,来选择缴纳增值税还是营业税。

【例6-5】 北京兴化计算机公司是增值税小规模纳税人。该公司销售计算机硬件,同时也从事软件的开发和转让,某月硬件销售额为27万元,另受托开发并转让软件取得的收入为8万元。

不分开核算:

$$应纳增值税 = 350\ 000 \div (1+4\%) \times 4\% = 13\ 461.54\ (元)$$

分开核算:

$$应纳增值税 = 270\ 000 \div (1+4\%) \times 4\% = 10\ 384.62\ (元)$$

$$应纳营业税 = 80\ 000 \times 5\% = 4\ 000\ (元)$$

由此可见,兴化计算机公司通过纳税筹划,如果采取不分开核算方式,可以少缴税款为

$$(10\ 384.62 + 4\ 000) - 13\ 461.54 = 923.08\ (元)$$

五、混合销售行为的纳税筹划

《营业税暂行条例》规定:一项销售行为如果既涉及增值税应税货物,又涉及非应税劳务,为混合销售行为。两者之间是紧密相连的从属关系,也就是说,混合销售行为不可能分别核算。

税法规定,按照纳税人的性质确定所征收的税种。从事货物的生产、批发或零售的企业、企业性单位及个体经营者的混合销售行为,视为销售货物,征收增值税,不征收营业税;而其他单位和个人的混合销售行为,视为提供应税劳务,应当征收营业税。从事货物的生产、批发或零售的企业、企业性单位及个体经营者,包括以从事货物的生产、批发或零售为主并兼营应税劳务的企业、企业性单位及个体经营者在内。所谓以从事货物的生产、批发或零售为主,是指纳税人的年货物销售额与非增值税应税劳务营业额的合计数中,年货物销售额超过50%,非增值税应税劳务营业额低于50%。

因此,在实际经营活动中,纳税人只要使混合销售的应税货物销售额能占到

总销售额的50%以上,则缴纳增值税;反之,若应税劳务占到总销售额的50%以上,则缴纳营业税。到底缴纳哪种税税负比较轻,可以通过混合销售节税点来进行纳税筹划。

一般纳税人应纳增值税额＝销售额×实际增值率×增值税税率

其中

实际增值率＝(销售额－购进项目金额)÷销售额
　　　　＝(销项税额－进项税额)÷销项税额

应纳营业税额＝销售额×营业税适用税率

如果两个税种的税收负担相同,且增值税的销售额和营业税的营业额相同,则

销售额×增值率×增值税税率＝销售额×营业税适用税率

增值率(D)＝营业税税率÷增值税税率

如果实际增值率大于D,则缴纳增值税对纳税人有利,因此,要注意使年增值税应税销售额占到其全部销售额的50%以上;反之,如果实际增值率小于D,则缴纳营业税对企业有利,应注意使年增值税应税销售额占其全部销售额的50%以下。

对于自制锅炉、铝合金门窗等并提供建筑、安装劳务的,按原来混合销售规定,一般全部交纳增值税,相关流转税负高。国税发〔2002〕117号文下发后,从一定程度上缓解了上述问题。如何利用好以上规定节约流转税负,是相关企业面临的一个问题。

【例6-6】 大华公司是一家生产铝合金门窗的企业,为增值税一般纳税人,2003年与某事业单位签订铝合金门窗销售及安装合同,合同总金额2 200万元,此批铝合金门窗制造成本为1 000万元,市场销价1 200万元,安装相关支出为800万元。

经测算,制造成本中能够抵扣的进项成本约为800万元,进项税额为116万元,由于是混合销售行为,所以

应交增值税＝2 200÷1.17×17%－116＝319.66－116＝203.66(万元)

大华公司聘用税务师为企业进行专项筹划,税务师提出如下建议:

方案一:取得建设行政部门批准的建筑业施工(安装)资质;同时在今后签订建设工程施工总包或分包合同中单独注明建筑业劳务价款。

方案二:成立专门安装公司或委托其他安装公司安装,同时取建筑业施工(安装)资质,分离合同中安装收入,将应税增值税的铝合金门窗由甲方直接购买,并由安装公司进行安装。

大华公司经过论证,认为取得建筑业施工(安装)资质对于企业长远发展有利,且成本不大,决定采用方案一。筹划结果:

2004年大华公司取得了建筑业施工（安装）资质，同时在以往销售合同改为签订建设工程施工总包或分包合同中单独注明建筑业劳务价款。

按2003年上例测算如下：

应交增值税＝1 200÷（1＋17%）×17%－116＝58.36（万元）

应交营业税＝（2 200－1 200）×3%＝30（万元）

由此可见，较筹划前节约流转税＝203.66－（58.36＋30）＝115.30（万元）。

六、减免税的纳税筹划

减免税优惠是指税法对某些纳税人和征税对象给予鼓励和照顾的一种特殊规定。国家为了扶持某些特定地区、行业、企业和业务的发展，或者对某些具有实际困难的纳税人给予照顾，在税法中作出某些特殊规定，从而减轻其税收负担。从严格意义上讲，减免税优惠是税法的组成部分，属于法的范畴，不属于政策的范畴。

纳税人只有充分理解税法的规定和财务会计制度的规定，正确核算应税收入、减税收入、免税收入和办理纳税申报，才能享受税法规定的减免税优惠，从而降低企业的税收负担。

（一）营业税纳税人的纳税筹划

根据我国《营业税暂行条例》，我国营业税的税收管辖区域为我国境内，即只有发生在中华人民共和国境内的应税行为，才属于营业税的征税范围，在我国境外发生的应税行为不属于我国营业税的税收管辖范围。因此，纳税人完全可以通过各种灵活办法，将其行为转移到境外，从而避免成为营业税纳税人。

我国《营业税暂行条例》规定的"应税劳务发生在境内"，是指应税劳务的使用环节和使用地在境内，而不论该项应税劳务的提供环节发生地是否在境内。可见，境内纳税人在境内提供劳务，其行为属于营业税的管辖权范围；境外单位和个人提供应税劳务在境内使用的，其行为属于营业税的管辖权范围；而境内纳税人提供劳务在境外使用的，其行为不属于营业税的管辖权范围。如国内某施工单位到新加坡提供建筑安装劳务，尽管是国内的施工单位，但其应税劳务发生在境外，则该行为不属于营业税的管辖范围，因此，对该公司取得的建筑安装劳务收入不征营业税。避免成为营业税纳税人的筹划可以从源头上减轻企业的税收负担。

【例6-7】 地处松花江之滨的黄河投资实业公司拟借松花江的优势进行深层次的旅游开发，准备投资20亿兴建一个综合性游艺项目工程。黄河投资实业公司准备委托国内一家知名的设计单位北方建筑设计院为其设计图纸。双方就此签订意向书，然后通过对有关细节的进一步协商后再签订合同，预计服务金额为1 000

万元。

北方建筑设计院的税务顾问、注册税务师方明指出：

如果北方建筑设计院直接与黄河投资实业公司签署合同，并为其设计，取得收入后：

$$北方建筑设计院应纳的营业税为 1\ 000 \times 3\% = 30（万元）$$

应缴纳城建税及教育费附加（假设该企业城建税的适用税率为7%、教育费附加为3%）为 $30 \times (7\% + 3\%) = 3$（万元）

但是，如果北方建筑设计院不直接与黄河投资实业公司发生业务联系，而是由其设在香港的子公司南苑建筑设计所出面，让南苑建筑设计所与黄河投资实业公司签订设计合同。业务终了之后，黄河投资实业公司付给南苑建筑设计所设计费1 000万元。依据有关规定，在这种情况下南苑建筑设计所不负有营业税纳税义务。

于是，北方建筑设计院接受了注册税务师方明的策划建议，调整了业务操作方法；通过纳税策划，少缴纳营业税、城建税以及教育费附加合计33万元。

（二）利用安置"四残"人员政策和安置随军家属政策的纳税筹划

（1）现行税法规定，安置"四残"（指盲、聋、哑及肢体残疾）人员占企业生产人员35%以上（含35%）的民政福利企业属于营业税"服务业"税目范围内（广告业除外）的业务，暂免征收营业税。

【例6-8】 北京市某企业原为某街道企业，为了提供更加完善的服务，扩大经营范围，开展多元化业务，新建了一个快餐店和一个国内旅行社。由于该企业在最初经营时，为解决街道残疾居民的就业困难，招收了不少聋哑人员从事后勤工作，属于民政福利企业，因此企业在员工福利与劳保等方面的负担较重。由于各方面负担较重，该企业深切感到应进行纳税筹划，尽量减轻企业的税收负担，达到节税的效果。

该企业通过向税务专家进行咨询，敏锐地意识到自己现有员工80人，其中包括聋哑员工22人，已占员工总数的27.5%，因此，只需再招收10名聋哑员工，就可使残疾员工占企业员工比例达到35%以上，从而符合税法关于营业税减免优惠的规定，可免征营业税，大大降低企业的税收负担。

（2）依据国家税务总局颁发的《关于随军家属就业有关税收政策的通知》的规定：从2000年1月1日起，对安置随军家属而新开办的企业，随军家属占企业总人数60%以上的，或从事个体经营的随军家属，自税务登记之日起，3年内免征营业税。具体条件为：享受税收优惠政策的企业，随军家属必须占企业总人数的60%（含）以上，并有军（含）以上政治和后勤机关出具的证明，随军家属必须由师以上政治机关出具的可以表明其身份的证明。

【例6-9】 甲地某粮食企业有一栋近千平方米的闲置楼房,其结构和所处的地理位置适合于饮食服务业的开发和利用。因此,该企业拟与他人合作创办一家集餐饮、住宿、旅游为一体的综合性旅社。甲地的发展目标是建成国际化水电旅游城市,并且军队企业较多,有大量的军人家属。因此,只要能使随军家属从业人数达到规定的比例,该旅社就能获得税收优惠。

如果按政策比例向军人家属倾斜,这家新创办的旅社既可获得免税三年的免税优惠,又可获得"拥军"的美名,可谓一举两得。在操作中,该旅社招聘人员时应该注意:每一随军家属,只能按规定享受一次免税政策;税务部门还要对企业的免税资格进行相应的审查认定工作,并且要按现行规定进行严格的年度检查。凡不符合条件的企业将取消其免税优惠政策。这就要求企业在向社会公开招聘人员时,最好委托当地劳动人事部门办理,帮助其严格把关,以免得不偿失。

假如该企业在2002年投资入股的餐饮服务业所核定的从业总人数为30人,那么,要想获得税收优惠,上岗就业的随军家属人数则不应少于18人。根据其对餐饮、住宿、旅游的投资规模预测,该旅社2002年全年经营收入为200万元,那么,该旅社可获得营业税优惠减免10(=200×5%)万元,城市建设维护税和教育费附加1=[10×(7%+3%)]万元。如果该旅社在2003、2004年两年间的营业收入均与2001年相等,那么,该旅社2002~2004年三年共计可获免税优惠33万多元。这与招聘普通职工相比,税收优惠是显而易见的。

(三)利用签订合同进行纳税筹划

目前建筑业中分包与转包的现象非常多,形式也不尽相同,而采取不同的承包形式对企业的税收影响很大。按照我国现行营业税法规的规定,如果建筑工程的总承包人将工程分包或转包给他人,应以工程的全部承包额减去付给分包人或转包人的价款后的余额为营业额,缴纳营业税。工程承包公司承包建筑安装工程业务,再与建设单位签订建筑安装工程承包合同进行施工建设的,无论其是否参与施工,都应遵照以上规定,按"建筑业"税目征收营业税,税率为3%;如果工程承包公司不与建设单位签订建筑安装工程合同,只是负责工程的组织协调业务,则此项业务应按"服务业"税目征收营业税,税率为5%。这就为工程承包公司进行纳税筹划提供了空间。建筑工程承包公司可以综合考虑自身情况,合理选择适当的承包形式。

在实际筹划过程中,与工程相关合同应避免单独签订服务合同。同时,要注意总承包与分包合同条款的完整性。

【例6-10】 工程承包公司乙承揽一座教学楼的建筑工程,工程总造价为2 700万元；施工单位为建筑公司甲，承包金额为 2 250 万元。

如果工程承包公司乙与建筑公司甲签订分包合同，则工程承包公司乙按建筑业 3% 的税率计算营业税。

$$应纳税额=(2\,700-2\,250)\times 3\%=13.5（万元）$$

如果双方未签订分包合同，承包公司乙只负责组织协调业务，收取中介服务费，则该承包公司乙的该项收入适用"服务业"税目 5% 的税率计算营业税。

$$应纳税额=(2\,700-2\,250)\times 5\%=22.5（万元）$$

显然，工程承包公司乙采取签订分包合同的方式，可以少缴营业税=22.5－13.5=9（万元）。

（四）利用企业技术开发费的纳税筹划

财税字〔1999〕273 号《财政部、国家税务总局关于贯彻落实中共中央、国务院关于加强技术创新，发展高科技，实现产业化的决定有关税收问题的通知》规定，对单位和个人（包括外商投资企业、外商投资设立的研究开发中心，外国企业和外籍个人）从事技术转让、技术开发业务和与之相关的技术咨询、技术服务业务收取的收入（以下简称"四技收入"），免征营业税。

所谓"四技收入"是指单位和个人从事技术转让、技术开发业务和与之相关的技术咨询、技术服务取得的收入。与技术转让、技术开发相关的技术咨询、技术服务业务是指转让方（或受托方）根据技术转让或开发合同的规定，为帮助受让方（或委托方）掌握所转让的（或委托开发）的技术，而提供的技术咨询、技术服务业务，而且这部分技术咨询、技术服务的价款与技术转让（或开发）的价款是开在同一张发票上的。也就是说，单独的技术咨询、技术服务业务取得的收入并不能享受免纳营业税的优惠。单位和个人要充分理解和享受这一优惠政策，进行合理的税收筹划。一方面，要分开核算应税项目和免税项目的营业额；另一方面，要明确办理免税所需资料和办理程序。

技术开发费是指纳税人在一个纳税年度生产经营过程中发生的用于研究开发新产品、新技术、新工艺的各项费用。

在大型企业集团成本中技术开发费所占比例较大，对于企业总体所得税支出影响较大而国家税务总局对于技术开发费的税收优惠政策较多，因此，充分运用这些技术开发费方面的相关税收优惠政策可大幅减少企业总体税收的支出。

【例 6-11】 甲公司为国有大型利税企业。公司决定拟从 2003 年开始对生产线进行工艺改造并研究开发新产品投入市场，整个技术改造由公司新产品研究开发部负责，预计需分 3 年进行，2003~2005 年技术开发费预计共需投入 2 000 万元，2003 年预计需投入 800 万元，2004 年预计需投入 1 000 万元，2005 年预计需投入 200 万元。

根据企业技术开发费的免税政策，可以提出如下纳税筹划方案：

甲公司可使原研究开发部人员离开甲公司，自筹资金在工商局注册成立新公司乙技术改造研究院，新公司乙与原甲公司无关联关系，主营各类石化产品技术改造，新公司乙成立后与甲公司签订新产品技术改造业务合同，合同约定，技术改造业务合同期限为 2003~2005 年，甲公司委托乙研究院进行新产品技术改造业务，技术开发合同金额共计 1 800 万元，甲公司分两年支付技术开发费，2003 年支付 800 万元，2004 年支付 1 000 万元，另外 2004 年底甲公司支付赞助费 200 万元给乙研究院。则

甲公司 2003~2004 年可免征税额 = 1 800 × 5%(1 + 7% + 3%) = 99（万元）

依据财税字 [1999] 273 号文件免征营业税，赞助费 200 万元不计入营业额。

但须注意的事项是，纳税人享受免征营业税的政策时必须将纳税人的技术转让、技术开发的书面合同到省级科技主管部门进行认定，并将认定后的合同及有关证明材料文件报主管地方税务机关备查。

（五）不动产投资入股的纳税筹划

根据我国《营业税暂行条例》规定，"销售不动产"税目的营业税，应在不动产所有者有偿转让不动产所有权行为或单位将不动产无偿赠与他人的行为发生时，才进行征收。对以不动产投资和入股行为是否征收营业税，应根据不同情况区别对待。第一种情况是，不动产所有者以不动产投资入股，参加投资方利润分配，共担投资风险。对于这种情况，《营业税暂行条例》中规定，凡以不动产投资入股，参与接受投资方利润分配，共同承担投资风险的行为，不征营业税。第二种情况是，不动产所有者以不动产投资入股，收取固定收入，不承担投资风险。这种固定收入既可能以投资方利润形式出现，也可能以租金等其他形式出现，名目多种多样。这实质上是一定时期内，转让不动产使用权的行为。尽管投资者取得的固定收入往往以利润名目出现，但由于投资者的收入并不随所投资项目利润的增减而增减，因而性质上属于租金收入，应按服务业税目中"租赁"项目征收营业税。在不动产投资入股中，企业应根据自身情况，在以上两种投资方式之间进行合理选择，应当运用这一政策精心筹划，以降低税负。

【例 6-12】 中原公司与北方公司均为中外合资企业，两企业的中方出资人为同一人，外方投资者也为同一人，中外方出资比例均为 2:8。中原公司注册资本 9 600 万元，北方公司注册资本 4.8 亿元。中原公司主要从事窗体顶端窗装修，并于当月办理竣工结算手续。

由于中原公司自己没有施工队伍，全部建筑工程均由其他建筑工程公司承建，建筑安装业营业税已由建筑公司和安装公司缴纳，中原公司以建筑安装业发

票作为在建工程入账的原始凭证。截至竣工，中原公司"在建工程——兴旺大厦"总金额达5 220万元。

当中原公司需要将在建工程转至北方公司名下，却在税收上却遇到了难题：兴旺大厦的财产所有权归属于中原公司，如果要转移至北方公司名下须要按"销售不动产"税目缴纳5%的营业税。按当地规定的成本利润率10%计算，须缴纳营业税约302.4万元。北方公司自己出钱盖楼，最后为了获得它，却需要自己的关联公司缴纳约302.4万元的税款。应如何进行税务筹划？

该项业务可采用如下筹划方案：

房屋建成后投资入股。如果双方没有签订委托建房合同，在工程完工后可以采取投资形式将房屋交给中原公司。以不动产投资入股，参与接受投资方利润分配，共同承担投资风险的行为，不征营业税。但转让该项股权，应按本税目征税。根据这一规定，如果中原公司以该项不动产对北方公司进行股权投资，则无需缴纳营业税。更何况，中原公司与北方公司的中外投资者均为同一出资人，根本无需进行股权转让。最终该公司采用了上述筹划方案，成功地节省302.4万元营业税税款。

复习思考题

【简答题】

1. 营业税的计税依据是什么？
2. 营业税的税目和税率是怎样划分的？
3. 营业税的免税项目有哪些内容？

【分析计算题】

1. 某企业属转制科研型企业，主要从事科研任务，同时也从事产品的生产、销售业务。近几年产品销售收入已经占全部收入的90%以上，2004年该企业实现产品销售收入3亿多，技术收入2 000多万元，技术收入约占企业年总收入的7%。该企业的下属非独立核算机构自动化研究所开发出了一项专有技术"槽控箱计算机控制系统"，该部门在受托开发该项技术的同时还销售作为该项技术载体的设备，并负责安装调试，提供技术培训、技术服务等工作。试对以上业务进行分析处理：怎样筹划才能使该企业税负最小化？应纳税额为多少？

2. 某公司是一家中介服务公司，其主要业务是帮助外地客商在北京举办各种展览会，在北京市场上推销其商品。2001年10月，该公司在北京某展览馆成功地举办了一期金秋名优西服展览会，吸引了100家客商参展，对每家客商收费2万元，营业收入共计200万元，应付展览馆的租金为100万元。问：该企业如何筹划才能使税负最小化？应纳税额为多少？

3. 建设单位B有一项工程需委托施工单位承建。在工程承包公司A的组织安排下，施工单位C最后中标，于是，B与C签订了承包合同，合同金额为400万元。另外，B还支付给A企业20万元的服务费用。问B企业如何筹划才能使税负最小化？应纳税额为多少？

4. 某建筑安装材料公司属于增值税一般纳税人，该公司有两项业务，一项是批发、零售建筑安装材料，并提供安装、装饰业务；一项是提供建材设备租赁业务。2004年5月份，该公司的经营业务如下：

销售建筑装饰材料82万元，取得有增值税专用发票的进项税额10.8万元；提供安装、装饰服务收入60万元，设备租赁服务收入16万元，共获得劳务收入76万元。

问：该公司财务人员如何向税务机关进行纳税申报，可使税负最小化？应纳税额为多少？

第七章

消费税纳税筹划

本章主要研究消费税的法律制度规定和消费税的纳税筹划技术。消费税的纳税筹划主要涉及纳税人、计税依据、纳税环节等方面。学生在学习中应重点掌握纳税人如何利用消费税的相关规定进行纳税筹划。

【重要概念】 消费税 委托加工应税消费品 自产自用应税消费品

第一节 消费税制度

一、消费税的纳税人

在中华人民共和国境内生产、委托加工和进口应税消费品的单位和个人,为消费税的纳税义务人。

所谓的"在中华人民共和国境内",是指生产、委托加工和进口属于应当征收消费税的消费品(简称应税消费品)的起运地或所在地在境内。"单位"指国有企业、集体企业、私有企业、股份制企业、外商投资企业和外国企业、其他企业和行政单位、事业单位、军事单位、社会团体及其他单位。"个人"指个体经营者及其他个人。具体讲,消费税的纳税人包括生产应税消费品的单位和个人、进口应税消费品的单位和个人、委托加工应税消费品的单位和个人。

二、消费税税目、税率

我国消费税法规定的征收消费税产品的范围主要有两种情况:一种是由征收产品税改征增值税后税负大幅度下降的产品;另一种是需进行特殊税收调节的消费品。具体包括:①过度消费对人体健康、社会秩序和生态环境造成危害的消费品;②奢侈品、非生活必需品;③高能耗的高档消费品;④不可再生和替代的消费品；⑤具有一定财政意义的消费品。为适应社会经济形势的客观发展要求，进一步完善消费税制，增强其调节功能，国务院决定从 2006 年 4 月 1 日对消费税政策进行重大调整，此次调整主要突出了两个重点：一是突出了促进环境保护和节约资源的重点，如对木制一次性筷子以及对小汽车税率进行调整；二是突出了合理引导消费和间接调节收入分配的重点，如对游艇、高尔夫球及球具、高档手表等高档消费品征收消费税。

(一) 税目

消费税采取正列举法设置税目，共设置了 14 个税目，有的税目还进一步划分为若干子目。具体包括：

(1) 烟。凡是以烟叶为原料加工生产的产品，不论使用何种辅料，均属于本科目的征收范围，包括卷烟、雪茄烟和烟丝 3 个子目。

(2) 酒及酒精。该税目下设粮食白酒、薯类白酒、黄酒、啤酒和其他酒、酒精 6 个子目。

(3) 化妆品。包括各类美容、修饰类化妆品，高档护肤类化妆品和成套化妆品。美容、修饰类化妆品是指香水、香水精、香粉、口红、指甲油、胭脂、眉笔、唇笔、蓝眼油、眼睫毛以及成套化妆品。舞台、戏剧、影视演员化妆用的上妆油、卸装油、油彩，不属于本税目的征收范围。

(4) 贵重首饰及珠宝玉石。该税目征收范围包括各种金银珠宝首饰和经采掘、打磨、加工的各种珠宝玉石。金银珠宝首饰包括以金、银、白金、宝石、珍珠、钻石、翡翠、珊瑚、玛瑙等高贵稀有物质以及其他金属、人造宝石等制作的各种纯金银首饰及镶嵌首饰（含人造金银、合成金银首饰等）。珠宝玉石包括钻石、珍珠、松石、青金石、欧泊石、橄榄石、长石、玉、石英、玉髓、石榴石、锆石、尖晶石、黄玉、碧玺、金绿玉、绿柱石、刚玉、琥珀、珊瑚、煤玉、龟甲、合成刚玉、合成宝石、双合石、玻璃仿制品等 26 种。

(5) 鞭炮、焰火。鞭炮，又称爆竹，是用多层纸密裹火药，接以药引线，制成的一种爆炸品。焰火，指烟火剂，一般系包扎品，内装药剂，点燃后烟火喷射，呈各种颜色，有的还变幻成各种景象；分平地小焰火和空中大焰火两类。该税目征收范围包括各种鞭炮、焰火。通常分为 13 类，即喷花类、旋转类、旋转升空类、火箭类、吐珠类、线香类、小礼花类、烟雾类、造型玩具类、爆竹类、摩擦炮类、组合烟花类、礼花弹类。体育上用的发令纸、鞭炮药引线，不按本税目征收。

(6) 成品油。该税目征收范围包括汽油、柴油、石脑油、溶剂油、润滑油、燃料油、航空煤油 7 个子目。

汽油是轻质石油产品的一大类。由天然或人造石油经脱盐、初馏、催化裂化,调和而得,具体包括车用汽油、航空汽油、起动汽油。柴油是轻质石油产品的一大类,由天然或人造石油经脱盐、初馏、催化裂化、调和而得。具体包括轻柴油、重柴油、军用柴油和农用柴油。石脑油又叫轻汽油、化工轻油,是以石油加工生产的或二次加工汽油经加氢精制而得的用于化工原料的轻质油,具体包括除汽油、柴油、煤油、溶剂油以外的各种轻质油。溶剂油是以石油加工生产的用于涂料和油漆生产、食用油加工、印刷油墨、皮革、农药、橡胶、化妆品生产的轻质油,具体包括各种溶剂油。航空煤油也叫喷气燃料,是以石油加工生产的用于喷气发动机和喷气推进系统中作为能源的石油燃料,具体包括各种航空煤油。润滑油是用于内燃机、机械加工过程的润滑产品,分为矿物性润滑油、植物性润滑油、动物性润滑油和化工原料合成润滑油,具体包括以石油为原料加工的矿物性润滑油、矿物性润滑油基础油。植物性润滑油、动物性润滑油和化工原料合成润滑油不属于润滑油的征收范围。燃料油也称重油、渣油,具体包括用于电厂发电、船舶锅炉燃料、加热炉燃料、冶金和其他工业炉燃料的各类燃料油。

(7) 汽车轮胎。是指用于各种汽车、挂车、专用车和其他机动车上的内、外胎。具体包括:轻型乘用汽车轮胎;载重及公共汽车、无轨电车轮胎;矿山、建筑等车辆用轮胎;特种车辆用轮胎(指行驶于无路面或雪地、沙漠等高越野轮胎);摩托车轮胎;各种挂车用轮胎;工程车轮胎;其他机动车轮胎;汽车与农用拖拉机、收割机、手扶拖拉机通用轮胎。不包括农用拖拉机、收割机、手扶拖拉机的专用轮胎(直接为农业服务的,免税)。子午线轮胎免征消费税,翻新轮胎停止征收消费税。

(8) 摩托车。该税目征收范围按排量分档设置,即气缸容量在250毫升(含)以下的和气缸容量在250毫升以上的。

(9) 高尔夫球及球具。包括高尔夫球、高尔夫球杆、高尔夫球包(袋)。高尔夫球杆的杆头、杆身和握把属于本税目的征收范围。

(10) 高档手表。高档手表是指销售价格(不含增值税)每只在10 000元(含)以上的各类手表。该税目征收范围包括符合以上标准的各类手表。

(11) 游艇。是指长度大于8米小于90米,船体由玻璃钢、钢、铝合金、塑料等多种材料制作,可以在水上移动的水上浮载体。按照动力划分,游艇分为无动力艇、帆艇和机动艇。该税目征收范围包括艇身长度大于8米(含)小于90米(含),内置发动机,可以在水上移动,一般为私人或团体购置,主要用于水上运动和休闲娱乐等非牟利活动的各类机动艇。

(12) 木制一次性筷子。又称卫生筷子,是指以木材为原料经过锯段、浸泡、旋切、刨切、烘干、筛选、打磨、倒角、包装等环节加工而成的各类一次性使用的筷子。该税目征收范围包括各种规格的木制一次性筷子。未经打磨、倒角的木制一次性筷子属于本税目征税范围。

(13) 实木地板。是指以木材为原料，经锯割、干燥、刨光、截断、开榫、涂漆等工序加工而成的块状或条状的地面装饰材料。该税目征收范围包括各类规格的实木地板、实木指接地板、实木复合地板及用于装饰墙壁、天棚的侧端面为榫、槽的实木装饰板。未经涂饰的素板属于本税目征税范围。

(14) 小汽车。汽车是指由动力驱动、具有4个或4个以上车轮的非轨道承载的车辆。该税目征收范围包括含驾驶员座位在内最多不超过9个座位（含）的、在设计和技术特性上用于载运乘客和货物的各类乘用车，含驾驶员座位在内的座位数在10~23座（含23座）的、在设计和技术特性上用于载运乘客和货物的各类中轻型商用客车。用排气量小于1.5升（含）的乘用车底盘（车架）改装、改制的车辆属于乘用车征收范围。用排气量大于1.5升的乘用车底盘（车架）或用中轻型商用客车底盘（车架）改装、改制的车辆属于中轻型商用客车征收范围。含驾驶员人数（额定载客）为区间值（如8~10人，17~26人）的小汽车，按其区间值下限人数确定征收范围。电动汽车不属于本税目征收范围。

（二）税率

消费税采用比例税率和定额税率两种形式，以适应不同应税消费品的实际情况。具体税率见表7-1。

表7-1 消费税税目税率（税额）表

税 目	从量征税的计量单位	税率（税额）
一、烟		
1. 卷烟		
定额税率	每标准箱（50 000支）	150元
比例税率	每标准条（200支）调拨价格在50元以上（含50元，不含增值税）	45%
	每标准条调拨价格在50元以下（不含增值税）	30%
3. 雪茄烟		40%
4. 烟丝		30%
二、酒及酒精		
1. 粮食、薯类白酒	白酒（含粮食白酒、薯类白酒）每斤（500克）0.5元	20%
2. 黄酒	吨	240元
3. 啤酒	每吨出厂价格（含包装物及包装物押金）在3 000元以上（含3 000元，不含增值税）	250元
	每吨出厂价格在3 000元以下（不含3 000元，不含增值税）	220元

续表

税　目	从量征税的计量单位	税率（税额）
	娱乐业、饮食业自制啤酒每吨 50 元	250 元
4. 其他酒（含葡萄酒）		10%
5. 酒精		5%
三、化妆品（包括成套化妆品）		30%
四、贵重首饰及珠宝玉石		
1. 金银首饰	仅限于金、银和金基、银基合金首饰，以及金银和金基、银基合金的镶嵌首饰	5%
2. 珠宝玉石	包括各种珠宝首饰和经采掘、打磨、加工的各种珠宝玉石	10%
五、鞭炮、焰火	包括各种鞭炮、焰火	15%
六、成品油	每升汽油、石脑油、溶剂油、润滑油	0.2 元
	每升航空煤油、燃料油、柴油	0.1 元
七、汽车轮胎		3%
八、摩托车	气缸容量在 250 毫升（含）以下的	3%
	气缸容量在 250 毫升以上的	10%
九、高尔夫球及球具		10%
十、高档手表		20%
十一、游艇		10%
十二、木制一次性筷子		5%
十三、实木地板		5%
十四、小汽车		
1. 乘用车	气缸容量（排气量，下同）在 1.5 升（含）以下的	3%
	气缸容量在 1.5 升以上至 2.0 升（含）的	5%
	气缸容量在 2.0 升以上至 2.5 升（含）的	9%
	气缸容量在 2.5 升以上至 3.0 升（含）的	12%
	气缸容量在 3.0 升以上至 4.0 升（含）的	15%
	气缸容量在 4.0 升以上的	20%
2. 中轻型商用客车		5%

三、消费税的计税依据

纳税人生产的应税消费品，实行从价定率方法纳税的，以其销售额为计税依据；实行从量定额方法计算纳税的，以销售数量为计税依据。

（一）销售额的确定

1. 生产销售应税消费品销售额的确定

销售额为纳税人销售应税消费品向购买方收取的全部价款和价外费用。价外费用是指价外收取的基金、集资费、返还利润、补贴、违约金（延期付款利息）和手续费、包装费、储备费、优质费、运输装卸费、代收款项、代垫款项以及其他各种性质的价外收费。但承运部门的运费发票开具给购货方的，并且纳税人将该项发票转交给购货方的代垫运费不包括在内。

其他价外收费，无论是否属于纳税人的收入，均应并入销售额计算征税。

实行从价定率办法计算应纳税额的应税消费品连同包装销售的，不论包装是否单独计价，也不论在会计上如何核算，均应并入应税消费品的销售额中征收消费税。如果包装物不作价随同产品销售，而是收取押金（收取酒类产品的包装物押金除外），且单独核算又未过期的，此项押金则不应并入应税消费品的销售额中征税。但对因逾期未收回的包装物不再退还的和已收取1年以上的押金，应并入应税消费品的销售额，按照应税消费品的适用税率征收消费税。对既作价随同应税消费品销售又另外收取的包装物押金，凡纳税人在规定的期限内不予退还的，均应并入应税消费品的销售额，按照应税消费品的适用税率征收消费税。对酒类产品生产企业销售酒类产品（黄酒、啤酒除外）而收取的包装物押金，无论押金是否返还与会计上如何核算，均须并入酒类产品销售额中，依酒类产品的适用税率征收消费税。

纳税人通过自设非独立核算门市部销售的自产应税消费品，应当按照门市部对外销售额或者销售数量征收消费税。纳税人用于换取生产资料和消费资料，投资入股和抵偿债务等方面的应税消费品，应当以纳税人同类应税消费品的最高销售价格作为计税依据计算消费税。

纳税人销售的应税消费品，以外汇结算销售额的，其销售额的人民币折合率可以选择结算的当天或者当月1日的国家外汇牌价（原则上为中间价）。纳税人应在事先确定采取何种折合率，确定后1年内不得变更。

由于某些应税消费品是用外购已缴纳消费税的应税消费品连续生产出来的，在对这些连续生产出来的应税消费品计算征税时，税法规定应按当期生产领用数量计算准予扣除外购的应税消费品已纳的消费税税款。其扣除范围包括：①外购已税烟丝生产的卷烟；②外购已税化妆品生产的化妆品；③外购已税贵重首饰生产的贵重首饰及珠宝玉石；④外购已税鞭炮焰火生产的鞭炮焰火；⑤外购已税汽车轮胎（内胎和外胎）生产的汽车轮胎；⑥外购已税摩托车生产的摩托车（如用外购两轮摩托车改装三轮摩托车）；⑦外购已税杆头、杆身和握把为原料生产的高尔夫球杆；⑧外购已税木制一次性筷子为原料生产的木制一次性筷子；⑨外购已税实木地板为原料生产的实木地板;⑩外购已税石脑油为原料生产的应税消费品;⑪外购已税润滑油为原料生产的润滑油。已纳消费税税款抵扣的管理办法由国家税务总局另行制定。

上述当期准予扣除外购应税消费品已纳消费税税款的计算公式为

$$当期准予扣除外购应税消费品已纳消费税税款 = 准予扣除外购应税消费品的买价 \times 外购应税消费品适用税率$$

$$准予扣除外购应税消费品的买价 = 期初库存的外购应税消费品的买价 + 当期购进库存的应税消费品的买价 - 期末库存的外购应税消费品的买价$$

2. 自产自用应税消费品销售额的确定

所谓自产自用就是指纳税人生产应税消费品后,不是用于直接对外销售,而是用于自己连续生产应税消费品或用于其他方面。税法规定,纳税人自产自用的应税消费品,用于连续生产应税消费品的,不纳税;用于其他方面的,于移送使用时纳税。所谓用于其他方面的应税消费品,是指纳税人用于生产非应税消费品和在建工程、管理部门、非生产机构、提供劳务以及用于馈赠、赞助、集资、广告、样品、职工福利、奖励等方面的应税消费品,都要视同销售纳税。

纳税人自产自用的应税消费品,凡用于其他方面应当纳税的,按照纳税人的生产同类消费品的销售价格计算纳税。同类消费品的销售价格是指纳税人当月销售的同类消费品的销售价格;如果当月同类消费品各期销售价格高低不同,应按销售数量加权平均计算。但销售的应税消费品有下列情况之一的,不得列入加权平均计算:①销售价格明显偏低又无正当理由的;②无销售价格的。如果当月无销售或者当月未完结,应当按照同类消费品上月或者最近月份的销售价格计算纳税。

没有同类消费品的,按组成计税价格计税。其组成计税价格公式为

$$组成计税价格 = (成本 + 利润)/(1 - 消费税税率)$$

$$应纳税额 = 组成计税价格 \times 适用税率$$

公式中的"成本"是指应税消费品的产品生产成本;"利润"是指根据应税消费品的全国平均成本利润率计算的利润。应税消费品全国平均成本利润率由国家税务总局确定。1993年12月28日,国家税务总局颁发的《消费税若干具体问题的规定》确定应税消费品全国平均成本利润率为:①甲类卷烟10%;②乙类卷烟5%;③雪茄烟5%;④烟丝5%;⑤粮食白酒10%;⑥薯类白酒5%;⑦其他酒5%;⑧酒精5%;⑨化妆品5%;⑩鞭炮、焰火5%;⑪贵重首饰及珠宝玉石6%;⑫汽车轮胎5%;⑬摩托车6%;⑭高尔夫球及球具10%;⑮高档手表20%;⑯游艇10%;⑰木制一次性筷子5%;⑱实木地板5%;⑲乘用车8%;⑳中轻型商用客车5%。由于酒、烟采用从价与从量混合征收消费税的计税方法,其计税依据为应税消费品的数量,与应税消费品价格高低没有关系,因

此，计算其组成计税价格时，暂不考虑从量计征的消费税税额。

3. 委托加工应税消费品销售额的确定

委托加工的应税消费品是指委托方提供原料和主要材料，受托方只收取加工费和代垫部分辅料加工的应税消费品。对于由受托方提供原材料或主要材料应税消费品或受托方先将原料卖给委托方然后再接受加工的应税消费品，以及由受托方以委托方名义购进原材料生产的应税消费品，无论纳税人在财务上是否作销售处理，均应当按照销售自制应税消费品缴纳消费税。委托加工的应税消费品直接销售的，不再征收消费税。

税法规定，委托加工的应税消费品，由受托方在向委托方交货时代收代缴消费税，但委托个体经营者加工应税消费品，一律于委托方收回后在委托方所在地缴纳消费税。

委托加工的应税消费品，按照受托方的同类消费品的销售价格计算纳税。同类消费品的销售价格是指受托方（即代收代缴义务人）当月销售的同类消费品的销售价格；如果当月同类消费品各期销售价格高低不同，应按销售数量加权平均计算。但销售的应税消费品有下列情况之一的，不得列入加权平均计算：①销售价格明显偏低又无正当理由的；②无销售价格的。如果当月无销售或者当月未完结，应按照同类消费品上月或最近月份的销售价格计算纳税。没有同类消费品销售价格的，按照组成计税价格计算纳税。组成计税价格计算公式为

$$组成计税价格＝（材料成本＋加工费）÷（1－消费税税率）$$

其中"材料成本"是指委托方所提供加工材料的实际成本。如果加工合同上未如实注明材料成本的，受托方所在地主管税务机关有权核定其材料成本。"加工费"是指受托方加工应税消费品向委托方所收取的全部费用（包括代垫辅助材料的实际成本，但不包括增值税税金）。

由于委托加工的应税消费品在其收回时已由受托方代收代缴消费税，因此，委托方收回货物后用于连续生产应税消费品的，其已纳税款准予按照规定从连续生产的应税消费品应纳消费税税额中抵扣。税法规定下列连续生产的应税消费品准予从应纳消费税税额中按当期生产领用数量计算扣除委托加工收回的应税消费品已纳消费税税款：

(1) 以委托加工收回的已税烟丝为原料生产的卷烟；
(2) 以委托加工收回的已税化妆品为原料生产的化妆品；
(3) 以委托加工收回的已税护肤护发品为原料生产的护肤护发品；
(4) 以委托加工收回的已税珠宝玉石为原料生产的贵重首饰及珠宝玉石；
(5) 以委托加工收回的已税鞭炮、焰火为原料生产的鞭炮、焰火；
(6) 以委托加工收回的已税汽车轮胎生产的汽车轮胎；
(7) 以委托加工收回的已税摩托车生产的摩托车；

(8) 以委托加工收回的已税杆头、杆身和握把为原料生产的高尔夫球杆；
(9) 以委托加工收回的已税木制一次性筷子为原料生产的木制一次性筷子；
(10) 以委托加工收回的已税实木地板为原料生产的实木地板；
(11) 以委托加工收回的已税石脑油为原料生产的应税消费品；
(12) 以委托加工收回的已税润滑油为原料生产的润滑油。

已纳消费税税款抵扣的管理办法由国家税务总局另行制定。

上述当期准予扣除委托加工收回的应税消费品已纳消费税税款的计算公式为

$$\begin{aligned}当期准予扣除的委托加工应税消费品已纳税款 =& 期初库存的委托加工应税消费品已纳税款 + 当期收回的委托加工应税消费品已纳税款 \\ & - 期末库存的委托加工应税消费品已纳税款\end{aligned}$$

需要说明的是，纳税人用委托加工收回的已税珠宝玉石生产的改在零售环节征收消费税的金银首饰，在计税时一律不得扣除委托加工收回的珠宝玉石的已纳消费税税款。

4. 进口应税消费品销售额的确定

纳税人进口应税消费品，实行从价定率的办法计算应纳税额的，按组成计税价格计算应纳税额。其计算公式为

$$组成计税价格 = (关税完税价格 + 关税) \div (1 - 消费税税率)$$

其中"关税完税价格"是指海关核定的关税计税价格。

（二）销售数量的确定

(1) 销售应税消费品的，为应税消费品的销售数量；
(2) 自产自用应税消费品的，为应税消费品的移送使用数量；
(3) 委托加工应税消费品的，为纳税人收回的应税消费品数量；
(4) 进口的应税消费品的，为海关核定的应税消费品进口征税数量。

计量单位换算标准分别为：啤酒1吨=988升；黄酒1吨=962升；汽油1吨=1 388升；柴油1吨=1 176升；石脑油1吨=1 385升；溶剂油1吨=1 282升；润滑油1吨=1 126升；燃料油1吨=1 015升；航空煤油1吨=1 246升。计量单位换算标准的调整由财政部、国家税务总局确定。

四、消费税应纳税额的计算

消费税采用从价定率、从量定额和复合计税三种方法计算应纳税额。

1. 从价定率应纳消费税税额的计算

实行从价定率办法计算消费税的应纳税额，其基本计算公式为

$$应纳税额 = 应税消费品的销售额 \times 消费税税率$$

2. 从量定额应纳消费税税额的计算

实行从量定额办法计算消费税的应纳税额，其基本计算公式为

$$应纳税额 = 应税消费品数量 \times 消费税单位税额$$

3. 复合计税方法应纳消费税税额的计算

对于卷烟和粮食白酒、薯类白酒采用从量定额和从价定率相结合的复合计税方法计算消费税的应纳税额，其基本计算公式为

$$应纳税额 = 销售数量 \times 定额税率 + 销售额 \times 比例税率$$

凡在中华人民共和国境内生产、委托加工、进口卷烟、粮食白酒、薯类白酒的单位和个人，都应当依照规定缴纳从量定额消费税和从价定率消费税。

五、消费税纳税义务发生时间

（1）纳税人销售的应税消费品，其纳税义务发生时间为：①纳税人采取赊销和分期收款结算方式的，其纳税义务的发生时间为销售合同规定的收款日期的当天；②纳税人采取预收货款结算方式的，其纳税义务的发生时间为发出应税消费品的当天；③纳税人采取托收承付和委托银行收款方式销售的应税消费品，其纳税义务的发生时间为发出应税消费品并办妥托收手续的当天；④纳税人采取其他结算方式的，其纳税义务的发生时间为收讫销售款或者取得索取销售款的凭据的当天。

（2）纳税人自产自用的应税消费品，其纳税义务的发生时间为移送使用的当天。

（3）纳税人委托加工的应税消费品，其纳税义务的发生时间为纳税人提货的当天。

（4）纳税人进口的应税消费品，其纳税义务的发生时间为报关进口的当天。

六、消费税的纳税期限

消费税的纳税期限分别为1日、3日、5日、10日、15日或者1个月。纳税人的具体纳税期限，由主管税务机关根据纳税人应纳税额的大小分别核定；不能按照固定期限纳税的，可以按次纳税。纳税人以1个月为一期纳税的，自期满之日起10日内申报纳税；以1日、3日、5日、10日或者15日为一期纳税的，自期满之日起5日内预缴税款，于次月1日起10日内申报纳税并结清上月应纳税款。

七、消费税的纳税地点

（1）纳税人销售的应税消费品，以及自产自用的应税消费品，除国务院另有规定外，应当向纳税人核算地主管税务机关申报纳税。

（2）纳税人到外县（市）销售或者委托外县（市）代销自产应税消费品的，

于应税消费品销售后，回纳税人核算地或所在地缴纳消费税。

（3）纳税人的总机构与分支机构不在同一省（自治区、直辖市）的，应在生产应税消费品的分支机构所在地缴纳消费税。如需改由总机构汇总在总机构所在地纳税的，需经国家税务总局批准；纳税人的总机构与分支机构在同一省（自治区、直辖市）内，而不在同一县（市）的，应在生产应税消费品的分支机构所在地缴纳消费税。如需改由总机构汇总在总机构所在地纳税的，需经省级国家税务局批准。

（4）委托加工的应税消费品，除受托方为个体经营者外，由受托方向所在地主管税务机关代收代缴消费税税款。

（5）进口的应税消费品，由进口人或者其代理人向报关地海关申报纳税。

（6）纳税人销售的应税消费品，如因质量等原因由购买方退回时，经所在地主管税务机关审核批准后，可退还已征收的消费税税款。但不能自行直接抵减应纳税额。

第二节 消费税纳税筹划实务

一、关联企业转移定价的纳税筹划

消费税的纳税行为发生在生产领域（包括生产、委托加工和进口），而不是流通领域或终极的消费环节。因而，关联企业中生产（委托加工、进口）应税消费品的企业，如果以较低的销售价格将应税消费品销售给其独立核算的销售部门，则可以降低销售额，从而减少其应纳的消费税税额。同时独立核算的销售部门，由于处在销售环节，只缴纳增值税不缴纳消费税，可使集团的整体消费税税负下降，但增值税税负不变。

【例 7-1】 某粮食白酒生产企业，其产品除主要售给全国各地的酒类产品批发商外，本市的一些零售户、酒店、消费者每年到工厂直接购买的白酒大约 2 400 箱（每箱 16 瓶，每瓶 500 克）。企业销售给批发商的价格为每箱（不含税）1 800 元。销售给零售户、酒店、消费者的价格为每箱（不含税）2 000 元。企业为了提高自身的盈利水平特聘请某注册税务师为其进行了纳税筹划。根据注册税务师的建议，企业在本市设立了一家独立核算的白酒经销部，并按照销售给批发商的价格每箱 1 800 元销售给经销部，经销部再以每箱 2 000 元的价格销售给商业零售户、酒店、消费者。已知粮食白酒适用的比例税率为 20%，定额税率为每 500 克 0.5 元。

直接销售给零售户、酒店、消费者的白酒应纳消费税额为
$$2\,400 \times 2\,000 \times 20\% + 16 \times 2\,400 \times 0.5 = 979\,200 \text{（元）}$$

筹划后销售给经销部的白酒应纳消费税为

2 400×1 800×20%＋16×2 400×0.5＝883 200（元）

节税额为 96 000 元。

这里应当注意：由于独立核算的经销部与生产企业之间存在关联关系，按照《税收征管法》第二十四条的规定，"企业或者外国企业在中国境内设立的从事生产、经营的机构、场所与其关联企业之间的业务往来，应当按照独立企业之间的业务往来收取或者支付价款、费用；不按照独立企业之间的业务往来收取或者支付价款、费用，而减少其应纳税收入或者所得额的，税务机关有权进行合理调整。"因此，企业销售给下属经销部的价格应当参照销售给其他商家当期的平均价格确定；如果销售价格"明显偏低"，主管税务机关将会对价格重新进行调整。

二、包装物销售的纳税筹划

在一般产品销售活动中，对包装物的处理除随同产品出售但不单独计价或随同产品出售单独计价的形式外，也有许多是采取出租或出借给购买产品的单位使用的形式。出租出借这种形式，还可以分为三类：一是包装物不作价随同产品出售，只是单纯收取押金；二是既作随同产品出售又另外收取押金；三是不作价随同产品出售，在收取租金的基础上，又收取包装物押金。如某啤酒厂，在销售啤酒的过程中，对周转箱不作价销售，只是收取押金，这属于第一种情况。如果该啤酒厂以较低的价格对周转箱作价，计入销售额之中，另外又规定归还包装物的时间，并收取了押金，这属于第二种情况。如果周转箱不作价销售，而是借给购货方使用，该酒厂对周转箱按实际使用期限收取租金；此外，为了保证包装物的完好，又另外收取部分押金，这就属于第三种情况。

税法规定：应税消费品连同包装物销售的，不论包装物是否单独计价，也不论在会计上如何核算，均应并入应税消费品的销售额中按其所包装消费品的适用税率征收消费税。包装物的租金应视为价外费用，并入销售额征税。包装物的押金应区分不同情况分别进行处理：如果包装物不作价随同产品销售，而是收取押金的，此项押金可以暂不并入应税消费品的销售额中征税；对因逾期未收回包装物而不再退还的和已收取一年以上的押金，应并入应税消费品的销售额计征消费税；对包装物既作价随同应税消费品销售，又另外收取押金并在规定的期限内未予退还的押金，应并入应税消费品的销售额，按照应税消费品的适用税率征收消费税。此外，酒类产品生产企业销售酒类产品而收取的包装物押金，无论押金是否返还及会计上如何核算，均需并入酒类产品销售额中征收消费税（啤酒、黄酒除外）。

因此，企业如果想在包装物上节省消费税，关键是包装物不能作价随同产品销售，而应采取收取"押金"的形式，而此项押金必须在规定的时间内收回，则可以不并入销售额计算缴纳消费税。

【例 7-2】 某汽车轮胎厂，属增值税一般纳税人，某月销售汽车轮胎 500 个，每个轮胎售价为 500 元（不含增值税），这批轮胎耗用包装盒 500 只，每只包装盒售价 20 元（不含增值税），轮胎的消费税税率为 3%。那么，该汽车轮胎厂对包装盒如何处理才能最大限度地节税？

如果企业将包装盒作价连同轮胎一同销售，包装盒应并入轮胎售价当中一并征收消费税。该企业应纳消费税税额为

$$(5\,000 \times 500 + 20 \times 500) \times 3\% = 75\,300（元）$$

如果企业将包装盒不作价销售而是收取押金，每只包装盒收取 20 元的押金，则此项押金应并入应税消费品的销售额计征消费税。该企业应纳消费税税额为

$$5\,000 \times 500 \times 3\% = 75\,000（元）$$

如果押金在规定期限内（一般为一年）未收回，应将此项押金作为销售额纳税。由于收取的押金作为价外费用，应属含税的款项，应将押金换算为不含税收入计征税款。该企业应纳消费税税额为

$$5\,000 \times 500 \times 3\% + 20 \times 500 \div (1 + 17\%) \times 3\% = 75\,256.41（元）$$

由此可见，该轮胎厂只有将包装盒收取押金，且在规定的期限内将包装物押金收回时，才可以达到最大限度地节税。

三、兼营不同税率应税消费品的纳税筹划

税法规定，纳税人兼营不同税负的应税产品时，应当分别核算不同税率应税消费品的销售额、销售数量；未分别核算销售额、销售数量，或将不同税率的应税消费品组成成套消费品销售的，从高适用税率。对此，纳税人可考虑从以下两个角度进行纳税筹划，以避免在消费税兼营行为中承担不必要的税收负担。

（一）分别核算不同税率应税产品的销售额和销售数量

在企业的生产经营中，往往会发生同一企业生产不同税率产品并分别销售的情况。这时，企业从降低自身税收负担的角度考虑，应严格将不同税率产品的销售额和销售数量分别核算，否则将出现所有产品按最高税率征税的可能。

【例 7-3】 某酒厂 8 月生产并销售粮食白酒 100 吨，实现销售收入 50 万元，同时销售酒精 50 吨，实现销售收入 10 万元。按照规定，粮食白酒应在缴纳 20% 从价税的基础上再缴纳每千克 0.5 元的从量税，酒精则按照销售价格的 5% 缴纳消费税。

如果该企业将所销售的白酒和酒精的销售数量和销售额分别核算，那么其应缴纳的消费税为 18（=500 000×25%＋100×1 000×0.5＋10 000×5%）万元。

如果该企业没有将两种产品分别核算,那么其应从高适用税率,即将全部产品按照粮食白酒纳税,这时企业该月应缴纳消费税 22.5［=(500 000+100 000)×25%+(100+50)×1 000×0.5］万元,比原来增加了 4.5 万元的税收负担。

(二) 改变消费品的"成套"销售包装方式

企业在进行产品销售时为吸引消费者,往往采取"先包装后销售"的方式,将不同消费品组成成套消费品销售。税法规定,纳税人如果将应税消费品与非应税消费品,以及适用税率不同的应税消费品组成成套消费品销售的,应根据销售额按应税消费品的最高税率纳税。这将加重企业的税收负担。由于现行消费税采取单环节课征制度,除金银首饰在零售环节征收外,其余均只在生产、委托加工或进口环节征税。因此,在出厂之后再将不同税率产品组成成套消费品,就不必再按照较高税率缴纳消费税。如果改成"先销售后包装"方式,不仅可以大大降低消费税税负,而且可以使增值税税负保持不变。

【例 7-4】 某酒业股份有限公司生产各种酒类产品,以满足不同消费者的需求。节日期间大部分消费者都以酒作为馈赠亲友的礼品,针对这种市场情况,公司于推出了"组合装礼品酒"的促销活动,将粮食白酒、薯类白酒和果木酒各 1 瓶组成价值 50 元的成套礼品酒进行销售,这三种酒的出厂价分别为 20 元/瓶、16 元/瓶、14 元/瓶,粮食白酒、薯类白酒比例税率为 20%、定额税率为每斤 0.5 元,果木酒税率为 10%。假设三种酒每瓶均为 1 斤装。该月共销售 1 万套礼品酒。

若企业采用"先包装后销售"的方式销售,将这些适用不同税率的应税消费品组成成套消费品销售,不能分别核算销售额,应按从高原则,即适用粮食白酒的消费税计算方法计税,其应纳消费税为

10 000×(0.5×3+50×20%)=11.5(万元)

若采用"先销售后包装"的方式销售,在销售柜台设置礼品盒,将消费者购买的不同种类的酒临时组合成礼品酒,企业则可分别核算不同种类酒的销售额和销售数量,计算出各类酒应纳消费税税额,其应纳消费税为

10 000×(0.5+20×20%)+10 000×(0.5+16×20%)+14×10 000×10%
=45 000+37 000+14 000=9.6(元)

由此可见,"先销售后包装"比"先包装后销售"节约税款 1.9(=11.5-9.6)万元。因此,企业在扩大销量追求销售额的同时,还应注意选择恰当的包装方式,这样,企业既降低了消费税的负担,又给消费者增加了消费选择,可谓一举两得。

四、自产自用应税消费品的纳税筹划

税法规定，纳税人如果将自产的应税消费品用于其他方面，在移送使用时即发生了应税行为，应按规定的税率计算征收消费税，其计税依据为同类产品的销售价格；没有同类应税消费品销售价格的，按照组成计税价格计算应纳税额。由于成本是计算组成计税价格的重要因素，成本的高低直接影响组成计税价格，成本越高，组成计税价格越高，应纳税额越多，因此，企业应当在合理的范围内缩小成本和利润，以利于减少税款。而产品成本又是通过企业自身的会计核算计算出来的。按照会计制度的核算要求，企业生产经营过程中发生的构成产品成本的各种直接费用和间接费用，如原材料费用、人工费用、制造费用、辅助生产费用等，都要通过一定的分配方法在各步骤的完工产品及月末在产品之间进行分配，最后计算出产成品、半成品的成本。而分配方法的选择属于企业会计政策的范围，企业有权作出决定。可见，只要将自用产品应负担的间接费用少留一部分，而将更多的费用分配给其他产品，就可降低用来计算组成计税价格的"成本"，从而降低组成计税价格，使自用产品负担的消费税相应减少。

此外，企业应尽可能避免将自产自用的应税消费品用于行政机构或管理部门，或用于馈赠、赞助、集资、广告、职工福利等方面，以减少企业的运行成本，因为企业将自产的应税消费品用于这些方面，不仅无法取得应有的销售收入，而且还要依税法缴纳相应的增值税和消费税等。

另外，纳税人自产的应税消费品用于换取生产资料和消费资料，投资入股或抵偿债务等方面，应当按照纳税人同类应税消费品的最高销售价作为计税依据。在实际操作中，当纳税人用应税消费品换取货物或者投资入股时，一般是按照双方的协议价或评估价确定的，而协议价往往是市场的平均价。如果按照同类应税消费品的最高销售价作为计税依据，显然会加重纳税人的负担。由此，我们不难看出，如果采取先销售后入股（换货、抵债）的方式，会达到减轻税负的目的。

五、委托加工应税消费品的纳税筹划

在实际工作中，委托加工方式有两种：一是提供原材料，委托加工收回产品，作为其继续生产的原料加工成产成品出售；二是提供原材料，加工成产成品，收回后直接出售。第一种方式其加工收回的产品如果是应税消费品，则由受托方代收代缴其消费税；收回后继续生产成仍属应税消费品的产成品销售时，可以按规定抵扣已由受托方代收代缴的消费税税款。第二种方式中由于消费税实行单环节纳税，收回应税消费税销售时不再需要缴纳消费税。经测算，在各相关因素相同的情况下，第二种方式比第一种方式更节税。此外纳税人可以在估算委托加工成本上、下限的基础上事先测算企业税负，确定委托加工费的上限，以压低委托加工产品成本,达到节税目的。

【例7-5】 玉立卷烟厂委托红太卷烟厂加工一批烟丝,玉立卷烟厂提供的原材料烟叶价值100万元,协议规定委托方支付加工费75万元;加工的烟丝运回后,玉立卷烟厂继续加工成卷烟,其分摊的成本、费用为75万元,该批卷烟销售额(不含税)为700万元。烟丝消费税税率为30%,卷烟的税率为45%。

方式一:

(1) 玉立卷烟厂向红太卷烟厂支付加工费的同时,还需要支付应由其代收代缴的消费税=(100+75)÷(1-30%)×30%=75(万元)。

(2) 玉立卷烟厂销售卷烟后,应纳消费税=700×45%-75=240(万元)。

(3) 该批卷烟共纳消费税=75+240=315(万元)。

方式二:

玉立卷烟厂将委托加工的应税消费品收回后,不再继续加工,而是直接对外销售。按上例,如果玉立卷烟厂委托红太卷烟厂将烟叶直接加工成卷烟,烟叶成本不变,加工费用增加到150万元;加工收回后玉立卷烟厂直接对外销售,销售额(不含税)仍为700万元。

(1) 玉立卷烟厂向红太卷烟厂支付加工费的同时,向其支付应代收代缴的消费税=(100+150)÷(1-45%)×45%=204.55(万元)。

(2) 由于委托加工应税消费品直接对外销售,玉立卷烟厂在销售时不必再缴消费税。

比较可见,方式二比方式一少缴消费税110.45(万元)。

由于卷烟中含消费税减少了110.45万元,卷烟的售价没有改变,卷烟厂的利润能得到一定程度的增加。

由此可见,不同的应税消费品加工方式能导致不同的纳税人负担,因此,纳税人可以在这方面进行适当的纳税筹划。

六、计税依据的纳税筹划

对计税依据进行纳税筹划存在一定的节税机会,主要应注意以下方面:

(1) 纳税人自产自用应税消费品的,销售额按同类消费品的销售价格确定,在确定时,按偏低一点的价格确定就能节省消费税;在没有同类消费品的销售价格情况下,按组成计税价格确定。组成计税价格为

$$组成计税价格=(成本+利润)÷(1-消费税税率)$$

成本和利润应是税务筹划点。

(2) 委托加工应税消费品时,销售额按受托方同类消费品的价格确定,此时,委托方可协同受托方在确定价格时获取节税的机会,将价格确定作为节税手

段加以运用；没有同类消费品销售价格的，按组成计税价格确定。组成计税价格为

组成计税价格＝(材料成本＋加工费)÷(1－消费税率)

材料成本和加工费是税务筹划点。委托方可取得受托方的协助，将材料成本和加工费压缩，从而节省消费税。

(3) 进口应税消费品时，按组成计税价格确定。

组成计税价格＝(关税完税价格＋关税)÷(1－消费税税率)

在公式中，关税和消费税税率没有合理避税的机会；但关税的完税价格具有很强的弹性，因而具有合理避税机会，一般来说，关税完税价格愈小，越对合理避税有利，因此，要求合理避税者，应尽可能降低到岸价格以及其他组成关税完税价格的因素并获取海关认可。所以，关税完税价格是纳税筹划点。

(4) 纳税人销售额中未扣除增值税税款或者因不得开具增值税专用发票而发生价款和增值税税款合并收取的，应换算出不含增值税税款的销售额。换算公式为

销售额＝含增值税的销售额÷(1＋增值税税率)

在公式中有两点在进行纳税筹划时值得思考：一是将含增值税的销售额作为消费税的计税依据；二是没经过合理避税筹划，将本可压缩的含增值税的销售额直接通过公式换算。这两种情况都不利于企业节省消费税。

【例 7-6】 斯琴格雅兰日化厂销售给某批发商价值 5 000 元的化妆品，消费税税率 30%，增值税税率 17%，并开具增值税专用发票。

斯琴格雅兰日化厂销项税额＝5 000÷(1＋17%)×17%＝726.5 (元)
斯琴格雅兰日化厂应税消费品销售额＝5 000÷(1＋17%)＝4 273.5 (元)
斯琴格雅兰日化厂应纳消费税＝4 273.5×30%＝1 282.05 (元)

如果纳税人使用含增值税的销售额直接计算应纳消费税，则应纳税消费税＝5 000×30%＝1 500 (元)，多缴税款 217.95 元。

(5) 纳税人以外汇销售应税消费品的，应按外汇市场价格，折合人民币销售额后，再按公式计算应纳税额。从企业合理避税的角度看，人民币折合率既可以采用结算当天国家外汇牌价，也可采用当月初国家外汇牌价，因此，就有比较、选择的可能，这种选择是以合理避税为依据的。一般来说，外汇市场波动越大，选择节税必要性也越强；越是以较低的人民币汇率计算应纳税额，越有利于节税。

七、利用货款结算方式的筹划

税法规定消费税有多种结算方式，从而产生了不同的纳税义务发生时间，因此企业在进行纳税筹划时，应考虑资金的时间价值和现金流量，充分利用各种货款结算方式来推迟纳税时间，给企业带来间接收益。例如，某年 12 月 25 日某企

业发出应税消费品 100 万元，假定该应税消费品消费税税率为 10%，若采用预收货款结算方式，则该笔业务应纳消费税＝100×10%＝10（万元）；若采用分期收款结算方式，假设销售合同规定的收款日期是下年度 12 月 25 日，同期银行存款利率为 5%，则该企业当年不需缴纳 10 万元消费税，可将 10 万元存入银行，则至下年度 12 月 25 日可获得 0.5 万元的利息收入；若作其他投资，如购买国库券等短期投资，则企业可能获得更多的收益。因此企业就可不采用预收账款结算方式，而采用分期收款结算方式，从而推迟纳税时间，降低纳税成本。但是同时需注意的是，采用预收账款结算方式要比采用分期收款结算方式有更多的现金流量。企业在减少纳税成本的同时却增加了资金成本，企业应在两者之间进行权衡，以求得总体成本最小，而不要顾此失彼。

复习思考题

1. 如何利用消费税纳税环节的特点实施纳税筹划？
2. 如何利用关联交易降低消费税计税依据，实现有效纳税筹划？
3. 委托加工应税消费品应如何实施纳税筹划？
4. 纳税人兼营不同税率的应税消费品应如何实施纳税筹划？

第八章 企业所得税纳税筹划

随着国家宏观调控的深入，国家税务总局相继发布相关法律法规，对所得税相关制度进行大幅调整，同时，新《企业所得税法》于2008年实施。企业应进行合理的筹划，实现"规避涉税风险"、"合法筹划节税"已经成为企业必须面对的问题。"两税合并"的企业所得税法，符合"简税制、宽税基、低税率、严征管"的税制改革精神，遵循了国民待遇原则，其主要体现在"四个统一"、"四种方式"、"一项照顾"、"一个过渡"、"两新概念"、"五项扣除"和"一收一免"等变化上。通过本章的学习，了解现行企业所得税的制度及变化、优惠政策和税收筹划思路，熟悉企业所得税的税收优惠政策及适用范围，掌握企业所得税的基本税收筹划方法和思路，从而达到合理避税的目的。

【重要概念】 企业所得税 区域优惠 税额抵免

第一节 企业所得税制度

一、新中国成立前的企业所得税制度

中国的所得税制度的创建受欧美和日本等国影响，始议于20世纪初。清末宣统年间（约1910年），清政府有关部门曾草拟出《所得税章程》，包括对企业所得和个人所得征税的内容，但因社会动荡等原因未能公布施行。

1912年"中华民国"成立后，以上述章程为基础制定了《所得税条例》，并于1914年初公布，但因社会动乱、企业生产经营不稳定以及税收征管条件差等原因，在此后二十多年间未能真正施行。

1936年，"国民政府"公布《所得税暂行条例》，自同年10月1日起施行。这是中国历史上第一次实质性的开征所得税。

1943年,"国民政府"公布了《所得税法》,进一步提高了所得税的法律地位,并成为政府获取财政收入的重要方式之一。

二、新中国成立后至改革开放前的企业所得税制度

1949年首届全国税务会议,通过了统一全国税收政策的基本方案,其中包括对企业所得和个人所得征税的办法。1950年,政务院发布了《全国税政实施要则》,规定全国设置14种税收,其中涉及对所得征税的有工商业税(所得税部分)、存款利息所得税和薪给报酬所得税等3个税种。

工商业税(所得税部分)自1950年开征以后,主要征税对象是私营企业、集体企业和个体工商户的应税所得。国营企业因政府有关部门直接参与经营和管理,其财务核算制度与一般企业差异较大,国营企业实行利润上缴制度,而不缴纳所得税。这种制度的设计适应了当时中国高度集中的计划经济管理体制的需要。

1958年和1973年我国进行了两次重大的税制改革,核心是简化税制,其中的工商业税(所得税部分)主要还是对集体企业征收,国营企业只征一道工商税,不征所得税。在这个阶段,各项税收收入占财政收入的比重有所提高,占50%左右,但国营企业上缴的利润仍是国家财政收入主要来源之一。在税收收入中,国内销售环节征收的货物税和劳务税是主体收入,占税收总额的比例在70%以上,工商企业上缴的所得税收入占税收总额的比重较小。

三、改革开放后的企业所得税制度

从20世纪70年代末起,中国开始实行改革开放政策,税制建设进入了一个新的发展时期,税收收入逐步成为政府财政收入主要的来源,同时税收成为国家宏观经济调控的重要手段。

(一)1978~1982年的企业所得税制度

改革开放以后,为适应引进国外资金、技术和人才,开展对外经济技术合作的需要,根据党中央统一部署,税制改革工作在"七五"计划期间逐步推开。1980年9月,第五届全国人民代表大会第三次会议通过了《中华人民共和国中外合资经营企业所得税法》并公布施行。企业所得税税率确定为30%,另按应纳所得税额附征10%的地方所得税。1981年12月,第五届全国人民代表大会第四次会议通过了《中华人民共和国外国企业所得税法》,实行20%~40%的5级超额累进税率,另按应纳税的所得额附征10%的地方所得税。上述改革标志着与中国社会主义有计划的市场经济体制相适应的所得税制度改革开始起步。

（二）1983～1990年的企业所得税制度

作为企业改革和城市改革的一项重大措施，1983年国务院决定在全国试行国营企业"利改税"，即将建国后实行了三十多年的国营企业向国家上缴利润的制度改为缴纳企业所得税的制度。

1984年9月，国务院发布了《中华人民共和国国营企业所得税条例（草案）》和《国营企业调节税征收办法》。国营企业所得税的纳税人为实行独立经济核算的国营企业，大中型企业实行55%的比例税率，小型企业等适用10%～55%的8级超额累进税率。国营企业调节税的纳税人为大中型国营企业，税率由财税部门会同企业主管部门核定。

1985年4月，国务院发布了《中华人民共和国集体企业所得税暂行条例》，实行10%～55%的8级超额累进税率，原来对集体企业征收的工商税（所得税部分）同时停止执行。

1988年6月，国务院发布了《中华人民共和国私营企业所得税暂行条例》，税率为35%。

国营企业"利改税"和集体企业、私营企业所得税制度的出台，重新确定了国家与企业的分配关系，使我国的企业所得税制建设进入健康发展的新阶段。

（三）1991～2007年的企业所得税制度

为适应中国建立社会主义市场经济体制的新形势，进一步扩大改革开放，努力把国有企业推向市场，按照统一税法、简化税制、公平税负、促进竞争的原则，国家先后完成了外资企业所得税的统一和内资企业所得税的统一。

1991年4月，第七届全国人民代表大会将《中华人民共和国中外合资经营企业所得税法》与《中华人民共和国外国企业所得税法》合并，制定了《中华人民共和国外商投资企业和外国企业所得税法》，并于同年7月1日起施行。

1993年12月13日，国务院将《中华人民共和国国营企业所得税条例（草案）》、《国营企业调节税征收办法》、《中华人民共和国集体企业所得税暂行条例》和《中华人民共和国私营企业所得税暂行条例》进行整合，制定了《中华人民共和国企业所得税暂行条例》，自1994年1月1日起施行。上述改革标志着中国的所得税制度改革向着法制化、科学化和规范化的方向迈出了重要的步伐。

（四）2008年至今的企业所得税制度

为进一步完善社会主义市场经济体制，根据党的十六届三中全会关于"统一各类企业税收制度"的精神，结合我国经济社会发展的新情况，统一内外资企业所得税。这样做有利于为企业创造公平竞争的税收环境，有利于促进经济增长方式转变和产业结构升级，有利于促进区域经济的协调发展，有利于提高我国利用外资的质量和水平，有利于推动我国税制的现代化建设，是适应我国社会主义市场经济发展新阶段的一项制度创新，是中国经济制度走向成熟、规范的标志性工作之一。国家先后出台了《中华人民共和国企业所得税法》和《中华人民共和国企业所得税法实施条例》。新税法标志着有利于统一、规范、公平竞争的市场环境的建立，促进了国民经济健康、协调发展。

2007年3月16日，第十届全国人民代表大会第五次会议将《中华人民共和国外商投资企业和外国企业所得税法》与《中华人民共和国企业所得税法》合并，制定了《中华人民共和国企业所得税法》，并于2008年1月1日起施行。1991年6月30日国务院发布的《中华人民共和国外商投资企业和外国企业所得税法实施细则》和1994年2月4日财政部发布的《中华人民共和国企业所得税暂行条例实施细则》同时废止。

四、现行企业所得税制度的基本情况

（一）纳税人

企业所得税的纳税人，是指在中华人民共和国境内的企业和其他取得收入的组织（以下统称企业）。企业是指依照中国法律、行政法规在中国境内成立的，除个人独资企业和合伙企业以外的企业。

"其他取得收入的组织"，主要是指：①事业单位，是指国家为了社会公益目的，由国家机关举办或者其他组织利用国有资产举办的，从事教育、科技、文化、卫生等活动的社会服务组织。事业单位应当具备法人条件。②社会团体，是指中国公民自愿组成，为实现会员共同意愿，按照其章程开展活动的非营利性社会组织。社会团体的种类可根据社团的性质和任务区分为学术性、行业性、专业性和联合性等。学术性社团一般以学会、研究会命名，行业性社团一般以协会（包括工业协会、行业协会、商会、同业公会等）命名。③民办非企业单位，是指企业事业单位、社会团体和其他社会力量以及公民个人利用非国有资产举办的，从事非营利性社会服务活动的社会组织。主要有民办学校、幼儿园、托儿所、培训班、寺院、宫观、清真寺、教堂等。④农民专业合作社。经登记机关依法登记，领取农民专业合作社法人营业执照（以下简称营业执照），取得法人资格。未经依法登记，不得以农民专业合作社名义从事经营活动。⑤除上面所述公司、企业、事业单位、社会团体、民办非企业单位、农民专业合作社以外，从事经营活动的其他组织。"其他组织"是指"合法成立，有一定的组织机构和财产，但又不具备法人资格的组织"，如业主委员会。

纳税人分类：企业分为居民企业和非居民企业。居民是国际税法上的重要概

念，我国只是在1994年1月1日起实施修改后的《个人所得税法》中采用住所和居住时间标准将自然人纳税人分为居民和非居民，而在企业所得税领域，这是首次引入"居民企业"、"非居民企业"概念。所谓居民企业，是指依法在中国境内成立，或者依照外国（地区）法律成立但实际管理机构在中国境内的企业。所谓非居民企业，是指依照外国（地区）法律成立且实际管理机构不在中国境内，但在中国境内设立机构、场所的，或者在中国境内未设立机构、场所，但有来源于中国境内所得的企业。由此可见，我国采用了"登记注册地标准"和"实际管理机构地标准"相结合的办法，对居民企业和非居民企业作了明确界定。

机构、场所，是指在中国境内从事生产经营活动的机构、场所，包括：①管理机构、营业机构、办事机构；②农场、工厂、开采自然资源的场所；③提供劳务的场所；④从事建筑、安装、装配、修理、勘探等工程作业的场所；⑤营业代理人；⑥其他机构、场所。

营业代理人，是指具有下列情形之一的，受非居民企业委托，代理从事经营的公司、企业和其他经济组织或者个人：①经常代表委托人接洽采购业务，并签订购货合同，代为采购商品；②与委托人签订代理协议或者合同，经常储存属于委托人的产品或者商品，并代表委托人向他人交付其产品或者商品；③有权经常代表委托人签订销货合同或者接受订货；④经常代理委托人从事货物采购、销售以外的经营活动。

所得，包括销售货物所得、提供劳务所得、转让财产所得、股息红利所得、利息所得、租金所得、特许权使用费所得、接受捐赠所得和其他所得。来源于中国境内、境外所得，按以下原则划分：①销售货物和提供劳务的所得，按经营活动发生地确定；②转让财产所得，其中不动产按财产所在地确定、动产按转让动产的企业所在地确定；③股息红利所得，按分配股息、红利的企业所在地确定；④利息所得，按实际负担或支付利息的企业或机构、场所所在地确定；⑤租金所得，按实际负担或支付租金的企业或机构、场所所在地确定；⑥特许权使用费所得，按实际负担或支付特许权使用费的企业或机构、场所所在地确定；⑦其他所得，由国务院财政、税务主管部门确定。

（二）企业所得税的税率

新企业所得税法规定，企业所得税的基本税率为25%。为了更好地发挥小型微利企业自主创新、吸纳就业等方面的优势，以及考虑到国家的产业政策和经济结构调整的需要，继续有效地吸引外资，新企业所得税法规定了两档优惠税率，即对在中国境内未设立机构、场所的，或者虽设立机构、场所但取得的所得与其所设机构、场所没有实际联系的非居民企业来源于中国境内的所得和符合条件的小型微利企业，适用20%的税率。实际联系，是指拥有、管理、控制据以取得所得的股权、债权、财产等。小型微利企业是指：①制造业，年度应纳税所得额不超过 30 万元，从业人数不超过 100 人，资产总额不超过 3 000 万元；②非制造业，年度应纳税所得额不超过 30 万元，从业人数不超过 80 人；资产总额不超过 1 000 万元。对国家需要重点扶持的高新技术企业，适用 15% 的税率。国家需要重点扶持的高新技术企业，是指拥有国家自主知识产权，并同时符合下列条件的企业：①符合《国家重点支持的高新技术领域》范围；②用于高新技术产品和技术的研究开发费占企业当年总收入的比重，销售收入 2 亿元以上的，为总收入的 3%，销售收入 5 000 万元至 2 亿元的，为总收入的 4%，销售收入 5 000 万元以下，为总收入的 6%。③高新技术产品（服务）收入占企业总收入 60% 以上；④具有大专以上学历的职工占企业职工总数 30% 以上，其中，从事高新技术产品和技术研究开发的科技人员占企业职工总数 20% 以上。国家需要重点扶持的高新技术企业认定管理办法，由国务院科技、财政、税务主管部门会同有关部门共同制定。

预提所得税：外国企业在中国境内未设立机构、场所，而有取得的来源于中国境内的利润、利息、租金、特许权使用费和其他所得，或者虽设立机构、场所，但上述所得与其机构、场所没有实际联系的，都应当缴纳 20% 的所得税。

把基本税率定为 25%，是经过深思熟虑的。第一，目前外资企业实际税负是 15%，内资企业实际税负是 25%，将基本税率定为 25%，内外资企业都是可以承受的。第二，降低税率意味着财政收入的减少，减少税额不会给我国财政造成大的负担。第三，税率定得太高不利于吸引外资，不利于增强企业的国际竞争力。25% 的基本税率在国际上是适中偏低的水平，实行这一税率有利于提高企业竞争力和吸引外商投资。

（三）征税范围

1. 无限纳税人（居民企业）

居民企业应当就其来源于中国境内、境外的所得缴纳企业所得税。

按照税法，居民企业不仅要就其境内所得向本国政府纳税，而且还要就其境外来源的所得向本国政府纳税。居民企业应就境内、外一切所得（又称全球所得）向居住国政府纳税的义务，称为无限纳税义务。

2. 有限纳税人（非居民企业）

（1）非居民企业在中国境内设立机构、场所的，应当就其所设机构、场所取得的来源于中国境内的所得，以及发生在中国境外，但与其在中国境内所设机构、场所有实际联系的所得，缴纳企业所得税。如外国企业常驻代表机构来源于中国境内的所得，在中国进行了解市场情况、提供商情资料、联络、投标、市场调研及其他准备性、辅助性活动。"实际联系"是指拥有、管理、控制以取得所得的股权、债权、财产等。

（2）非居民企业在中国境内未设立机构、场所的，或者虽设立机构、场所但取得的所得与其所设机构、场所没有实际联系的，应当就其来源于中国境内的所得缴纳企业所得税。非居民企业一般只有对来源于境内的所得征税，即其只履行就境内所得向居住国政府纳税的义务，称为有限纳税义务。

将企业分为居民企业和非居民企业，突破了长期以来我国企业所得税的规范囿于经济所有制性质或资本来源性质的不合理框架，合理地界定了企业所得税的纳税人，这不仅体现了企业与主权国家实际联系的经济现实，同时也是为了更好地保障我国税收管辖权的有效行使，在与国际惯例接轨的同时更有效地维护国家税收利益。

（四）应纳税所得额

1. 一般规定

企业应纳税所得额的计算，以权责发生制为原则，国务院财政、税务主管部门另有规定的除外。权责发生制，是指当期已经实现的收入和已经发生或应当负担的费用，不论款项是否收付，均作为当期的收入和费用；不属于当期的收入和费用，即使款项已在当期收付，也不作为当期的收入和费用。

企业应当建立健全财务会计制度，并按照有关规定计算应纳税所得额。企业确实不能提供真实、完整、准确的收入、支出凭证，不能正确申报应纳税所得额的，税务机关可以采取成本加合理利润、费用换算以及其他合理的方法核定其应纳税所得额。

亏损，是指企业根据税法及条例的规定将每一纳税年度的收入总额减除不征税收入、免税收入和各项扣除后小于零的数额。

清算所得，是指企业的全部资产可变现价值或者交易价格扣除资产净值、清算费用以及相关税费等后的余额。投资方企业从被清算企业分得的剩余资产，其中相当于从被清算企业累计未分配利润和累计盈余公积中应当分得的部分，应当确认为股息所得；剩余资产减除上述股息所得后的余额，超过或者低于投资成本的部分，应当确认为投资资产转让所得或者损失。

2. 收入的形式

应纳税所得额是计算企业所得税税款的依据，它是指企业每一纳税年度的收入总额，减除不征税收入、免税收入、各项扣除以及允许弥补的以前年度亏损后的余额。《企业所得税法》在"收入"一节进行了诸多创新。除了继续沿用"收入总额"的绝大部分规定外，借鉴国外先进的立法经验，首次引入了"不征税收入"、"免税收入"的概念，并将"不征税收入"、"免税收入"作了具体明确的规定。

1) 收入总额形式

企业以货币形式和非货币形式从各种来源取得的收入，为收入总额。包括：①企业取得收入的货币形式，包括现金、银行存款、应收账款、应收票据、准备持有至到期的债券投资以及债务的豁免等。②企业取得收入的非货币形式，包括存货、固定资产、投资性房地产、生物资产、无形资产、股权投资、劳务、不准备持有至到期的债券投资等资产以及其他权益。企业以非货币形式取得的收入，应当按公允价值确定收入额。公允价值，是指按照资产的市场价格、同类或类似资产市场价值基础确定的价值。

2) 收入总额范围

(1) 销售货物收入，是指企业销售商品、产品、原材料、包装物、低值易耗品以及其他存货取得的收入。

(2) 提供劳务收入，是指企业从事建筑安装、修理修配、交通运输、仓储租赁、金融保险、邮电通信、咨询经纪、文化体育、科学研究、技术服务、教育培训、餐饮住宿、中介代理、卫生保健、社区服务、旅游、娱乐、加工以及其他劳务服务活动取得的收入。

(3) 转让财产收入，是指企业转让固定资产、生物资产、无形资产、股权、债权等财产取得的收入。

(4) 股息、红利等权益性投资收益，是指企业因权益性投资从被投资方取得的收入。股息、红利等权益性投资收益，除国务院财政、税务主管部门另有规定外，按照被投资方作出利润分配决定的日期确认收入的实现。

(5) 利息收入，是指企业将资金提供他人使用但不构成权益性投资，或者因他人占用本企业资金取得的收入，包括存款利息、贷款利息、债券利息、欠款利息等收入。利息收入，按照合同约定的债务人应付利息的日期确认收入的实现。

(6) 租金收入，是指企业提供固定资产、包装物或者其他有形资产的使用权取得的收入。租金收入，按照合同约定的承租人应付租金的日期确认收入的实现。

(7) 特许权使用费收入，是指企业提供专利权、非专利技术、商标权、著作权以及其他特许权的使用权取得的收入。特许权使用费收入，按照合同约定的特许权使用人应付特许权使用费的日期确认收入的实现。

(8) 接受捐赠收入，是指企业接受的来自其他企业、组织或者个人无偿给予的货币性资产、非货币性资产。接受捐赠收入，按照实际收到捐赠资产的日期确认收入的实现。

(9) 其他收入，是指企业取得的除上述收入以外的一切其他收入，包括企业资产溢余收入、逾期未退包装物押金收入、确实无法偿付的应付款项、已作坏账损失处理后又收回的应收款项、债务重组收入、补贴收入、违约金收入、汇兑收益等。

企业的下列生产经营业务可以分期确认收入的实现：

（1）以分期收款方式销售货物的，按照合同约定的收款日期确认收入的实现。

（2）企业受托加工制造大型机械设备、船舶、飞机，以及从事建筑、安装、装配工程业务或者提供其他劳务等，持续时间超过12个月的，按照纳税年度内完工进度或者完成的工作量确认收入的实现。

（3）采取产品分成方式取得收入的，按照企业分得产品的日期确认收入的实现，其收入额按照产品的公允价值确定。

（4）企业发生非货币性资产交换，以及将货物、财产、劳务用于捐赠、偿债、赞助、集资、广告、样品、职工福利或者利润分配等用途的，应当视同销售货物、转让财产或者提供劳务，但国务院财政、税务主管部门另有规定的除外。

3）收入总额中的不征税收入

不征税收入是指从性质和根源上不属于企业营利性活动带来的经济利益、不负有纳税义务并不作为应纳税所得额组成部分的收入。新的《企业所得税法》首次引入了"不征税收入"的概念。收入总额中的下列收入为不征税收入：①财政拨款；②依法收取并纳入财政管理的行政事业性收费、政府性基金；③国务院规定的其他不征税收入。从企业所得税原理上讲，这些不征税收入应永久不列为征税范围的收入范畴，如果对这种性质的收入征税，会导致无意义地增加政府的收入与支出成本。

（1）财政拨款。是指各级人民政府对纳入预算管理的事业单位、社会团体等组织拨付的财政资金，但国务院和国务院财政、税务主管部门另有规定的除外。比如，财政部门拨付给企业用于购建固定资产或进行技术改造的专项资金，鼓励企业安置职工就业而给予的奖励款项，拨付企业的粮食定额补贴，拨付企业开展研发活动的研发经费等，均属于财政拨款。

新《会计准则》规定：企业实际收到的财政拨款中的财政补贴和税收返还等，属于政府补助的范畴，计入企业的"营业外收入"科目，除企业取得的所得税返还（退税）和出口退税的增值税进项外，一般作为应税收入征收企业所得税。

纳税人吸纳安置下岗失业人员再就业按《财政部劳动保障部关于促进下岗失业人员再就业资金管理有关问题的通知》（财社〔2002〕107号）中规定的范围、项目和标准取得的社会保险补贴和岗位补贴收入，免征企业所得税。

纳税人取得的小额担保贷款贴息、再就业培训补贴、职业介绍补贴以及其他超出（财社〔2002〕107号）文件规定的范围、项目和标准的再就业补贴收入，应计入应纳税所得额按规定缴纳企业所得税。

(2) 依法收取并纳入财政管理的行政事业性收费、政府性基金。

行政事业性收费，是指依照法律法规等有关规定，按照国务院规定程序批准，在实施社会公共管理以及在向公民、法人或者其他组织提供特定公共服务过程中，向特定对象收取并纳入财政管理的费用。

政府性基金，是指企业依照法律、行政法规等有关规定，代政府收取的具有专项用途的财政资金。

经国务院批准，2006年底执行到期的农网还贷资金、新型墙体材料专项基金、港口建设费、民航机场管理建设费、铁路建设基金、铁路建设附加费、国家茧丝绸发展风险基金、散装水泥专项资金、中央对外贸易发展基金、库区维护建设基金（包括库区维护基金、库区后期扶持基金、库区移民后期扶持基金、库区移民扶助金）、城市公用事业附加、文化事业建设费、国家电影事业发展专项资金、旅游发展基金、能源基地建设基金、水资源补偿费、电源基地建设基金等17项政府性基金，继续予以保留。

4) 收入总额中的免税收入

免税收入是指属于企业的应税所得但按照税法规定免予征收企业所得税的收入。也就是说，政府可以根据经济政策目标的需要，在一定时间免予征税，而在一定时期又有可能恢复征税的收入范围。《企业所得税法》规定：企业的下列收入为免税收入：①国债利息收入；②符合条件的居民企业之间的股息、红利收入；③在中国境内设立机构、场所的非居民企业从居民企业取得与该机构、场所有实际联系的股息、红利收入；④符合条件的非营利组织的收入。

5) 国务院规定的其他不征税收入

国务院规定的其他不征税收入，是指企业取得的，由国务院财政、税务主管部门规定专项用途并经国务院批准的财政性资金。

3. 扣除原则和扣除项目

1) 扣除原则

(1) 合理性原则。企业所得税的合理性原则，即纳税人可扣除费用的计算和分配方法应符合一般的经营常规和会计惯例。

(2) 合法性原则。企业所得税的合法性原则，是指企业在计算应纳税所得额时，不论费用是否真实发生、确定、相关、必要、合理，如果是非法支出，即便是按照财务会计制度已作为费用列支，也不允许在税前扣除。例如，违反法律、行政法规规定经营而支付的罚金、罚款、滞纳金和被政府没收财物的损失，违法支付给个人的回扣，贿赂支出等，均不准在税前扣除。需要说明的是合法性原则主要是针对成本、费用扣除而言，对于收入来说，不应受合法性的限制，即对所有收入均应纳入企业的收入总额征税，不论是合法收入还是非法收入，这可以部分校正司法的不健全。

2）扣除项目

企业实际发生的与经营活动有关的、合理的支出，包括成本、费用、税金、损失和其他支出，可以在计算应纳税所得额时扣除。企业实际发生的与取得收入有关的支出，是指与取得收入直接相关的支出。合理的支出，是指符合生产经营活动常规，应当计入当期损益或者有关资产成本的必要和正常的支出。

企业发生的支出应当区分收益性支出和资本性支出。收益性支出在发生当期直接扣除；资本性支出应当分期扣除或者计入有关资产成本，不得在发生当期直接扣除。

企业的不征税收入用于支出所形成的费用或者财产，不得扣除或者计算对应的折旧、摊销扣除。除企业所得税法和企业所得税法实施条例另有规定外，企业实际发生的成本、费用、税金、损失和其他支出，不得重复扣除。

（1）成本，是指企业在生产经营活动中发生的销售成本、销货成本、业务支出以及其他耗费。

（2）费用，是指企业在生产经营活动中发生的销售费用、管理费用和财务费用，已经计入成本的有关费用除外。

（3）税金，是指企业发生的除企业所得税和允许抵扣的增值税以外的各项税金及其附加。

（4）损失，是指企业在生产经营活动中发生的固定资产和存货的盘亏、毁损、报废损失，转让财产损失，呆账损失，坏账损失，自然灾害等不可抗力因素造成的损失以及其他损失。企业发生的损失，减除责任人赔偿和保险赔款后的余额，依照国务院财政、税务主管部门的规定扣除。企业已经作为损失处理的资产，在以后纳税年度又全部收回或者部分收回时，应当计入当期收入。

（5）其他支出，是指除成本、费用、税金、损失外，企业在生产经营活动中发生的与生产经营活动有关的、合理的支出。

3）具体扣除项目

（1）企业发生的合理的工资薪金支出，准予扣除。工资薪金，是指企业每一纳税年度支付给在本企业任职或者受雇的员工的所有现金形式或者非现金形式的劳动报酬，包括基本工资、奖金、津贴、补贴、年终加薪、加班工资，以及与员工任职或者受雇有关的其他支出。

企业依照国务院有关主管部门或者省级人民政府规定的范围和标准为职工缴纳的基本养老保险费、基本医疗保险费、失业保险费、工伤保险费、生育保险费等基本社会保险费和住房公积金，准予扣除。

企业为投资者或者职工支付的补充养老保险费、补充医疗保险费，在国务院财政、税务主管部门规定的范围和标准内，准予扣除。

除企业依照国家有关规定为特殊工种职工支付的人身安全保险费和国务院财政、税务主管部门规定可以扣除的其他商业保险费外，企业为投资者或者职工支付的商业保险费，不得扣除。

（2）企业在生产经营活动中发生的合理的不需要资本化的借款费用，准予扣除。企业为购置、建造固定资产、无形资产和经过12个月以上的建造才能达到预定可销售状态的存货发生借款的，在有关资产购置、建造期间发生的合理的借款费用，应当作为资本性支出计入有关资产的成本，并依照企业所得税法实施条例的规定扣除。

企业在生产经营活动中发生的下列利息支出，准予扣除：①非金融企业向金融企业借款的利息支出、金融企业的各项存款利息支出和同业拆借利息支出、企业经批准发行债券的利息支出；②非金融企业向非金融企业借款的利息支出，不超过按照金融企业同期同类贷款利率计算的数额的部分。

企业在货币交易中，以及纳税年度终了时将人民币以外的货币性资产、负债按照期末即期人民币汇率中间价折算为人民币时产生的汇兑损失，除已经计入有关资产成本以及与向所有者进行利润分配相关的部分外，准予扣除。

（3）企业发生的职工福利费支出，不超过工资薪金总额14%的部分，准予扣除。企业拨缴的工会经费，不超过工资薪金总额2%的部分，准予扣除。除国务院财政、税务主管部门另有规定外，企业发生的职工教育经费支出，不超过工资薪金总额2.5%的部分，准予扣除；超过部分，准予在以后纳税年度结转扣除。

（4）企业发生的与生产经营活动有关的业务招待费支出，按照发生额的60%扣除，但最高不得超过当年销售（营业）收入的5‰。

（5）企业发生的符合条件的广告费和业务宣传费支出，除国务院财政、税务主管部门另有规定外，不超过当年销售（营业）收入15%的部分，准予扣除；超过部分，准予在以后纳税年度结转扣除。

（6）企业依照法律、行政法规有关规定提取的用于环境保护、生态恢复等方面的专项资金，准予扣除。上述专项资金提取后改变用途的，不得扣除。

（7）企业参加财产保险，按照规定缴纳的保险费，准予扣除。企业为其投资者或雇员个人向商业保险机构投保的人寿保险、财产保险等商业保险，不得扣除。企业按国家规定为特殊工种职工支付的法定人身安全保险费，准予扣除。

（8）企业根据生产经营活动的需要租入固定资产支付的租赁费，按照以下方法扣除：①以经营租赁方式租入固定资产发生的租赁费支出，按照租赁期限均匀扣除；②以融资租赁方式租入固定资产发生的租赁费支出，按照规定构成融资租入固定资产价值的部分应当提取折旧费用，分期扣除。

（9）企业发生的合理的劳动保护支出，准予扣除。

（10）企业之间支付的管理费、企业内营业机构之间支付的租金和特许权使用费，以及非银行企业内营业机构之间支付的利息，不得扣除。

（11）非居民企业在中国境内设立的机构、场所，就其中国境外总机构发生的与该机构、场所生产经营有关的费用，能够提供总机构出具的费用汇集范围、定额、分配依据和方法等证明文件，并合理分摊的，准予扣除。

（12）公益性捐赠，是指企业通过公益性社会团体或者县级以上人民政府及其部门，用于《中华人民共和国公益事业捐赠法》规定的公益事业的捐赠。公益事业的捐赠包括：①救助灾害、救济贫困、扶助残疾人等困难的社会群体和个人的活动；②教育、科学、文化、卫生、体育事业；③环境保护、社会公共设施建设；④促进社会发展和进步的其他社会公共和福利事业。

公益性社会团体，是指同时符合下列条件的基金会、慈善组织等社会团体：①依法登记，具有法人资格；②以发展公益事业为宗旨，且不以营利为目的；③全部资产及其增值为该法人所有；④收益和营运结余主要用于符合该法人设立目的的事业；⑤终止后的剩余财产不归属任何个人或者营利组织；⑥不经营与其设立目的无关的业务；⑦有健全的财务会计制度；⑧捐赠者不以任何形式参与社会团体财产的分配；⑨国务院财政、税务主管部门会同国务院民政部门等登记管理部门规定的其他条件。

企业发生的公益性捐赠支出，不超过年度利润总额12%的部分，准予扣除。年度利润总额，是指企业依照国家统一会计制度的规定计算的年度会计利润。

4. 资产的税务处理

（1）企业的各项资产，包括固定资产、生物资产、无形资产、长期待摊费用、投资资产、存货等，以历史成本为计税基础。历史成本，是指企业取得该项资产时实际发生的支出。企业持有各项资产期间资产增值或者减值，除国务院财政、税务主管部门规定可以确认损益外，不得调整该资产的计税基础。

（2）固定资产，是指企业为生产产品、提供劳务、出租或者经营管理而持有的、使用时间超过12个月的非货币性资产，包括房屋、建筑物、机器、机械、运输工具以及其他与生产经营活动有关的设备、器具、工具等。

固定资产按照以下方法确定计税基础：①外购的固定资产，以购买价款和支付的相关税费以及直接归属于使该资产达到预定用途发生的其他支出为计税基础；②自行建造的固定资产，以竣工结算前发生的支出为计税基础；③融资租入的固定资产，以租赁合同约定的付款总额和承租人在签订租赁合同过程中发生的相关费用为计税基础，租赁合同未约定付款总额的，以该资产的公允价值和承租人在签订租赁合同过程中发生的相关费用为计税基础；④盘盈的固定资产，以同类固定资产的重置完全价值为计税基础；⑤通过捐赠、投资、非货币性资产交换、债务重组等方式取得的固定资产，以该资产的公允价值和支付的相关税费为计税基础；⑥改建的固定资产，除企业所得税法规定的已足额提取折旧的固定资产的改建支出和租入固定资产的改建支出外，以改建过程中发生的改建支出增加计税基础。

（3）在计算应纳税所得额时，企业按照规定计算的固定资产折旧，准予扣除。下列固定资产不得计算折旧扣除：①房屋、建筑物以外未投入使用的固定资产；②以经营租赁方式租入的固定资产；③以融资租赁方式租出的固定资产；④已足额提取折旧仍继续使用的固定资产；⑤与经营活动无关的固定资产；⑥单独估价作为固定资产入账的土地；《关于国有企业清产核资中土地估价有关财务处理问题的通知》（财工字 108 号）文件规定，对企业过去已作为固定资产单独入账的土地和通过行政划拨方式无偿取得的土地，经估价后，按确认、批复的价值调整确认土地账面价值，同时增加国家资本金，不计提折旧；⑦其他不得计算折旧扣除的固定资产。

（4）固定资产按照直线法计算的折旧，准予扣除。企业应当自固定资产投入使用月份的次月起计算折旧；停止使用的固定资产，应当自停止使用月份的次月起停止计算折旧。

企业应当根据固定资产的性质和使用情况，合理确定固定资产的预计净残值。固定资产的预计净残值一经确定，不得变更。

除国务院财政、税务主管部门另有规定外，固定资产计算折旧的最低年限如下：①房屋、建筑物，为 20 年；②飞机、火车、轮船、机器、机械和其他生产设备，为 10 年；③与生产经营活动有关的器具、工具、家具等，为 5 年；④飞机、火车、轮船以外的运输工具，为 4 年；⑤电子设备，为 3 年。

（5）从事开采石油、天然气等矿产资源的企业，在开始商业性生产前发生的费用和有关固定资产的折耗、折旧方法，由国务院财政、税务主管部门另行规定。

（6）生产性生物资产按照以下方法确定计税基础：①外购的生产性生物资产，以购买价款和支付的相关税费为计税基础；②通过捐赠、投资、非货币性资产交换、债务重组等方式取得的生产性生物资产，以该资产的公允价值和支付的相关税费为计税基础。

生产性生物资产，是指企业为生产农产品、提供劳务或者出租等而持有的生物资产，包括经济林、薪炭林、产畜和役畜等。

（7）生产性生物资产按照直线法计算的折旧，准予扣除。

企业应当自生产性生物资产投入使用月份的次月起计算折旧；停止使用的生产性生物资产，应当自停止使用月份的次月起停止计算折旧。企业应当根据生产性生物资产的性质和使用情况，合理确定生产性生物资产的预计净残值。生产性生物资产的预计净残值一经确定，不得变更。

(8) 生产性生物资产计算折旧的最低年限如下：①林木类生产性生物资产，为10年；②畜类生产性生物资产，为3年。

(9) 在计算应纳税所得额时，企业按照规定计算的无形资产摊销费用，准予扣除。

下列无形资产不得计算摊销费用扣除：①自行开发的支出已在计算应纳税所得额时扣除的无形资产；②自创商誉；③与经营活动无关的无形资产；④其他不得计算摊销费用扣除的无形资产。

无形资产，是指企业为生产产品、提供劳务、出租或者经营管理而持有的、没有实物形态的非货币性长期资产，包括专利权、商标权、著作权、土地使用权、非专利技术、商誉等。无形资产按照以下方法确定计税基础：①外购的无形资产，以购买价款和支付的相关税费以及直接归属于使该资产达到预定用途发生的其他支出为计税基础；②自行开发的无形资产，以开发过程中该资产符合资本化条件后至达到预定用途前发生的支出为计税基础；③通过捐赠、投资、非货币性资产交换、债务重组等方式取得的无形资产，以该资产的公允价值和支付的相关税费为计税基础。

(10) 无形资产按照直线法计算的摊销费用，准予扣除。无形资产的摊销年限不得低于10年。作为投资或者受让的无形资产，有关法律规定或者合同约定了使用年限的，可以按照规定或者约定的使用年限分期摊销。外购商誉的支出，在企业整体转让或者清算时，准予扣除。

(11) 固定资产的改建支出，是指改变房屋或者建筑物结构、延长使用年限等发生的支出。

(12) 企业所得税法规定已足额提取折旧的固定资产的改建支出，按照固定资产预计尚可使用年限分期摊销；租入固定资产的改建支出，按照合同约定的剩余租赁期限分期摊销。

(13) 改建的固定资产延长使用年限的，除企业所得税法已足额提取折旧的固定资产的改建支出和租入固定资产的改建支出规定外，应当适当延长折旧年限。

(14) 企业所得税法规定固定资产的大修理支出，是指同时符合下列条件的支出：①修理支出达到取得固定资产时的计税基础50%以上；②修理后固定资产的使用年限延长2年以上。

企业所得税法固定资产的大修理支出，按照固定资产尚可使用年限分期摊销。

(15) 在计算应纳税所得额时，企业发生的下列支出作为长期待摊费用，按照规定摊销的，准予扣除：①已足额提取折旧的固定资产的改建支出；②租入固定资产的改建支出；③固定资产的大修理支出；④其他应当作为长期待摊费用的支出。

企业所得税法其他应当作为长期待摊费用的支出，自支出发生月份的次月起，分期摊销，摊销年限不得低于3年。

长期待摊费用是指企业已经支出，但摊销期限在一年以上（不含一年）的各项费用。

(16) 企业对外投资期间，投资资产的成本在计算应纳税所得额时不得扣除。企业所得税法规定的投资资产，是指企业对外进行权益性投资和债权性投资形成的资产。企业在转让或者处置投资资产时，投资资产的成本，准予扣除。

投资资产按照以下方法确定成本：①通过支付现金方式取得的投资资产，以购买价款为成本；②通过支付现金以外的方式取得的投资资产，以该资产的公允价值和支付的相关税费为成本。

(17) 企业使用或者销售存货，按照规定计算的存货成本，准予在计算应纳税所得额时扣除。存货，是指企业持有以备出售的产品或者商品、处在生产过程中的在产品、在生产或者提供劳务过程中耗用的材料和物料等。

存货按照以下方法确定成本：①通过支付现金方式取得的存货，以购买价款和支付的相关税费为成本；②通过支付现金以外的方式取得的存货，以该存货的公允价值和支付的相关税费为成本；③生产性生物资产收获的农产品，以产出或者采收过程中发生的材料费、人工费和分摊的间接费用等必要支出为成本。

(18) 企业使用或者销售的存货的成本计算方法，可以在先进先出法、加权平均法、个别计价法中选用一种。计价方法一经选用，不得随意变更。

(19) 企业转让资产，该项资产的净值，准予在计算应纳税所得额时扣除。

(20) 非居民企业在中国境内未设立机构、场所的，或者虽设立机构、场所但取得的所得与其所设机构、场所没有实际联系的，应当就其来源于中国境内的所得缴纳企业所得税，按照下列方法计算其应纳税所得额：①股息、红利等权益性投资收益和利息、租金、特许权使用费所得，以收入全额为应纳税所得额；②转让财产所得，以收入全额减除财产净值后的余额为应纳税所得额；③其他所得，参照前两项规定的方法计算应纳税所得额。

资产的净值和财产净值，是指有关资产、财产的计税基础减除已经按照规定扣除的折旧、折耗、摊销、准备金等后的余额。

(21) 企业在汇总计算缴纳企业所得税时，其境外营业机构的亏损不得抵减境内营业机构的盈利。企业纳税年度发生的亏损，准予向以后年度结转，用以后年度的所得弥补，但结转年限最长不得超过5年。

除国务院财政、税务主管部门另有规定外，企业在重组过程中，应当在交易发生时确认有关资产的转让所得或者损失，相关资产应当按照交易价格重新确定计税基础。

5. 不得扣除项目

在计算应纳税所得额时，下列支出不得扣除：

（1）向投资者支付的股息、红利等权益性投资收益款项。

（2）企业所得税税款。

（3）税收滞纳金。

（4）罚金、罚款和被没收财物的损失。

（5）企业发生的公益性捐赠支出以外的捐赠支出。

（6）赞助支出。

（7）未经核定的准备金支出。是指企业未经国务院财政、税务主管部门核定而提取的各项资产减值准备、风险准备等准备金。经核定的准备金支出如坏账准备金、金融呆账准备金、保险未决赔款准备金、未到期责任准备金、长期责任准备金、寿险责任准备金、长期健康险责任准备金，准予在税前扣除。

（8）与取得收入无关的其他支出。

（9）法定的不得计算折旧扣除的固定资产，但企业的固定资产由于技术进步等原因，确需加速折旧的，可以缩短折旧年限或采取一定比例抵扣应纳税所得额。

（10）法定的不得计算摊销扣除的无形资产。

（11）企业对外投资期间，投资资产的成本。

6. 应纳税额

企业的应纳税所得额乘以适用税率，减除依照企业所得税法关于税收优惠的规定减免和抵免的税额后的余额，为应纳税额。应纳税额的计算公式为

$$应纳税额＝应纳税所得额×适用税率－减免税额－抵免税额$$

公式中的减免税额和抵免税额，是指依照企业所得税法和国务院的税收优惠规定减征、免征和抵免的应纳税额。

企业取得的下列所得已在境外缴纳的所得税税额，可以从其当期应纳税额中抵免，抵免限额为该项所得依照规定计算的应纳税额；超过抵免限额的部分，可以在以后5个年度内，用每年度抵免限额抵免当年应抵税额后的余额进行抵补：①居民企业来源于中国境外的应税所得；②非居民企业在中国境内设立机构、场所，取得发生在中国境外但与该机构、场所有实际联系的应税所得。

"已在境外缴纳的所得税税额"，是指企业来源于中国境外的所得依照中国境外税收法律以及相关规定应当缴纳并已经实际缴纳的企业所得税性质的税款。

"抵免限额"，是指企业来源于中国境外的所得，依照企业所得税法和企业所得税法实施条例的规定计算的应纳税额。除国务院财政、税务主管部门另有规定外，该抵免限额应当分国（地区）不分项计算，计算公式如下：

$$抵免限额 = \frac{中国境内、境外所得依照企业所得税法}{和实施条例的规定计算的应纳税总额} \times$$

$$\frac{来源于某国（地区）的应纳税所得额}{中国境内、境外应纳税所得总额}$$

"5个年度",是指从企业取得的来源于中国境外的所得,已经在中国境外缴纳的企业所得税性质的税额超过抵免限额的当年的次年起连续5个纳税年度。

居民企业从其直接或者间接控制的外国企业分得的来源于中国境外的股息、红利等权益性投资收益,外国企业在境外实际缴纳的所得税税额中属于该项所得负担的部分,可以作为该居民企业的可抵免境外所得税税额,可以从抵免限额内抵免。直接控制,是指居民企业直接持有外国企业20%以上股份。间接控制,是指居民企业以间接持股方式持有外国企业20%以上股份。具体认定办法由国务院财政、税务主管部门另行制定。

企业依照企业所得税法规定抵免企业所得税税额时,应当提供中国境外税务机关出具的税款所属年度的有关纳税凭证。

7. 源泉扣缴

(1) 非居民企业在中国境内未设立机构、场所的,或者虽设立机构、场所但取得的所得与其所设机构、场所没有实际联系的,应当就其来源于中国境内的所得缴纳企业所得税。依照企业所得税法对非居民企业应当缴纳的企业所得税实行源泉扣缴的,应当依照企业所得税法的规定计算应纳税所得额。以支付人为扣缴义务人。税款由扣缴义务人在每次支付或者到期应支付时,从支付或者到期应支付的款项中扣缴。支付人,是指依照有关法律规定或者合同约定对非居民企业直接负有支付相关款项义务的单位或者个人。支付,包括现金支付、汇拨支付、转账支付和权益兑价支付等货币支付和非货币支付。到期应支付的款项,是指支付人按照权责发生制原则应当计入相关成本、费用的应付款项。

(2) 对非居民企业在中国境内取得工程作业和劳务所得应缴纳的所得税,税务机关可以指定工程价款或者劳务费的支付人为扣缴义务人。可以指定扣缴义务人的情形,包括:①预计工程作业或者提供劳务期限不足一个纳税年度,且有证据表明不履行纳税义务的;②没有办理税务登记或者临时税务登记,且未委托中国境内的代理人履行纳税义务的;③未按照规定期限办理企业所得税纳税申报或者预缴申报的。

扣缴义务人,由县级以上税务机关指定,并同时告知扣缴义务人所扣税款的计算依据、计算方法、扣缴期限和扣缴方式。

(3) 扣缴义务人未依法扣缴或者无法履行扣缴义务的,由纳税人在所得发生地缴纳。纳税人未依法缴纳的,税务机关可以从该纳税人在中国境内其他收入项目的支付人应付的款项中,追缴该纳税人的应纳税款。

所得发生地，是指依照法律确定的所得发生地。在中国境内存在多处所得发生地的，由纳税人选择其中之一申报缴纳企业所得税。该纳税人在中国境内其他收入，是指该纳税人在中国境内取得的其他各种来源的收入。

税务机关在追缴该纳税人应纳税款时，应当将追缴理由、追缴数额、缴纳期限和缴纳方式等告知该纳税人。

8. 特别纳税调整

（1）企业与其关联方之间的业务往来，不符合独立交易原则而减少企业或者其关联方应纳税收入或者所得额的，税务机关有权按照合理方法调整。

企业与其关联方共同开发、受让无形资产，或者共同提供、接受劳务发生的成本，在计算应纳税所得额时应当按照独立交易原则进行分摊。

关联方，是指与企业有下列关联关系之一的企业、其他组织或者个人：①在资金、经营、购销等方面存在直接或者间接的控制关系；②直接或者间接地同为第三者控制；③在利益上具有相关联的其他关系。

独立交易原则，是指没有关联关系的交易各方，按照公平成交价格和营业常规进行业务往来遵循的原则。

企业所得税法所称合理方法，包括：①可比非受控价格法，是指按照没有关联关系的交易各方进行相同或者类似业务往来的价格进行定价的方法；②再销售价格法，是指按照从关联方购进商品再销售给没有关联关系的交易方的价格，减除相同或者类似业务的销售毛利进行定价的方法；③成本加成法，是指按照成本加合理的费用和利润进行定价的方法；④交易净利润法，是指按照没有关联关系的交易各方进行相同或者类似业务往来取得的净利润水平确定利润的方法；⑤利润分割法，是指将企业与其关联方的合并利润或者亏损在各方之间采用合理标准进行分配的方法；⑥其他符合独立交易原则的方法。

企业与其关联方共同开发、受让无形资产，或者共同提供、接受劳务发生的成本，在计算应纳税所得额时应当按照独立交易原则进行分摊，按照独立交易原则与其关联方分摊共同发生的成本，达成成本分摊协议。

企业与其关联方分摊成本时，应当按照成本与预期收益相配比的原则进行分摊，并在税务机关规定的期限内，按照税务机关的要求报送有关资料。

企业与其关联方分摊成本时违反规定的，其自行分摊的成本不得在计算应纳税所得额时扣除。

（2）企业可以向税务机关提出与其关联方之间业务往来的定价原则和计算方法，税务机关与企业协商、确认后，达成预约定价安排。预约定价安排，是指企业就其未来年度关联交易的定价原则和计算方法，向税务机关提出申请，与税务机关按照独立交易原则协商、确认后达成的协议。

（3）企业向税务机关报送年度企业所得税纳税申报表时，应当就其与关联方之间的业务往来，附送年度关联业务往来报告表。

税务机关在进行关联业务调查时，企业及其关联方，以及与关联业务调查有关的其他企业，应当按照规定提供相关资料。相关资料，包括：①与关联业务往来有关的价格、费用的制定标准、计算方法和说明等同期资料；②关联业务往来所涉及的财产、财产使用权、劳务等的再销售（转让）价格或者最终销售（转让）价格的资料；③与关联业务调查有关的其他企业应当提供的与被调查企业可比的产品价格、定价方式以及利润水平等资料；④其他与关联业务往来有关的资料。

企业所得税法所称与关联业务调查有关的其他企业，是指与被调查企业在生产经营内容和方式上相类似的企业。

企业应当在税务机关规定的期限内提供与关联业务往来有关的价格、费用的制定标准、计算方法和说明等资料。关联方以及与关联业务调查有关的其他企业应当在税务机关与其约定的期限内提供相关资料。

（4）企业不提供与其关联方之间业务往来资料，或者提供虚假、不完整资料，未能真实反映其关联业务往来情况的，税务机关有权依法核定其应纳税所得额。税务机关依照企业所得税法核定企业的应纳税所得额时，可以采用下列方法：①参照同类或者类似企业的利润率水平核定；②按照企业成本加合理的费用和利润的方法核定；③按照关联企业集团整体利润的合理比例核定；④按照其他合理方法核定。

企业对税务机关按照规定的方法核定的应纳税所得额有异议的，应当提供相关证据，经税务机关认定后，调整核定的应纳税所得额。

（5）由居民企业，或者由居民企业和中国居民控制的设立在实际税负明显低于企业所得税法规定税率水平的国家（地区）的企业，并非由于合理的经营需要而对利润不作分配或者减少分配的，上述利润中应归属于该居民企业的部分，应当计入该居民企业的当期收入。企业所得税法所称中国居民，是指根据《中华人民共和国个人所得税法》的规定，就其从中国境内、境外取得的所得在中国缴纳个人所得税的个人。

企业所得税法所称控制，包括：①居民企业或者中国居民直接或者间接单一持有外国企业10%以上有表决权股份，且由其共同持有该外国企业50%以上股份；②居民企业，或者居民企业和中国居民持股比例没有达到第①项规定的标准，但在股份、资金、经营、购销等方面对该外国企业构成实质控制。

企业所得税法所称实际税负明显低于企业所得税法规定的税率水平，是指低于企业所得税法规定税率的50%，即12.5%（=25%×50%）。

（6）企业从其关联方接受的债权性投资与权益性投资的比例超过规定标准而发生的利息支出，不得在计算应纳税所得额时扣除。债权性投资，是指企业直接或者间接从关联方获得的，需要偿还本金和支付利息或者需要以其他具有支付利息性质的方式予以补偿的融资。企业间接从关联方获得的债权性投资，包括：①关联方通过无关联第三方提供的债权性投资；②无关联第三方提供的、由关联方担保且负有连带责任的债权性投资；③其他间接从关联方获得的具有负债实质的债权性投资。

权益性投资，是指企业接受的不需要偿还本金和支付利息，投资人对企业净资产拥有所有权的投资。其标准由国务院财政、税务主管部门另行规定。

（7）企业实施其他不具有合理商业目的的安排而减少其应纳税收入或者所得额的，税务机关有权按照合理方法调整。不具有合理商业目的，是指以减少、免除或者推迟缴纳税款为主要目的。

税务机关根据税收法律、行政法规的规定，对企业作出特别纳税调整的，应当对补征的税款，自税款所属纳税年度的次年6月1日起至补缴税款之日止的期间，按日加收利息。加收的利息不得在计算应纳税所得额时扣除。

（8）税务机关依照规定作出纳税调整，需要补征税款的，应当补征税款，并按照国务院规定加收利息。利息，应当按照税款所属纳税年度中国人民银行公布的与补税期间同期的人民币贷款基准利率加5个百分点计算。

税务机关在进行关联业务调查时，企业及其关联方，以及与关联业务调查有关的其他企业，应当按照规定提供相关资料。企业依照企业所得税法的规定提供有关资料的，可以只按人民币贷款基准利率计算利息。

（9）企业与其关联方之间的业务往来，不符合独立交易原则，或者企业实施其他不具有合理商业目的安排的，税务机关有权在该业务发生的纳税年度起10年内，进行纳税调整。

9. 征收管理

企业所得税的征收管理除本法规定外，依照《中华人民共和国税收征收管理法》的规定执行。

1）汇总缴纳企业所得税

（1）除税收法律、行政法规另有规定外，居民企业以企业登记注册地为纳税地点；但登记注册地在境外的，以实际管理机构所在地为纳税地点。居民企业在中国境内设立不具有法人资格的营业机构的，应当汇总计算并缴纳企业所得税。企业登记注册地，是指企业依照国家有关规定登记注册的住所地。

（2）非居民企业在中国境内未设立机构、场所的，或者虽设立机构、场所但取得的所得与其所设机构、场所没有实际联系的，应当就其来源于中国境内的所得缴纳企业所得税，以其所设机构、场所所在地为纳税地点。

非居民企业在中国境内设立机构、场所的，应当就其所设机构、场所取得的来源于中国境内的所得，以及发生在中国境外但与其所设机构、场所有实际联系的所得，缴纳企业所得税。非居民企业在中国境内设立两个或者两个以上机构、场所的，经税务机关审核批准，可以选择由其主要机构、场所汇总缴纳企业所得税。非居民企业取得上述所得，以扣缴义务人所在地为纳税地点。

企业汇总计算并缴纳企业所得税时，应当统一核算应纳税所得额，具体办法由国务院财政、税务主管部门另行制定。

主要机构、场所，应当同时符合下列条件：①对其他各机构、场所的生产经营活动负有监督管理责任；②设有完整的账簿、凭证，能够准确反映各机构、场所的收入、成本、费用和盈亏情况。

经税务机关审核批准，是指经各机构、场所所在地税务机关的共同上级税务机关审核批准。非居民企业经批准汇总缴纳企业所得税后，需要增设、合并、迁移、关闭机构、场所或者停止机构、场所业务的，应当事先由负责汇总申报缴纳企业所得税的主要机构、场所向其所在地税务机关报告；需要变更汇总缴纳企业所得税的主要机构、场所的，依照上述规定办理。

除国务院另有规定外，企业之间不得合并缴纳企业所得税。

2）申报纳税期限

（1）企业所得税按纳税年度计算。纳税年度自公历每年1月1日起至当年12月31日止。企业在一个纳税年度中间开业，或者终止经营活动，使该纳税年度的实际经营期不足12个月的，应当以其实际经营期为一个纳税年度。企业依法清算时，应当以清算期间作为一个纳税年度。

（2）企业所得税分月或者分季预缴企业所得税时，应当按照月度或者季度的实际利润额预缴；按照月度或者季度的实际利润额预缴有困难的，可以按照上一纳税年度应纳税所得额的月度或者季度平均额预缴，或者按照经税务机关认可的其他方法预缴。预缴方法一经确定，该纳税年度内不得随意变更。

（3）企业在纳税年度内无论盈利或者亏损，都应当依照上述规定的期限，向税务机关报送预缴企业所得税纳税申报表、年度企业所得税纳税申报表、财务会计报告和税务机关规定应当报送的其他有关资料。

（4）企业所得以人民币以外的货币计算的，预缴企业所得税时，应当按照月度或者季度最后一日的人民币汇率中间价，折合成人民币计算应纳税所得额。年度终了汇算清缴时，对已经按照月度或者季度预缴税款的，不再重新折合计算，只就该纳税年度内未缴纳企业所得税的部分，按照纳税年度最后一日的人民币汇率中间价，折合成人民币计算应纳税所得额。

（5）经税务机关检查确认，企业少计或者多计规定的所得的，应当按照检查确认补税或者退税时的上一个月最后一日的人民币汇率中间价，将少计或者多计的所得折合成人民币计算应纳税所得额，再计算应补缴或者应退的税款。

（6）企业在年度中间终止经营活动的，应当自实际经营终止之日起六十日内,向税务机关办理当期企业所得税汇算清缴。企业应当在办理注销登记前,就其清算所得向税务机关申报并依法缴纳企业所得税。

(7) 依法缴纳的企业所得税,以人民币计算。所得以人民币以外的货币计算的,应当折合成人民币计算并缴纳税款。

五、现行企业所得税制度的变化

《中华人民共和国企业所得税法》(以下简称《企业所得税法》)于2008年1月1日起施行。与《中华人民共和国企业所得税暂行条例》(以下简称《企业所得税暂行条例》)相比,《中华人民共和国企业所得税法》发生了许多变化。

1. 法律层次变化

《企业所得税暂行条例》由国务院制定,属于行政法规的范畴。而《企业所得税法》则由全国人民代表大会制定,属于法律范畴。后者的法律地位高于前者。《企业所得税法》也成为继《个人所得税法》、《外商投资企业和外国企业所得税法》以及《税收征管法》之后的由全国人民代表大会及其常务委员会制定的第四部法律。

2. 结构变化

《企业所得税暂行条例》全篇共20条,而没有章节,只有条款。《企业所得税法》全篇共60条,并且按照一般的法律体例,设总则等章节。

3. 纳税人变化

《企业所得税暂行条例》只适用于内资企业,而不适用于外商投资企业与外国企业。《企业所得税法》则对所有企业适用,既包括内资企业,也包括外商投资企业和外国企业。因此,《企业所得税法》的制定与施行标志着在中国并行了二十多年的内外资两套所得税法的合并,同时也宣告了外商投资企业与外国企业在中国享受超国民待遇的终结。

4. 税率变化

《企业所得税暂行条例》所规定的法定税率为33%。《企业所得税法》规定的税率为25%。同时明确对非居民企业取得的应税所得适用20%的税率。除此之外,还规定对小型微利企业减按20%的税率征收企业所得税。

5. 应纳税所得额概念变化

《企业所得税暂行条例》对应纳税所得额的解释是:纳税人每一纳税年度的收入总额减去准予扣除项目后的余额为应纳税所得额。《企业所得税法》的界定则是"企业每一纳税年度的收入总额,减除不征税收入、免税收入、各项扣除以及允许弥补的以前年度亏损后的余额,为应纳税所得额"。对照税收征管实际,后者显然更加规范。

6. 收入构成变化

《企业所得税暂行条例》规定的纳税人的收入构成包括七大项，即生产经营收入、财产转让收入、利息收入、特许权使用费收入、股息收入、其他收入。其中的生产经营收入其实包含了后几项，存在着重复界定之嫌。《企业所得税法》所规定的收入则是由九大项构成，即销售货物收入、提供劳务收入、转让财产收入、股息红利等权益性投资收益、利息收入、租金收入、特许权使用费收入、接受捐赠收入、其他收入。新的规定不仅消除了重复界定的问题，而且更加详细、规范。

7. 税前扣除项目变化

《企业所得税暂行条例》规定可在所得税前扣除的项目包括成本、费用和损失。《企业所得税法》规定可在所得税税前扣除的项目包括成本、费用、税金、损失和其他支出。后者的规定显然更加全面。

8. 税前不可扣除项目变化

《企业所得税暂行条例》规定纳税人所发生的资本性支出，无形资产受让开发支出，违法经营的罚款和被没收的财物的损失，各项税收滞纳金、罚金和罚款自然灾害或者意外事故损失有赔偿的部分，超过国家规定允许扣除的公益、救济性捐赠，非公益性、救济性的捐赠，各种赞助支出和取得收入无关的其他各项支出不得在税前扣除。这种规定常常使人产生误解，比如说固定资产的支出，实际上并不是不能在所得税前扣除，而是不能一次性扣除。《企业所得税法》进行了调整，取消了其中的不规范的规定，并新增了一些内容，规定了八项不得在税前扣除的项目：向投资者支付的股息、红利等权益性投资收益款项；企业所得税税款；税收滞纳金；罚金、罚款和被没收财物的损失；税法第九条规定以外的捐赠支出；赞助支出；未经核定的准备金支出；与取得收入无关的其他支出。

9. 资产处理变化

《企业所得税暂行条例》对资产的处理问题未予明确，而是由其实施细则规定的。《企业所得税法》则全面和详细地对固定资产、无形资产等的处理与税前扣除问题进行了规定。

10. 公益性捐赠变化

《企业所得税暂行条例》将纳税人的捐赠区分为公益、救济性捐赠与非公益、救济性捐赠，并规定超过国家规定允许扣除的公益、救济性捐赠与非公益、救济性捐赠不得在所得税税前扣除，至于公益、救济性捐赠的税前扣除比例则是年度应纳税所得额3％。《企业所得税法》作出了重大调整：一是调整了名称，以公益性捐赠进行称呼；二是将税前扣除的比例调整为12％；其三将计算依据由应纳税所得额调整为利润总额。

11. 计算依据变化

《企业所得税暂行条例》规定，纳税人在计算缴纳企业所得税时，如果有关的财务会计处理办法同国家的有关税收的规定相抵触的，须按照国家的有关税收的规定计算纳税。其中，国家的有关税收的规定包括了为数众多的规范性文件，这种规定显然不符合课税法定主义的原则和要求。《企业所得税法》则规定：纳税人在计算应纳税所得额时，企业财务、会计处理办法与税收法律、行政法规的规定不一致的，应当依照税收法律、行政法规的规定计算纳税。也就是说，纳税人自2008年1月1日起，只需按照国家法律和行政法规的规定计算缴纳所得税，而不再是按照规范性文件的规定计算。这可以说课税法定主义原则在我国企业所得税法上的一大体现。

12. 税收优惠政策变化

《企业所得税暂行条例》对税收优惠的规定相当简单。《企业所得税法》则充分考虑总结现行的所得税优惠政策，进行了全面的调整和规范：一是对符合条件的小型微利企业实行20%的优惠税率；二是对国家需要重点扶持的高新技术企业实行15%的优惠税率；三是扩大对创业投资企业的税收优惠；四是对企业投资于环境保护、节能节水、安全生产等方面的税收优惠；五是保留对农林牧渔业、基础设施投资的税收优惠政策；六是对劳服企业、福利企业、资源综合利用企业的直接减免税政策采取替代性优惠政策；七是法律设置的发展对外经济合作和技术交流的特定地区（即经济特区）内，以及国务院已规定执行上述地区特殊政策的地区（即上海浦东新区）内新设立的国家需要重点扶持的高新技术企业，可以享受过渡性优惠；八是继续执行国家已确定的其他鼓励类企业（即西部大开发地区的鼓励类企业）的所得税优惠政策；等等。

13. 税收优惠权变化

《企业所得税暂行条例》虽然没有明确对税收优惠权作出限定，但从其规定分析，国务院乃至财政部和国家税务总局都有相当的权限。《企业所得税法》则对税收优惠权作了相当明确的规定：其一，从总体上明确税收优惠的具体办法，由国务院规定；其二，规定了税收优惠办法的备案制度，即根据国民经济和社会发展的需要，或者由于突发事件等原因对企业经营活动产生重大影响的，国务院可以制定企业所得税专项优惠政策，但须报全国人民代表大会常务委员会备案。

14. 纳税调整变化

《企业所得税暂行条例》对关联交易的纳税调整虽然也作了规定，但相对简单，如果没有《税收征管法》等配套法律法规，是很难执行的。《企业所得税法》则专设《特别纳税调整》一章，对关联交易事项的纳税调整问题作了具体而详细的规定，并且在报送纳税资料等方面还完善了现行《税收征管法》的不足。

15. 征管变化

《企业所得税暂行条例》所规定的企业所得税汇算清缴期为年度终了后的四个月内,而《企业所得税法》则调整为五个月;《企业所得税暂行条例》规定的纳税人向税务机关报送年度申报表的期限为年度终了后的45天之内,而《企业所得税法》则调整为五个月;《企业所得税暂行条例》规定纳税人在报送申报表时须向税务机关报送会计报表,而《企业所得税法》则要求纳税人报送财务报告,财务报告与财务报表虽然只是一字之差,但内容却有很大的区别。

16. 解释权变化

《企业所得税暂行条例》规定的税法解释权归属于财政部。后来国务院进行机构改革,国家税务总局拥有了税法解释权。《企业所得税法》明确规定:新的税法解释权归属于国务院,由国务院负责《企业所得税法》的解释。这也可以看作是中国税法层次的提升。

第二节 企业所得税优惠政策

一、重点扶持和鼓励发展的产业和项目的企业所得税优惠

国家需要重点扶持的高新技术企业,是指拥有国家自主知识产权并同时符合以下条件的企业:

(1) 符合《国家重点支持的高新技术领域》范围。

(2) 用于高新技术产品和技术的研究开发费用占企业当年总收入的比重:①销售收入2亿元以上的,为3%;②销售收入5 000万元至2亿元的,为4%;③销售收入5 000万元以下的,为6%。

(3) 高新技术产品(服务)收入占企业总收入60%以上。

(4) 具有大专以上学历的职工占企业职工总数30%以上,其中,从事高新技术产品和技术研究开发的科技人员占企业职工总数20%以上。

二、企业的免税收入

企业的下列收入为免税收入:

(1) 国债利息收入。是指企业持有国务院财政部门发行的国债取得的利息收入。

(2) 符合条件的居民企业之间的股息、红利等权益性投资收益。是指居民企业直接投资于其他居民企业取得的投资收益。

(3) 在中国境内设立机构、场所的非居民企业从居民企业取得与该机构、场所有实际联系的股息、红利等权益性投资收益。股息、红利等权益性投资收益,

不包括连续持有居民企业公开发行并上市流通的股票不足 12 个月取得的投资收益。

（4）符合条件的非营利组织的收入。符合条件的非营利组织，是指同时符合下列条件的组织：①依法履行非营利组织登记手续；②从事公益性或者非营利性活动；③取得的收入除用于与该组织有关的、合理的支出外，全部用于登记核定或者章程规定的公益性或者非营利性事业；④财产及其孳息不用于分配；⑤按照登记核定或者章程规定，该组织注销后的剩余财产用于公益性或者非营利性目的，或者由登记管理机关转赠给与该组织性质、宗旨相同的组织，并向社会公告；⑥投入人对投入该组织的财产不保留或者享有任何财产权利；⑦工作人员工资福利开支控制在规定的比例内，不变相分配该组织的财产。非营利组织的认定管理办法由国务院财政、税务主管部门会同国务院有关部门制定。符合条件的非营利组织的收入，不包括非营利组织从事营利性活动取得的收入，但国务院财政、税务主管部门另有规定的除外。

三、可以免征、减征企业所得税的企业所得

企业的下列所得可以免征、减征企业所得税。

1. 从事农、林、牧、渔业项目的所得

（1）企业从事下列项目的所得，免征企业所得税：①蔬菜、谷物、薯类、油料、豆类、棉花、麻类、糖料、水果、坚果的种植；②农作物新品种的选育；③中药材的种植；④林木的培育和种植；⑤牲畜、家禽的饲养；⑥林产品的采集；⑦灌溉、农产品初加工、兽医、农技推广、农机作业和维修等农、林、牧、渔服务业项目；⑧远洋捕捞。

（2）企业从事下列项目的所得，减半征收企业所得税：①花卉、茶以及其他饮料作物和香料作物的种植；②海水养殖、内陆养殖。

企业从事国家限制和禁止发展的项目，不得享受本条规定的企业所得税优惠。

2. 从事国家重点扶持的公共基础设施项目投资经营的所得

国家重点扶持的公共基础设施项目，是指《公共基础设施项目企业所得税优惠目录》规定的港口码头、机场、铁路、公路、城市公共交通、电力、水利等项目。

企业从事国家重点扶持的公共基础设施项目的投资经营的所得，自项目取得第一笔生产经营收入所属纳税年度起，第一年至第三年免征企业所得税，第四年至第六年减半征收企业所得税。

企业承包经营、承包建设和内部自建自用本条规定的项目，不得享受本条规定的企业所得税优惠。

3. 从事符合条件的环境保护、节能节水项目的所得

符合条件的环境保护、节能节水项目，包括公共污水处理、公共垃圾处理、沼气综合开发利用、节能减排技术改造、海水淡化等。项目的具体条件和范围由国务院财政、税务主管部门会同国务院有关部门制订，报国务院批准后公布施行。

企业从事符合条件的环境保护、节能节水项目的所得，自项目取得第一笔生产经营收入所属纳税年度起，第一年至第三年免征企业所得税，第四年至第六年减半征收企业所得税。

上述2和3享受减免税优惠的项目，在减免税期限内转让的，受让方自受让之日起，可以在剩余期限内享受规定的减免税优惠；减免税期限届满后转让的，受让方不得就该项目重复享受减免税优惠。

4. 符合条件的技术转让所得

符合条件的技术转让所得免征、减征企业所得税，是指一个纳税年度内，居民企业技术转让所得不超过500万元的部分，免征企业所得税；超过500万元的部分，减半征收企业所得税。

5. 非居民企业

在中国境内未设立机构、场所的，或者虽设立机构、场所但取得的所得与其所设机构、场所没有实际联系的非居民企业，应当就其来源于中国境内的所得缴纳企业所得税。按规定的所得，减按10%的税率征收企业所得税。

下列所得可以免征企业所得税：

（1）外国政府向中国政府提供贷款取得的利息所得；

（2）国际金融组织向中国政府和居民企业提供优惠贷款取得的利息所得；

（3）经国务院批准的其他所得。

四、低税率

（1）符合条件的小型微利企业，减按20%的税率征收企业所得税。

符合条件的小型微利企业，是指从事国家非限制和禁止行业，并符合下列条件的企业：①工业企业，年度应纳税所得额不超过30万元，从业人数不超过100人，资产总额不超过3 000万元；②其他企业，年度应纳税所得额不超过30万元，从业人数不超过80人，资产总额不超过1 000万元。

（2）国家需要重点扶持的高新技术企业，减按15%的税率征收企业所得税。

五、区域优惠

民族自治地方的自治机关对本民族自治地方的企业应缴纳的企业所得税中属于地方分享的部分，可以决定减征或者免征。自治州、自治县决定减征或者免征的，须报省、自治区、直辖市人民政府批准。

民族自治地方，是指依照《中华人民共和国民族区域自治法》的规定，实行民族区域自治的自治区、自治州、自治县。

对民族自治地方内国家限制和禁止行业的企业，不得减征或者免征企业所得税。

六、加计扣除

企业的下列支出，可以在计算应纳税所得额时加计扣除。

1. 开发新技术、新产品、新工艺发生的研究开发费用

研究开发费用的加计扣除，是指企业为开发新技术、新产品、新工艺发生的研究开发费用，未形成无形资产计入当期损益的，在按照规定据实扣除的基础上，按照研究开发费用的50%加计扣除；形成无形资产的，按照无形资产成本的150%摊销。

2. 安置残疾人员及国家鼓励安置的其他就业人员所支付的工资

企业安置残疾人员所支付的工资的加计扣除，是指企业安置残疾人员的，在按照支付给残疾职工工资据实扣除的基础上，按照支付给残疾职工工资的100%加计扣除。残疾人员的范围适用《中华人民共和国残疾人保障法》的有关规定。

企业安置国家鼓励安置的其他就业人员所支付的工资的加计扣除办法，由国务院另行规定。

七、比例抵扣

创业投资企业从事国家需要重点扶持和鼓励的创业投资，可以按投资额的一定比例抵扣应纳税所得额。

抵扣应纳税所得额，是指创业投资企业采取股权投资方式投资于未上市的中小高新技术企业2年以上的，可以按照其投资额的70%在股权持有满2年的当年抵扣该创业投资企业的应纳税所得额；当年不足抵扣的，可以在以后纳税年度结转抵扣。

八、加速折旧

企业的固定资产由于技术进步等原因，确需加速折旧的，可以缩短折旧年限或者采取加速折旧的方法。

采取缩短折旧年限或者采取加速折旧的方法的固定资产，包括：
（1）由于技术进步，产品更新换代较快的固定资产；
（2）常年处于强震动、高腐蚀状态的固定资产。

采取缩短折旧年限方法的，除国务院财政、税务主管部门另有规定外，最低折旧年限不得低于固定资产计算折旧的最低年限的60%；采取加速折旧方法的，可以采取双倍余额递减法或者年数总和法。

九、减计收入

企业综合利用资源，生产符合国家产业政策规定的产品所取得的收入，可以在计算应纳税所得额时减计收入。

减计收入，是指企业以《资源综合利用企业所得税优惠目录》规定的资源作为主要原材料，生产国家非限制和禁止并符合国家和行业相关标准的产品取得的收入，减按90%计入收入总额。原材料占生产产品材料的比例不得低于《资源综合利用企业所得税优惠目录》规定的标准。落实《"十一五"资源综合利用指导意见》，推进共伴生矿产资源综合开发利用和煤层气、煤矸石、大宗工业废弃物、秸秆等农业废弃物综合利用，促进垃圾资源化利用。

资源综合利用目录（2003年修订）发改环资〔2004〕73号规定：
（1）在矿产资源开采加工过程中综合利用共生、伴生资源生产的产品。
（2）综合利用"三废"生产的产品：①综合利用固体废物生产的产品；②综合利用废水（液）生产产品；③综合利用废气生产的产品。
（3）回收、综合利用再生资源生产的产品。
（4）综合利用农林水产废弃物及其他废弃资源生产的产品。

另外，目前，税法实行减计收入，如关于促进农产品连锁经营试点税收优惠政策。对纳入农产品连锁经营试点范围且食用农产品收入设台账单独核算的企业（以下简称试点企业），自2006年1月1日起至2008年12月31日止经营食用农产品的收入可以减按90%计入企业所得税应税收入。食用农产品范围按商建发〔2005〕1号文件执行。

十、税额抵免

企业购置用于环境保护、节能节水、安全生产等专用设备的投资额，可以按一定比例实行税额抵免。

税额抵免，是指企业购置并实际使用《环境保护专用设备企业所得税优惠目录》、《节能节水专用设备企业所得税优惠目录》和《安全生产专用设备企业所得税优惠目录》规定的环境保护、节能节水、安全生产等专用设备的，该专用设备的投资额的10%可以从企业当年的应纳税额中抵免；当年不足抵免的，可以在以后 5 个纳税年度结转抵免。

享受规定的企业所得税优惠的企业，应当实际购置并自身实际投入使用规定的专用设备；企业购置上述专用设备在 5 年内转让、出租的，应当停止享受企业所得税优惠，并补缴已经抵免的企业所得税税款。

国家发展和改革委员会新修订的《当前国家鼓励发展的环保产业设备（产品）目录》，鼓励发展七大领域、107 项产品。

这七大领域分别是：①大气污染治理设备，包括工业炉窑除尘设备、电站烟气脱硫设备、室内空气污染治理设备等；②水质污染防治设备，鼓励产品集中在生化废水、含重金属离子废水治理、污泥处理与利用以及直接关系到人体健康和环境安全的消毒设备等领域；③噪声和振动控制装置，选择城市区域噪声治理设备作为鼓励发展的方向；④固体废物处理设备，重点将固体废弃物处置设备中的无害化处理列为鼓励内容，从严控制焚烧类处置设备的排放指标，全面提高医疗废物灭菌设备的各项性能指标；⑤综合利用和清洁生产设备，包括废旧物资综合利用设备、三废综合利用设备、余压余热利用设备、农业废弃物处理利用设备四个鼓励内容；⑥环保药剂和材料领域，将环保专用药剂和专用材料纳入鼓励发展范围；⑦环境监测仪器仪表，将在线污染物连续监测设备列入鼓励发展范围。

企业所得税优惠目录，由国务院财政、税务主管部门会同国务院有关部门制订，报国务院批准后公布施行。企业同时从事适用不同企业所得税待遇的项目的，其优惠项目应当单独计算所得，并合理分摊企业的期间费用；没有单独计算的，不得享受企业所得税优惠。

十一、享受过渡性减免税优惠

根据《中华人民共和国企业所得税法》规定，国务院决定对法律设置的发展对外经济合作和技术交流的特定地区内，以及国务院已规定执行上述地区特殊政策的地区内新设立的国家需要重点扶持的高新技术企业，实行过渡性税收优惠。

（一）新税法公布前批准设立的企业税收优惠过渡办法

企业按照原税收法律、行政法规和具有行政法规效力文件规定享受的企业所得税优惠政策，按以下办法实施过渡：

自 2008 年 1 月 1 日起，原享受低税率优惠政策的企业，在新税法施行后 5 年内逐步过渡到法定税率。其中，享受企业所得税 15％税率的企业，2008 年按 18％税率执行，2009 年按 20％税率执行，2010 年按 22％税率执行，2011 年按 24％税率执行，2012 年按 25％税率执行；原执行 24％税率的企业，2008 年起按

25%税率执行。

自 2008 年 1 月 1 日起，原享受企业所得税"两免三减半"、"五免五减半"等定期减免税优惠的企业，新税法施行后继续按原税收法律、行政法规及相关文件规定的优惠办法及年限享受至期满为止，但因未获利而尚未享受税收优惠的，其优惠期限从 2008 年度起计算。

享受上述过渡优惠政策的企业，是指 2007 年 3 月 16 日以前经工商等登记管理机关登记设立的企业；实施过渡优惠政策的项目和范围按《实施企业所得税过渡优惠政策表》（表 8-1）执行。

表 8-1　实施企业所得税过渡优惠政策表

序号	文件名称	相关政策内容
1	《中华人民共和国外商投资企业和外国企业所得税法》第七条第一款	设在经济特区的外商投资企业，在经济特区设立机构、场所从事生产、经营的外国企业和设在经济技术开发区的生产性外商投资企业，减按 15% 的税率征收企业所得税
2	《中华人民共和国外商投资企业和外国企业所得税法》第七条第三款	设在沿海经济开放区和经济特区、经济技术开发区所在城市的老市区或者设在国务院规定的其他地区的外商投资企业，属于能源、交通、港口、码头或者国家鼓励的其他项目的，可以减按 15% 的税率征收企业所得税
3	《中华人民共和国外商投资企业和外国企业所得税法实施细则》第七十三条第一款第一项	在沿海经济开放区和经济特区、经济技术开发区所在城市的老市区设立的从事下列项目的生产性外资企业，可以减按 15% 的税率征收企业所得税：技术密集、知识密集型的项目；外商投资在 3 000 万美元以上，回收投资时间长的项目；能源、交通、港口建设的项目
4	《中华人民共和国外商投资企业和外国企业所得税法实施细则》第七十三条第一款第二项	从事港口、码头建设的中外合资经营企业，可以减按 15% 的税率征收企业所得税
5	《中华人民共和国外商投资企业和外国企业所得税法实施细则》第七十三条第一款第四项	在上海浦东新区设立的生产性外商投资企业，以及从事机场、港口、铁路、公路、电站等能源、交通建设项目的外商投资企业，可以减按 15% 的税率征收企业所得税

第八章 企业所得税纳税筹划 191

续表

序号	文件名称	相关政策内容
6	国务院关于上海外高桥、天津港、深圳福田、深圳沙头角、大连、广州、厦门象屿、张家港、海口、青岛、宁波、福州、汕头、珠海、深圳盐田保税区的批复（国函〔1991〕26号、国函〔1991〕32号、国函〔1992〕43号、国函〔1992〕44号、国函〔1992〕148号、国函〔1992〕150号、国函〔1992〕159号、国函〔1992〕179号、国函〔1992〕180号、国函〔1992〕181号、国函〔1993〕3号等）	生产性外商投资企业，减按15%的税率征收企业所得税
7	《国务院关于在福建省沿海地区设立台商投资区的批复》（国函〔1989〕35号）	厦门台商投资区内设立的台商投资企业，减按15%税率征收企业所得税；福州台商投资区内设立的生产性台商投资企业，减按15%税率征收企业所得税，非生产性台资企业，减按24%税率征收企业所得税
8	国务院关于进一步对外开放南宁、重庆、黄石、长江三峡经济开放区、北京等城市的通知（国函〔1992〕62号、国函〔1992〕93号、国函〔1993〕19号、国函〔1994〕92号、国函〔1995〕16号）	省会（首府）城市及沿江开放城市从事下列项目的生产性外资企业，减按15%的税率征收企业所得税：技术密集、知识密集型的项目；外商投资在3000万美元以上，回收投资时间长的项目；能源、交通、港口建设的项目
9	《国务院关于开发建设苏州工业园区有关问题的批复》（国函〔1994〕9号）	在苏州工业园区设立的生产性外商投资企业，减按15%税率征收企业所得税
10	《国务院关于扩大外商投资企业从事能源交通基础设施项目税收优惠规定适用范围的通知》（国发〔1999〕13号）	自1999年1月1日起，将外资税法实施细则第七十三条第一款第（一）项第3目关于从事能源、交通基础设施建设的生产性外商投资企业，减按15%征收企业所得税的规定扩大到全国
11	《广东省经济特区条例》（1980年8月26日第五届全国人民代表大会常务委员会第十五次会议批准施行）	广东省深圳、珠海、汕头经济特区的企业所得税率为15%
12	《对福建省关于建设厦门经济特区的批复》（〔80〕国函字88号）	厦门经济特区所得税率按15%执行
13	《国务院关于鼓励投资开发海南岛的规定》（国发〔1988〕26号）	在海南岛举办的企业（国家银行和保险公司除外），从事生产、经营所得税和其他所得，均按15%的税率征收企业所得税

续表

序号	文件名称	相关政策内容
14	《中华人民共和国外商投资企业和外国企业所得税法》第七条第二款	设在沿海经济开放区和经济特区、经济技术开发区所在城市的老市区的生产性外商投资企业，减按24%的税率征收企业所得税
15	《国务院关于试办国家旅游度假区有关问题的通知》（国发〔1992〕46号）	国家旅游度假区内的外商投资企业，减按24%税率征收企业所得税
16	国务院关于进一步对外开放黑河、伊宁、凭祥、二连浩特市等边境城市的通知（国函〔1992〕21号、国函〔1992〕61号、国函〔1992〕62号、国函〔1992〕94号）	沿边开放城市的生产性外商投资企业，减按24%税率征收企业所得税
17	《国务院关于进一步对外开放南宁、昆明市及凭祥等五个边境城镇的通知》（国函〔1992〕62号）	允许凭祥、东兴、畹町、瑞丽、河口五市（县、镇）在具备条件的市（县、镇）兴办边境经济合作区，对边境经济合作区内以出口为主的生产性内联企业，减按24%的税率征收企业所得税
18	国务院关于进一步对外开放南宁、重庆、黄石、长江三峡经济开放区、北京等城市的通知（国函〔1992〕62号、国函〔1992〕93号、国函〔1993〕19号、国函〔1994〕92号、国函〔1995〕16号）	省会（首府）城市及沿江开放城市的生产性外商投资企业，减按24%税率征收企业所得税
19	《中华人民共和国外商投资企业和外国企业所得税法》第八条第一款	对生产性外商投资企业，经营期在十年以上的，从开始获利的年度起，第一年和第二年免征企业所得税，第三年至第五年减半征收企业所得税
20	《中华人民共和国外商投资企业和外国企业所得税法实施细则》第七十五条第一款第一项	从事港口码头建设的中外合资经营企业，经营期在15年以上的，经企业申请，所在地的省、自治区、直辖市税务机关批准，从开始获利的年度起，第一年至第五年免征企业所得税，第六年至第十年减半征收企业所得税

续表

序号	文件名称	相关政策内容
21	《中华人民共和国外商投资企业和外国企业所得税法实施细则》第七十五条第一款第二项	在海南经济特区设立的从事机场、港口、码头、铁路、公路、电站、煤矿、水利等基础设施项目的外商投资企业和从事农业开发经营的外商投资企业，经营期在15年以上的，经企业申请，海南省税务机关批准，从开始获利的年度起，第一年至第五年免征企业所得税，第六年至第十年减半征收企业所得税
22	《中华人民共和国外商投资企业和外国企业所得税法实施细则》第七十五条第一款第三项	在上海浦东新区设立的从事机场、港口、铁路、公路、电站等能源、交通建设项目的外商投资企业，经营期在15年以上的，经企业申请，上海市税务机关批准，从开始获利的年度起，第一年至第五年免征企业所得税，第六年至第十年减半征收企业所得税
23	《中华人民共和国外商投资企业和外国企业所得税法实施细则》第七十五条第一款第四项	在经济特区设立的从事服务性行业的外商投资企业，外商投资超过500万美元，经营期在十年以上的，经企业申请，经济特区税务机关批准，从开始获利的年度起，第一年免征企业所得税，第二年和第三年减半征收企业所得税
24	《中华人民共和国外商投资企业和外国企业所得税法实施细则》第七十五条第一款第六项	在国务院确定的国家高新技术产业开发区设立的被认定为高新技术企业的中外合资经营企业，经营期在十年以上的，经企业申请，当地税务机关批准，从开始获利的年度起，第一年和第二年免征企业所得税
25	《中华人民共和国外商投资企业和外国企业所得税法实施细则》第七十五条第一款第六项《国务院关于〈北京市新技术产业开发试验区暂行条例〉的批复》（国函［1988］74号）	设在北京市新技术产业开发试验区的外商投资企业，依照北京市新技术产业开发试验区的税收优惠规定执行。对试验区的新技术企业自开办之日起，三年内免征所得税。经北京市人民政府指定的部门批准，第四至六年可按15%或10%的税率，减半征收所得税
26	《中华人民共和国企业所得税暂行条例》第八条第一款	需要照顾和鼓励的民族自治地方的企业，经省级人民政府批准实行定期减税或免税的，过渡优惠执行期限不超过5年

续表

序号	文件名称	相关政策内容
27		在海南岛举办的企业（国家银行和保险公司除外），从事港口、码头、机场、公路、铁路、电站、煤矿、水利等基础设施开发经营的企业和从事农业开发经营的企业，经营期限在十五年以上的，从开始获利的年度起，第一年至第五年免征所得税，第六年至第十年减半征收所得税
28	《国务院关于鼓励投资开发海南岛的规定》（国发〔1988〕26号）	在海南岛举办的企业（国家银行和保险公司除外），从事工业、交通运输业等生产性行业的企业经营期限在十年以上的，从开始获利的年度起，第一年和第二年免征所得税，第三年至第五年减半征收所得税
29		在海南岛举办的企业（国家银行和保险公司除外），从事服务性行业的企业，投资总额超过500万美元或者2000万人民币，经营期限在十年以上的，从开始获利的年度起，第一年免征所得税，第二年和第三年减半征收所得税
30	《国务院关于实施〈国家中长期科学和技术发展规划纲要（2006～2020年）〉若干配套政策的通知》（国发〔2006〕6号）	国家高新技术产业开发区内新创办的高新技术企业经严格认定后，自获利年度起两年内免征所得税

（二）继续执行西部大开发税收优惠政策

根据国务院实施西部大开发有关文件精神，财政部、税务总局和海关总署联合下发的《财政部、国家税务总局、海关总署关于西部大开发税收优惠政策问题的通知》（财税〔2001〕202号）中规定的西部大开发企业所得税优惠政策继续执行。

1. 适用范围

西部大开发税收优惠政策的适用范围包括重庆市、四川省、贵州省、云南省、西藏自治区、陕西省、甘肃省、宁夏回族自治区、青海省、新疆维吾尔自治区、新疆生产建设兵团、内蒙古自治区和广西壮族自治区（上述地区以下统称"西部地区"）。湖南省湘西土家族苗族自治州、湖北省恩施土家族苗族自治州、吉林省延边朝鲜族自治州，可以比照西部地区的税收优惠政策执行。

2. 具体内容

（1）对设在西部地区国家鼓励类产业的内资企业和外商投资企业，2001～2010年，减按15%的税率征收企业所得税。

国家鼓励类产业的内资企业是指以《当前国家重点鼓励发展的产业、产品和技术目录（2000年修订）》中规定的产业项目为主营业务，其主营业务收入占企业总收入70%以上的企业。

国家鼓励类的外商投资企业是指以《外商投资产业指导目录》中规定的鼓励类项目和由国家经济贸易委员会、国家发展计划委员会和对外经济贸易合作部联合发布的《中西部地区外商投资优势产业目录》（第18号令）中规定的产业项目为主营业务，其主营业务收入占企业总收入70%以上的企业。

（2）经省级人民政府批准，民族自治地方的内资企业可以定期减征或免征企业所得税，外商投资企业可以减征或免征地方所得税。中央企业所得税减免的审批权限和程序按现行有关规定执行。

（3）对在西部地区新办交通、电力、水利、邮政、广播电视企业，上述项目业务收入占企业总收入70%以上的，可以享受如下企业所得税优惠政策：内资企业自开始生产经营之日起，第一年至第二年免征企业所得税，第三年至第五年减半征收企业所得税；外商投资企业经营期在10年以上的，自获利年度起，第一年至第二年免征企业所得税，第三年至第五年减半征收企业所得税。

新办交通企业是指投资新办从事公路、铁路、航空、港口、码头运营和管道运输的企业。新办电力企业是指投资新办从事电力运营的企业。新办水利企业是指投资新办从事江河湖泊综合治理、防洪除涝、灌溉、供水、水资源保护、水力发电、水土保持、河道疏浚、河海堤防建设等开发水利、防治水害的企业。新办邮政企业是指投资新办从事邮政运营的企业。新办广播电视企业是指投资新办从事广播电视运营的企业。

（4）对为保护生态环境，退耕还林（生态林应在80%以上）、还草产出的农业特产收入，自取得收入年份起10年内免征农业特产税。

（5）对西部地区公路国道、省道建设用地，比照铁路、民航建设用地免征耕地占用税。享受免征耕地占用税的建设用地具体范围限于公路线路、公路线路两侧边沟所占用的耕地。公路沿线的堆货场、养路道班、检查站、工程队、洗车场等所占用的耕地不在免征之列。西部地区公路国道、省道以外其他公路建设用地是否免征耕地占用税，由省、自治区和直辖市人民政府决定。

上述免税用地，凡改变用途，不再属于免税范围的，应当自改变用途之日起补缴耕地占用税。

（6）对西部地区内资鼓励类产业、外商投资鼓励类产业及优势产业的项目在投资总额内进口的自用设备，除《国内投资项目不予免税的进口商品目录（2000

年修订)》和《外商投资项目不予免税的进口商品目录》所列商品外,免征关税和进口环节增值税。外资优势产业按国家经济贸易委员会、国家发展计划委员会和对外经济贸易合作部联合发布的《中西部地区外商投资优势产业目录》(第18号令)执行。

上述免税政策按照《国务院关于调整进口设备税收政策的通知》（国发[1997]37号）的有关规定执行。具体执行办法由国家税务总局、海关总署另行规定。

(三) 实施企业税收过渡优惠政策的其他规定

享受企业所得税过渡优惠政策的企业,应按照新税法和实施条例中有关收入和扣除的规定计算应纳税所得额,并按规定计算享受税收优惠。

(四) 国务院关于经济特区和上海浦东新区新设立高新技术企业实行过渡性税收优惠

有关规定如下：

(1) 法律设置的发展对外经济合作和技术交流的特定地区,是指深圳、珠海、汕头、厦门和海南经济特区;国务院已规定执行上述地区特殊政策的地区,是指上海浦东新区。

(2) 对经济特区和上海浦东新区内在2008年1月1日(含)之后完成登记注册的国家需要重点扶持的高新技术企业(以下简称新设高新技术企业),在经济特区和上海浦东新区内取得的所得,自取得第一笔生产经营收入所属纳税年度起,第一年至第二年免征企业所得税,第三年至第五年按照25%的法定税率减半征收企业所得税。

国家需要重点扶持的高新技术企业,是指拥有核心自主知识产权,同时符合《中华人民共和国企业所得税法实施条例》规定的条件,并按照《高新技术企业认定管理办法》认定的高新技术企业。

(3) 经济特区和上海浦东新区内新设高新技术企业同时在经济特区和上海浦东新区以外的地区从事生产经营的,应当单独计算其在经济特区和上海浦东新区内取得的所得,并合理分摊企业的期间费用;没有单独计算的,不得享受企业所得税优惠。

(4) 经济特区和上海浦东新区内新设高新技术企业在按照规定享受过渡性税收优惠期间,由于复审或抽查不合格而不再具有高新技术企业资格的,从其不再具有高新技术企业资格年度起,停止享受过渡性税收优惠;以后再次被认定为高新技术企业的,不得继续享受或者重新享受过渡性税收优惠。

第三节 企业所得税纳税筹划实务

一、利用弥补亏损进行纳税筹划

亏损弥补政策是企业所得税中的一项重要优惠措施。企业所得税法规定："纳税人发生年度亏损的，可以用下一纳税年度的所得弥补；下一纳税年度的所得不足弥补的，可以逐年延续弥补，但是延续弥补期最长不得超过5年。"

（一）利用亏损弥补照顾税率进行纳税筹划

企业可以结合企业所得税中规定的照顾税率进行税收筹划。

【例 8-1】 某企业未来 5 年出现不同程度的亏损或盈利，并做出了不同的两个盈亏方案：

方案一：见表 8-2。

表 8-2 方案一各年获利状况表　　　　　　　　　　　单位：万元

纳税年度	2008	2009	2010	2011	2012
获利状况	30 000	−10 000	30 000	10 000	80 000

2008 年企业应纳税 30 000×25％＝7 500（元）。

2009 年亏损不纳税。

2010 年弥补上年亏损 10 000 元，企业应纳税（30 000－10 000）×25％＝5 000（元）。

2011 年企业应纳税 10 000×25％＝2 500（元）。

2012 年企业应纳税额 80 000×25％＝20 000（元）。

2008～2012 年共纳税 35 000 元。

方案二：如果该企业符合企业所得税法规定的非居民企业在中国境内未设立机构、场所的，或者虽设立机构、场所但取得的所得与其所设机构、场所没有实际联系的，应当就其来源于中国境内的所得缴纳企业所得税，适用税率为 100％（表 8-3）。

表 8-3 方案二各年获利状况表　　　　　　　　　　　单位：万元

纳税年度	2008	2009	2010	2011	2012
获利状况	30 000	−10 000	30 000	10 000	80 000

2008年企业应纳税30 000×10%=3 000（元）。

2009年亏损不纳税。

2010年弥补上年亏损10 000元，企业应纳税（30 000－10 000）×10%=2 000（元）。

2011年企业应纳税10 000×10%=1 000（元）。

2012年企业应纳税额80 000×10%=8 000（元）。

2008～2012年共纳税28 000元。

采用方案二比方案一节约35 000－14 000=21 000（元）。

（二）利用联营企业亏损弥补进行纳税筹划

如果投资方企业发生亏损，其分回的利润可以先弥补亏损；弥补亏损后仍有余额的，再按照规定补缴企业所得税。如果分回的利润中既有需要补税的部分，也有不需要补税的部分，企业可先用需要补税的部分直接弥补亏损；弥补后还有亏损的，再用不需要补税的部分弥补，弥补后有盈余的，不再补税。现行税法又规定，联营企业投资方从联营企业分回的税后利润，如投资方企业所得税税率低于联营企业，不需要补税也不退还所得税；如果投资方企业所得税税率高于联营企业，投资方企业分回的税后利润应按规定补缴企业所得税。

投资方与联营企业的税率差异越大，需要补缴的税款就越多；投资方与联营企业的税率差异越小，需要补缴的税款就越少。因此，如果企业投资于两个或两个以上的企业，并且投资方企业存在尚可在税前弥补的亏损，当两个以上的被投资企业均有分回利润时，若被投资方适用的所得税税率不同，企业可选择最节税的方式弥补亏损并计算补缴税款：即先用低税率的分回利润弥补亏损，再用高税率的分回利润弥补亏损，最后计算应补缴税款。

【例8-2】 A企业投资于B、C两企业。2007年，A企业亏损40万；B企业实现盈利，并根据股东大会决定分给A企业利润200万元；C企业实现盈利，分给A企业利润34万元。A企业适用的企业所得税税率为25%；B企业为设在沿海经济开放区的生产型外商投资企业，经营期为20年，2007年开始实现盈利，企业所得税税率为24%；C企业为设在经济特区的生产型外商投资企业，经营期为15年，企业所得税税率为15%，2003年开始实现盈利。

首先，我们可以推断出，B、C企业都可以依法享有"两免三减半"的所得税优惠。C企业2003年开始实现盈利，因此，它已经过了所得税优惠期，按照税法规定，其当期的所得税税率为18%；B企业正处在"两免三减半"优惠的免税期内，其当期实际所得税税率为零。但是应该注意的是，在计算补税时，B企业分回利润却不能按照该种税率补税。根据税法规定，如果联营企业在当地适用的法定税率内，又享受减半或特殊优惠政策的，其优惠的部分应视同已缴税额。因此，在计算补缴税款时，B企业分回利润仍应使用24%的税率。

A企业当期亏损40万元。根据税法规定，A企业可用从B、C企业分回的利润弥补亏损。弥补顺序可以是先用B企业分回利润弥补，再用C企业分回利润弥补；也可以是先用C企业分回利润弥补，再用B企业分回利润弥补。两种情况下企业应补缴的税款是不一样的：

方案一：先用B企业分回利润弥补亏损。

B企业弥补亏损后剩余额＝200－40＝160（万元）

B企业分回利润应补缴税款＝160×(25%－24%)＝1.6（万元）

C企业分回利润应补缴税款＝34÷(1－18%)×(25%－18%)＝2.8（万元）

A企业合计应补缴税款＝1.6＋2.8＝4.4（万元）

方案二：先用C企业分回利润弥补亏损。

C企业弥补亏损后剩余额＝0

B企业弥补亏损后剩余额＝200－(40－34)＝194（万元）

B企业分回利润应补缴税款＝194×(25%－24%)＝1.94（万元）

C企业分回利润应补缴税款＝0

A企业合计应补缴税款＝1.94（万元）

方案一比方案二多交税款＝4.4－1.94＝2.46（万元），显然，方案二优于方案一。

因此，A企业在用分回利润补税时应先用从C企业分回的利润弥补亏损，不足部分再用从B企业分回的利润弥补。

二、利用高新技术企业所得进行纳税筹划

国家需要重点扶持的高新技术企业，减按15%的税率征收企业所得税。

【例8-3】 大庆华科公司为高新技术企业，在选择投资地点时，方案一将厂址选择在大庆市区内，方案二选择在大庆高新技术开发区（国家级）。如果地点不影响企业的税前收益，以5年为例，每年应纳税所得额为1 000万元，如采用方案一，5年纳税和为1 250（＝1 000×25%×5）万元；如采用方案二，5年纳税和为750（＝1 000×15%×5）万元，则少纳税为500（＝1 250－750）万元。故应选择方案二来进行税收筹划。

三、利用创业投资进行纳税筹划

创业投资企业从事国家需要重点扶持和鼓励的创业投资，可以按投资额的一定比例抵扣应纳税所得额。抵扣应纳税所得额，是指创业投资企业采取股权投资方式投资于未上市的中小高新技术企业2年以上的，可以按照其投资额的70%在股权持有满2年的当年抵扣该创业投资企业的应纳税所得额；当年不足抵扣

的，可以在以后纳税年度结转抵扣。

【例8-4】 某创业投资公司2006年初向从事国家需要重点扶持和鼓励的创业投资的未上市的中小高新技术企业甲投资1亿元，2007年甲企业应纳税所得额为1亿元，则甲企业当年应纳所得税为0.075 [=(1-1×70%)×25%] 亿元。

如果不吸引创业投资公司投资，则2007年则甲企业当年应纳所得税为0.25 (=1×25%) 亿元。

后一方案比前一方案多交税款为0.175亿元。故应选择吸引创业投资来进行税收筹划。

四、利用权益性投资收益进行纳税筹划

符合条件的居民企业之间的股息、红利等权益性投资收益，是指居民企业直接投资于其他居民企业取得的投资收益。所称股息、红利等权益性投资收益是指，符合条件的居民企业之间的股息、红利等权益性投资收益和在中国境内设立机构、场所的非居民企业从居民企业取得与该机构、场所有实际联系的股息、红利等权益性投资收益；不包括连续持有居民企业公开发行并上市流通的股票不足12个月取得的投资收益。此项投资收益为免税所得。

【例8-5】 某公司为了获得一定的股权投资收益，2007年初将部分资金投资于甲企业，当年进行利润分成，甲企业召开股东大会，通过董事会的股利分配方案，某公司按照投资比例分得2 000万元。

方案一：如果甲企业为非上市公司，甲企业和某公司之间为居民企业，则该公司应纳所得税为零。

方案二：如果甲企业为上市公司，且持有公开发行并上市流通的股票不足12个月取得的投资收益，甲企业和某公司均为居民企业，则该公司应纳所得税为500 (=2 000×25%) 万元。

对比方案一和方案二，方案二多缴纳500万元，故投资企业应注意投资方式和投资时间。在筹划时选择方案一对企业更有利。

五、利用投资农、林、牧、渔业项目进行纳税筹划

企业投资建厂从事农、林、牧、渔业项目的所得，有些项目免征企业所得税，有些项目减半征收企业所得税。在其他利益不变的基础上，企业应尽量从事免征企业所得税的项目。

【例8-6】 某乡镇企业2008年投资兴建一个分厂，决定投资1 000万元，预计每年获利200万元，假如不存在所得税调整事项，现有三个投资方案可供选择：

方案一：经过市场调研，投资于大棚蔬菜种植，收益前景良好。

方案二：经过市场调研，投资于大棚花卉种植，收益前景良好。

方案三：投资国家限制和禁止发展的项目，收益前景良好。

投资于不同项目的企业应纳税所得额是一样的，但税后收益是有差别的。方案一应纳所得税为 0 元，税后收益为 200 万元；方案二应纳所得税为 25 [＝200×25％×(1－50％)] 万元，税后收益为 175 万元；方案三应纳所得税为 50（＝200×25％）万元，税后收益为 150 万元。从三个方案进行比较，方案一为最优方案。故筹划时应选择方案一。

六、利用国家重点扶持的公共基础设施项目进行纳税筹划

国家重点扶持的公共基础设施项目，是指《公共基础设施项目企业所得税优惠目录》规定的港口码头、机场、铁路、公路、城市公共交通、电力、水利等项目。企业从事上述规定的国家重点扶持的公共基础设施项目的投资经营的所得，自项目取得第一笔生产经营收入所属纳税年度起，第一年至第三年免征企业所得税，第四年至第六年减半征收企业所得税。

企业承包经营、承包建设和内部自建自用本条规定的项目，不得享受本条规定的企业所得税优惠。

【例 8-7】 某企业拟于 2008 年投资兴建一个《公共基础设施项目企业所得税优惠目录》规定的港口码头，决定投资 10 000 万元，预计每年获利 2 000 万元，假如不存在所得税调整事项，现有投资两个方案可供选择：

方案一：为满足港口的需要，经过市场调研，投资兴建港口码头，收益前景良好。

方案二：为满足港口的需要，经过市场调研，本企业内部自建自用港口码头，收益前景良好。

两个方案各自的企业应纳税所得额是一致的，但各自的税后收益是有差别的。比较 6 年的税后收益。如方案一应纳所得税为 750 [＝0＋0＋0＋2 000×25％×(1－50％)＋2 000×25％×(1－50％)＋2 000×25％×(1－50％)] 万元；税后收益为 11 250 万元；

方案二应纳所得税为 3 000（＝2 000×6×25％）万元，税后收益为 9 000 万元；方案一比方案二税后收益多 2 250 万元。方案一为最优方案。故筹划时应选择方案一。

七、利用环境保护、节能节水项目进行纳税筹划

符合条件的环境保护、节能节水项目，包括公共污水处理、公共垃圾处理、沼气综合开发利用、节能减排技术改造、海水淡化等。项目的具体条件和范围由国务院财政、税务主管部门会同国务院有关部门制订，报国务院批准后公布

施行。

企业从事上述规定的符合条件的环境保护、节能节水项目的所得,自项目取得第一笔生产经营收入所属纳税年度起,第一年至第三年免征企业所得税,第四年至第六年减半征收企业所得税。

享受减免税优惠的项目在减免税期限内转让的,受让方自受让之日起,可以在剩余期限内享受规定的减免税优惠;减免税期限届满后转让的,受让方不得就该项目重复享受减免税优惠。

【例8-8】 大庆石化总厂2008年投资兴建一个从事节能减排技术改造项目,决定投资10 000万元,预计每年获利2 000万元。假如不存在所得税调整事项,现有投资两个方案可供选择:

方案一:为满足节能减排技术改造的需要,经过市场调研,投资兴建能源循环利用的设备,收益前景良好。

方案二:为满足企业效益的需要,不投资兴建能源循环利用设备,收益前景良好。

两个方案各自的企业应纳税所得额是一致的,但各自的税后收益是有差别的。比较6年的税后收益。如方案一应纳所得税为750 [=0+0+0+2 000×25%×(1−50%)+2 000×25%×(1−50%)+2 000×25%×(1−50%)]万元。税后收益为11 250万元;

方案二应纳所得税为3 000(=2 000×6×25%)万元,税后收益为9 000万元,不考虑货币时间价值因素,扣除投资额2 000万元。

方案一比方案二税后收益多250万元,方案一为最优方案。故筹划时应选择方案一。

八、利用技术转让所得进行纳税筹划

符合条件的技术转让所得免征、减征企业所得税,是指一个纳税年度内,居民企业技术转让所得不超过500万元的部分,免征企业所得税;超过500万元的部分,减半征收企业所得税。

【例8-9】 某非关联科技企业有一项技术转让给大庆石化总厂,技术转让总价值1 000万元,现有两个投资方案可供选择:

方案一:某非关联科技企业2008年全部技术转让。

方案二:某非关联科技企业将技术转让分成两部分,2008年技术转让价值为500万元,2009年技术转让价值为500万元。

方案一的技术转让所得应纳所得税为62.5 [=0+(1 000−500)×25%×(1−50%)]万元,税后收益为937.5万元;方案二的技术转让所得应纳所得税为

0万元,税后收益为1 000万元。方案二比方案一税后收益多62.5万元,方案二为最优方案。故筹划时应选择方案二。

九、利用非居民企业在中国境内所得进行纳税筹划

非居民企业在中国境内未设立机构、场所的,或者虽设立机构、场所但取得的所得与其所设机构、场所没有实际联系的,应当就其来源于中国境内的所得缴纳企业所得税。按规定的所得,减按10%的税率征收企业所得税。

【例8-10】 某非居民企业在中国境内取得所得1 000万元,现有两个方案可供选择:

方案一:某非居民企业在中国境内设立分支机构且取得的所得与其所设机构、场所有实际联系。

方案二:某非居民企业在中国境内未设立机构、场所的,或者虽设立机构、场所但取得的所得与其所设机构、场所没有实际联系的。

方案一某非居民企业在中国境内所得应纳所得税为200(=1 000×20%)万元,税后收益为800万元;方案二某非居民企业在中国境内所得应纳所得税为100(=1 000×10%)万元,税后收益为900万元。方案二比方案一税后收益多100万元,方案二为最优方案。故筹划时应选择方案二。

十、利用民族自治地方的企业所得进行纳税筹划

民族自治地方的自治机关对本民族自治地方的企业应缴纳的企业所得税中属于地方分享的部分,可以决定减征或者免征。自治州、自治县决定减征或者免征的,须报省、自治区、直辖市人民政府批准。

对民族自治地方内国家限制和禁止行业的企业,不得减征或者免征企业所得税。

【例8-11】 某企业准备投资建设一个分厂,投资1亿元,每年应纳税所得额为2 000万元,企业现有两个方案可供选择:

方案一:在民族自治地方投资兴建企业。民族自治地方决定免征地方企业所得税,企业所得税为中央地方共享税,中央和地方分成比例为6∶4,即征税60%。

方案二:在非民族自治地方投资兴建企业。全额征地方企业所得税,即征税100%。

在民族自治地方投资兴建企业所得应纳所得税为300(=2 000×25%×60%)万元,税后收益为1 700万元,在非民族自治地方投资兴建企业所得应纳所得税为500(2 000×25%)万元,税后收益为1 500万元。方案一比方案二税

后收益多 200 万元，方案一为最优方案。故筹划时应选择方案一。

十一、利用"三新"研究开发费用进行纳税筹划

开发新技术、新产品、新工艺发生的研究开发费用的加计扣除，是指企业为开发新技术、新产品、新工艺发生的研究开发费用，未形成无形资产计入当期损益的，在按照规定据实扣除的基础上，按照研究开发费用的 50% 加计扣除；形成无形资产的，按照无形资产成本的 150% 摊销。

【例 8-12】 某企业开发新技术、新产品、新工艺发生的研究开发费用为 500 万元，当年未加计扣除研究开发费用前应纳税所得额为 2 000 万元，企业现有两个方案可供选择：

方案一：某企业在开发新技术、新产品、新工艺发生的研究开发费用，未形成无形资产；

方案二：某企业在开发新技术、新产品、新工艺发生的研究开发费用，形成无形资产，假如只考虑研究开发费用，其他的成本忽略不计。

方案一研究开发费用，未形成无形资产，企业所得应纳所得税为 437.5 [＝（2 000－500×50%）×25%] 万元，税后收益为 1 562.5 万元。

方案二研究开发费用，形成无形资产，当年未加计扣除无形资产成本的摊销前的应纳税所得额为 2 500（＝2 000＋500）万元，企业所得应纳所得税为 437.5 [＝(2 000＋500－500×150%)×25%]万元，税后收益为 1 562.5 万元。

对两个方案进行比较，方案二比方案一税后收益相同，但方案二形成无形资产每年可进行摊销，相应减少应纳税所得额，从而应纳税额也在减少，方案二为最优方案。故筹划时应选择方案二。

十二、利用安置残疾人员进行纳税筹划

企业安置残疾人员所支付的工资的加计扣除，是指企业安置残疾人员的，在按照支付给残疾职工工资据实扣除的基础上，按照支付给残疾职工工资的 100% 加计扣除。

企业安置国家鼓励安置的其他就业人员所支付的工资的加计扣除办法，由国务院另行规定。

【例 8-13】 某企业 2008 年在未加计扣除工资基础上，应纳税所得额为 2 000 万元（不存在调整事项）。随着知名度的不断扩大，企业计划在某商业闹市区增设一连锁店，安置人员 100 人，月工资 0.2 万元。有以下筹划方案：

方案一：安置残疾人员在原企业工作，从原企业调走 100 人。

方案二：安置非残疾人员在某商业闹市区增设的一连锁店工作。

安置残疾人员工作，企业所得应纳所得税为 440 ［＝(2 000－0.2×100×12)×25%］万元，税后收益为 1 560 万元，安置非残疾人员在某商业闹市区增设一连锁店工作，企业所得应纳所得税为 500 万元（＝2 000×25%）万元，税后收益为 1 500 万元，从两个方案进行比较，方案一比方案二税后收益多 56 万元。方案一为最优方案。故筹划时应选择方案一。

十三、利用加速折旧进行纳税筹划

企业的固定资产由于技术进步等原因，确需加速折旧的，可以缩短折旧年限或者采取加速折旧的方法。

采取缩短折旧年限或者采取加速折旧的方法的固定资产，包括：①由于技术进步，产品更新换代较快的固定资产；②常年处于强震动、高腐蚀状态的固定资产。

采取缩短折旧年限方法的，最低折旧年限不得低于除国务院财政、税务主管部门另有规定外，固定资产计算折旧的最低年限规定折旧年限的 60%；采取加速折旧方法的，可以采取双倍余额递减法或者年数总和法。

折旧主要是用于对固定资产价值补偿。但由于我国现行税法对固定资产的成本补偿主要根据账面成本，而在补偿期间如果物价水平发生剧烈变动，将对企业有效投资产生影响，可能导致企业税负加重或税收筹划收益丧失。如果预期物价将长期上升，则应尽快采用加速折旧法，一方面可以加快投资收回速度，将收回的价值补偿用于再投资，减少物价水平上升的投资风险；另一方面可以利用税收挡板效应，延缓税收支付现金流出量，从而使企业在物价上涨前期拥有较多的现金流量进行投资，获得收益再用于后期的税款支付。而预计物价将持续下降，则应采用直线法折旧，这时候可以保证紧缩时期企业税收负担的平均，相对于加速折旧，折旧年限在紧缩后期的税收负担较低，税后利益较大，可以利用其货币价值较高的购买力进行投资更新。

【例 8-14】 A 公司某项固定资产，原价为 3 000 万元，税法规定的折旧年限为 10 年，假设净残值为 0。

有以下筹划方案：

方案一：采用直线法计提折旧，税法规定的折旧年限为 10 年（表 8-4）。

方案二：由于技术进步等原因，确需采用年数总和法加速折旧（表 8-5）。

方案三：采用直线法计提折旧，固定资产计算折旧的最低年限 6 年（表 8-6）。

表 8-4 各年现金流量表

N	1	2	3	4	5	6	7	8	9	10
D/万元	300	300	300	300	300	300	300	300	300	300
R/%	20	20	20	20	20	20	20	20	20	20
V/万元	300	300	300	300	300	300	300	300	300	300

注：表中 N 表示年份；D 表示年折旧；R 表示投资报酬率；V 表示相关现金净流量。

现值为

$$300 \times (P/A, 20\%, 10) = 300 \times 4.1925 = 1257.75（万元）$$

表 8-5 各年现金流量表

N	1	2	3	4	5	6	7	8	9	10
D/万元	545	491	436	382	327	273	218	164	109	55
R/%	20	20	20	20	20	20	20	20	20	20
V/万元	545	491	436	382	327	273	218	164	109	55
P	0.8333	0.6944	0.5787	0.4823	0.4019	0.3344	0.2791	0.2326	0.1938	0.1615

注：表中 P 代表复利现值系数。

现值为

$$545 \times 0.8333 + 491 \times 0.6944 + 436 \times 0.5787 + 382 \times 0.4823 + 327 \times 0.4019 + 273 \times 0.3344 + 218 \times 0.2791 + 164 \times 0.2326 + 109 \times 0.1938 + 55 \times 0.1615 = 1583.36（万元）$$

表 8-6 各年现金流量表

N	1	2	3	4	5	6
D/万元	500	500	500	500	500	500
R/%	20	20	20	20	20	20
V/万元	500	500	500	500	500	500

现值为

$$500 \times (P/A, 20\%, 6) = 500 \times 3.3255 = 1662.75（万元）$$

对三个方案进行比较，方案三比其他方案的现值多。方案三为最优方案。故筹划时应选择方案三。

十四、利用综合利用资源进行纳税筹划

企业综合利用资源，生产符合国家产业政策规定的产品所取得的收入，可以在计算应纳税所得额时减计收入。减计收入，是指企业以《资源综合利用企业所得税优惠目录》规定的资源作为主要原材料,生产国家非限制和禁止并符合国家和行业相关标准的产品取得的收入,减按90%计入收入总额。原材料占生产产品材料的比例不得低于《资源综合利用企业所得税优惠目录》规定的标准。

企业利用废水、废气、废渣等废弃物为主要原料进行生产的,可减征或免征所得税。具体是指:

(1) 企业在原设计规定的产品以外,综合利用本企业生产过程中产生的、在《资源综合利用目录》内的资源作主要原料生产的产品的所得,自生产经营之日起,免征所得税五年。

(2) 企业利用本企业以外的大宗煤矸石、炉渣、粉煤灰作主要原料,生产建材产品的所得,自生产经营之日起,免征所得税五年。

(3) 为处理利用其他企业废弃的、在《资源综合利用目录》内的资源而新办的企业,经主管税务机关批准后,可减征或者免征所得税一年。

(4) 企业以《资源综合利用企业所得税优惠目录》规定的资源作为主要原材料,生产国家非限制和禁止并符合国家和行业相关标准的产品取得的收入,减按90%计入收入总额。

【例 8-15】 某企业利用大宗煤矸石、炉渣、粉煤灰作主要原料,生产建材产品的所得,每年收入总额 2 000 万元,扣除费用为 1 500 万元,企业现有两个方案可供选择:

方案一:本企业利用其他企业废弃物生产建材产品。

方案二:本企业利用本企业废弃物生产建材产品。

方案一利用其他企业废弃物生产建材产品,企业 5 年所得应纳所得税为 300 [=0+(2 000×90%-1500)×25%×4]万元,税后收益为 2 200 [=(2 000-1 500)×5-300]万元;方案二利用本企业废弃物的,企业所得应纳所得税为 0 万元,税后收益为 2 500 万元。对两个方案进行比较,方案二比方案一税后收益多 300 万元。方案二为最优方案。故筹划时应选择方案二。

十五、利用购置专用设备进行纳税筹划

企业购置用于环境保护、节能节水、安全生产等专用设备的投资额,可以按一定比例实行税额抵免。

税额抵免,是指企业购置并实际使用《环境保护专用设备企业所得税优惠目录》、《节能节水专用设备企业所得税优惠目录》和《安全生产专用设备企业所得税优惠目录》规定的环境保护、节能节水、安全生产等专用设备的,该专用设备的投资额的10%可以从企业当年的应纳税额中抵免;当年不足抵免的,可在以后 5 个纳税年度结转抵免。

【例 8-16】 大庆石化总厂 2008 年购置用于环境保护的专用设备,设备原价 10 000 万元,预计每年获利 2 000 万元,假如不存在所得税调整事项,现有投资两个方案可供选择:

方案一:购置符合《环境保护专用设备企业所得税优惠目录》规定的专用设备。

方案二:购置不符合《环境保护专用设备企业所得税优惠目录》规定的专用设备。

两个方案各自的企业应纳税所得额是一致的,但各自的税后收益是有差别的。如方案一应纳所得税为 250 [=(2 000－10 000×10%)×25%]万元,税后收益为 1 750 万元,方案二应纳所得税为 500(=2 000×25%)万元,税后收益为 1 500 万元,比较两个方案的税后收益,方案一比方案二税后收益多 250 万元。方案一为最优方案。故筹划时应选择方案一。

十六、利用安置随军家属政策进行纳税筹划

依据国家税务总局颁发的《关于随军家属就业有关税收政策的通知》的规定,从 2000 年 1 月 1 日起,对安置随军家属而新开办的企业,随军家属占企业总人数 60%以上的,或从事个体经营的随军家属,自税务登记之日起,3 年内免征营业税。具体条件为:享受税收优惠政策的企业,随军家属必须占企业总人数的 60%(含)以上,并有军(含)以上政治和后勤机关出具的证明,随军家属必须由师以上政治机关出具可以表明其身份的证明。

如果按政策比例向军人家属倾斜,新创办的服务型企业即可获得免税三年的优惠。在操作中,该服务型企业招聘人员时规定每一随军家属,只能按规定享受一次免税政策;税务部门还要对企业的免税资格进行相应的审查认定工作,并且要按现行规定进行严格的年度检查。凡不符合条件的企业将取消其免税优惠政策。

【例 8-17】 某企业有一栋闲置楼房,其结构和所处的地理位置适合于服务型企业的开发和利用。该地军队企业较多,有大量的军人家属。因此,只要能使随军家属从业人数达到规定的比例,该服务型企业就能获得税收优惠。假如该企业在 2008 年投资入股的服务型企业所核定的从业总人数为 100 人。上岗就业的随军家属人数则不应少于 60 人。根据其对服务型企业的投资规模预测,该服务型企业 2008 年全年经营收入为 400 万元,利润总额 200 万元(未扣除营业税及相应的附加税费)。那么,该服务型企业可获得减免营业税 20 万元、城市建设维护税和教育费附加 2 万元、企业所得税 50 万元。如果该企业在 2009 年、2010 年两年间的利润总额均与 2008 年相等,那么,该企业从 2008~2010 年共计可获免税优惠 216 万元。

十七、利用境外所得已纳税款的扣除进行纳税筹划

纳税人在境外各国家（地区）已交纳的所得税税款，低于扣除限额，可以从应纳税额中据实扣除；超过扣除限额的，其超过部分，不得在本年度的应纳税额中扣除，也不得列为费用支出，但可用以后年度税额扣除的余额补扣，补扣期限最长不得超过5年。

【例8-18】 国内甲公司2007年度境内应纳税所得额800万元，在美国、英国分别设立分支机构。从美国取得生产经营所得200万元，美国规定税率为40%；取得利息所得20万元，美国规定税率为20%。从英国取得生产经营所得200万元，英国规定税率为20%；取得租金所得20万元，英国规定税率为10%。甲公司当年境内外所得汇总缴纳的企业所得税税额计算如下：

(1) 美国所得的扣除限额为

$$(200+20)\times 25\% = 55（万元）$$

在美国缴纳的所得税税额为

$$200\times 40\% + 20\times 20\% = 84（万元）$$

因此按55万元抵扣，2008年度尚有29（=84-55）万元。超过限额部分不得在本年度扣除，在不超过以后5年的扣除限额的余额中补扣。

(2) 英国所得的扣除限额为

$$(200+20)\times 25\% = 55（万元）$$

在英国缴纳的所得税税额为

$$200\times 20\% + 20\times 10\% = 42（万元）$$

因企业甲公司在英国所得扣除限额高于在英国实际缴纳税额，所以按42万元扣除，剩余不作处理。

(3) 甲公司当年境内外所得汇总缴纳的企业所得税税额为

$$800\times 25\% + 220\times 25\% + 220\times 25\% - 55 - 42 = 213（万元）$$

若该公司2008年度美国生产经营所得的税率改为20%，其他条件不变，则实际在美国缴纳的所得税税额为$200\times 20\% + 20\times 20\% = 44$（万元），按44万元抵扣，又因2008年尚有29万元未扣除的部分，可在2008年的扣除限额的余额11（=55-44）万元，剩余的18（=29-11）万元继续在以后4年的扣除限额的余额中补扣。该公司2008年度境内外所得汇总缴纳的企业所得税税额为$800\times 25\% + 220\times 25\% + 220\times 25\% - 44 - 11 - 42 = 213$（万元）。

十八、利用融资租赁进行纳税筹划

融资租赁已成为企业进行纳税筹划，借以减轻税负的重要方式。租赁对承租人来说可以获得双重好处：一是可以避免因长期拥有机器设备而要承担的负担和

风险，二是可以在经营活动中以支付租金的方式减少企业的利润，减轻税负。

(一) 利用售后回租进行纳税筹划

售后回租是当企业缺乏资金时，为改善其财务状况而采用的一种筹资方式。通过售后回租，承租人既可以获得生产经营所需的流动资金，又可以继续使用原有设备。租赁到期后，承租人再以少量代价办理产权转移，最后设备仍归承租人所有。

【例 18-19】 某企业为促进企业技术改造投资 1 600 万元，企业计划采用售后回租的融资租赁方式筹集资金，将其自有已使用 2 年的设备（原值 2 000 万元，预计使用年限为 10 年，采用直线法计提折旧，已提折旧 400 万元，期末无残值）以净值 1 600 万元出售给经中国人民银行批准成立的某融资租赁公司，然后再与其签订售后回租的融资租赁合同，取得设备在租期内的使用权。合同规定，设备的租期为 6 年，该企业每年年初支付租金 400 万元，租金总额为 2 400 万元，租赁期满后，该企业再向租赁公司支付 100 万元，即可收回设备的所有权。用出售所得资金 1 600 万元购买设备。新设备不需安装即可投入使用，预计使用年限为 8 年，按直线法计提折旧，期末无残值。假设新设备购买前的未扣除折旧的税前利润为 2 000 万元，购买设备后每年新增未扣除折旧的税前利润为 600 万元。为简化核算，假设购买设备后，为该企业带来的经济效益良好，企业的盈利水平稳定，每年未扣除折旧前的税前利润是均衡的。税收筹划如下：

纳税人以融资租赁方式从出租方取得固定资产，其租金支出不得扣除，但可按规定提取折旧费用。融资租入固定资产，能够合理确定租赁期，届满时将会取得租赁资产所有权的，应当在租赁资产尚可使用年限内计提折旧；无法合理确定租赁期，届满时能够取得租赁资产所有权的，应当在租赁期与租赁资产尚可使用年限两者中较短的期间内计提折旧。该企业在租赁期满后可取得融资租入资产的所有权，故可按该设备的尚可使用年限 8 年计提折旧，每年折旧费用为 200（=1 600÷8）万元。

同时，新设备每年也可提折旧费用 200（=1 600÷8）万元。通过售后回租设备和用出售取得的资金购买新设备，使企业比售后回租以前年度增加税前扣除费用 200 万元，减少了应纳税所得额，进而企业所得税节约了 50（=200×25%）万元。这样，售后回租设备前的应纳税所得额为 1 800（=2 000−2 000÷10）万元，应纳企业所得税 450（=1 800×25%）万元，税后利润 1 350（=1 800−450）万元；售后回租设备后第一年的应纳税所得额 2 200（=2000+600−200−200）万元，应纳企业所得税 550（=2 200×25%）万元，税后利润 1 650（=2 200−550）万元。则增加税后利润为 300（=1 650−1 350）万元，八年中共增加税后利润 2 400（=300×8）万元。故企业应选择售后回租设备进行筹划更有利。

(二) 利用企业集团租赁进行纳税筹划

当出租人与承租人同属一个企业集团时,租赁可使其将资产从一个企业转给另一个企业,实现利润、费用等的转移,减轻整个集团的税负。并且,同一集团名下的两企业适用的税率差别越大,租金越低,从一家企业转移到另一家企业的利润越多,税负降低的幅度就越大;即使两家企业适用的税率相同,租赁也可以达到减轻税负的目的。

租赁首先是一个重要的筹资手段。承租人不必为长期拥有机器设备先垫支资金,同时也不用担心资金被长期占用或经营不当时承担的风险。另外,租赁也是一种重要的税收筹划手段。在租赁活动中,承租企业支付的租金可以从成本中扣除,具有抵税效应。就出租方而言,出租既可以减少使用与管理机器设备所需追加的投入,又可以获得租金收入,而租金收入适用税负较低的营业税(税率为5%),这比产品销售收入所适用的增值税税负(17%)低。

【例8-20】 2007年6月,创业集团对内部经营情况进行分析时发现,该集团名下的A企业产销两旺,而B企业在经营上发生亏损。A、B两企业适用的所得税税率都是25%。

由于A企业的部分产品与B企业属于同一类型,集团将A企业的生产线租赁给B企业,租赁费为100万元。生产线价值为4 000万元,该设备每年生产产品的利润为1 000万元。这一建议得到集团公司董事会的批准,并于2007年6月实施。

这条生产线的租金应纳营业税额5(=100×5%)万元,应纳城建税及教育费附加0.5 [=5×(7%+3%)]万元。

A企业将这条生产线出租给B企业(租金水平与出租给独立第三方的水平一致,符合独立核算原则),将后半年应税利润500万元转移到亏损企业B企业中去了。

租赁后,该生产线生产的产品应缴企业所得税额=500×25%=125(万元),B企业仍然亏损,不用缴纳。但A企业获得租金应缴企业所得税额23.63 [=(100-5-0.5)×25%]万元。

通过税收筹划,整个集团获得筹划收益95.87(=125-5-0.5-23.63)万元。

当承租人和出租人同属一个大的利益集团时,租赁可以使这两个分主体分别作为出租人和承租人,从而直接、公开地将资产从一个企业向另一个企业转移。同一利益集团中,甲企业出于某种税收方面的目的,将盈利的生产项目连同设备一道以租赁形式转移给乙企业，并根据本集团整体利益的需要收取适当的租金，最终实现在集团内部转移利润，使该利益集团所享受的税收待遇最为优惠，税负最低。这就是典型的租赁避税效应。

租赁产生的避税效应并非只能在同一利益集团内部实现，即使在专门租赁公司提供租赁设备的情况下，承租人仍就以获得税收上的好处，而且租赁可以使承租方马上进行正常的生产经营活动，并很快获得收益。

当然，在一家企业生产的产品变成两家企业生产，还要发生运费和其他管理费用，但是其数量相对税收筹划的收益而言较小。

十九、利用贷款投资进行纳税筹划

企业根据自身条件及外部环境确定合适的投资决策，企业投资决策除应考虑投资方向、项目规模、投资额等内容外，还包括资金筹措方式。选择正确的筹资方式，不仅会改变企业的规模，还会减轻企业税负，使企业获得最大的收益。

【例8-21】 某天然气公司主要生产加工天然气，天然气的需要量日益增长，但公司生产能力过低，不能满足市场需求，形不成规模效益，企业拟再引进一条生产线。

该公司购进生产线需10 000万元，投资收益期为10年，年均盈利1 000万元，该厂适用25%的所得税率。

方案一：用自己资金投资，公司盈利后每年应纳所得税额为250（＝1 000×25%）万元；10年应纳所得税总额为2 500（＝250×10）万元。

方案二：采取向银行贷款的方式融资。根据规定，计算应纳税所得额时准予扣除的项目，是指与纳税人取得收入有关的成本、费用和损失。其中，纳税人在生产、经营期间向金融机构借款的利息支出，按照实际发生数扣除。

假设公司从银行取得10 000万元的贷款，年支付利息400万元；公司年均盈利仍为1 000万元，则公司每年应纳所得税额为150 ［＝(1 000－400)×25%］万元；10年应纳所得税总额为1 500（＝150×10）万元。

由此可见，以贷款方式投资，由于贷款利息的支付使企业税负由2 500万元降为1 500万元。由于方案二投资收益率为 $4.5\% \left(= \dfrac{1\,000-400-150}{10\,000} \right)$ 高于利息率 $4\% \left(= \dfrac{400}{10\,000} \right)$，根据投资理论，应选择银行贷款方式融资，可以增加股东权益。应选择方案二来进行税收筹划。

二十、利用转移定价进行纳税筹划

转移定价避税须有两个前提条件：两个企业存在两种不同的税率；两个企业

必须属于同一个利益集团。

当两个公司的企业所得税税率不同时，通过采用"高进低出"或"低进高出"等内部定价方法进行纳税筹划。一方面是利用不同企业、不同地区税率及免税条件的差异，将利润从税率高的企业向税率低的或可以免税的关联企业转移；另一方面是将盈利企业的利润转移到亏损企业，以达到关联企业整体税负最小化的目的。由于我国的不同地区不同企业的税收政策的不同（如经济特区内的企业、高新技术企业与一般企业在税率优惠上存在相当大的差别），企业集团通过转移定价来调节集团内部不同地区关联企业的成本和利润，使各关联企业整体获取最大的利润。

【例 8-22】 大庆华科集团公司中 A 公司生产保健品，主要销往国内各省市，每件产品市场售价为 100 000 元。每件产品基本费用如下：生产成本 70 000 元，营业费用 10 000 元，管理费、财务费用等综合费用暂不考虑。

筹划前，A 公司应交所得税额为

$$(100\ 000-70\ 000-10\ 000)\times 25\%=5\ 000（元）$$

显然，企业交纳所得税较高。为此，该集团公司经筹划决定在深圳设一家全资 B 子公司专门负责对公司产品的销售工作，A 公司只专注于生产。集团公司给 B 公司每件产品的价格为 80 000 元。

则 A 公司应交所得税为

$$(80\ 000-70\ 000)\times 25\%=2\ 500（元）$$

B 公司应交所得税为

$$(100\ 000-80\ 000-10\ 000)\times 15\%=1\ 500（元）$$

两公司共计纳税为 2 500+1 500=4 000（元），比未设 B 公司单件产品少交税 1 000（=5 000−2 500−1 500）元。

现在，该集团经进一步筹划分析，只要在税法允许的情况下，能够达到同行业一般生产型企业的平均利润水平，就可以将部分利润转让给深圳 B 公司，故将销售给深圳 B 公司的售价降到 75 000 元/件，则 A 公司应交所得税为

$$(75\ 000-70\ 000)\times 25\%=1\ 250（元）$$

B 公司应交所得税为

$$(100\ 000-75\ 000-10\ 000)\times 15\%=2\ 250（元）$$

两公司共计纳所得税为

$$1\ 250+2\ 250=3\ 500（元）$$

由此可见，单件产品价格转让后比价格转让前少交所得税 500（=4 000−3 500）元。比未设立 B 公司时少交所得税：5 000−3 500=1 500（元）。

二十一、利用预缴企业所得税进行纳税筹划

企业所得税的缴纳实行按年计算、分月或分季预缴的方法。企业由于季节因素的影响，费用支出不均衡，但总体不突破税法规定的扣除标准。企业所得税法还规定，纳税人预缴所得税时，应当按纳税期限的实际数预缴；按实际数预缴有困难的，可以按上一年度应纳税所得额的 1/12 或 1/4，或者经当地税务机关认可的其他方法分期预缴所得税。预缴方法一经确定，不得随意改变。

【例 8-23】 某冷饮公司应纳所得税适用税率 25%，夏季生产任务相对集中，产品正值销售旺季。于是每月给职工多发奖金 10 000 元，业务招待费多发生 5 000 元。工资和业务招待费未超标准，则该公司夏季应纳税所得额减少 15 000 元。少预缴企业所得税 2 250（=15 000×25%）元。这些少预缴的企业所得税 2 250 元，将在以后月份或年终汇算清缴。纳税义务的滞后，使该公司获得这笔税款的时间价值，相当于享受国家的无息贷款。

可见，以正当原因少预缴的税款，不会被视为偷税。

二十二、利用不同销售方式进行纳税筹划

商业零售企业为了扩大销售量，常常会在节假日开展促销活动。不同的促销活动给企业带来的销售量可能一致，但是企业所得税法对不同销售方式计税不同，税后收益会出现不同状况，故有最优的税收筹划方式。

【例 8-24】 大庆市新玛特连锁超市为迎接圣诞节和元旦，准备于 2008 年 12 月 15 日至 2009 年 1 月 15 日开展一次促销活动，决定 7 折让利销售。在促销活动的酝酿阶段，企业的营销总监提出了三个促销方案，这三个税收筹划方案分别是：

方案一：让利 30% 销售。

方案二：赠送 30% 的购物券。

方案三：返还 30% 的现金。

以新玛特大型连锁销售网点计划销售 20 000 万元的商品为基数，分析在具体商业运作过程中涉税问题，具体计算如下：

(1) A 方案：让利 30% 销售商品。

折扣销售是在销售环节将销售利润让渡给消费者，即将价值 20 000 万元打 7 折销售（购进成本为含税价 12 000 万元）销售出去，新玛特将折扣额和原价开在同一张销售发票上。假设在其他因素不变的情况下，企业的税利情况是：

应纳增值税额 = {[14 000÷(1+17%)] − [12 000÷(1+17%)]} × 17%
　　　　　　 = 290.598 3（万元）

应纳企业所得税＝{[14 000÷(1+17%)]－[12 000÷(1+17%)]}×25%
＝427（万元）

企业的税后利润＝{[14 000÷(1+17%)]－[12 000÷(1+17%)]}－427
＝1 282.401 71（万元）

(2) B方案：赠送价值30%的购物券。

这种方案是销售20 000万元的商品，就赠送6 000万元的商品。计算缴税的情况如下：

销售20 000万元商品时应纳增值税＝[20 000÷(1+17%)]×17%－[12 000÷(1+17%)]×17%＝1 162.393 2（万元）

赠送6 000万元的商品（购进成本为含税价3 600万元），应作视同销售处理，应纳增值税。

赠送6 000万元的商品应纳增值税＝[6 000÷(1+17%)]×17%－[3 600÷(1+17%)]×17%＝348.718 0（万元）

应纳增值税合计＝1 162.393 2＋348.718 0＝1 511.111 2（万元）

由于消费者在购买商品时获得购物券属于偶然所得，应该缴纳个人所得税，按照现行个人所得税管理办法，发放购物券的企业应该在发放环节代扣代缴。因此，该商业企业在赠送购物券的时候，应该代顾客缴纳个人所得税。其税额为

代缴个人所得税＝[6 000÷(1－20%)]×20%＝1 500（万元）

账面利润额＝[20 000÷(1+17%)]－[12 000÷(1+17%)]－[3 600÷(1+17%)]－1 500＝2 260.683 8（万元）

按照税法的规定，赠送的商品成本及代顾客缴纳的个人所得税款不允许在税前扣除，因此

应纳企业所得税＝{[20 000÷(1+17%)]－[12 000÷(1+17%)]}×25%
＝1 709.401 71（万元）

企业的税后利润＝(2 260.683 8－1 709.401 71)＝551.282 09（万元）

(3) C方案：返还30%的现金。

增值税＝{[20 000÷(1+17%)]－[12 000÷(1+17%)]}×17%
＝1 162.393 2（万元）

代顾客缴纳个人所得税＝[6 000÷(1－20%)]×20%＝1 500（万元）

账面利润额＝[20 000÷(1+17%)]－[12 000÷(1+17%)]－6 000－1 500
＝－662.393 2（万元）

应纳企业所得税＝1 709.401 71万元（理由同B方案）

企业的税后利润＝－662.393 2－1 709.401 71＝－2 371.794 9（万元）

通过各方案比较不难发现：

A方案：企业销售20 000万元商品，可以获得1 282.401 71万元的税后

利润。

B方案：企业销售20 000万元商品，实际支出价值12 000万元的货物，税后利润只有551.28 209万元。

C方案：企业销售20 000万元商品，另外还要支出6 000万元的现金，结果亏损2 371.794 9万元。显然，该方案最不可取。

二十三、利用费用的分摊进行纳税筹划

如果集团公司能将全部费用分摊到其子公司，将会最大限度地降低整体税负。集团公司发生的管理费用可分为以下两种：直接费用和间接费用。直接费用主要指可以直接确定服务对象的费用，如外部培训费、广告费、差旅费和通讯费等。但是，对于集团公司来说，大部分管理费用是间接费用，即无法直接区分服务对象的费用，如技术研究开发费、市场调研费、内部培训费、产品推销费及交际应酬费等。

此时，集团公司可以通过向其子公司收取"专项技术服务费"的方式分配部分费用，即该公司按照实际发生的管理和咨询服务费用向其子公司收取专项技术服务费。该公司需要与其子公司签订符合独立企业原则的服务协议，以备税务机关的确认和审查。该公司在收取其子公司的服务费时，需向其子公司开具服务发票，作为其子公司税前可抵扣费用的凭证，当然，集团公司还需要对服务费收入缴纳5%的营业税。

【例8-25】 一家集团公司投资了A和B两家全资子公司，为了高效地运作，直接控制下属两家企业。在实行集中管理的过程中，该公司发生了大量的管理费用。由于公司除了进行管理工作外，不从事其他营业活动，因此，公司没有收入可以弥补其发生的大量管理费用，其经营状况一直亏损，而其两个子公司由于不承担上述费用，其利润很高，相应的所得税税负很重，对于公司和其两个子公司整体而言，由于收入和费用不配比，造成整体税负的增加。

该公司所得税率为25%，A、B公司为生产性企业且在经济特区，享受15%的优惠税率。该公司发生的费用为1亿元，其中直接费用1 000万元、间接费用9 000万元。没有应税收入，其应缴所得税为0。

子公司A的应税收入为2亿元，费用1亿元，应缴所得税为1 500 [=(20 000－10 000)×15%] 万元；子公司B应税收入为2亿元，费用9 000万元，应缴所得税为1 650 [=(20 000－9 000)×15%] 万元。整体合计应缴所得税为3 150万元。

假设集团公司的费用1亿元全部为A、B公司的业务所发生，该公司按股权比例分配给A、B公司。则A公司的费用为15 000（=10 000+10 000×0.5）万元，其应缴所得税750 [=(20 000－15 000)×15%]万元；B公司的费用为

14 000（＝9 000＋10 000×0.5）万元，其应缴所得税 900［＝(20 000－14 000)×15％］万元。整体合计应缴所得税 1 650 万元，比分摊前大大减少。

集团公司可将其直接费用 1 000 万元直接分配给其子公司，其中 A 公司 500 万元，B 公司 500 万元。集团公司将其间接费用 9 000 万元的 40％以专业技术服务费的方式分配给其子公司，分配依据仍为集团公司的控股比例。为了体现独立企业的公平交易原则，在提供专业技术的成本价之上再加上 10％的利润率，即该公司提供专业服务收入为 3960［＝9 000×40％×(1＋10％)］万元，其应缴营业税约为 198（＝3 960×5％）万元，因此集团公司所剩费用为 5 238（＝10 000－1 000－3 960＋198）万元。集团公司按股权比例给 A 公司分配额为 2 619 万元，给其 B 公司分配额为 2 619 万元，分配后，A 公司的费用为 12 619 万元，其应缴所得税为 1 107.15［＝(20 000－12 619)×15％］万元；B 公司的费用为 11 619 万元，其应缴所得税为 1 257.15［＝(20 000－11 619)×15％］万元。整体合计应缴所得税 2 364.3 万元。

虽然集团公司付出的营业税代价为 198 万元，但因此减少的整体所得税为 785.7（＝3 150－2 364.3）万元，其整体税负减轻了 587.7（＝785.7－198）万元。

二十四、利用亏损弥补进行纳税筹划

在中国境内设立的从事生产、经营的机构和场所发生年度亏损，可以用下一纳税年度的所得弥补，下一年度的所得不足弥补的，可以逐年延续弥补，但最长不得超过五年。企业开办初期有亏损的，可以按照上述办法：逐年结转弥补，以弥补后有利润的纳税年度为开始获利年度。

【例 8-26】 某企业八年间的盈亏状况如表 8-7 所示。

表 8-7　某企业八年间盈亏状况表　　　　　　　　　单位：万元

年度	1	2	3	4	5	6	7	8
应纳税所得额	－70	－60	－50	－40	30	35	50	80

则该企业第 1 年亏损的 70 万元，可以用后 5 年的应纳税所得额来弥补，只有第 5 年和第 6 年盈利，两年应纳税所得额 65 万元，弥补第 1 年亏损后，仍有 5 万元未能弥补。第 7 年企业应纳税所得额 50 万元，这 50 万元不能再用以弥补第 1 年的亏损，而只能用来弥补第 2 年的亏损 60 万元，第 7 年的应纳税所得额弥补第 2 年的亏损后仍有 10 万元亏损未弥补。第 8 年的应纳税所得额 80 万元，只能用来弥补第 3 年的亏损 50 万元和第 4 年的亏损 40 万元，弥补亏损后还有 10 万元未弥补。故第 1 年至第 8 年不用缴纳企业所得税。

外商投资企业应合理利用会计处理调整各年的应纳税所得额,以保证企业在经营期间合理的缴纳企业所得税。

二十五、利用坏账准备进行纳税筹划

企业已列为坏账损失的应收款项,在以后年度全部或者部分收回的,应计入收回年度的应纳税所得额。

从事信贷、租赁等业务的企业,可以根据实际需要,报经税务机关批准,逐年按年末放款余额(不包括银行间拆借)或者年末应收账款、应收票据等应收款项的余额,计提不超过3‰的坏账准备,从该年度应纳税所得额中扣除。

从事其他业务的企业,如果确有实际需要计提坏账准备的,也可以在报请税务机关审核批准后实行,按年末应收账款、应收票据等应收款项的余额,计提坏账准备。

应收账款有约定期限的,应以到期的债权或代销商品的应收款为限;未到期的,不计提坏账准备。

【例 8-27】 某企业 2006 年末计提坏账准备为 40 万元,2007 年实际发生坏账损失为 30 万元,2007 年底应收账款余额 2 000 万元,则 2007 年提取坏账准备为:2 000×3‰−(40−30)=50(万元)。如果 2007 年实际发生坏账损失为 50 万元,则 2007 年提取坏账准备为:2 000×3‰−(40−50)=70(万元)。

企业时常有发生坏账的情况,发生了坏账取得税务机关认可后,可列为坏账损失,冲减应纳税所得额,节约上缴的所得税。

二十六、利用业务招待费进行纳税筹划

企业发生的与生产经营活动有关的业务招待费支出,按照发生额的 60% 扣除,但最高不得超过当年销售(营业)收入的 5‰。

【例 8-28】 大庆石化总厂 2007 年发生的业务招待费支出为 20 万元,现有两个筹划方案可供选择:

方案一:业务招待费支出带来业务收入提高,由于企业审批不够合理,业务收入为 2 000 万元。

方案二:业务招待费支出带来业务收入提高,业务收入为 2 400 万元。

两个方案的业务招待费支出扣除是有差别的。如方案一业务招待费支出扣除 10 万元(2 000×5‰),方案二业务招待费支出扣除 12 万元(2 400×5‰和 20×60%)。从两个方案业务招待费支出扣除比较,方案二比方案一业务招待费支出多扣除 2 万元。方案二为最优方案。故筹划时应选择方案二。

二十七、利用存货发出方法进行纳税筹划

企业使用或者销售的存货的成本计算方法,可以在先进先出法、加权平均法、个别计价法中选用一种。计价方法一经选用,不得随意变更。

【例8-29】 某企业在第1年先后进货两批,数量相同,进价分别为900万元和1 100万元。第2年和第3年各出售一半,售价均为2 000万元。所得税税率为25%。在加权平均法和先进先出法下,销售成本、所得税和净利润的计算如表8-8所示。假设税前利润和应纳税所得额是一样的。

表8-8 存货发出方法核算表   单位:万元

项目	加权平均法 第2年	加权平均法 第3年	合计	先进先出法 第2年	先进先出法 第3年	合计
销售收入	2 000	2 000	4 000	2 000	2 000	4 000
销售成本	1 000	1 000	2 000	900	1 100	2 000
税前利润	1 000	1 000	2 000	1 100	900	2 000
所得税	250	250	500	275	225	500
净利润	750	750	1 500	825	675	1 500

虽然各项数据的两个合计相等,但不同计价方法对不同年份的数据产生不同影响。第3年净利润在加权平均法下为750万元,在先进先出法下为675万元。可见,采用加权平均法,在物价上升的情况下,企业耗用原材料(或发出商品)的成本较高,当期利润相应减少,可以少缴所得税。如果原材料价格下降,就应采用先进先出法。如果价格比较平均,涨落幅度不大,宜采用加权平均法。如果材料价格涨落幅度较大,宜采用移动平均法。但是,需要注意的是,计价方法一经选用,不得随意改变;确实需要改变计价方法的,应当在下一纳税年度开始前报主管税务机关备案。

复习思考题

1. 如何利用弥补亏损进行税收筹划?
2. 如何利用高新技术企业所得进行税收筹划?
3. 如何利用创业投资进行税收筹划?
4. 如何利用权益性投资收益进行税收筹划?
5. 如何利用投资农、林、牧、渔业项目进行税收筹划?
6. 如何利用国家重点扶持的公共基础设施项目进行税收筹划?
7. 如何利用环境保护、节能节水项目进行税收筹划?

8. 如何利用技术转让所得进行税收筹划？
9. 如何利用非居民企业在中国境内所得进行税收筹划？
10. 如何利用民族自治地方的企业所得进行税收筹划？
11. 如何利用"三新"研究开发费用进行税收筹划？
12. 如何利用加速折旧进行税收筹划？
13. 如何利用综合利用资源进行税收筹划？
14. 如何利用业务招待费进行税收筹划？
15. 如何利用存货发出方法进行税收筹划？

第九章

进出口关税纳税筹划

关税是涉及我国对外贸易的一个重要税种，在为国家创造税收收入的同时，对于促进我国的改革开放起着重要的政策调节作用。本章在介绍关税基本征收制度的基础上，重点介绍关税的纳税筹划实务，包括利用原产地进行的纳税筹划和利用完税价格进行的纳税筹划。

【重要概念】 关税制度 关税优惠 原产地 完税价格 海关估价

第一节 关税制度

一、关税的征税对象

关税的征税对象是进出口货物和进出境的物品。货物是贸易性商品；物品包括入境旅客随身携带的行李和物品、个人邮递物品、各种运输工具上的服务人员携带进口的自用物品、馈赠物品以及其他方式进入国境的个人物品。除关税优惠政策规定的以外，国家对大部分进口货物征收关税；对出口货物一般不征税，仅对少部分货物征收出口关税。此外，需要说明的是，关税的征收对象必须是国家准许进出口的货物和准许进出境的物品。

二、关税的纳税人

关税纳税人又称海关债务人，是指依法负有直接向国家缴纳关税义务的人。进出口货物，除另有规定的外，可以由进出口货物收发货人自行办理报关纳税手续，也可以由进出口货物收发货人委托海关准予注册登记的报关企业办理报关纳税手续。

（一）进出口货物的纳税人

新修订的《中华人民共和国海关法》（以下简称《海关法》）规定，进出口货物的关税纳税人是进出口货物的收发货人。进出口货物收发货人，是指依照对外贸易法的规定，有权从事对外贸易经营活动并进出口货物的法人和其他组织，即具有进出口经营权的单位（即自理报关企业），具体包括外贸专业进出口总公司及其子公司、信托投资公司、外商投资企业、免税品公司等。

在海关监管货物的保管期间，非因不可抗力造成海关监管货物损毁或者灭失，负责保管该海关监管货物的单位和个人为关税纳税人。如对于储存在仓库中的海关监管货物，仓库的经营人、保管人是纳税人；对于转关运输的货物，承运人是纳税人；对于保税货物，保税仓库经营人、加工企业是纳税人。

（二）进出境物品的纳税人

进出境物品的纳税人是进出境物品的所有人，包括该物品的所有人和推定为所有人的人。一般情况下，对于携带进境的物品，推定其携带人为所有人；对分离运输的行李，推定相应的进出境旅客为所有人；对以邮递方式进境的物品，推定其收件人为所有人；以邮递或其他运输方式出境的物品，推定其寄件人或托运人为所有人。

三、关税的税则和税率

（一）关税税则

关税税则是根据国家关税政策，通过一定的国家立法程序制定公布实施的、对进出口的应税和免税商品加以系统分类的一览表。关税税则一般包括以下内容：

(1) 国家实施该税则的法令，及该税则的实施细则以及使用税则的有关说明。

(2) 税则的归类总规则，即说明它们各自应包括和不应包括的商品以及对一些商品的形态、功能、用途等方面的说明。

(3) 税目表，包括商品分类目录和税率栏两大部分。商品分类目录将各类繁多的商品加以综合，或按照商品分为不同的类，类以下分章，章以下分税目，税目以下再分子目（按各国的实际需要），并且将每项商品按顺序编税号。税率栏则按商品分类目录的顺序，逐项列出商品各自的税率，有的列一栏税率，有的列两栏或两栏以上的税率。

海关合作理事会在与其他一些国际组织讨论和协调的基础上，于 1985 年编制完成了《商品名称及编码协调制度》，所有商品分为 21 大类、97 章，由 5 019 组税目构成，包括归类总规则、类注释、章注释、目和子目注释、商品子目索引及归类意见汇编。我国 1992 年公布的《海关进出口税则》就是以《商品名称及编码协调制度》为基础，结合我国进出口商品的实际而编排的，全部应税商品共分 21 大类。2002 年进口税则的总税目数为 7 316 个，出口税则税目总数为 36 个。

（二）关税税率

在加入世界贸易组织（WTO）之前，我国进口税则设有普通税率和优惠税率两栏税率。对原产于与我国未订有关税互惠协议的国家或者地区的进口货物，按照普通税率征税；对原产于与我国订有关税互惠协议的国家或者地区的进口货物，按照优惠税率征税。在我国加入 WTO 之后，为履行我国在加入 WTO 关税减让谈判中承诺的有关义务，享有 WTO 成员应有的权利，自 2002 年 1 月 1 日起，我国进口税则设有最惠国税率、协定税率、特惠税率、普通税率等税率。最惠国税率适用原产于与我国共同适用最惠国待遇条款的 WTO 成员国或地区的进口货物，或原产于与我国签订有相互给予最惠国待遇条款的双边贸易协定的国家或地区进口的货物，以及原产于我国境内的进口货物。协定税率适用原产于我国参加的含有关税优惠条款的区域性贸易协定有关缔约方的进口货物。目前对原产于韩国、斯里兰卡和孟加拉国 3 个曼谷协定成员的 739 个税目进口商品实行协定税率（即曼谷协定税率）。特惠税率适用原产于与我国签订有特殊优惠关税协定的国家或地区的进口货物。目前对原产于孟加拉国的 18 个税目进口商品实行特惠税率（即曼谷协定特惠税率）。普通税率适用于原产于上述国家或地区以外的其他国家或地区的进口货物。按照普通税率征税的进口货物，经国务院关税税则委员会特别批准，可以适用最惠国税率。适用最惠国税率、协定税率、特惠税率的国家或者地区的名单，由国务院关税税则委员会决定。

此外，我国从 1997 年 7 月起试行从量关税和复合关税制度，并公布了《试行从量关税、复合关税的商品及税率表》。实行从量关税的商品为啤酒、原油和部分感光胶片；实行复合关税的商品为录（放）像机和摄像机。

出口关税税率比较简单，一般没有普通和优惠之分，实行差别比例税率。2001 年出口关税征税货物的税目共有 22 个，税率从 20% 至 50% 不等，共有 5 个差别税率。征收出口关税的货物，主要为国内紧缺、限制出口的原材料。

根据我国进出口关税条例的规定，国务院关税税则委员会可以根据国家对外经济贸易政策的需要制定关税暂定税率，即在海关进出口税则规定的进口优惠税率和出口税率的基础上，对某些进口货物（但只限于从我国定有关税互惠协议的国家和地区进口的货物）和出口货物实施的更为优惠的关税税率。这种税率一般按照年度制订，随时可以根据需要恢复按照法定税率征税。

我国进出口关税条例规定，进出口货物应依照税则规定的归类原则归入合适的税号，并按照适用的税率征税。其中，进出口货物，应当按照纳税义务人申报进口或者出口之日实施的税率征税；进口货物到达前，经海关核准先行申报的，应当按照装载此货物的运输工具申报进境之日实施的税率征税；进出口货物的补税和退税，除特殊情况外，适用该进出口货物原申报进口或者出口之日所实施的税率。

第二节 关税优惠政策

关税优惠主要可分法定减免、特定减免和临时减免三种类型。新修订的《海关法》规定，将特定减免和临时减免的决定权交由国务院决定。

一、法定减免税

法定减免税是指依照关税基本法规的规定，对列举的课税对象给予的减免税。符合法定减免税的进出口货物，纳税人不需提出申请，由海关直接按税法规定予以办理减免税。法定减免主要有：

(1) 关税税额在人民币50元以下的一票货物，可免征关税。

(2) 无商业价值的广告品和货样，可免征关税。

(3) 外国政府、国际组织无偿赠送的物资，可免征关税。

(4) 进出境运输工具装载的途中必需的燃料、物料和饮食用品，可予免税。

(5) 经海关核准暂时进境或者暂时出境，并在6个月内复运出境或者复运进境的货样、展览品、施工机械、工程车辆、工程船舶、供安装设备时使用的仪器和工具、电视或者电影摄制器械、盛装货物的容器以及剧团服装道具，在货物收发货人向海关缴纳相当于税款的保证金或者提供担保后，可予暂时免税。

(6) 为境外厂商加工、装配成品和为制造外销产品而进口的原材料、辅料、零件、部件、配套件和包装物料，海关按照实际加工出口的成品数量免征进口关税；或者对进口料、件先征进口关税，再按照实际加工出口的成品数量予以退税。

(7) 因故退还的中国出口货物，经海关审查属实，可予免征进口关税，但已征收的出口关税不予退还。

(8) 因故退还的境外进口货物，经海关审查属实，可予免征出口关税，但已征收的进口关税不予退还。

(9) 进口货物如有以下情形，经海关查明属实，可酌情减免进口关税：在境外运输途中或者在起卸时，遭受损坏或者损失的；起卸后海关放行前，因不可抗力遭受损坏或者损失的；海关查验时已经破漏、损坏或者腐烂，经证明不是保管不慎造成的。

（10）无代价抵偿货物，即进口货物在征税放行后，发现货物残损、短少或品质不良，而由国外承运人、发货人或保险公司免费补偿或更换的同类货物，可以免税。但有残损或质量问题的原进口货物如未退运国外，其进口的无代价抵偿货物应照章征税。

（11）我国缔结或者参加的国际条约规定减征、免征关税的货物、物品，按照规定予以减免关税。

（12）法律规定减征、免征关税的其他货物。

二、特定减免税

特定减免也称政策性减免。在法定减免税之外，由国务院制定发布的有关进出口货物减免关税的政策，称为特定减免税或政策性减免税。特定减免税货物一般有地区、企业和用途的限制，海关需要进行后续管理，也需要进行减免税统计。

现行特定减免税主要包括对科教用品、残疾人专用品、扶贫和慈善性捐赠物资、加工贸易产品、边境贸易进口物资、保税区进出口货物、出口加工区进出口货物、进口设备和特定行业或用途的货物的减免税。如对科学研究机构和学校，不以营利为目的，在合理数量范围内进口国内不能生产的科学研究和教学用品，直接用于科学研究或教学的，免征进口关税和进口环节的增值税、消费税等。

三、临时减免税

临时减免是指在以上两项减免税以外，对某个纳税人由于特殊原因临时给予的减免。新修订的《海关法》规定，临时减免是关于对进出口货物、物品临时减免税的授权性条款，旨在明确对进出境货物、物品临时性减征或者免征关税，统一由国务院批准，其他任何单位和个人均无权批准临时性减免的关税。

在我国已加入 WTO 的情形下，国家严格控制减免税，一般不办理临时性减免税，并对特定减免税也要逐步规范和清理。

第三节 关税纳税筹划实务

一、利用原产地规定进行纳税筹划

进口货物的原产地决定了进口货物能否适用最惠国税率。最惠国税率适用原产于与我国共同适用最惠国待遇条款的 WTO 成员国或地区的进口货物，或原产于与我国签订有相互给予最惠国待遇条款的双边贸易协定的国家或地区进口的货物，以及原产于我国境内的进口货物。

关于货物原产地的确认，有两种标准：一是全部产地标准。即完全在一个国家内生产或制造的进口货物，其生产或制造国就是该货物的原产国。二是实质性加工标准。指经过几个国家加工制造的进口货物，以最后一个对货物进行经济上可以视为实质性加工的国家作为有关货物原产国。所谓的实质性加工是指产品经过加工后，在《海关税则》中已不按原有的税目税率征税，而应归入另外的税目征税，或者其加工增值部分所占新产品总值的比例已经超过 30% 以上的。两个条件具备一项，即可视为实质性加工。

另外，根据关税有关规定，对机器、仪器或车辆所用零件、部件、配件、备件以及工具，如与主件同时进口而且数量合理，其原产地按全件的原产地予以确定；如果是分别进口的，则应按其各自的原产地确定。石油产品以购自国为原产国。

假设一个从事汽车贸易的公司，在韩国、新加坡、马来西亚、菲律宾或越南设有零部件供应企业；如果韩国的子公司生产汽车仪表，新加坡的生产汽车轴承和发动机，马来西亚的生产阀门，菲律宾的生产轮胎，越南的供应玻璃，则汽车的总装配厂的选择将成为筹划的重点。根据关税有关规定，应首先了解一下这些国家、地区是否与中国签有关税互惠协议；然后仔细比较一下，在那些与中国签订关税互惠协定的国家和地区中，哪一个更优惠，哪一个在经济成本上更为有利可图，从而做出选择。这其中还要考虑到该国家或地区是否施行外汇管制和出口配额控制、政治经济形势是否稳定以及其他一些影响因素。同时，要使总装厂的加工增值部分在技术和价值含量上达到 30% 的标准，可以通过转让定价的方法，降低其他地区的零部件生产价格，从而加大总厂增值部分占全部新产品的比重，达到或超过 30%，成为实质性加工。这样产品仍可享受到税率的优惠。

【例 9-1】 迅驰汽车公司是一家从事跨国经营的汽车生产厂商，由多个设在不同国家和地区的子公司提供零配件，并且其销售业务已遍布全球。该公司发现中国具有巨大的汽车市场，而且在未来可以预见的几年内，中国的汽车消费呈增长趋势。因此该公司的董事长决定从 2006 年开始，将自己的产品打进中国市场，计划首批投入公司最近研制的最新款甲品牌高档小汽车 100 辆。该种小汽车的市场销售价格为每辆 90 万元，而与此款汽车相近的其他品牌小汽车的市场销售价格为每辆 70 万元。据了解，小汽车的关税税率为 50%。中国内地日益扩大的汽车需求促使迅驰汽车公司准备开拓中国市场。进入中国市场显然不得不面对高额的汽车进口关税，那么，为降低成本，迅驰汽车公司怎样才能获得最惠国税率呢？

如果利用原产地规定进行纳税筹划，迅驰汽车公司必须清楚，海关对进口货物原产地按全部产地标准和实质性加工标准两种方法来确定。

迅驰汽车公司是一家由多个不同国家和地区的子公司提供零配件的跨国经营企业，因而全部产地标准显然不适用。实际上，在应用优惠政策进行关税筹划的时候，全部产地标准一般都没有很大的实际应用意义，因为它所要求的"对于完全在一个国家内生产或制造的进口货物"刚性较强，灵活拓展的余地较小。

对于实质性加工标准，则有进行关税筹划的可能。实质性加工标准有两个条件，满足其中一项标准即可。

第一个条件是从定性的角度来判断的。指加工后的进口货物在进出口税则中的税目税率发生了改变。这里所说的"实质性加工"，是"经过几个国家加工、制造的进口货物，以最后一个对货物进行经济上可以视为实质性加工的国家作为该货物的原产国。"

如果这家汽车生产商在新加坡、中国台湾、菲律宾、马来西亚都设有供应零配件的子公司，那么其将制造汽车新产品整体形象的最终装配厂设在哪里呢？首先，要选择那些与中国签有关税互惠协议的国家或地区作为所在地，排除那些没有签订协议的国家和地区；其次，要综合考虑从装配国到中国口岸的运输条件、装配国的汽车产品进口关税和出口关税等因素；最后，还要考虑装配国的政治经济形象、外汇管制情况和出口配额控制情况等。在综合考虑上述因素的基础上做出一个最优惠选择。

第二个条件是从定量的角度来判断的。它是指"加工增值部分所占新产品总值的比例已经超过30%以上的"，可视为实质性加工。

如果迅驰汽车公司已经在一个未与中国签订关税互惠协议的国家或地区建立了装配厂，要改变厂址，无疑需要付出较多的成本。那么这家厂商可以将原装配厂作为汽车的半成品生产厂家，再在已选定的国家和地区建立一家最终装配厂，只要使最终装配的增值部分占到汽车总价格的30%以上，生产出来的汽车即可享受最惠国税率。

假如最终装配的增值部分没有达到所要求的30%，则可以采取转让定价的方法，降低原装配厂生产半成品汽车的价格，减少半成品的增值比例，争取使最终装配的增值比例达到或超过30%。

总之，根据实际情况进行测算、比较，选择税负最轻国家和地区作为进口汽车的原产地，迅驰汽车公司就会通过享受最惠国税率而获得较大的比较收益。

二、利用完税价格进行纳税筹划

关税是对外贸易过程中的一个重要税种。从纳税筹划的角度观察，关税作为一个世界性的税种，税负弹性较小，因为关税在税目、税基、税率以及减免税优惠等方面都是规定得相当详细、具体的。

关税弹性较大的是完税价格的确定。关税的计税依据有两种：一是从量计征；二是从价计征。另外还对一些物品采取从量和从价混合计征的办法。从量计征适用的范围窄，从价计征适用的范围宽。凡是适用从价计征的物品，完税价格就是它的税基。因此在同一税率下，完税价格如果高，税负则重，反之税负则轻，所以征纳双方对完税价格都极为关注。

（一）进口货物完税价格的纳税筹划

进口货物以海关审定的正常成交价格为基础的到岸价格作为完税价格。到岸价格包括货价，加上货物运抵中华人民共和国关境内输入地点起卸前的包装费、运费、保险费和其他劳务费等费用。我国对进口货物的海关估价主要有两种情况：一是海关审查可确定的完税价格；二是成交价格经海关审查未能确定的。成交价格实际上是指进口货物的买方为购买该项货物而向卖方实际支付的或应当支付的价格，该成交价格的核心内容是货物本身的价格（即不包括运保费、杂费的货物价格）。该价格除包括货物的生产、销售等成本费用外，还包括买方在成交价格之外另行向卖方支付的佣金。筹划时可选择同类产品中成交价格比较低的、运输、杂项费用相对小的货物进口，才能降低完税价格。

【例9-2】 一家钢铁企业，需要进口100万吨铁矿石，可供选择的进货渠道中有两家：一家是澳大利亚；另一家是加拿大。澳大利亚的铁矿石品位较高，价格为20美元/吨，运杂费60万美元；加拿大的铁矿石品位较低，价格为19美元/吨，但运杂费高达240万美元，暂不考虑其他条件，到底应该选择哪一个国家进口铁矿石呢？计算如下：

$$澳大利亚铁矿石完税价格 = 20 \times 100 + 60 = 2\,060（万美元）$$

$$加拿大铁矿石完税价格 = 19 \times 100 + 240 = 2\,140（万美元）$$

经过计算应该选择从澳大利亚进口铁矿石。如果按20%征收进口关税的话，至少可以节税16万美元。

（二）进口货物海关估价方法的纳税筹划

进口货物的价格不符合成交价格条件或者成交价格不能确定的，海关应当依次以相同货物成交价格方法、类似货物成交价格方法、倒扣价格方法、计算价格方法及其他合理方法确定的价格为基础，估定完税价格。

除了运用原产地规定进行纳税筹划之外，利用完税价格进行关税筹划的另一关键点在于怎样充分运用海关估定完税价格的有关规定。筹划关税首先要了解与关税有关的具体规定。纳税人如果对现行的海关法、进出口条例和其他有关的海关法律法规进行深入细致的研究，就可以发现其中有很多对完税价格的规定可以用来进行关税筹划。

各国的税法对税务管理都比较严格，其中要求纳税人就有关具体纳税事项进行主动申报，否则将依法进行核定征收。例如我国《进出口关税条例》第十五条规定：进出口货物的收货人，或者他们的代理人，在向海关递交进出口货物的报关单证时，应当交验载明货物真实价格、运费、保险费和其他费用的发票（如有厂家发票应附着在内）、包装清单和其他有关单证。

而第十七条又指出：进出口货物的发货人和收货人或者他们的代理人，在递交进出口货物报关单时，未交验第十五条规定的各项单证的，应当按照海关估定的完税价格完税，事后补交单证的，税款不予调整。

认真研究上述两条规定可以发现，第十七条规定中的"未"就给纳税筹划者留下了进行筹划的机会。也就是说，进出口商可以将其所有的单证全部交给海关进行查验，也可以不交验十五条所指的有关单证（当然这里不是指对有关账簿数字的隐瞒、涂改等），这时，海关将对进出口货物的完税价格进行估定。

当一家进口商进口某种商品时，如果其实际上应申报的完税价格高于同类产品的市场价格，那么它可以根据实际情况在法律许可的范围内少报或不报部分单证，以求海关估定较低的完税价格，从而减轻相关的关税负担。对于上述案例中的迅驰汽车公司而言，如果未按有关法律规定申报单证，海关将按同类产品或者相近产品的市场价格核定其关税的计税依据。

经过深入的调研，上述案例中的迅驰汽车公司也可以采取海关估定完税价格的方法进行纳税筹划。在具体操作环节上，迅驰公司可以主动出现"申报资料不全"的问题，请求海关谅解。海关则将该案交给海关稽查部门处理。海关稽查部门对该批汽车的市场行情进行了调研，取得了有关资料，最后按每辆70万元的价格作为计算关税的依据征收关税。

通过纳税筹划，迅驰汽车公司实际节省关税：

$$(90-70) \times 100 \times 50\% = 1\,000(万元)$$

迅驰汽车公司在配合海关稽查部门调查期间会发生一定的费用，但这部分费用相对于其取得的1 000万元的纳税筹划利益来说比较微小。

【例9-3】 远东技术研究院经批准投资3亿元建立一个新能源实验室，其中的核心设备只有西欧某国才能制造。这是一种高新技术产品，由于这种新产品刚刚面市，其确切的市场价格尚未形成，远东技术研究院已确认其未来的市场价格将远远高于目前市场上的类似产品的价格。因而，开发商预计此种产品进口到中国国内市场上的售价将达到2 000万美元，经过多次友好协商，远东技术研究院以1 800万美元的价格作为该国技术援助项目购得该设备，而其类似产品的市场价格仅为1 000万美元，关税税率为25%，外汇汇率为1∶8.25。

如果按照交易的实际情况进行申报，则该项设备在进口环节应缴纳的关税为

$$1\,800 \times 8.25 \times 25\% = 3\,712.5(万元)$$

经研究后远东技术研究院以900万美元的价格向当地海关进行申报进口,海关认为其资料不真实,于是立案调查。经过调查,海关当局发现与该设备相近的产品的市场价格为1 000万美元。而该设备是一种刚刚研制开发出来的新产品,其价格应当高于1 000万美元,于是,海关对这种进口新产品的完税价格进行估定。比照类似货物成交价格依法进行估价,确定其价格为1 000万美元。这样,研究所进口这套设备应当缴纳关税实际为

$$1\,000 \times 8.25 \times 25\% = 2\,062.5(万元)$$

这样,远东技术研究院通过纳税筹划,实际节约关税1 650万元。

本案例是针对稀有产品的纳税筹划。这里的稀有产品指的是目前市场上还没有或很少出现的产品,如高新技术、特种资源、新产品等。由于这些产品进口没有确定的市场价格,而且其预期市场价格一般要远远高于通常市场类似产品的价格,这就为进口完税价格的申报留下了较大的空间。

(三)出口货物完税价格的纳税筹划

出口商品的海关估价应是成交价格,即该出口商品售予境外的应售价格。应售价格应由出口商品的境内生产成本、合理利润及外贸所需的储运、保险等费用组成,也就是扣除关税后的离岸价格。

对出口货物完税价格进行纳税筹划时,纳税人需要注意的是,出口货物的离岸价格,应以该项货物运离国境前的最后一个口岸的离岸价格为实际离岸价格。如果该项货物从内地起运,则从内地口岸至国境口岸所支付的国内段运输费用应予扣除。另外出口货物的成交价格如为货价加运费价格,或为国外口岸的到岸价格时,则应先扣除运费并再扣除保险费后,再按规定公式计算完税价格。当运费成本在价格中所占比重较大时,这一点就显得更为重要。如果在成交价格外,还支付了国外的与此项业务有关的佣金,则应该在纳税申报表上单独列明。这样,该项佣金就可予以扣除。但如未单独列明,则不予以扣除。

三、利用纳税时间进行纳税筹划

对于纳税人来说,如何尽可能地延长纳税期限即推迟缴纳税款以获得货币时间价值的好处,是对纳税时间进行筹划的主题。关税的缴纳方式主要有三种,即基本纳税方式、放行纳税方式和汇总纳税方式。基本纳税方式要求纳税人随货物进出口申报时即缴纳税款,这显然有利于海关加强管理,但却减少了纳税人占用应纳税款的时间。因而,纳税人应尽可能地采用后两种方式缴纳税款。

采用放行纳税方式和汇总纳税方式,纳税人一方面可以使进出口货物及时通过关境投入市场,避免了货物在进出境时的仓库存储和管理费用支出,另一方面

又延长了对应纳税款的占用时间。因此纳税人应尽可能争取到采用这两种纳税方式所应满足的条件,怎样在办理手续时使进出口货物达到规定的"易腐货物、急需货物、通关手续无法立即办理结关的货物",怎样向海关争取到汇总纳税的资格是企业需要努力的方向。除此之外,纳税人还可以利用海关规定的纳税期限进行关税筹划,目前我国实行一周两天休息日,另外还有众多的节假日,这又为关税的纳税时间筹划提供了机会。

复习思考题

1. 我国关税的进一步改革趋势如何?
2. 纳税人进行关税的纳税筹划会对其生产经营活动产生哪些影响?

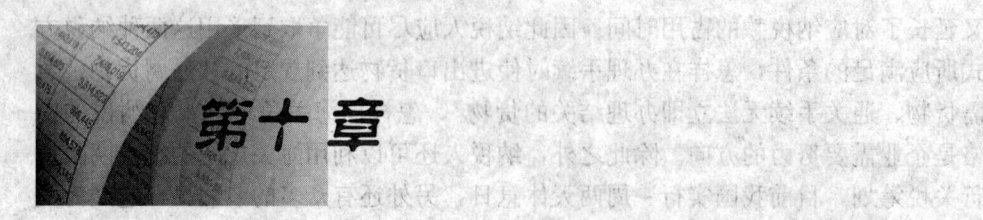

第十章 个人所得税纳税筹划

本章在对个人所得税的纳税人和扣缴义务人、征税范围、适用税率、计税依据的确定、纳税期限和纳税地点及优惠政策等有关纳税法规进行介绍说明的基础上,对个人所得税的工资薪金所得、劳务报酬所得、稿酬所得三个有代表性的纳税筹划方法进行重点分析,并通过一系列的案例进行阐释说明。

【重要概念】 个人所得税制度 优惠政策 纳税筹划方法

第一节 个人所得税制度

个人所得税是对本国公民居住在本国境内的个人所得和境外个人来源于本国的所得征收的一种税。是对个人(自然人)取得的各项应税所得征收的一种税。

个人所得税最早于1799年在英国创立,目前世界上已有140多个国家开征了这一税种。我国的个人所得税法诞生于1980年。党的十一届三中全会以后,随着改革开放的不断深入,对外经济往来、对外贸易合作的不断扩大,人们生活水平的不断提高,收入也有所增加。为了适应新的形势,维护我国税收权益,遵循国际惯例,我国分别制定了对个人所得征税的法律和法规。在1980年公布实施了《中华人民共和国个人所得税法》,同年年底,又公布了个人所得税法实施细则。这项重要立法是中国税制建设的一个重大发展。1986年,国务院根据我国社会经济发展的状况,为了有效调节社会成员收入水平的差距,分别发布了《城乡个体工商业户所得税暂行条例》和《个人收入调节税暂行条例》,从而形成了我国对个人所得课税三个税收法律、法规并存的状况。这些税收法律、法规的实施,对于促进对外经济技术交流与合作,缓解社会分配不公的矛盾,增加财政收入等都发挥了积极的作用。但是随着形势的发展,这些税收法律、法规逐渐暴露出一些矛盾和问题，如费用扣除偏低、名义税率过高等。

为了适应经济发展变化的要求，建立一部统一的既适应于中、外籍纳税人，也适应于个体工商业户和其他人员的新的个人所得税法已势在必行。1993年10月31日第八届全国人民代表大会常务委员会第九次会议通过了《关于修改〈中华人民共和国个人所得税法〉的决定》，同时公布了修改后的《中华人民共和国个人所得税法》，新的《中华人民共和国个人所得税法》于1994年1月1日起施行。1994年1月28日国务院第142号令发布《中华人民共和国个人所得税法实施条例》（以下简称《个人所得税法实施条例》）。1999年8月30日第九届全国人民代表大会常务委员会第十一次会议通过了第二次修正的《中华人民共和国个人所得税法》。它标志着我国个人所得税制朝着法制化、科学化、规范化、合理化的方向迈了一大步，对于促进我国社会主义市场经济的健康发展，扩大对外开放，缓解社会分配不公以及维护国家税收权益，具有极其重要的意义。

2000年9月，财政部、国家税务总局根据《国务院关于个人独资企业和合伙企业征收所得税问题的通知》有关"对个人独资企业和合伙企业停征企业所得税，只对其投资者的经营所得征收个人所得税"的规定，制定了《关于个人独资企业和合伙企业投资者征收个人所得税的规定》。该规定明确从2000年1月1日起，个人独资企业和合伙企业投资者将依法缴纳个人所得税。

2005年10月27日第十届全国人民代表大会常务委员会第十八次全体会议《关于修改〈中华人民共和国个人所得税法〉的决定》第三次修正，从2006年1月1日起，工资、薪金所得费用扣除标准从每月800元提高到每月1 600元。

2007年12月29日第十届全国人民代表大会常务委员会第三十一次会议《关于修改〈中华人民共和国个人所得税法〉的决定》第五次修正，从2008年3月1日起，工资、薪金所得费用扣除标准从每月1 600元提高到每月2 000元。

一、个人所得税的纳税人和扣缴义务人

个人所得税的纳税义务人，包括中国公民、个体工商业户以及在中国有所得的外籍人员和香港、澳门、台湾同胞。上述纳税义务人依据住所和居住时间两个标准，分为居民和非居民，分别承担不同的纳税义务。根据《个人所得税法》规定，居民纳税义务人是指在中国境内有住所，或者无住所而在中国境内居住满1年的个人；非居民纳税义务人是指"在中国境内无住所又不居住或者无住所而在境内居住不满1年的个人"。

我国个人所得税实行代扣代缴和个人申报纳税相结合的征收管理制度。个人所得税采取代扣代缴办法。税法规定，凡支付应纳税所得的单位或个人，都是个人所得税的扣缴义务人。扣缴义务人在向纳税人支付各项应纳税所得（个体工商户的生产、经营所得除外）时，必须履行代扣代缴税款的义务。

二、个人所得税的征税范围

个人所得税法规定的应税所得有 11 项，如下所示：

1. 工资、薪金所得

工资、薪金所得，是指个人因任职或受雇而取得的工资、薪金、奖金、年终加薪、劳动分红、津贴、补贴以及与任职或受雇有关的其他所得。

2. 个体工商户的生产、经营所得

个体工商户的生产、经营所得，是指个体工商户从事工业、手工业、建筑业、交通运输业、商业、饮食业、服务业、修理业及其他行业取得的所得；个人经政府有关部门批准，取得执照，从事办学、医疗、咨询以及其他有偿活动取得的所得；其他个人从事个体工商业生产、经营取得的所得；上述个体工商户和个人取得的与生产、经营有关的各项应税所得。

个人独资企业和合伙企业的生产经营所得，比照"个体工商户的生产、经营所得"应税项目，征收个人所得税。

3. 对企事业单位的承包经营、承租经营的所得

对企事业单位的承包经营、承租经营的所得，是指个人承包经营或承租经营以及转包、转租取得的所得。承包项目可分为多种，如生产经营、采购、销售、建筑安装等各种承包。转包包括全部转包或部分转包。

4. 劳务报酬所得

劳务报酬所得，是指个人独立从事各种非雇佣的各种劳务所取得的所得。包括设计、装潢、安装、制图、化验、测试、医疗、法律、会计、咨询、讲学、新闻、广播、翻译、审稿、书画、雕刻、影视、录音、录像、演出、表演、广告、展览、技术服务、介绍服务、经纪服务、代办服务和其他劳务等项目。

工资、薪金所得是属于非独立个人劳务活动，即在机关、团体、学校、部队、企业、事业单位以及其他组织中任职、受雇而得到的报酬；而劳务报酬所得，则是个人独立从事各种技艺、提供各项劳务取得的报酬。

5. 稿酬所得

稿酬所得，是指个人因其作品以图书、报刊形式出版、发表而取得的所得。稿酬所得与一般劳务报酬相区别，并有一定的优惠照顾。

6. 特许权使用费所得

特许权使用费所得，是指个人提供专利权、商标权、著作权、非专利技术以及其他特许权的使用权取得的所得。提供著作权的使用权取得的所得，不包括稿酬所得。

7. 利息、股息、红利所得

利息、股息、红利所得，是指个人拥有债权、股权而取得的利息、股息和红利所得。

8. 财产租赁所得

财产租赁所得，是指个人出租建筑物、土地使用权、机器设备、车船以及其他财产取得的所得。

9. 财产转让所得

财产转让所得，是指个人转让有价证券、股权、建筑物、土地使用权、机器设备、车船以及其他财产取得的所得。考虑到我国股市的实际情况和股票转让收益的特殊性，国家决定在近年内，对股票转让所得暂不征收个人所得税。

10. 偶然所得

偶然所得，是指个人得奖、中奖、中彩以及其他偶然性质的所得。偶然所得缴纳的个人所得税，一律由发奖单位或机构代扣代缴。

11. 经国务院财政部门确定征税的其他所得

除上述列举的各项个人应税所得外，其他确有必要征税的个人所得，由国务院财政部门确定。

三、个人所得税的税率

（1）工资、薪金所得，适用5%～45%的超额累进税率，见表10-1。

表10-1 工资、薪金所得个人所得税税率

级数	含税级距/月	不含税级距/月	税率/%	速算扣除数
1	不超过500元的	不超过475元的	5	0
2	超过500元至2 000元的部分	超过475元至1 825元的部分	10	25
3	超过2 000元至5 000元的部分	超过1 825元至4 375元的部分	15	125
4	超过5 000元至20 000元的部分	超过4 375元至16 375元的部分	20	375
5	超过20 000元至40 000元的部分	超过16 375元至31 375元的部分	25	1 375
6	超过40 000元至60 000元的部分	超过31 375元至45 375元的部分	30	3 375
7	超过60 000元至80 000元的部分	超过45 375元至58 375元的部分	35	6 375
8	超过80 000元至100 000元的部分	超过58 375元至70 375元的部分	40	10 375
9	超过100 000元的部分	超过70 375元的部分	45	15 375

注：①表中所列含税级距与不含税级距，均为按照税法规定减除有关费用后的所得额。

②含税级距适用于由纳税人负担税款的工资薪金所得；不含税级距适用于由他人（单位）代付税款的工资薪金所得。

（2）个体工商户的生产、经营所得和对企事业单位的承包经营、承租经营所得，适用5%～35%的超额累进税率，见表10-2。

表 10-2　个体工商户的生产、经营所得和对企事业单位的
承包经营、承租经营所得个人所得税税率表

级数	含税级距（年）	不含税级距（年）	税率/%	速算扣除数
1	不超过 5 000 元的	不超过 4 750 元的	5	0
2	超过 5 000 元至 10 000 元的部分	超过 4 750 元至 9 250 元的部分	10	250
3	超过 10 000 元至 30 000 元的部分	超过 9 250 元至 25 250 元的部分	20	1 250
4	超过 30 000 元至 50 000 元的部分	超过 25 250 元至 39 250 元的部分	30	4 250
5	超过 50 000 元的部分	超过 39 250 元的部分	35	6 750

注：①表中所列含税级距与不含税级距，均为按照税法规定减除有关费用（成本、损失）后的所得额。

②含税级距适用于个体工商户的生产经营所得和由纳税人负担税款的承包经营、承租经营所得；不含税级距适用于由他人（单位）代付税款的承包、承租经营所得。

（3）稿酬所得，适用比例税率，税率为 20%，并按应纳税额减征 30%。故其实际税率为 14%。

（4）劳务报酬所得，适用比例税率，税率为 20%。对劳务报酬所得一次收入畸高的，可以实行加成征收。

根据《个人所得税法实施条例》规定，"劳务报酬所得一次收入畸高"，是指个人一次取得劳务报酬，其应纳税所得额超过 20 000 元。对应纳税所得额超过 20 000~50 000 元的部分，按照税法规定计算应纳税额后再按应纳税额加征五成；超过 50 000 元的部分，加征十成。因此，劳务报酬所得实际上适用 20%、30%、40% 的三级超额累进税率，见表 10-3。

表 10-3　劳务报酬所得个人所得税税率表

含税级距/次	不含税级距/次	速算扣除数
不超过 20 000 元的	不超过 16 000 元的	0
超过 20 000 元至 50 000 元的部分	超过 16 000 元至 37 000 元的部分	2 000
超过 50 000 元的部分	超过 37 000 元的部分	7 000

注：①表中所列含税级距与不含税级距，均为按照税法规定减除有关费用后的所得额。

②含税级距适用于由纳税人负担税款的劳务报酬所得；不含税级距适用于由他人（单位）代付税款的劳务报酬所得。

（5）特许权使用费所得，储蓄存款利息、股息、红利所得，财产租赁所得，财产转让所得，偶然所得和其他所得，适用比例税率，税率为 20%。

四、个人所得税的计税依据

个人所得税的计税依据是纳税人取得的应纳税所得额。应纳税所得额是个人

取得的各项收入减去税法规定的扣除项目或扣除金额之后的余额。正确计算应纳税所得额,是依法征收个人所得税的基础和前提。

个人取得的收入一般是现金。除现金外,纳税人的所得为实物的,应当按照所取得实物的凭证上注明的价格,计算应纳税所得额;无凭证的实物或者凭证上所注明的价格明显偏低的,由主管税务机关参照当地的市场价格,核定应纳税所得额;纳税人的所得为有价证券的,由主管税务机关根据票面价值和市场价格核定其应纳税所得额。

在计算应纳税所得额时,除特殊项目外,允许从个人的应税收入中减去税法规定的扣除项目或扣除金额,包括为取得收入所支出的必要的成本或费用。

我国现行的个人所得税采取分项确定、分类扣除,根据其所得的不同情况分别实行定额扣除、定率扣除和会计核算三种扣除办法。

(1) 对工资、薪金所得涉及的个人生计费用,采取定额扣除的办法。即工资、薪金所得,以每月收入额减除费用2 000元后的余额(2007年12月29日第十届全国人民代表大会常务委员会第三十一次会议《关于修改〈中华人民共和国个人所得税法〉的决定》第五次修正,从2008年3月1日起,工资、薪金所得费用扣除标准从每月1 600元提高到每月2 000元),为应纳税所得额。考虑到外籍人员和在境外工作的中国公民生活费用较高的实际情况,税法增列了附加减除费用的规定,可以在每月2 000元扣除额的基础上,再附加每月3 200元的费用扣除额。

(2) 个体工商户的生产、经营所得和对企事业单位的承包经营、承租经营所得及财产转让所得,涉及生产、经营及有关成本或费用的支出,采取会计核算办法扣除有关成本、费用或规定的必要费用。

(3) 对劳务报酬所得、稿酬所得、特许权使用费所得、财产租赁所得,采取定额和定率两种扣除办法。每次收入不超过4 000元的,减除费用800元;4 000元以上的,减除20%的费用,其余额为应纳税所得额。

(4) 财产转让所得,以转让财产的收入额减除财产原值和合理费用后的余额,为应纳税所得额。

(5) 利息、股息、红利所得和偶然所得,不得扣除任何费用。

五、个人所得税的纳税期限

个人所得税的纳税人应在取得应纳税所得的次月7日内向主管税务机关申报所得,并缴纳税款。

(1) 工资、薪金所得应纳的税款,按月计征,由扣缴义务人或者纳税人在次月7日内缴入国库,并向税务机关报送纳税申报。

(2) 个人独资企业、合伙企业、个体工商户的生产经营所得应纳的税款,按年计算，分月预缴，由纳税人在次月 7 日内预缴，年度终了后三个月内汇算清缴，多退少补。

(3) 企事业单位的承包经营、承租经营所得应纳的税款，按年计算，由纳税义务人在年度终了后 30 日内缴入国库。

(4) 从中国境外取得所得的纳税人，应当在年度终了后 30 日内，将应纳税款缴入国库，并向税务机关报送纳税申报表。

六、个人所得税的纳税地点

个人所得税的纳税地点一般为收入来源地的主管税务机关。

(1) 纳税人从两处或两处以上取得工资、薪金所得的，可选择并固定在其中一地税务机关申报纳税。

(2) 从境外取得所得的，应向境内户籍所在地或经常居住地税务机关申报纳税。纳税人要求变更申报纳税地点的，须经原主管税务机关批准。

(3) 个人独资企业和合伙企业投资者应向企业实际经营管理所在地主管税务机关申报缴纳个人所得税。

第二节　个人所得税优惠政策

个人所得税优惠政策根据《中华人民共和国个人所得税法》（中华人民共和国主席令 2005 年第 44 号）的规定，可以从个人所得税免税项目和个人所得税减征项目两个方面去把握。

一、个人所得税免税项目

(1) 省级人民政府、国务院部委和中国人民解放军军以上单位以及外国组织、国际组织颁发的科学、教育、技术、文化、卫生、体育、环境保护等方面的奖金。

(2) 国债和国家发行的金融债券利息。

(3) 按照国家统一规定发给的补贴、津贴。

(4) 福利费、抚恤金、救济金。

(5) 保险赔款。

(6) 军人的转业费、复员费。

(7) 按照国家统一规定发给干部、职工的安家费、退职费、退休工资、离休工资、离休生活补助费。

(8) 依照我国有关法律规定应予免税的各国驻华使馆、领事馆的外交代表、领事官员和其他人员的所得。

（9）中国政府参加的国际公约、签订的协议中规定免税的所得。

（10）以个人所得（不含偶然所得）通过国家机关、非营利社会团体资助科研机构、高等院校研发的，可在下月或下次或当年计征个人所得税时，全额从应税所得额中扣除，不足抵扣的，不得结转抵扣。

（11）个人与用人单位解除劳动关系而取得的一次性补偿收入，其收入在当地职工年平均工资3倍数额内的部分，免税；超过部分，按"工资、薪金"项目计税。计税时，可视为一次取得数月工薪收入，允许在一定期限内平均计算，即以个人取得的一次性经济补偿收入，除以个人在本企业的工作年限数，以其商数作为个人的月工资收入，按税法规定计算缴纳个人所得税。个人在本企业的工作年限数按实际工作年限数计算，超过12年的按12年计算。支付单位在支付时一次性代扣，于次月7日内上缴。

个人领取一次性补偿收入时按国家和地方政府规定比例实际缴纳的住房公积金、医疗保险费、基本养老保险费、失业保险费，在计征其一次性补偿收入的个人所得税时，可予以扣除。企业依法宣告破产，职工从该企业取得的一次性安置费，免税。

（12）股份制企业用资本公积转赠股本不属于股息、红利性质的分配，对个人签订的转赠股本数额，不作为个人所得，不征税。股份制企业用盈余公积金派发红股属于股息、红利性质的分配，应计征个人所得税。

（13）科研机构、高等院校转化职务科技成果以股份或出资比例等股权形式给予个人的奖励，（获奖人在取得股份出资比例时，暂不缴纳个人所得税；取得按股份出资比例分红或转让股权出资比例所得时应依法缴纳个人所得税。）

（14）个人投资者从上市公司取得的股息、红利所得，减半缴纳个人所得税；在股权分置改革中，非流通股股东向流通股股东支付对价所涉及的印花税、企业所得税、个人所得税，暂免缴纳。扣缴义务人按公司分配取得的股息、红利，减按50%计算应税所得额。

（15）购买体育彩票、福利彩票，一次中奖不超过1万元的，免缴个人所得税；超过1万元的，按全额计税（20%）。

（16）经国务院财政部门批准免税的其他所得。

二、个人所得税减征项目

有下列情形之一的，经批准可以减征个人所得税：

（1）残疾、孤老人员和烈属的所得；

（2）因严重自然灾害造成重大损失的；

（3）其他经国务院财政部门批准减税的。

第三节　个人所得税纳税筹划实务

个人收入的来源多种多样，针对不同的收入来源和不同的收入组合方式，我们应有不同的纳税筹划方式。个人所得税法规定：工资、薪金收入、承包转让收入、劳务报酬收入等要缴纳个人所得税。这些收入实行分项计算所得税。如，工资、薪金收入税率实行超额累进税率（劳务报酬收入为比例税率），凡月工资超过 2 000 元者即需要缴纳个人所得税。如何降低税负是纳税人保证个人收入的主要问题。

一、工资、薪金所得的纳税筹划

对于取得工资、薪金收入者来说，企业支付的薪俸是申报个人所得税的依据。这部分收入按月计征，即根据月收入水平累进课税。最低税率为 0，最高税率为 45%，当取得的收入达到某一档次时，要求支付与该档次税率相适应的税款，但是，工薪是根据月收入来确定的，这就为税收规避提供了可能。

（一）兼有工资、薪金所得与劳务报酬所得时的纳税筹划

工资、薪金所得适用的是 5%～45% 的九级超额累进税率；劳务报酬所得适用的是 20% 的比例税率，而对于一次收入畸高的，可以实行加成征收。根据《个人所得税法实施条例》的解释，劳务报酬实际上相当于适用 20%、30%、40% 的超额累进税率。

由此可见，相同数额的工资、薪金所得与劳务报酬所得所适用的税率不同。在某些情况下将工资、薪金所得与劳务报酬所得分开，而在有些情况下将工资、薪金所得与劳务报酬所得合并就会节约税收，因而对其进行筹划就具有一定的可能性。如果在应纳税所得额比较少时，工资、薪金所得适用的税率比劳务报酬所得适用的税率低，就可以在可能的情况下将劳务报酬所得转化成工资、薪金所得，在必要时也可以将其和工资、薪金所得合并缴纳个人所得税。

【例 10-1】　刘先生 2000 年 7 月从公司获得工资、薪金收入共 41 200 元。另外，该月刘先生还获得某设计院的劳务报酬收入 40 000 元。

根据个人所得税法的规定，不同类型的所得应分类计算应纳税额，因此计算如下：

工资、薪金收入应纳税额 =（41 200 − 2 000）× 25% − 1 375 = 8 425(元)

劳务报酬所得应纳税额 = 40 000 ×（1 − 20%）× 30% = 9 600(元)

则刘先生该月应纳税额 = 8 425 + 9 600 = 18 025（元）。

如果刘先生经过考虑，将劳务报酬所得转化为工资、薪金所得缴纳个人所得税，则其应纳税额＝（41 200＋40 000－2 000）×35％－6 375＝21 345（元）。

如果刘先生经过纳税筹划，将工资、薪金所得转化为劳务报酬所得缴纳个人所得税，则其应纳税额＝（41 200＋40 000）×（1－20％）×40％－7 000＝18 984（元）。

由此可见，此案例分开纳税税额比转化后纳税税额较少。

（二）身份认定的纳税筹划

我国个人所得税的纳税义务人分为居民纳税义务人和非居民纳税义务人两种。居民纳税义务人负有无限纳税义务，就其来源于中国境内、境外的全部所得，在我国缴纳个人所得税。而非居民纳税义务人仅负有有限纳税义务，只就其来源于中国境内的所得缴纳个人所得税。很显然，非居民纳税义务人将承担较轻的税负。因此，对于跨国纳税人来说，如果能被认定为非居民纳税人，就可以减轻很大一部分税收负担。

根据我国税法的规定，居民纳税义务人是指在中国境内有住所或者无住所而在中国境内居住满一年的个人。同时在实施细则中规定，这里的居住满一年是指在一个纳税年度里在中国境内居住365天，临时离境的，不扣除天数。因此居住在中国境内的外国人、海外侨胞和香港、澳门同胞，如果在一个纳税年度里，一次离境超过30日或多次离境累计超过90日（简称"90天规则"）的，将不视为全年在中国境内居住。牢牢把握这一尺度就可以避免成为个人所得税的居民纳税义务人，这样纳税人可以仅就其来源于中国境内的所得缴纳个人所得税。

除此之外，对于纳税人纳税义务的认定时间期限还有其他的规定。比如，在一个纳税年度中，在中国境内连续或累计居住不超过90天或者在税收协定规定的期间内在中国境内连续或累计居住不超过180天的个人，仅就其实际在中国境内工作期间由中国境内企业或个人雇主支付或者由中国境内机构负担的工资薪金所得申报纳税等。

【例10-2】 一位美国工程师受雇于美国总公司，从2002年起到中国上海的分公司帮助筹建某工程。在2003纳税年度内，曾几次离境累计80天向美国的总公司述职，但每次都没有超过30天，回国述职期间，该工程师从总公司取得了105 600元薪金。

该工程师由于累计出境时间不超过90天，而且没有一次出境超过30天，因此为我国居民纳税义务人，应就该项所得缴纳个人所得税。

应纳税款＝[（105 600÷12－2 000－3 200）×15％－125]×12＝4 980（元）

如果该工程师经过筹划，将某次的离境时间延长为30天以上，或者在某个节日回国探亲一次，使得累计离境天数超过90天，则可以避免成为我国居民纳税义务人。

又因为该工程师从美国总公司取得的 105 600 元薪金,不是来源于中国境内的所得,所以不用缴纳个人所得税,从而可以节省 4 980 元的个人所得税税款。

(三) 涉及附加减除费用的纳税筹划

纳税义务人在境内和境外同时取得工资、薪金的,应判定其境内、境外取得的所得是否为来源于一国的所得。纳税义务人能够提供在境内、境外同时任职或者受雇及其工资、薪金标准的有效证明文件,可判定其所得是来源于境内和境外所得,应按税法和条例的规定分别减除费用并计算纳税;不能提供上述证明文件的,应视为来源于一国的所得。

在对纳税人的境外所得征税时,往往会遇到该境外所得已经按照所得来源国税法的规定缴纳了税款的情况,为了避免国与国之间的双重征税,各国一般都规定一定的减免或扣除。根据我国税法,纳税人从中国境外取得的所得,准予其在应纳税额中扣除已在境外缴纳的个人所得税税额。但扣除不能超过一定的限额,即不能超过该项所得依照我国税法规定计算的应纳税额。

按照我国《个人所得税法》的规定,对于工资、薪金所得,以每月扣除 2 000 元费用后的余额为应纳税所得额。但是,部分人员在每月工资、薪金所得减除 2 000 元费用的基础上,还可以再享受 3 200 元的附加减除费用。主要范围包括:①在中国境内的外商投资企业和外国企业中工作并取得工资、薪金所得的外籍人员;②应聘在中国境内的企业、事业单位、社会团体、国家机关中工作并取得工资、薪金所得的外籍专家;③在中国境内有住所而在中国境外任职或者受雇取得工资、薪金所得的个人;④财政部确定的取得工资、薪金所得的其他人员。

对于具备享受附加费用待遇的个人,可以考虑有效地利用该项政策,最大限度地使自己少缴甚至不缴纳税款。

【例 10-3】 某纳税人月薪 11 200 元,若该纳税人不适用附加减除费用的规定,其应纳个人所得税的计算过程如下:

$$应纳税所得额 = 11\ 200 - 2\ 000 = 9\ 200(元)$$
$$应纳税额 = 9\ 200 \times 20\% - 375 = 1\ 465(元)$$

若该纳税人为哈尔滨一外商投资企业中工作的美国专家(假定为非居民纳税人),月取得工资收入 11 200 元,其应纳个人所得税税额的计算过程如下:

$$应纳税所得额 = 11\ 200 - (2\ 000 + 3\ 200) = 6\ 000(元)$$
$$应纳税额 = 6\ 000 \times 20\% - 375 = 825(元)$$

由此可见,后者比前者少纳税额 = 1 465 - 825 = 640 (元)。

(四)工资、薪金收入不均衡时的纳税筹划

由于我国个人所得税对工资、薪金所得采用的是九级超额累进税率,随着应纳税所得额的增加,其适用的税率也随着增高。因此,某个时期的收入越多,其相应的个人所得税税收比重就越大。如果某个纳税义务人的工资、薪金类收入极不平均,相对于工资、薪金收入非常平均的纳税义务人而言,其纳税的比重就大得多。这种情况下,对工资、薪金类所得的纳税筹划就尤为重要。

根据国家税务总局的《关于在中国境内有住所的个人取得奖金征税问题的通知》的规定,对于在中国境内有住所的个人一次取得数月奖金或年终加薪、劳动分红,可以单独作为一个月的工资、薪金计算纳税。由于对于每月的工资、薪金所得计税时已按月扣除了费用,因此,对上述奖金不再减除费用,全额作为应纳税所得额直接按适用税率计算应纳税额。如果纳税人取得奖金当月的工资、薪金所得不足2 000元,可将奖金收入减除当月工资与2 000元的差额后的余额作为应纳税所得额,并据以计算应纳税款。如果该项奖金所得一次性发放,由于其数额相对较大,将适用较高税率,可以采取分摊筹划方法,从而节约税款。

对于一些特定的行业(采掘业、远洋运输业、远洋捕捞业以及财政部确定的其他行业)的工资、薪金所得应纳的税款,可以实行按年计算、分月预缴的方式计征。

【例10-4】 技术员朱先生在某公司每月工资2 000元,由于2003年7月份发明一项专利,为所在单位取得了良好的经济效益,所在单位为了表彰朱先生的突出贡献,一次性发放奖金15 000元。

若不进行任何纳税筹划,那么该纳税人:

2003年7月应纳税额=(15 000+2 000-2 000)×20%-375=2 625(元)

然而,如果朱先生和公司达成协议,公司将奖金分7月、8月、9月三次平均下发,8月和9月发放的奖金作为工资计算。那么朱先生应纳税额计算如下:

7月应纳税额=5 000×15%-125=625(元)

8月和9月各应纳税额=(5 000+2 000-2 000)×15%-125=625(元)

三个月合计应纳税额=625+625+625=1 875(元)

由此可见,经过纳税筹划,朱先生可少纳税额=2 625-1 875=750(元)。

(五)税收临界点的纳税筹划

2005年1月26日,《国家税务总局关于调整个人取得全年一次性奖金等计算征收个人所得税方法问题的通知》(国税发[2005]9号)对年终一次性奖金的计税方法做出了新的规定:纳税人取得全年一次性奖金,单独作为一个月工

资、薪金所得计算纳税，但在计征时，应先将纳税人当月内取得的全年一次性奖金除以12个月，按其商数确定适用税率和速算扣除数并据以计算应扣缴的个人所得税。按这种方法计算年终奖个人税后所得额，给纳税筹划留下了空间。

【例10-5】 刘先生和张先生是某公司两名高级管理人员，年终时公司根据两人业绩发放年终奖，刘先生应发年终奖24 000元，张先生应发年终奖25 000元。由于是一次性发放奖金，其计算如下：

刘先生适用个人所得税税率为10%，速算扣除数25元（根据24 000÷12=2 000确定）。则

$$应纳税额 = 24\ 000 \times 10\% - 25 = 2\ 375(元)$$

$$刘先生实际净收益 = 24\ 000 - 2\ 375 = 21\ 625(元)$$

张先生适用个人所得税税率为15%，速算扣除数125元（根据25 000÷12=2 083确定）。则

$$应纳税额 = 25\ 000 \times 15\% - 125 = 3\ 625(元)$$

$$张先生实际净收益 = 25\ 000 - 3\ 625 = 21\ 375(元)$$

因此，我们发现，张先生应发年终奖比刘先生多1 000（=25 000-24 000）元，但税后所得却少250（=21 375-21 625）元。

究其原因是因为24 000元是一个临界点，低于等于24 000元高于6 000元的年终奖适用税率10%，高于24 000元低于60 000元的部分适用税率15%，张先生25 000元刚好超过24 000元这个临界点。

经过分析，我们可以将25 000元分成24 000元年终奖和1 000元第12月月份奖，这样，张先生的年终奖24 000元适用税率为10%，税后所得为21 625元。若张先生12月份的工资为2 000元，则

$$张先生12月月份奖税后收入 = 1\ 000 \times 10\% - 25 = 75(元)$$

$$最终获得税后奖金收入 = 21\ 625 + 75 = 21\ 700(元)$$

因此，通过纳税筹划，张先生可多得净收益=21 700-21 375=325（元）。

二、劳务报酬所得的纳税筹划

虽然劳务报酬适用的是20%的比例税率，但由于对于一次性收入畸高的实行加成征收，实际相当于适用三级超额累进税率，因此，一次收入数额越大，其适用的税率就越高。所以，劳务报酬所得的纳税筹划方法就是：通过增加费用开支尽量减少应纳税所得额，或者通过延迟收入、平分收入等方法，将每一次的劳务报酬所得安排在较低税率的范围内。

(一)《个人所得税法》的规定

属于一次收入的,以取得该项收入为一次,属于同一项目连续性收入的,以一个月内取得的收入为一次。如果支付间隔超过1个月,按每次收入额扣除法定费用后计算应纳税所得额,而间隔期不超过1个月,则合并为一次扣除法定费用后计算应纳税所得额。

但在现实生活中,由于种种原因,某些行业收入的获得具有一定的阶段性,即在某个时期收入可能较多,而在另一些时期收入可能会很少甚至没有收入。这样就有可能在收入较多时适用较高的税率,而在收入较少时适用较低的税率,甚至可能连基本的抵扣费也不够,造成总体税收较高。所以纳税人在提供劳务时,合理安排纳税时间内每月收取劳务报酬的数量,可以多次抵扣法定的定额(定率)费用,减少每月的应纳税所得额,避免适用较高的税率,使自己的净收益增加。

【例10-6】 某公司的甲设计师2004年7～9月取得同一项目劳务收入60 000元,支付交通、食宿等费用9 000元。

在采取一次性申报纳税的情况下,甲设计师9月底将60 000元收入一次领取。

税法规定,劳务报酬所得按收入减除20%的费用后的余额为应纳税所得额,适用20%的比例税率。如果一次收入超过20 000元,20 000～50 000元的部分加征5成的应纳税额。则其应缴纳个人所得税为

$$60\ 000 \times (1-20\%) \times 20\% = 9\ 600(元)$$
$$[60\ 000 \times (1-20\%) - 20\ 000] \times 20\% \times 50\% = 2\ 800(元)$$

则

$$本月应纳税额 = 9\ 600 + 2\ 800 = 12\ 400(元)$$

那么

$$甲设计师获得的净收益 = 60\ 000 - 12\ 400 - 9\ 000 = 38\ 600(元)$$

若经过纳税筹划,改变支付方式,分次申报纳税,纳税人应将本应该在三个月支付的劳务费在一年内支付,使该劳务报酬的支付每月比较平均,从而使得该项所得适用较低的税率。对于业主来说,每月支付一定的费用,经济负担有所减少,也乐于执行。此种方式,双方都有利可图。如此,则甲设计师可以同支付报酬方约定,将60 000元收入分三次领取,每月领取一次,每次20 000元,则甲设计师应缴纳个人所得税:

$$20\ 000 \times (1-20\%) \times 20\% \times 3 = 9\ 600(元)$$

那么

甲设计师获得的净收益为 = 60 000 − 9 600 − 9 000 = 41 400(元)

由此可见，通过纳税筹划，可节省纳税额 = 12 400 − 9 600 = 2 800（元）。

（二）对于为他人提供劳务报酬者的特殊规定

对于为他人提供劳务报酬者，可以采取由对方提供一定服务费用等方式达到规避个人所得税的目的。如由被服务一方向提供劳务服务的一方提供饮食、交通以及其他方面的服务，就等于降低了劳务报酬总额，从而使劳务报酬应纳税所得额保持在较低的水平上。由于对方所提供的饮食、交通等服务可能是提供劳务服务者的日常开支，若由其本人用收入支付往往不能在缴纳所得税时进行扣除，这样，提供劳务报酬的所得因接受对方的服务而降低，同时也达到一定的减税目的。这比直接获得较高的劳务报酬但支付较多的税收有利，因为这样可使劳务报酬所得者在总体上保持更高的收入水平。

【例 10-7】 张教授是北京某名牌大学工商管理学院的教授，对企业管理颇有研究，经常应全国各地企业的邀请，到各地讲课。2004 年 5 月，张教授又与上海一家中外合资企业甲签约，双方约定由张教授给该合资企业的经理层人士讲课，讲课时间为十天。关于讲课报酬双方在合同书上约定：甲企业给张教授支付劳务费 50 000 元，往返交通费、住宿费、伙食费及其他费用均由张教授自负。假设张教授 10 天的开支为：往返机票 3 000 元，住宿费 5 000 元，伙食费 1 000 元，其他费用 1 000 元。

如果没有进行纳税筹划，张教授按期授完课后，甲企业财务人员支付张教授讲课费并代扣代缴个人所得税 10 000 元。

其个人所得税计算如下：

应纳税额 = 50 000 × (1 − 20%) × 30% − 2 000 = 10 000(元)

则

张教授本次讲课净收入 = 50 000 − 10 000 − 3 000 − 5 000
− 1 000 − 1 000 = 30 000(元)

如果进行纳税筹划，将合同中的报酬条款修改为"甲企业向张教授支付讲课费 35 000 元，往返机票、住宿费、伙食费及应纳个人所得税税款均由企业负担"，则张教授本次讲课净收入为 35 000 元。

通过纳税筹划，张教授这样就可多获收入 = 35 000 − 30 000 = 5 000（元）。

由此可见，在日常经济生活中订立合同时可从以下角度考虑：①在合同上最好将费用开支责任归于企业一方，这样既可以减少个人劳务报酬应纳税所得额，又不会增加企业的额外负担；②要注意在合同上用明确条款说明由谁支付税款，因为支付方的不同将会对个人最终得到的实际收益有很大的影响。

三、稿酬所得的纳税筹划

稿酬所得主要是著书所得。著书所得一般由出版社支付，出版社在支付稿酬的同时，也将税款扣缴了。所以，对稿酬收入进行纳税筹划，纳税人要与出版社合作才能完成。主要采取以下措施：

(1) 我国《个人所得税法》规定，个人以图书、报刊方式出版、发表同一作品，不论出版单位是预付还是分笔支付稿酬，或者加印该作品再付稿酬，均应合并稿酬所得按一次计征个人所得税。但对于不同的作品却是分开计税，这就给纳税人的筹划创造了条件。

如果一本书可以分成几个部分，以系列丛书的形式出现，则该作品将被认定为几个单独的作品，单独计算纳税，从而使纳税人减轻税收负担。但值得注意的是，该种发行方式要保证每本书的人均稿酬小于 4 000 元，因为这种筹划法利用的是抵扣费用的临界点，即在稿酬所得小于 4 000 元时，实际扣除标准大于 20％。

如果稿酬所得预计数额较大，还可以考虑改一本书由一个人写为多个人合作创作。这种筹划方法主要利用的是低于 4 000 元稿酬的 800 元抵扣，该项抵扣的效果是获得了大于 20％的抵扣标准。这种筹划方法，除了可以使纳税人少缴税款外，还可以加快创作的速度，使著作成果更易积累。

【例 10-8】 某地著名作家王某新近创作了一部长篇小说，当地一家报业集团在其晚报开辟专栏进行连载，报业集团按发行量支付王某稿酬。由于小说的影响力较大，晚报的发行量也大大增加。同时，许多读者为了收集小说，纷纷来信来电要求报社进行加印或出书。如果报业集团出书或加印，将支付王某稿费 6 000 元（如不出书或不加印应只支付 3 000 元）。由于出版书籍手续烦琐，报业集团拟采取加印方式。王某应如何对稿酬收入进行筹划呢？

如果王某不进行相应的纳税筹划，同意报社采用加印报纸的做法，则因加印而获得的稿酬，按税法规定应合并其稿酬所得按一次缴纳个人所得税。则

应纳税额 = 6 000×(1−20％)×20％×(1−30％) = 672(元)

那么

实际收入 = 6 000−672 = 5 328(元)

如果王某进行相应的纳税筹划，与报社商量采用出书的做法，报业集团同意由所属的月刊出版一期增刊，那么王某因连载和出书所取得的稿费应视同再版稿酬分次缴纳个人所得税。则

应纳税额 = [(3 000−800)×20％×(1−30％)]+[(3 000−800)
×20％×(1−30％)] = 616(元)

那么

$$实际收入 = 6\,000 - 616 = 5\,384(元)$$

显然，利用后一种方法可以少纳税额＝672－616＝56（元）。

（2）作者在著书过程中，往往需要有一些开支，如参加一些社会实践体验生活、采访等活动，将这些费用变成收益，是纳税筹划的一条途径。作者可以在开始写作计划之前，申请单位赞助，由赞助单位提供社会实践费用或租用该单位的设备，在作品完成后将其版权卖与赞助单位，获取稿费和版权收入，缴纳个人所得税，仍可获得800元或收入的20%费用扣除，而实际费用已由赞助单位承担，这就使扣除的费用变为收益，从而达到减税的目的。

【例10-9】 经济学家许某欲创作一本关于我国物流业发展状况与趋势的专业书籍，需要到上海、广东和北京等物流发达地区进行实地考察研究。出版社认为该经济学家在国内知名度很高，预计该书出版后销路不错，便与他达成协议，全部稿费18万元，其中包括到上海等地考察费用支出4.5万元。

如果该经济学家自己负担实地考察费用，出版社全额支付其稿费18万元。则

$$应纳税额 = 180\,000 \times (1-20\%) \times 20\% \times (1-30\%) = 20\,160(元)$$

那么

$$实际收入 = 180\,000 - 20\,160 - 45\,000 = 114\,840(元)$$

如果该经济学家与出版社商定，考察研究费用改成由出版社负责支付，限额为4.5万元，出版社实际支付给该经济学家的稿费为13.5万元。则

$$应纳税额 = 135\,000 \times (1-20\%) \times 20\% \times (1-30\%) = 15\,120(元)$$

那么

$$实际收入 = 135\,000 - 15\,120 = 119\,880(元)$$

因此，采取后一种方法可以节省纳税额＝20 160－15 120＝5 040（元）。

复习思考题

【简答题】

1. 个人所得税的征税范围是什么？
2. 个人所得税的优惠政策有哪些？
3. 简述个人所得税的税率包括哪些内容。

【分析计算题】

1. 赵先生和李先生同为一家啤酒企业员工。赵先生采用月薪制绩效工资，每年6个月淡季工资每月1 500元，6个月旺季工资每月4 000元。李先生是上

层管理人员，采用年薪制，年薪 10 万元。请利用纳税筹划方法进行规划，使赵先生和李先生的净收入达到最大化，并计算其应纳税额为多少。

2. 刘先生是一名高级工程师，2003 年获得某公司的工资类收入 62 500 元。12 月又为另一企业 A 提供技术服务，获得当月报酬为 2 400 元。那么，刘先生该如何税务筹划，使自己的税负最低？最后交纳的个人所得税为多少？

3. 某餐饮企业现有员工 100 人，2003 年，企业预计全年收入 400 万元，利润总额 100 万元（未扣除营业税及相应的附加税费）。随着知名度的不断扩大，该企业拟在某商业闹市区增设一连锁店，预计年收入 200 万元，利润总额 50 万元（未扣除营业税及相应的附加税费），需招聘服务人员 50 人。为此，企业财务负责人向老总建议，在招聘服务人员时，应把下岗失业人员考虑在内，并提出了 4 种操作方案，具体为：①把连锁店作为企业非独立核算的分支机构。方案一：在企业招聘的服务人员中，有 20 名为下岗失业人员。方案二：在企业招聘的服务人员中，50 名全部为下岗失业人员（且签订 3 年劳动合同）。方案三：该餐饮企业调配 20 名职工到其连锁店，之后再向外招聘 30 名下岗失业人员。②把连锁店作为独立企业实行独立核算。方案四：连锁店直接向外招聘 20 名下岗失业人员。问该企业选择哪一个方案能使收益最大化？

第十一章

其他税种的纳税筹划

其他税种的纳税筹划是指除了增值税、消费税、营业税、企业所得税、个人所得税和关税之外的税种的纳税筹划。本章选择土地增值税、房产税和印花税进行纳税筹划介绍。土地增值税是房地产开发企业的重要税种。从2007年2月1日起,国家税务总局要求房地产开发企业在预缴了土地增值税之后一定要进行清算,按照四级超率累进税率据实纳税,所以,做好土地增值税的纳税筹划对于房地产开发企业来说至关重要。房产税和印花税是所有企业每年都要缴纳的税种,掌握其基本纳税筹划方法对纳税人减轻税负具有一定的长远意义。

【重要概念】 计税依据 土地增值率 应税凭证

第一节 房产税的纳税筹划

一、利用计税依据的纳税筹划

房产税是以坐落在特定地域范围内的房屋为课税对象,按房屋的计税余值或租金收入计算征收的一种财产税。

房产税的计税依据是房产的计税余值或房产的租金收入。按照房产计税价值征税的,称为从价计征;按照房产租金收入计征的,称为从租计征。

(一) 从价计征

《房产税暂行条例》规定,房产税依照房产原值依次减除10%~30%后的余值计算缴纳,税率为1.2%。各地扣除比例由当地省、自治区、直辖市人民政府确定。

(二) 从租计征

《房产税暂行条例》规定，房产出租的，以房产租金收入为房产税的计税依据，税率为12%。

纳税人利用房产进行生产经营时，如果经营方式不同，缴纳房产税时的计税依据就不同，其税收负担也就不同。最典型的通过改变经营方式改变计税依据的策略就是：是出租还是仓储？

【例11-1】 某商业企业想发挥部分闲置库房的作用，到底是将库房出租出去还是利用库房开展仓储业务呢？这里需要先明确租赁与仓储的含义。所谓房屋租赁是指租赁双方在约定的时间内，出租方将房屋的使用权让渡给承租方，并收取租金的一种经营方式；仓储是指在约定的时间内，库房所有人用仓库代客储存、保管货物，并收取仓储费的一种经营方式。不同的经营行为适用不同的税收政策法规，这就为纳税筹划提供了可能。

《营业税暂行条例》第二条规定：租赁业、仓储业均应缴纳营业税，适用税率相同，均为5%。根据《房产税暂行条例》及有关政策法规规定，租赁业与仓储业的计税方法不同。房产自用的，其房产税依照房产余值1.2%计算缴纳；房产用于租赁的，其房产税依照租金收入的12%计算缴纳。由于房产税的计税依据不同，必然导致应纳税额的差异，这就预示了纳税筹划的机会。

该商业企业用于出租的库房有三栋，其房产原值为1 600万元，年租金收入为300万元。租金收入应纳税额合计为52.5万元。其中：应纳营业税=300×5%=15（万元）；应纳房产税=300×12%=36（万元）；应纳城建税、教育费附加=15×（7%+3%）=1.5（万元）。

现对该公司的上述经营活动进行纳税筹划。假如年底合同到期，公司派代表与客户进行友好协商，继续利用库房为客户存放商品，但将租赁合同改为仓储保管合同，增加服务内容，配备保管人员，为客户提供24小时服务。假设提供仓储服务的收入约为300万元，收入不变，其应纳税额为29.94万元。其中：应纳营业税=300×5%=15（万元）；应纳房产税=1 600×（1-30%）×1.2%=13.44（万元）；应纳城建税、教育费附加=15×（7%+3%）=1.5（万元）。合计应纳税额为29.94万元。两项比较，可以看出，库房仓储比库房租赁每年节税22.56万元，即使考虑到出租变为仓储后，须增加保管人员，需要支付一定费用，但扣除保管人员的工资费用、办公费用，仍可以节余十多万元。长期如此，则效果更好。此次纳税筹划活动既符合税收法规的要求，又满足了客户的需要，同时又达到了节税的目的。

另外，对于公司的仓储管理业务，技术要求不高，因此在招收职工时可以录用遵纪守法、责任心强的下岗职工，城镇待业人员等，而录用这些人员时公司又可以享受到有关所得税的税收优惠政策，从而进一步降低企业的经营成本。

在上例的基础上，可以通过进一步的分析得出指导纳税人如何进行纳税筹划的房产税纳税无差别平衡点。因为无论是出租还是仓储，纳税人的营业税及其附加的城建税和教育费附加的负担是一样的，在作出纳税筹划决策时可以不予考虑，而仅考虑房产税的负担轻重。假设某纳税人有闲置的仓库原值为5 000万元，假设如果出租（或仓储）的话，租金收入（或仓储费）为X，则出租和仓储的房产税纳税无差别平衡点为$5\ 000 \times (1-30\%) \times 1.2\% = X \times 12\%$，解得$X=350$万元，即当租金或仓储费为350万元时，无论是出租还是仓储，企业的房产税是相同的，均为42万元；如果收费大于350万元，仓储经营的情况下房产税较少，如果收费小于350万元，租赁经营的情况下房产税较少。这为企业根据房产原值和收费的实际情况选择租赁还是仓储的经营方式提供了纳税筹划的决策依据。

二、合理确定税基的纳税筹划

在适用税率既定的情况下，税基是影响房产税应纳税额计算的最为重要的因素。依据税法规定合理确定税基也是进行房产税纳税筹划的重要途径。其基本方法是：在固定资产购置环节，准确划分房屋与其他固定资产的购置成本，合理地计量房屋的原值；在房屋的租赁经营环节，合理地界定、核算租金收入与其他相关费用，避免因对税基确认、计量不合理而增加房产税负担。

【例11-2】 兴发企业（集团）公司2006年初计划兴建一座花园式工厂，工程分为两部分。一部分为办公用房以及辅助设施，包括厂区围墙、水塔、变电塔、停车场、露天凉亭、游泳池、喷泉设施等建筑物，总计造价为1亿元；另一部分为厂房。在兴建过程中，财务总监仔细考虑了房产原值的确认方法。如果1亿元都作为房产原值的话，该企业自工厂建成的次月起就应缴纳房产税，每年应纳房产税（扣除比例为30%）为

$$10\ 000 \times (1-30\%) \times 1.2\% = 84(万元)$$

而按照税法的有关规定，房产是以房屋形态表现的财产，是可供人们在其中生产、工作、居住或储藏物资的场所，不包括独立于房屋之外的建筑物，如围墙、水塔、变电所、露天停车场、露天凉亭、露天游泳池、喷泉设施等。

在这里，准确掌握房屋定义很重要。税法规定，独立于房屋之外的建筑物不征房产税，但与房屋不可分割的附属设施或者一般不单独计价的配套设施需要并入房屋原值计征房产税。与房屋不可分割的各种附属设备或一般不单独计算价值的配套设施，是指暖气、卫生、通风、照明、煤气等设备和各种管线（如蒸汽、压缩空气、石油、给排水等管道及电力、电信、电缆导线），电梯、升降机、过道、晒台等设施。税法同时规定了其具体界限："附属设备的水管、下水道、暖

气管、煤气管等从最近的探视井或三通管算起，电灯网、照明线从进线盒连接管算起。"这就要求我们在核算房屋原值时，应当对房屋与非房屋建筑物以及各种附属设施、配套设施进行适当划分。

因此，该企业如果把停车场、游泳池也都建成露天的，并且把这些独立建筑物的造价同厂房、办公用房的造价分开，在会计账簿中单独记载，则这部分建筑物的造价不计入房产原值，不缴纳房产税。该企业经过估算，除厂房、办公用房外的建筑物的造价为 800 万元左右，独立出来以后，每年可少缴房产税为

$$800 \times (1-30\%) \times 1.2\% = 6.72（万元）$$

房产税是企业年年均需要缴纳的税款。房屋的使用年限特别长，每年节约 6.72 万元的税款，长期如此可以为企业节约巨大的税收支出。

【例 11-3】 宏远投资公司 2006 年底投资在一个闹市区建成一栋商业楼，经营面积达 10 000 米^2。2007 年 1 月，该投资公司与一家大型商业集团就商业楼的出租问题达成一项协议：投资公司将该商场租赁给这家商业集团做综合商场，宏远投资公司的下属子公司（物业管理公司）负责该商业楼的水电供应和各项管理工作，商业集团每月支付给宏远投资公司租金 150 万元，合同约定租赁期限为 10 年。

根据这个协议，宏远投资公司就该项租赁业务应缴纳营业税合计为 150×12×5%＝90（万元）；应缴纳城建税及教育费附加合计为 90×（7%＋3%）＝9（万元）；应缴纳房产税为 150×12×12%＝216（万元）。以上三项合计＝90＋9＋216＝315（万元）。

合同签订后，纳税筹划专家在对企业进行纳税风险评估时发现，该合同中包括代收水电费用每月 30 万元，物业管理和其他综合费用合计每月 40 万元。专家指出，如果将上述事项在合同中分离出来单独签订合同，平时将有关项目分开进行会计核算，情况就将发生变化。

代收代付的水电费用属于转售水电，如果没有发生增值，就不用缴纳增值税。

物业管理费用作为物业管理公司的经营收入，应承担的营业税为 40×12×5%＝24（万元）；应缴纳城建税及教育费附加合计为 24×（7%＋3%）＝2.4（万元）；应缴纳房产税为（150－30－40）×12×12%＝115.2（万元）。以上各种税费合计为 24＋2.4＋115.2＝141.6（万元）。

纳税筹划专家通过对企业有关费用的分拆和筹划，帮助纳税人每月减少税收负担 173.4 万元（315－141.6）。

目前人们在签订房屋租赁合同时，往往采用"一揽子"协议办法，即将水费、电费和房屋租赁放在一起以一个价格签订协议。殊不知水费、电费是应该缴纳增值税的，其中存在进项税额抵扣问题，而房屋租赁应该缴纳 5% 的营业税和

12%的房产税。由此可见,将有关的费用作适当的分离,明确不同的税种,划清不同的计税依据,可以降低企业的综合税收负担率,从而提高企业的生产经营效益。

三、利用税收优惠政策进行纳税筹划

对房产税进行纳税筹划时,应注意掌握对《中华人民共和国房产税暂行条例》规定的免税项目的运用。

1. 国家机关、人民团体、军队自用的房产

(1)"人民团体"是指经国务院授权的政府部门批准设立或登记备案的各种社会团体。如从事广泛群众性社会活动的团体,从事文学艺术、美术、音乐、戏剧的文艺工作团体,从事某种专门学术研究团体,从事社会公益事业的社会公益团体,等等。

(2)"自用的房产"是指这些单位本身原办公用房和公务用房。

2. 国家财政部门拨付事业经费的单位的自用房产

事业单位自用的房产是指这些单位本身的业务用房。

实行差额预算管理的事业单位,虽然有一定的收入,但收入不够本身经费开支的部分,还要由国家财政部门拨付经费补助。因此,对实行差额预算管理的事业单位,也属于由国家财政部门拨付事业经费的单位,对其自用的房产免征房产税。

由国家财政部门拨付事业经费的单位,其经费来源实行自收自支后,应征收房产税。

3. 宗教寺庙、公园、名胜古迹自用的房产

宗教寺庙自用的房产是指举行宗教仪式的房屋和宗教人员使用的生活用房屋。

公园、名胜古迹自用的房产,是指供公共参观游览的房屋及其管理单位的办公用房屋。公园、名胜古迹中附设的营业单位,如影剧院、饮食部、茶社、照相馆等所使用的房产及出租的房产,应征收房产税。

4. 个人拥有的非营业用房产

对个人所有的非营业用房产给予免税,主要是为了照顾我国城镇居民目前住房的实际状况,鼓励个人建房、购房,改善住房条件,配合城市住房制度的改革。但是,对个人所有的营业用房或出租等非自用的房产,应按照规定征收房产税。

5. 经财政部批准免税的其他房产

根据原财政部税务总局关于房产税若干具体问题的解释和暂行规定,下列房产可免征房产税:

(1) 企业办的各类学校、医院、托儿所、幼儿园自用的房产，可以比照由国家财政部门拨付事业经费的单位自用的房产，免征房产税。

(2) 经有关部门鉴定，对毁损不堪居住的房屋和危险房屋，在停止使用后，可免征房产税。

(3) 对微利企业和亏损企业的房产，依照规定应征收房产税，以促进企业改善经营管理、提高经济效益。但为了照顾企业的实际负担能力，可由地方根据实际情况在一定期限内暂免征收房产税。

(4) 企业停产、撤销后，对其原有的房产闲置不用的，经省、自治区、直辖市税务局批准可暂不征收房产税；如果这些房产转给其他征税单位使用或者企业恢复生产，应依照规定征收房产税。

(5) 凡是在基建工地为基建工地服务的各种工棚、材料棚、休息棚和办公室、食堂、茶炉房、汽车房等临时性房屋，不论是施工企业自行建造还是由基建单位出资建造交施工企业使用的，在施工期间，一律免征房产税。但是，如果在基建工程结束以后，施工企业将这种临时性房屋交还或者估价转让给基建单位的，应当从基建单位接收的次月起，依照规定征收房产税。

(6) 房屋大修停用在半年以上的，经纳税人申请，税务机关审核，在大修期间可免征房产税。

(7) 纳税单位与免税单位共同使用的房屋，按各自使用的部分划分，分别征收或免征房产税。

(8) 为鼓励利用地下人防设施的房屋暂不征收房产税。

第二节 土地增值税的纳税筹划

一、土地增值税的基本征收制度

土地增值税是对转让国有土地使用权、地上建筑物及其附着物并取得收入的单位和个人，就其转让房地产所取得的增值额征收的一种税。增值额是指纳税人转让房地产取得的收入减除税法规定的扣除项目后的余额。收入包括货币收入、实物收入和其他收入。税法准予纳税人从转让收入额减除的扣除项目包括：

(1) 取得土地使用权所支付的金额；

(2) 房地产开发成本；

(3) 房地产开发费用，具体是指与房地产开发项目有关的销售费用、管理费用和财务费用；

(4) 与转让房地产有关的税金，与转让房地产有关的税金是指在转让房地产时缴纳的营业税、城市维护建设税、印花税和教育费附加；

（5）其它扣除项目，对从事房地产开发的纳税人可按第（1）项和第（2）项的合计金额，加计20%的扣除；

（6）旧房及建筑物的评估价格，是指在转让已使用的房屋及建筑物时，由政府批准设立的房地产评估机构评定的重置成本价乘以成新度折扣率后的价格，其中评估价格须经当地税务机关确认；此外，转让旧房的，应按房屋及建筑物的评估价格、取得土地使用权所支付的地价款和按国家统一规定缴纳的有关费用及在转让环节缴纳的税金作为扣除项目计征土地增值税。

土地增值税采用四级超额累进税率，具体税率如表11-1所示。

表11-1 土地增值税四级超率累进税率表

级数	增值额与扣除项目金额的比例	税率/%	速算扣除系数/%
1	不超过50%的部分	30	0
2	50%~100%的部分	40	5
3	100%~200%的部分	50	15
4	超过200%的部分	60	35

土地增值税的计算公式为

土地增值税税额 = 增值额×适用税率 − 扣除项目金额×速算扣除系数

二、土地增值税的纳税优惠

（1）纳税人建造普通标准住宅出售，增值额未超过扣除项目金额20%的，免征土地增值税。

国办发［2005］26号中对普通标准住宅的规定为：住宅小区建筑容积率在1.0以上、单套建筑面积在120平方米以下、实际成交价格低于同级别土地上住房平均交易价格1.2倍以下。各省、自治区、直辖市要根据实际情况，制定本地区享受优惠政策普通住房的具体标准。允许单套建筑面积和价格标准适当浮动，但向上浮动的比例不得超过上述标准的20%。各直辖市和省会城市的具体标准要报建设部、财政部、税务总局备案后，在2005年5月31日前公布。

纳税人既建造普通住宅，又建造其他商品房的，应分别核算土地增值额。如果没有分开核算或不能准确核算的，将不能享受建造普通住宅可享受的土地增值税优惠。纳税人应该注意，对建造的普通标准住宅要单独进行核算，才能享受相关的税收优惠政策。

（2）因国家建设需要而被政府依法征用、收回的房地产，免税。这类房地产是指因城市市政规划、国家建设的需要拆迁，而被政府征用、收回的房地产。由于上述原因，纳税人自行转让房地产的，亦给予免税。

（3）个人因工作调动或改善居住条件而转让原自用住房，经向税务机关自报核准，凡居住满5年或5年以上的，免予征收土地增值税；居住满3年未满5年的，减半征收土地增值税；居住未满3年的，按规定计征土地增值税。

三、利用"起征点"优惠规定进行纳税筹划

《中华人民共和国土地增值税暂行条例》第八条规定，纳税人建造普通标准住宅出售，增值额未超过扣除项目金额20%的，免征土地增值税。这里的20%是征免土地增值税的起征点，纳税人如果能利用好这一起征点，可以获得较大的减税利益。

【例11-4】 某开发商有可供销售的普通住房1万米^2。在开发这个项目的过程中，共发生如下费用：土地出让金300万元，开发成本500万元，其他开发费用40万元，利息支出90万元，其他扣除项目160万元，共计1 090万元。在允许扣除项目金额大体确定的条件下，每平方米可有A、B两种价格方案进行选择：A、每平方米售价为1 400元；B、每平方米售价为1 500元。究竟选择哪种售价更有利呢？

在扣除项目已定（1 090万元）的情况下，影响售价决策的可变因素主要的就是税收，其中土地增值税的变数最大，也是可筹划的一个重要因素。在这里，只要将税收因素作一下具体分析，就可以对A、B价格两种方案的优劣作出选择（该开发商适用的营业税税率为5%，所在地的城建税为7%，教育费附加3%）。

A价格方案：每平方米售价为1 400元时，应缴纳营业税、城建税及教育费附加合计为1 400×10 000×5%×（1+7%+3%）=77（万元）。

那么，开发该商品房允许扣除金额合计为1 090+77=1 167（万元）。

该土地开发的增值率为（1 400-1 167）÷1 167=19.7%。

我国税法规定，土地开发的增值率在20%以下的免征土地增值税，则该开发商通过开发这块土地可以获得利润：1 400-1 090-77=233（万元）。

B价格方案：每平方米销售价格为1 500元，应缴纳营业税、城建税及教育费附加合计为1 500×10 000×5%×（1+7%+3%）=82.5（万元）。

那么，开发该商品房通常允许扣除金额合计为1 090+82.5=1 172.5（万元）。

该土地开发的增值率为（1 500-1 172.5）÷1 172.5=27.93%。

根据我国税法的规定，该土地开发的增值率在20%以上，应按规定缴纳土地增值税：（1 500-1 172.5）×30%=98.25（万元），则该开发商通过开发这块土地可以获得利润：1 500-1 090-82.5-98.25=229.25（万元）。

将A、B两种方案进行比较，方案A的售价每平方米低于方案B售价100

元，但由于在较低房价条件下，可以免缴土地增值税98.25万元，这样操作的结果，开发商的利润还高于方案B。这样做，既有价格上的优势，又有利润上的优势，方案A就是最佳方案。

四、合理控制增值率的纳税筹划

土地增值税采用四级超率累进税率。纳税人的税收负担水平的高低，取决于其转让房地产所实现的增值率的高低，土地增值率越高，所适用的税率也越高，纳税人的税负就越重。企业对增值率的控制，通常有以下三种途径：

（1）合理确定房地产的销售价格。当企业测算出其出售的房地产项目的增值率将要超过累进税率的临界点而又没有进一步提价的空间时，可采取降价促销的方式，如对批量购房者给予价格优惠以及开展打折促销活动等。这样做，既可以控制增值额减少土地增值税又可以加快房屋的销售速度。

（2）增加扣除项目。尤其是从基础设施费和公共配套设施费入手。在这些方面增加投资往往可以提高房地产项目的品质，既可以促进销售又可以降低增值率减轻税负。

（3）选择适当的成本、费用计算扣除方法。例如，允许扣除项目中的开发费用包括销售费用、管理费用和财务费用。《土地增值税暂行条例实施细则》规定，财务费用中的利息支出，纳税人能够按转让房地产项目计算分摊利息支出，并提供金融机构证明的，其允许扣除的房地产开发费用为：利息＋（取得土地使用权所支付的金额＋房地产开发的成本）×5%以内，但利息支出最高不能超过按商业银行同类同期贷款利率计算的金额。凡不能按转让房地产开发项目计算分摊利息支出或不能提供金融机构证明的，其允许扣除的房地产开发费用为：（取得土地使用权所支付的金额＋房地产开发成本）×10%以内。不同的利息扣除方式下可以计算扣除的利息是不同的，纳税人可以通过选择合适的利息扣除方式来减轻税负。

【例11-5】 某房地产开发企业2006年筹资开发了一个商品房工程，预计销售收入为3亿元，该项目包括两个部分：一部分是豪华住宅，预计销售价格为1亿元；另一部分为价值2亿元的普通商品房。经过初步测算，整个工程中按照税法规定的可扣除项目金额为2.2亿元，其中普通住宅的可扣除项目金额为1.6亿元，豪华住宅的可扣除项目金额为6 000万元。

为了降低土地增值税的负担，该公司的财务部门提出了三个方案。

方案一：两个工程项目统一管理、统一进行会计核算。根据税法规定，纳税人既建造普通标准住宅，又建造其他商品房的，应分别核算土地增值额。如果没有分开核算或不能准确核算的，其建造普通标准住宅可享受的土地增值税优惠将不能享受。

该项目增值额与扣除项目金额的比例即增值率为：（30 000－22 000）÷22 000×100％＝36％。因此适用 30％的税率，应纳税额为：（30 000－22 000）×30％＝2 400（万元）。

方案二：两个项目分开管理，分别进行会计核算。根据税法规定，如果将两个不同性质的开发项目分开进行会计核算，分别计算销售收入和可扣除项目的金额，则应分别缴纳土地增值税。

该项目普通标准住宅增值率为：（20 000－16 000）÷16 000×100％＝25％。适用 30％的税率，应纳税额为：（20 000－16 000）×30％＝1 200（万元）。豪华住宅增值率为：（10 000－6 000）÷6 000×100％＝67％。适用 40％的税率，应缴纳土地增值税：（10 000－6 000）×40％－6 000×5％＝1 300（万元）。三者合计税额为 2 500 万元。分开核算比不分开核算多支出税金 100 万元。

方案三，在将两个项目分开管理、分别进行会计核算的基础上，对普通住宅的支出项目进行筹划和控制，使普通住宅的增值率控制在 20％以下。此时的纳税情况将发生变化。

在分开核算的前提下，该项目的普通标准住宅的增值率为 25％，超过 20％，还得缴纳土地增值税。进一步筹划的关键就是通过适当减少销售收入，或增加可扣除项目金额使普通住宅的增值率控制在 20％以内。

(1) 减少销售收入

房地产开发企业在运用这一方法时，要比较减少的销售收入和降低增值率所带来的税金减少额两者的大小，从而做出是否进行纳税筹划的选择。

假定上例中其他条件不变，只是普通住宅的销售收入发生变化，要使普通住宅的增值率限制在 20％以内，则从（X－16 000）÷16 000×100％＝20％中可求出，销售收入 X＝19 200 万元。

此时如果分开核算，该企业应缴纳的土地增值税仅为豪华住宅的 1 300 万元，比之前不分开核算的税额 2 400 万元少缴税 1 100 万元，与减少的收入 800 万元相比，节省支出 300 万元。

(2) 增加可扣除项目金额

假定上例中普通住宅的销售收入不变，只是普通住宅的可扣除项目金额发生变化（这可以通过增加公共基础设施、改善住房的设计或其条件等方法来实现），要使普通住宅的增值率限制在 20％以内，那么从（20 000－y）÷y×100％＝20％等式中可计算出，可扣除项目金额 y＝16 667 万元。

此时，该企业应缴纳的土地增值税仅为豪华住宅应纳税额 1 300 万元，比不分开核算少缴税 1 100 万元，扣除所增加的可扣除项目金额 667 万元，减少支出 433 万元。

【例11-6】 假设某房地产开发企业进行一个房地产项目开发,取得土地使用权支付金额300万元,房地产开发成本为500万元。

如果该企业利息费用能够按转让房地产项目计算分摊并提供了金融机构证明,则其可扣除开发费用=利息费用+(300+500)×5%=利息费用+40万元;

如果该企业利息费用无法按转让房地产项目计算分摊,或无法提供金融机构证明,则其可扣除开发费用=(300+500)×10%=80万元。

对于该企业来说,如果预计利息费用高于40万元,但没有超过按商业银行同类同期贷款利率计算的金额,企业应力争按转让房地产项目计算分摊利息支出,并取得有关金融机构证明,以便据实扣除有关利息费用,从而增加扣除项目金额。

第三节 印花税的纳税筹划

印花税是对在经济活动中书立、领受应税凭证的单位和个人征收的一种税。由于该税种采取由纳税人依照税法规定自行购买并粘贴印花税票的方式履行纳税手续,因而称为印花税。印花税的筹划可以从以下几个方面进行:

一、划清征、免税业务界限的纳税筹划

印花税是一种特定行为税,其课税对象是书立、领受应税凭证的行为。我国现行印花税以下列凭证为应税凭证:

(1)各类经济合同及具有合同性质的凭证,包括购销合同、加工承揽合同、建设工程勘察设计合同、建筑安装工程承包合同、财产租赁合同、货物运输合同、仓储保管合同、借款合同、财产保险合同、技术合同等。

(2)产权转移书据,包括财产所有权和版权、商标专用权、专利权、专有技术使用权等转移书据。

(3)营业账簿,指单位或者个人记载生产经营活动的财务会计核算账簿,分为记载资金的账簿和其他账簿。

(4)权利、许可证照,包括政府部门发给的房屋产权证、工商营业执照、商标注册证、专利证、土地使用证。

对在我国境内书立、领受上述凭证的行为应依法征收印花税;上述范围之外的凭证为非应税凭证,不属于印花税的征税范围。

根据税法规定,纳税人在经济活动中应注意划分应税凭证与非应税凭证的界限,将两类不同的凭证分开书立或记载,避免由于混淆应税与非应税业务而承受

不必要的税收负担。在此基础上，还应通过合理计算，确定两类不同经济事项的金额，进一步减少应纳税额。

【例11-7】 某航空公司承接某电影摄制组的人员与服装、道具、摄影器材等货物的包机运输业务，双方商定的运费金额为36万元，并起草了运输合同。由于该合同未分别记载客、货运输费用金额，按照税法规定，应就运费总金额依照0.5‰的税率计算缴纳印花税，应纳税额为：360 000×0.5‰＝180（元）。

经双方研究决定，对合同草案进行修订，在运费总金额不变的情况下，将货运费用按照最低价格标准确定为6万元，其余30万元确定为客运费用，并正式签订了合同。按照税法规定，既有货物运输又有客运的包机运输合同，分别记载金额的，只对货物运输部分征收印花税。如果客、货运输不能分开计算，应按全额计算缴纳印花税。这样，应纳税额为：60 000×0.5‰＝30（元）。双方各比按原定方案签订合同少缴纳印花税150元。

二、合理划分适用不同税率的经济事项金额的纳税筹划

《印花税暂行条例实施细则》规定，同一应税凭证，因记载有两个或者两个以上经济事项而适用不同税目税率，如果分别记载金额的，应分别计算应纳税额，相加后按合计税额纳税；如果未分别记载金额的，应就全部金额，按高税率计算纳税。根据这一规定，纳税人在书立此种应税凭证时，应当分别记载适用不同税目、税率的经济事项的金额，并在总金额既定的前提下，在合理的限度内尽量从低计算适用高税率经济事项的金额，以降低税收负担。

【例11-8】 某物流公司与某食品公司商定，长期为其提供仓储、运输服务，并按年度签订合同。2006年度签订的合同总金额为60万元。

按照税法的规定，仓储保管合同适用的印花税税率为1‰，货物运输合同适用的税率为0.5‰。如果该合同不分别记载两类不同业务的金额，应就合同总金额，全部按照仓储保管合同所适用的税率计算缴纳印花税，应纳税额为：600 000×1‰＝600（元）。

如果在合同中分别记载两类经济业务的金额，按其各自适用的税率计算缴纳印花税，则一定可以减轻税负。经筹划，双方同意对仓储保管费用按最优惠价格标准计算，金额为25万元，运输费用金额为35万元。此时，应纳印花税税额为：250 000×1‰＋350 000×0.5‰＝425（元）。

此项业务通过压低仓储保管费用金额不仅能够使物流公司和食品公司双方各自少缴纳印花税175元，而且可以降低物流公司的营业税负担，因为仓储业适用的营业税税率为5%，而交通运输业适用的营业税税率为3%。

【例11-9】 某石油专用管材制造公司受托为某油田加工定制一批石油套管。双方商定，合同金额为280万元，其中，由受托方提供部分材料，价值为235万元，加

工费为45万元。

根据税法的规定，由受托方提供原材料的加工、定做合同，凡在合同中分别记载加工费金额与原材料金额的，应分别按"加工承揽合同"、"购销合同"计税，两项税额相加即为应纳印花税税额；如果合同中不划分加工费与原材料金额，应就全部金额，按"加工承揽合同"计税。购销合同适用的印花税税率为0.3‰，加工承揽合同适用的印花税税率为0.5‰。由于加工承揽合同的税收负担高于购销合同，因而，双方在订立合同时不仅应分别记载两类不同经济业务的金额，而且应当在合同总金额不变的情况下，尽可能压低加工费金额。

三、签订"无金额合同"的纳税筹划

税法规定，有些合同在签订时无法确定计税金额的，可在签订时先按照定额税率缴纳5元印花税，待以后结算时，再按实际金额和适用税目、税率计税，并补贴印花税票。由于按照税法的一般规定，合同是应当在签订时贴印花纳税的，因此，某些合同如果采取上述方式签订，就可以收到推迟纳税时间的效果。

【例11-10】 某公司将一间5 000米² 的厂房出租给某商场作仓库。双方议定的租金标准为每平方米0.5元/天，租期为一年，每月10日前缴清当月租金。如果租赁合同中载明租期，全年应缴纳印花税为：5 000×0.5×365×1‰＝912.5（元）。这项税额应在签订合同时一次缴纳。

如果在合同中只规定每平方米厂房的日租金标准，不载明租期，则可以在签订合同时先按定额税率粘贴5元的印花税票，待以后每月结算租金时，再按实际结算金额计算补缴印花税。

四、合理压缩合同记载金额的纳税筹划

税法规定，纳税人应在签订合同时按合同所记载的金额计算缴纳印花税。对于已经履行并缴纳印花税的合同，实际结算金额与合同所载金额不一致的，如果因实际结算金额小于合同所载金额而多缴纳了印花税，纳税人不得申请退税或抵税；如果因实际结算金额大于合同所载金额而少缴纳了印花税，一般也不再补缴。纳税人可利用这一规定，在签订某些合同时，在合理的限度内，尽可能地压低合同记载金额，以达到节税的目的。

五、合理选择借款方式的纳税筹划

一些纳税人由于生产经营活动的季节性特点，在一年当中的各个不同时期对流动资金的需求量不尽相同。企业在生产经营的旺季需要向金融机构大量借款，而在淡季由于资金需求量下降会归还大部分甚至全部借款，当生产经营旺季时再

重新借入资金。如果每次借款时借贷双方都重新签订合同，应分别就每次所订合同所记载的借款金额计算缴纳印花税。

而按照税法的规定，对此类流动资金周转性借款，如果按年或按期签订借款合同，规定借款最高限额，在签订借款合同时，应按合同规定的最高借款限额计算缴纳印花税。在合同期内，借款可随借随还，再借款时只要不超过合同规定的最高限额，不签订新合同，就不需另缴印花税。因此，企业如果能够选择这种"定期、限额"的借款方式，会比采用一般短期借款方式少缴印花税。

六、利用税收优惠政策的纳税筹划

（一）免征、暂免征规定

（1）已缴纳印花税的凭证的副本或者抄本，免征印花税，但是视同正本使用者除外。

（2）财产所有人将财产赠给政府、社会福利单位（指抚养孤老伤残人员的社会福利单位）、学校所立的书据，免征印花税。

（3）国家指定的收购部门与村民委员会、农民个人书立的农副产品收购合同，免征印花税。

（4）无息、贴息贷款合同，免征印花税。

（5）外国政府或者国际金融组织向我国政府及国家金融机构提供的优惠贷款所书立的合同，免征印花税。

（6）对房地产管理部门与个人订立的租房合同，凡用于生活居住的，暂免贴花。

（7）对铁路、公路、航运、水路承运快件行李、包裹开具的托运单据，暂免贴花。

（8）凡附有军事运输命令或使用专用设备的军事物资运费结算凭证，免纳印花税。

（9）凡附有县级以上（含县级）人民政府抢险救灾物资运输证明文件的运输结算凭证，免纳印花税。

（10）为新建铁路运输施工所属物料，使用工程临管线专用运费结算凭证，免纳印花税。

（11）各类发行单位之间，以及发行单位与订阅单位或个人之间书立的征订凭证，免征印花税。

（12）由外国运输企业运输进口货物的，外国运输企业所持有的一份结算凭证，免纳印花税。

（13）中国人民银行各级机构向各专业银行发放季节性贷款和短期临时性贷

款中提供的日拆性贷款（专指20天内的贷款）所签的合同或借据，暂免征印花税。

（14）中国农业发展银行办理的农副产品收购贷款、储备贷款及农业综合开发和扶贫贷款等财政贴息贷款合同，免征印花税。

（15）经财政贴息的项目贷款合同，免征印花税。

（16）石油股份公司、大庆油田有限责任公司新成立时设立的资金账簿，免征印花税。石油集团及其子公司在重组过程中向石油股份公司转移资产所签订的产权转移书据，免征印花税。

（17）对中国石油化工股份有限公司、中国石化胜利油田有限公司、中国石化国际事业公司和中国石化销售公司新成立时设立的资金账簿，免征印花税。

（18）对移动集团公司及各省（区、市）移动通信公司设立的资金账簿，凡属于从原中国邮电电信总局剥离资产前已贴花的资金，免征印花税。

（二）暂不征收的规定

（1）下列合同暂不贴花：①财政等部门的拨款改贷款签订的借款合同，凡直接与使用单位签订的，暂不贴花。②出版合同，不贴印花。③代理单位与委托单位签订的代理合同，不贴印花。

（2）农林作物、牧业畜类保险合同暂不贴花。

（3）对经国务院和省级人民政府决定或批准进行政企脱钩、对企业（集团）进行改组和改变管理体制、变更企业隶属关系，以及国有企业改制。盘活国有企业资产，而发生的国有股权无偿划转行为，暂不征收证券交易印花税。

（三）分次贴花

对于微利、亏损企业记载资金的账簿，第一次贴花数额较大，难以承担的，经当地税务机关批准，可允许在3年内分次贴足印花。

（四）企业改制过程中有关印花税征免规定

1. 资金账簿的印花税

（1）实行公司制改造的企业在改制过程中成立的新企业（重新办理法人登记的），其新启用的资金账簿记载的资金或因企业建立资本纽带关系而增加的资金，凡原已贴花的部分可不再贴花，未贴花的部分和以后新增加的资金按规定贴花。

公司制改造包括：国有企业依《公司法》整体改造成国有独资有限责任公司；企业通过增资扩股或者转让部分产权，实现他人对企业的参股，将企业改造成有限责任公司或股份有限公司；企业以其部分财产和相应债务与他人组建新公司；企业将债务留在原企业，而以其优质资产与他人组建的新公司。

（2）以合并或分立方式成立的新企业，其新启用的资金账簿记载的资金，凡原已贴花的部分可不再贴花，未贴花的部分和以后新增加的资金按规定贴花。

（3）企业债权转股权新增加的资金按规定贴花。

（4）企业改制中经评估增加的资金按规定贴花。

（5）企业其他会计科目记载的资金转为实收资本或资本公积的资金按规定贴花。

2. 各类应税合同的印花税

企业改制前签订但尚未履行完的各类应税合同，改制后需要变更执行主体的，对仅改变执行主体、其余条款未作变动且改制前一贴花的，不再贴花。

3. 产权转移书据的印花税

企业因改制签订的产权转移书据免于贴花。

复习思考题

1. 了解物业税的情况，谈谈我国出台物业税的意义。
2. 房地产开发企业还可以在哪些方面进行土地增值税的纳税筹划？

第十二章

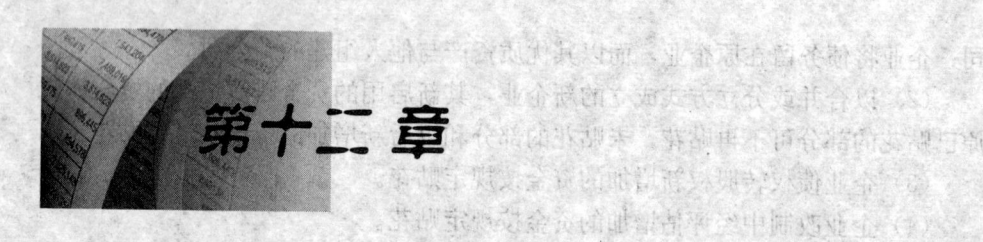

国际纳税筹划

本章在介绍国际纳税筹划的概念、国际纳税筹划面临的困难和应注意的问题、国际纳税筹划的风险以及国际税收的节税、偷漏税、避税概念的界定以及反偷漏税、反避税的征管措施等税收政策法规的基础上，重点分析介绍利用投资地、利用税收管辖权、利用税收抵免制度、利用国际税收协定、利用转让定价、利用跨国内部融资、利用企业的组织形式和通过会计处理方法等八个有代表性的国际纳税筹划方法，并通过相关案例进行阐释说明。

【重要概念】　国际纳税筹划　纳税筹划　筹划方法

第一节　国际纳税筹划通论

一、国际纳税筹划的概念

国际纳税筹划（international tax planning）是指纳税人为了在纳税中更多地取得税收利益，事先对跨国经营组织形式和交易活动所作的周密安排活动。即纳税人在进行跨国经营决策时，如有两个或两个以上符合税法[①]的方案时，将选择税负最低的方案。

国际纳税筹划主要包括国际避税筹划、国际节税筹划与跨国公司内部筹划三个方面的内容，国际避税筹划是其核心。

所谓国际避税筹划，是指由于不同国家法律标准和政府管理手段的不同，跨国企业采取非违法手段减少经营目的国（或地区）纳税负担的经济行为。国际避

---

① 本书所指的"税法"或"法律"都是指某个国家或地区的税法或法律，因为尽管国际纳税筹划行为从空间上看具有国际性质，但其实施必然要受到一个具体国家或地区的税法和法律的约束。

税筹划之所以可行，主要是因为各国的税收法律存在差别。一项经营行为或收益，在某一国家可能要缴较重的税，而在另一国家则可能税负很轻甚至无需纳税。纳税人为了规避重税，往往是利用税法的漏洞、管理的空白，把经营活动和收益转移到税收负担轻的国家。国际避税会使相关国家的税收减少，因此避税行为必然成为利益受损国税务当局防范的对象。不过，因为国际避税具有较强的隐蔽性，不易被发现，或者发现后处理也会受到多方面的限制，相比国内避税，具有较强的安全性，也较容易取得良好的效果。

所谓国际节税筹划，是指纳税人依据税法中规定的优惠政策，采取合法的手段，最大限度地享受其优惠条款来达到减轻税负的经济行为。某些国家或地区为了吸引外资，鼓励某一行业的发展，往往采取相对优惠的税收政策。不同国家的经济发展水平不同，国际化程度不同，经济结构不同，采取税收优惠政策的力度也各有不同。世界上也有一些国家对外资不仅不采取优惠政策，而且还课征更高的税收。国际节税筹划就是在这种国际性的政策导向影响下，将经济业务转移到税收优惠较多的国家去操作，从而获得更多的经济利益。这种行为是符合所在国的立法精神的。

所谓跨国公司内部筹划，是指集团型跨国公司从集团整体利益出发，通过调整集团内部关联企业的价格从而达到减轻税负的经济行为。由于跨国公司的不同成员分布在不同的国家或地区，跨国公司可以利用各国或各地区税率和税收规则方面的差异，采取转移定价等方式以达到减轻集团整体税负水平的目的。

（一）国内纳税筹划与国际纳税筹划的联系

1. 纳税筹划目标相同

在市场经济条件下，任何企业的目标都是追求股东财富的最大化，而国内与国际纳税筹划也都是为了追求这个终极目标而采取有效措施实现企业整体税负水平最低。

2. 纳税筹划相互依存

国内纳税筹划是国际企业纳税筹划的基础，进行跨国经济活动的企业必须在经营活动所涉及的各个国家先进行国内纳税筹划，并在此基础上进行国际纳税筹划活动。国际纳税筹划的某些特征不仅适用于进行跨国经营活动的企业，而且也适用于在某一国家内部实现纳税负担最小化的企业。对于并不直接从事跨国经济活动的纳税人来说，可以将所得转移到具有税收优惠政策的国家或地区，国际纳税筹划为国内纳税筹划提供了更多的备选方案。

3. 纳税筹划方法、技术相同或相似

国内纳税筹划的某些方法、技术在国际纳税筹划中同样适用，只是在适用的范围、条件或环境上有所区别，如免税技术、抵税技术和分割技术等在国内和国际纳税筹划中都有广泛的应用。

（二）国内纳税筹划与国际纳税筹划的区别

1. 面临的环境不同

国内纳税筹划只是在某一国家政治、经济背景下，对单一国家内部经济活动所进行的纳税筹划活动，环境相对简单，容易把握；而国际纳税筹划则要考虑经济业务所涉及的相关国家和地区的政治、经济环境，有时甚至需要在不同国家或地区间进行政策或法律的比较才能做出正确的筹划方案选择，因此相对比较复杂。

2. 面临的风险不同

既然国内纳税筹划所面临的环境相对单一和稳定，则其所面临的风险也较低；而国际纳税筹划由于其经济业务所涉及的国家和地区广泛，涉及的国际经济制度和法律广泛，各国又可能在政治制度、经济体制和法律法规等方面具有较大差异或者变革，因此给国际纳税筹划活动带来了较大的技术难题和风险因素。

3. 技术手段不同

国际纳税筹划尽管在某些经济业务方面应用了国内纳税筹划的技术和方法，但诸如对国际税收管辖权、国际税收协定等方法的运用是国际纳税筹划所独有的。

二、国际纳税筹划面临的困难和应注意的问题

（一）国际纳税筹划所面临的困难

1. 许多国家制定了反避税的法规

针对近些年来纳税筹划活动日益被跨国企业所重视的现状，各国政府的税务部门意识到，纳税筹划被跨国纳税者的滥用，极容易向不当避税甚至偷漏税转化，因此许多国家制定了反避税的法规。首先，在立法方面强化纳税人的义务。如美国、德国、比利时、瑞士等国明确规定纳税人在税收案件中应就国外从事经营和纳税情况负举证义务。其次，采取措施对避税发生的后果进行调整与纠正。如我国《企业所得税暂行条例》第十条、《外商投资企业和外国企业所得税法》第十三条和《税收征收管理法》第二十四条规定，税务机关有权对关联企业的应纳税所得额进行合理调整。

2. 杜绝非法逃税的管理水平不断提高

各国税务管理部门，一直在努力强化税务管理，加强对纳税活动的控制，努力改善征管手段，提高征管水平和征管效率，设法杜绝非法逃税。如我国国家税务总局1998年正式颁布的《关联企业业务往来税务管理规程》对关联企业转让

定价行为进行了全面、系统的规范，这无疑给国际企业针对我国的纳税筹划活动带来了困难。

3. 签订国际税收协定条款

各国政府除了上述单边行动以外，还进行了双边或多边的国际协调，其目的是解决和协调各国税制上的差异，保证各个国家的政府利益。其结果体现在储如"避免双重征税和防止避税"的税收协定条款中。如欧洲共同体成员国已实行统一增值税，并从1986年开始按各国增值税收入提取一定比例的共同经费，同时对国际偷漏税采取对策。又如，经合组织（OECD）在税务协调方面也取得了一定进展，2002年最新公布了《税收情报交换协议范本》。近年来，我国积极参与国际税务领域活动，已同60多个国家签订了税务协定。

（二）国际纳税筹划应注意的问题

跨国纳税人面对风云变幻的世界经济气候和错综复杂的国际税收环境制定国际纳税计划，其根本目的在于谋求企业整体纳税负担最小化。因此，我国跨国经营企业必须从全球的观点出发安排经营活动，开展多元化的纳税筹划业务。

1. 要深入了解各国税收制度及相关信息

世界各国税收制度千差万别，税种、税率、计税方法都有很大差异，课税关系相对复杂。此外，各国的经营形式和内容，收益的种类，以及政治、军事、科技、文化、民俗等都影响着企业的经营活动，进而影响企业的财务规划和税务安排。

2. 要有全局观念

跨国集团企业应从集团整体利益出发，一方面不可为了局部利益而丧失整体利益，不可为了追求在某一国家或地区的税负低而不考虑在其他国家或地区税负水平的提高；另一方面也不可为了某些纳税项目的降低而忽视可能导致的其他纳税项目的提高。比如为了减少预提税税负去挂靠某国，企图利用该国与他国的税收协定，不料该国却有沉重的所得税纳税负担。

3. 要有长远观念

税收筹划应具有前瞻性，应对立项行业、注册地域以及目标国的政治经济稳定性等方面作综合分析，以寻求符合企业长远发展战略和经济利益的投资和经营谋划方案。

三、国际纳税筹划的风险

1. 直接的经济风险

国际纳税筹划是一种事前行为，具有超前性的特点，而有关国家的税法可能在经济业务进行中发生较大的变化，存在税制变化的风险，加上汇率变化等跨国经营所固有的风险,将使得国际纳税筹划具有直接的经济风险。

2. 法律风险

在国际纳税筹划过程中,由于筹划人对有关法律的不当理解,对国际税收差异或漏洞的不当利用将超出法律界线,存在被判定非法逃税的可能性,产生法律风险。一是引起法律诉讼,承担诉讼费用,且一旦被确认违法,将面对经济制裁或行政制裁。例如,对逃税者英国处以应纳税款12倍的罚金,瑞典处以应纳税额4倍的罚金,菲律宾、土耳其采取暂时停业的处罚等。二是若被认定为偷税行为,企业长期建立起来的信誉与形象将受到严重的损害,对企业商誉及未来经营活动将产生破坏性影响。从长远看,这种影响所造成的经济损失可能远大于企业因逃税而获得的利益。

因而,任何一个企业在进行跨国投资前和跨国经营活动中,都必须充分研究相关国家或地区的政策法律和规定,并跟踪其政策法律的变化,适时的调整经营战略和财务策略,以规避可能发生的风险。

四、国际税收的节税、偷漏税、避税概念的界定以及反偷漏税、反避税的征管措施

(一) 国际节税

节税(tax saving)也称狭义的税收筹划或税收计划(tax planning),在西方国家几乎家喻户晓,但在我国只是近年来才被重视。究竟什么是税收筹划,许多外国专家和学者都有独到的观点。其中最具权威的荷兰国际财政文献局(IBFD)认为:"税收筹划是指通过纳税人经营活动或个人事务活动的安排,达到缴纳最低的税收。"印度税务专家 N. J. 雅萨斯威认为,税收筹划是:"纳税人通过财务活动的安排,以充分利用税收法规所提供的包括减免税在内的一切优惠,从而享有最大的税收利益。"另一名印度税务专家 E. A. 史林瓦斯则认为:"税收筹划是经营管理整体中的一个组成部分……税务已成为重要的环境要素之一,对企业既是机遇,也是威胁。"美国知名法官汉德曾有一段名言:"法院一再声称,人们安排有自己的活动以达到低税负的目的,是无可指责的。每个人都可以这样做,不论他是富翁,还是穷光蛋。而且这样做是完全正当的,因为他无需超过法律的规定来承担国家税负;税收是强制课征的,而不是靠自愿捐献。以道德的名义来要求税收,不过是侈谈空论而已。"

实际上,早在1935年以前,英国曾发生过"税务局长诉温斯特大公"一案。1935年英国上议院议员汤姆林爵士针对此案作了有关税收筹划的声明:"任何一个人都有权安排自己的事业……不能强迫他多缴税。"汤姆林爵士的观点赢得了法学界的认同,英国、澳大利亚、美国等在以后的税收判例中,经常援引这一原

则精神，足见汤姆林爵士的观点的正确性和时效性。

依据上述观点，节税就是税收筹划纳税人在法律规定许可的范围内，根据政府的税收政策导向，通过以经营活动的事先筹划和安排，进行纳税方案的优化选择，以尽可能减轻税收负担，获得正当的税收利益。而国际节税就是其筹划活动利用跨国企业所在国的政策，以实现其减轻纳税负担目标的活动。进入20世纪50年代以来，税收筹划的专业化趋势十分明显。面对社会化大生产和日益扩大的国际市场，以及错综复杂的国际税制，许多企业、公司都聘用税务顾问、税务律师、审计师、会计师、国际金融顾问等高级专业人才从事税收筹划活动，以节约税金支出。同时，也有众多的会计师、律师和税务师事务所纷纷开辟和发展有关税收筹划的咨询业务，因而作为第三产业的税务代理便应运而生。

（二）国际偷漏税

偷税（tax evasion）也称逃税，一般是指纳税人违反税法规定，不缴或少缴应纳税款的行为。对于偷税的这一基本含义，人们已达成某些共识，即偷税是一种非法行为，是以非法手段减轻纳税义务。实际上，偷税可包括单纯或无意识违法行为和故意违法行为两种。前者主要是指纳税人因无知或无意识地违反税法规定而单纯不缴纳或少缴纳应纳税款的行为，即漏税。在我国，漏税即指纳税义务人无意识地发生漏缴或少缴应纳税款的行为。例如纳税人由于不熟悉税法规定和财务制度或工作粗心大意，漏报应税项目，少计应税产品数量，错算销售额或经营利润，错用税种、税目、税率等原因，再加上征收人员政策、业务水平等原因，发生的漏缴税款。而后者则是指纳税义务人以欺骗、隐瞒等手段，故意不缴或少缴应纳税款的行为；但要证明纳税人故意不缴或少缴应纳税款，有时也不是一件很容易的事情。所以，两者又可以统称为偷漏税。

在世界上，有许多国家，如阿根廷、丹麦、卢森堡、加拿大等，对偷税都有法律规定。在阿根廷，纳税人欺骗或故意逃税要受到偷税的指控。丹麦把纳税人有意采取错报或者假报的手段，逃避税收负担的，认定为偷税。卢森堡把违反税收法规的行为区分为3种，其中第3种便属于有意偷税，包括收入不入账及虚报存货等。加拿大卡特委员会1966年的一份著名的报告宣称：偷税是非法的，即偷税以非法手段减少纳税义务。我国对偷税的法律规定也与国外大体一致。2001年4月28日颁发的中华人民共和国《税收征管管理法》第六十三条对偷税作了比较明确的规定和解释："纳税人伪造、变造、隐匿、擅自销毁账簿、记账凭证，或者在账簿上多列支出或者不列、少列收入，或者经税务机关通知申报而拒不申报或者进行虚假的纳税申报，不缴或者少缴应纳税款的，是偷税。"

国际上偷漏税的手段很多，主要有以下四个方面：

1. 匿报应税收入

营业利润、资产所得、投资收益、权利费收入、工薪劳务所得、财产赠予收入等都有可能匿报。国内税收也有这方面的漏洞，国际税收的漏洞更多。其特点往往利用外国严格的银行账户保护法，把应税收入转到国外银行，使国内税务局无法侦查，有些国家像瑞士、卢森堡等避税港，它们的《银行法》严格规定对客户的账户进出款绝对保密，泄密者以刑事制裁，这给跨国纳税人转移应税收入开了方便之门。

2. 虚报成本和费用

在国际税收上，由于大多数国家没有严格的开支标准和统一的收付款凭证，国际市场的价格涨落又是很复杂多变，再加上西方企业费用支出通常是主要股权者或者其代理人说了算数，知情者只是极少数人，这就造成成本费用的支付和列支相对难以控制管理。

虚报成本和费用的手段很多，有的是无中生有；有的把应由个人负担的支出，列到企业的账上报销；有的营私舞弊，以少报多；有的把支付股利作为支付费用，等等。

3. 虚报投资额

虚报投资额，在固定资产投资方面，往往是虚报价款；在现金投资方面往往是自有资本虚报为借入资金。前者增加了股权比例，既多列了折旧扣除，又可以多分到股利；后者虚列了利息支出，使一笔投资同时拿到息金和股金双份收入。

4. 地下经营

地下经营的特征是纳税人进行隐蔽的地下经济活动，完全逃避税务监管。有人把这种活动称为非市场经济活动，或称为黑市经济，影子经济（shadow economy）。当今世界几乎每一个国家都存在着数量可观的地下经济，偷漏税金额是相当巨大的。

综上所述，偷税的基本特征是非法性和欺诈性，所以也可以称之为税收欺诈（tax fraud）。偷税与节税相比，二者的区别是非常明显的，前者违反法律，后者是法律规定所许可的；前者是对已确立的纳税义务隐瞒作假，后者则是在纳税义务确立之前所作的经营、投资、理财的事先筹划与安排。

（三）国际避税

避税（tax avoidance）是个经常引起人们争议的概念，各国给出的定义也不尽相同。一般认为，避税是指纳税人以不违反税法规定为前提而减少纳税义务的行为。

避税"指以合法手段减少应纳税额，通常含有贬义。例如，此词常用以描述个人或企业，通过精心安排，利用税法的漏洞、特例或其他不足之处来钻空取巧，以达到避税目的。法律中的规定条款，用以防范或遏止各类法律所不允许的避税行为者，可以称为'反避税条款'或'对付合法避税的条款'"。（见国家税务局税收科学研究所译《国际税收辞汇》，中国财政经济出版社1992年版）

"避税则是对法律企图包括但由于这种或那种理由而未能包括进去的范围加以利用。""避税可以定义为规避、降低或延迟纳税义务的一种方法。"（见国家税务总局税收科学研究所译《偷税与避税》，中国财政经济出版社1992年版）

"国际避税是指跨国纳税人利用各国税法规定的差别，采取变更其经营方式或经营地点等种种公开的合法手段以谋求最大限度减轻其国际纳税义务的行为。"（见葛惟熹主编《国际税收学》，中国财政经济出版社1999年版）

"国际避税就是指跨国纳税人或征税对象通过合法方式跨越税境，逃避相关国家税收管辖权的管辖而进行的一种减少税收负担的行为。"（见李九龙主编《国际税收》，学苑出版社2002年版）

"国际避税可以认为是跨国纳税人采取合法手段，利用税法上的漏洞或含糊之处进行税务安排，达到规避或减轻税收负担的行为。"（见中国注册会计师教育教材编审委员会编《税法》，东北财经大学出版社1995年版）

而荷兰国际财政文献局对避税下的定义为："避税一词指的是用合法手段以减少税收负担。该词含有贬义，通常表示纳税人通过个人或企业活动的巧妙安排，钻税法上的漏洞、反常和缺陷，谋取税收利益。"当代著名经济学家萨谬尔逊 P. A. Samuelson）在分析美国联邦税制时指出："比逃税更加重要的是属地规避赋税，原因在于议会制定的法规有许多'漏洞'，听任大量的收入不上税或者以较低的税率上税。"

以上引述表明：一方面，避税与偷税无论是从动机还是最终结果来看，两者之间并无绝对明显的界限。但是，避税与偷税毕竟是两个不同的概念，其重要区别在于是否非法。避税是利用税法中的某些漏洞来达到减轻税负的目的，因而它并不是违法。而偷税则是非法的，是违法犯罪行为。另一方面，避税是钻税法的空子，利用税收漏洞，似乎有悖于道德上的要求。避税与节税相比，主要区别在于，前者虽不违法，但有悖于国家税收政策导向和意图；而后者则是完全合法的，甚至是税收政策予以引导和鼓励的。

对于纳税人钻税法空子规避税收的行为，人们的看法和态度是不尽一致的。有的主张对税收不能以道德的名义提出额外的要求。避税在当今世界经济活动中已是一种普遍现象，不仅在发展中国家有，而且在发达国家乃至国际也时有发生。

避税历来是各国税收征管工作中的一个重要问题。它与节税、偷税、漏税等活动（行为）不同，但又有一定的联系。避税究竟是合法的还是违法的？回答这个问题，还必须对避税和节税、偷税、漏税等有关问题进行全面的分析和比较。

有人认为，纳税人是否钻税法空子，只要合法或不违法一概是许可的，因而不必划分避税和节税。有的主张避税有广义与狭义之分，前者包含节税，后者不包含节税。但广义的避税往往给税收实务带来困难，因为难以做出明确的反对或保护对策。我国台湾税务界则把避税分为"正当避税"与"不当避税"两类。所谓"正当避税"，就是国际上流行的"节税"或"税收筹划"的概念。例如，有人针对政府课征烟税，采取了少吸烟多吃水果的行为，这在客观上是一种避税。但这种避税是正当的，因为限制吸烟本来就是国家法律的意旨所在，几乎所有的国家都曾做过"吸烟有害健康"的广告。少吸烟自然少负担税收，但少吸烟也符合政府的政策导向。像这样的例子在现实生活中可说俯拾皆是，不胜枚举。所谓"不当避税"，即上述的狭义避税。尽管纳税人乐此不疲，可是税务机构还是要通过完善税制和加强征收管理的途径加以堵塞。例如，某人针对政策课征遗产税，在生前尽量把财产分割出去，这是不正当的避税，因为这种行为背离了政府导向和意图，所以许多国家在课征遗产税的同时兼征赠与税，借以堵塞人们生前分割财产规避税负的漏洞。

（四）反避税、反偷漏税的征管措施

如何有效地控制国际避税和国际偷漏税是一件很复杂的事情，许多国家建立了征管措施，比较通行的有以下几个方面：

1. 规定税务申报制度

几乎所有国家在税法上都明确规定，纳税人要按期向税务机关申报有关税务事项的各类报表，包括资产负债表、利润表和现金流量表。荷兰规定跨国纳税人要申报收入和费用的联属企业之间的分配情况；美国规定跨国纳税人要申报外国个人持股公司的957号和958号报表、受控外国公司的2952号报表、外国信托公司的3520号报表、外国银行账户的保险账户的4683号报表，以及有关国际资金来往的4790号报表。即使像税收比较优惠的新加坡，其《公司法》对公司企业的成立、组织、权利、义务、常年账目报告、股份、债务等各方面的报告制度也有明确的规定。

2. 建立会计审核制度

许多国家规定，法人企业，特别是股份有限公司所申报的税务报表一律要经过公证会计师的审核。美国有25家大型的会计公司，承担着全国2500家大公司会计报表的审核任务。其中八大会计公司（big eight）的机构遍布世界各地，服务范围主要是跨国公司的会计、审计及税务咨询。此外还有数以千计的会计师事务所为众多的中小企业办理税务申报表的审核业务。英国、德国、加拿大、日本、澳大利亚等国也有健全的税务报表的会计审计签证制度。我国《外商投资企业和外国企业所得税法施行细则》中第95条规定："企业在纳税年度内无论盈利或者亏损，应当依照税法第十六条规定的期限，向当地税务机关报送所得税申报表和会计决策报表。在报送会计决策报表时，除国家另有规定外，应当附送中国注册会计师的查账报告。"

3. 实行所有评估制度

许多国家对不能提供准确的成本、费用凭证，不能正确计算应税所得的法人企业，补充实行所得税评估制度。评估的方法很多，主要有如下几种：①定所得税征收率。对国际运输收费的征收多半采取这个方法。如我国对外国籍轮船就是按运输收费的0.5%课征所得税。②定利润率。我国《外商投资企业和外国企业所得税法实施细则》第十六条规定："企业不能提供完整、准确的成本、费用凭证，不能正确计算应纳税所得额的，由当地税务机关参照同行业或者类似行业的利润水平核定，确定其应纳税所得额。"③采取分配收入或费用的间接办法，计算应税所得。国际联属企业、常设机构，因为跨国进行经营活动，财务收支情况复杂，费用分摊、利润划分有许多实际困难，许多国家习惯于以企业总利润按一定比例分配。

4. 制定反避税法规

鉴于国际偷漏税和避税手段越来越多，许多发达国家在国内税法中制定了一系列反避税的法令和条例。美国、德国、英国、法国、加拿大的税法中都有类似规定。这些税收方法集中反映在三个方面：限制居民身份的转移；限制延期付税；限制转让定价。

其中，美国为了对付利用各种手段逃避税负的作法，在税法中制定了许多严格的条例规定。1962年，美国在其《国内收入法典》中增加了F部分（subpart F），其主要内容是：凡是被核定为受美国股东所控制的外国公司称"被控制的外国公司"（controlled foreign company，CFC），对其按股份比例应归到各美国股东名下的某些所得额，不论当年是否分配，也不论是否汇回美国，都要计入各美国本人的当年所得额内课税，而不准像其他外国子公司那样延期付款。

第二节　国际纳税筹划的主要方法

一、利用投资地进行国际纳税筹划

（一）利用税收优惠政策

在跨国经营中，投资者除了要考虑基础设施、原材料供应、金融环境、技术和劳动力供应等常规因素外，不同地区的税制差别也是重要的考虑因素。不同的国家和地区税收负担水平有很大的差别，且许多国家出于鼓励外国投资等方面考虑，在征税上实行各种不同形式的优惠措施，如加速折旧、税收抵减免、差别税率、专项免税、延缓纳税、亏损结转、纳税扣除等。这些优惠政策的实行，为跨国纳税人增加了纳税筹划的机会。例如有些国家对减免税期的规定，提高了跨国纳税人对其投资和从事经济活动的积极性。放宽对加速折旧的条件，跨国纳税人可得到延期纳税的好处，相当于纳税人得到了一笔与递延税款相等的无息贷款。还有些国家在双边税收协定中规定了避免国际双重征税的方法，如免税法、抵免法等。在各种条件相同的情况下，税收优惠多的国家其实际税率将低于名义税率。因此，跨国纳税人会想方设法利用投资国和居住国的税收优惠，以有效地降低税负。

我国的跨国投资企业如果能选择有较多税收优惠的国家和地区进行投资，必能长期受益，获得较高的投资回报率，从而提高其在国际市场上的竞争力。通常，这些企业可通过计算，比较不同国家或地区的税收负担率后，选择税收负担率低、综合投资环境较好的国家或地区进行投资。目前，世界上有近千个有各种税收优惠政策的经济性特区，这些地区总体税负尤其是所得税税负较低，是跨国投资的理想之地。

同时，还应考虑投资地对企业的利润汇出有无限制。因为一些发展中国家，一方面以低所得税甚至免税来吸引外资，另一方面又对外资企业的利润汇出实行限制，希望以此促使外商进行再投资。此外，在跨国投资中，投资者还会遇到国际双重征税问题，规避国际双重征税也是我国跨国投资者在选择投资地点时必须加以考虑的因素。为了避免国际双重征税，现今国家与国家之间普遍都签订了双边的全面性税收协定，根据协定，缔约国双方的居民和非居民均可以享受到许多关于境外缴纳税款扣除或抵免等税收优惠政策。因此跨国投资应尽量选择与母国（母公司所在国）签订有国际税收协定的国家和地区，以规避国际双重征税。目前，我国已与63个国家签订了避免双重征税协定，而世界上，国与国之间签订的双边全面性税收条约已有1 000多个。

利用税收优惠是纳税筹划的一个重要内容。比如国与国之间签订的国际税收协定中一般都有互相向对方国家的居民提供所得税尤其是预提所得税的优惠条款。这种协定本不应使协定签约国之外的非居民企业受惠，但企业可以在其中一个协约国内设立子公司，并使其成为当地的居民公司，该子公司完全由第三国居民所控制。这样，该子公司就可以享受国际税收协定中的优惠待遇，然后再通过关联关系把受益传递给母公司。

【例12-1】 A国甲公司在B国、C国分设乙、丙两家分公司。A、B、C三国的企业所得税税率分别为35%、30%、30%。A国允许采取分国抵免法进行税收抵免，但抵免额不得超过同额所得按A国税率计算的税额。假设该年度甲公司在A国实现应纳税所得额2 400万元；乙分公司在B国应纳税所得额为500万元；丙公司在 C 国亏损 100 万元。为减轻税负，甲公司采取提高对乙分公司材料售价 200 万元，降低对丙分公司的材料售价 200 万元的办法，以降低整体税负水平。

我们来分析一下甲公司总体税负的变化：
(1) 在正常交易情况下的税负如下：
① 乙分公司在 B 国应纳所得税额：$500×30\%=150$（万元）。
在 A 国可抵免限额：$500×35\%=175$（万元）。
实际可抵免税额为 150 万元。
② 丙分公司已纳所得税额和在 A 国可抵免限额为 0 万元。
③ 甲公司总体可抵免额：$150+0=150$（万元）。
④ 甲公司实缴 A 国所得税额：$(2\,400+500)×35\%-150=865$（万元）。
(2) 在非正常交易情况下，如果甲分公司将出售给乙分公司的材料售价提高 200 万元，将出售给丙分公司的材料售价降低 200 万元，则税负情况如下：
① 乙分公司在 B 国已纳税额：$(500-200)×30\%=90$（万元）。
乙分公司在 A 国的可抵免限额：$300×35\%=105$（万元）。
由于 $90<105$，因此可抵免限额为 90 万元。
② 丙分公司在 C 国已纳税额：$(200-100)×30\%=30$（万元）。
丙公司在 A 国可抵免限额：$100×35\%=35$（万元）。
由于 $30<35$，因此可抵免限额为 30 万元。
③ 甲公司在 A 国可抵免总额：$90+30=120$（万元）。
④ 因此甲公司应缴 A 国所得税额：$(2\,400+300+100)×35\%-120=860$（万元）。

由此可见，通过筹划经营，该公司整体税负水平降低了 5 万元。

（二）利用避税地

避税地（tax heaven）是指一国或地区的政府为了吸引外国资本流入，繁荣本国或本地区的经济，弥补自身的资本不足和改善国际收支状况，或为了引进外国先进技术和管理经验，提高本国或本地区技术水平，吸引国际民间投资，在本国或本国的一定区域和范围内，允许并鼓励外国政府和民间在此投资及从事各种经济贸易活动，投资者和从事经营活动的企业享受不纳税或少纳税的优惠待遇，这种区域和范围被称为避税地。

选择公司的注册地点是进行国际纳税筹划的重要一步，其核心是选择合适的国际避税地（也称国际避税港）。一位国际税务专家这样概括为："避税地是指这样的地方，人们在那里拥有资产或取得收入而不必负担税收，或者只负担比在主要工业国家轻得多的税收。"跨国纳税人利用国际避税地进行纳税筹划，实际上属于回避税收管辖权的一种,由于它具有特殊重要的意义,并且是人与物的流动、非流动所必需的硬件条件,故单独予以介绍。

避税地形成的原因很多,有历史因素、税制因素,也有经济发展的因素。早期的避税地大多是很小的岛国和殖民地或前殖民地(由于英国殖民地在原则上都被赋予税务方面的自由决定权,所以,大部分避税地均位于前大英帝国的领地内)。进入20世纪80年代以后,由于世界各国强调税收中性或税收效率,追求税收扭曲最小化,以适应市场自由运行中全球性的税制改革的推进和经济发展的需要,许多国家采取了降低税率、扩大税基并辅以许多优惠条件的改革措施,导致了一些发达国家也加入了避税地的阵营。

1. 避税地的条件

要成为国际避税地,必须具备一定的条件:

(1) 政治稳定。任何跨国纳税人都把财产和所得的安全放在第一位。如果目的国政治不稳定,财产和所得不能得到安全保障,减免税收就毫无意义。这方面典型的例子如黎巴嫩,连年的战争使其由中东地区资本的重要避税地沦落到人人避之唯恐不及的地方。

(2) 地理位置便利。对投资者来说,避税地必须有方便的交通和通信条件。

(3) 法律开放。避税地在法律上必须是开放的,即对进入避税地营业或居住的法人或自然人统统不加法律限制。这里面的反面教材如梵蒂冈。由于梵蒂冈只对教皇和罗马教廷神职人员开放,使其历史悠久的国际避税地的好名声一直"空照秦淮",没有什么实际作用。

(4) 税收优惠多样化。世界上几乎没有税收优惠完全一样的国际避税地,它们各自都具有独特之处,跨国纳税人可以按自己的纳税筹划的目的和方式各取所需。例如,列支敦士登一般被欧洲富人用做控股和投资的避税地;卢森堡是与其他国家签有税收协定的避税地,又可作为滥用税收协定的理想场所。

(5) 经济发展环境优越。优秀的国际避税地一般具有金融业发达、银行商业活动严格保密,外汇管制宽松等条件,并有配套的、宽松的海关条例和银行管理条例等。特别对于想移居的跨国纳税人来说,适宜的自然环境、一流的旅游资源和服务设施也是应具备的条件。

2. 避税地的作用

国际避税地的存在,对当代世界经济发展产生了重要的影响。

(1) 引导国际资本流向。这是显而易见的,即便许多避税地不过是过路财神,但由于其独特的功能使跨国纳税人纷至沓来,无疑对国际资本起着很大的吸引和导向作用。

(2) 为跨国纳税人带来经济利益。跨国公司在避税地的经营活动可以获得诸如减免税优惠等特殊照顾,同时,避税地对跨国公司的商业活动予以保护,对投资者身份、财务信息、资金流动都有严格保密制度，并立法惩治泄露机密的单位或个人。

(3) 促进本地区经济快速发展。国际避税地政策和业务带动了建筑、运输、旅游、服务等相关行业的发展，扩大了就业机会，增加了外汇收入，促进金融业兴旺，为政府筹资带来便利，并有利于引进先进技术和管理等。

3. 避税地的类型

当前世界各国主要存在三种税制模式，即以直接税为主体的税制模式、以间接税为主体的税制模式和低税制模式。实行低税制模式的国家和地区一般称为"避税地"，主要有三种类型：

(1) 纯国际避税地，指没有个人所得税、公司所得税、净财产税、遗产税和赠与税即不征直接税的国家和地区。例如，百慕大、巴哈马、开曼群岛、瑙鲁、格陵兰、新喀里多尼亚、索马里等。

(2) 只行使地域管辖权的国家和地区。它们只征收某些税率较低的直接税，或是提供大量税收优惠以及对境外所得完全免税。例如，中国香港、列支敦士登、瑞士、中国澳门、新加坡、巴拿马、马来西亚、利比里亚、英属维京群岛、荷属安的列斯、以色列、哥斯达黎加、牙买加、巴巴多斯、塞浦路斯、巴林等。这类避税地税率低，税基窄，因而税负轻，又称为普通避税地，是国际避税行为中经常使用的避税地模式。

(3) 实行正常课税，但在税制中规定了便利外国投资者的特别优惠政策的国家和地区。例如，加拿大、卢森堡、英国、爱尔兰、荷兰、菲律宾、希腊等。这些国家税制完备，税率也不低，之所以称之为避税地，是因为它们对某些行业或特定的经营形式提供了极大的税收优惠条件。例如，希腊以海运业和制造业、英国以国际金融业、卢森堡以控股公司、荷兰以不动产投资公司而成为特定经营形式的著名的国际避税地。

显然，如果投资者能选择在这些避税地进行投资，可以获得免税或低税负的利益。

4. 利用避税地进行纳税筹划的方法

一般来说，当纳税人进行下列纳税筹划时要利用避税地：利润划拨；通过税收协定来分配税后利润；把税前利润拨往低税收管辖权地区；使行政人员报酬的税负最小化。通常，跨国纳税人利用避税地的手段主要是建立基地公司（也叫招牌公司）以减轻税负。

基地公司是基地国概念中的一个要素。一个对其国内法人得自本国之外的来源收入，只征收可以忽略不计的所得税或资产税，或干脆不征这类收入税的国家，被称为基地国；出于与第三国经营的目的，而在某一基地国组建法人或其他责任公司称为基地公司。

基地公司实际上是高税收国家纳税人设立于避税地的虚拟的纳税实体，是受控于高税收国纳税人的，其经济实体仍在其他国家。较典型的做法是在避税地建立基地公司，通过基地公司中转，将整个公司利润体现在免税或低税的避税地，从而达到总体税负减轻的目的。绝大部分基地公司在避税地没有实质性的经营活动，仅租用一间办公室或一张办公桌，甚至仅仅挂一面招牌，所以这种公司又被称为"信箱公司"或"纸面公司"。

基地公司的避税形式有以下几种：

1) 基地公司作为虚构的中转销售公司

【例 12-2】 某跨国公司在甲国设有 A 母公司，在乙国设有 B1 子公司，在丙国设有 B2 子公司，已知乙国和丙国均不具有避税地的特征。现在母公司 A 欲将 B1 子公司的产品运往 B2 子公司对外销售。母公司 A 的纳税筹划方案是：选择某一避税地丁组建基地公司 B3，这是一个只存在于账面上的公司。先由 B1 以原本出售给 B2 的 X 价格向 B3 基地公司出售产品，然后由 B3 基地公司以原本 B2 对外销售的 Y 价格卖给 B2，B2 再以 Y 价格对外销售。买卖中间差价（Y－X）由于存在于避税地的基地公司 B3 的账上，税负会极少，同时又减少了 B2 的利润，而母公司 A 的利益得到了保护。这个建立在避税地的基地公司 B3 实际就是一个起到避税地作用的中转销售公司。

2) 基地公司作为控股公司

控股公司是指以控制而非投资为目的拥有一个或若干个其他公司大部分股票或证券的公司。其主要作用有：通过持有多数股份控制工业或商业公司，起投资基金的作用；以发放浮动债券所获得的资金为本集团内的公司提供资金来源，同时收取股息、利息等消极所得。这种控股公司的目的是为了减少税负或减少对这些所得以及资本所得项目的课税，实际上也是为了滥用税收协定创造条件。

【例 12-3】 希腊某跨国公司在美国设立一子公司，若该子公司支付给母公司股息，要向美国缴纳 30% 的预提税。为了减轻税负，希腊的该跨国公司在荷兰建立一家对美国子公司拥有控股权的公司，由于美、荷之间签有双边互惠协定，该子公司在向荷兰控股公司支付股息时只须按 5% 的税率缴纳美国预提税，荷兰则不对该控股公司收取的股息征税。这个建立在荷兰的控股公司就是基地公司。

世界上可以用来建立控股公司的国家或地区主要有荷兰、列支敦士登、瑞士、卢森堡等。

3) 基地公司作为投资公司

这种基地公司是以从事有价证券投资为目的，主要持有其他公司优先股、债券或其他证券的公司。它只构成某个公司很少的或极少的股份，并不提供任何有意义的企业决策投票权。投资公司按性质不同可分为三种：集团公司建立的投资公司，私人投资公司，离岸基金（以银行集团为母公司）。其组建目的都是为了逃避或减轻对股息、利息、租金等所得征收的所得税和资本利得税。符合建立投资公司条件的国际避税地有列支敦士登、荷属安的列斯、巴哈马等。

4）基地公司作为航运公司

这样做的目的是使海运收入减少或避免税负。从减轻税负的角度考虑，许多船舶悬挂方便旗帜。所谓"方便旗帜"是指那些可由非居民船东悬挂的国旗，旗帜国政府除了收取一部分注册费外，对挂旗船并不实行财政或其他控制，也不征收所得税。

由于航运公司具有流动性，公司的所有权和经营权可以分离，注册地又可在第三国，因此，航运公司通常会在某个避税地办理船舶的注册手续，并悬挂一面方便旗。这种方式不仅规避了高税国的税收管辖权，也隐蔽了船主真实身份，比如实行种族隔离时期的南非的船只常用这种方式逃避国际抵制。以对航运公司提供优惠而著称的避税地有利比里亚、巴拿马、塞浦路斯、百慕大、摩洛哥等。

5）基地公司作为信托公司

在大部分国家，信托公司都不具有独立的法人地位，并且对这种信托法律关系的存在都有一定的时间限制。然而在一些避税地，信托公司则可以作为法人存在，并允许一项信托长期存在，如列支敦士登。在另一些避税地，如海峡群岛允许建立信托公司，但无信托法规，因而信托业务也可以无限期存在。在高税收国家的纳税人可将其财产或其他资产委托给避税地的一家信托公司或受托银行，由其处理财产的收益。跨国纳税人利用信托不但可以在一定程度上避免财产所得和转让资产而产生的资本利得的税负，由于信托资产的保密性，还可通过信托资产的分割将其财产转移到继承人或受赠人的名下，借此来规避在有关国家的继承税、遗产税或赠与税。著名的信托集中地有百慕大、巴哈马、开曼群岛、列支敦士登、海峡群岛等。

6）基地公司作为金融公司

这种公司是指为公司集团内部借贷业务充当中介人或为第三者提供资金的机构。跨国纳税人为了利息收入的预提税的减少就要借助税收协定在某些避税地建立金融中心，从事中介业务。它们既可充当公司内部借贷的中介，为内部融资进行调配；又可从事向非关联企业的正常贷款业务，获得利息收入；还可为集团成员提供用于长期投资所临时需要的大笔资金，以减轻公司税负。为了收到满意的效果，必须在理想的地点建立这种基地公司。所谓理想的地点就是：首先，此地与借款人的所在国签订了减征或免征预提税的税收协定；其次，所在国税务部门能够容忍该公司微利经营；最后，此地对支付给贷款人的利息不征收预提税。能达到这些条件的著名避税地有列支敦士登、荷属安的列斯、巴拿马、利比里亚等，此外，世界上重要的金融中心——伦敦、纽约、巴黎、苏黎世、卢森堡、新加坡、中国香港等也能起这方面的作用。

除了以上几种主要形式外，还可以采取以下形式：

（1）基地公司作为收付代理。基地公司作为收付代理来收取利息、特许权使用费、劳务费和贷款。而实际上款项的借出、许可证的发放、劳务的提供与货物的出售均在别处。

（2）专利持有公司。主要经营内容是提供和转让各种专利权。

（3）贸易公司。它是专门从事货物或劳务贸易以及租赁业务的实体。

（4）受控保险公司。在跨国公司内部，为其公司成员提供保险和分保险业务。

（5）离岸银行。离岸银行是由高税国居民在避税地建立的以海外投资为目的的具有独立法人地位的离岸基金和以所在国非居民为业务对象的银行。

跨国公司利用上面描述的建立基地公司的方式，可以获得少缴预提税方面的利益，或者能较容易地把利润转移到免税地或低税地。同时，还由于子公司税后所得不汇回，母公司可获得延期纳税的好处。此外，还可以较容易地筹集资本，调整子公司的财务状况，如用一国子公司的利润冲抵另一国子公司的亏损。我国首钢集团通过在香港设立控股子公司就发挥了其卓著的筹资功能，同时也达到了减轻税负的目的。

【例12-4】 A国某跨国公司甲，在避税地百慕大设立了一个子公司。甲公司向B国出售一批货物，销售收入2 000万元，销售成本800美元，A国所得税税率为30%。甲公司将此笔交易获得的收入转入到百慕大公司的账上。因百慕大没有所得税，此项收入无需纳税。

按照正常交易原则，甲公司在A国应纳公司所得税为

$$(2\,000 - 800) \times 30\% = 360(万元)$$

而甲公司通过虚设避税地营业，并未将此笔交易表现在本公司A国的账面上。百慕大的子公司虽有收入，也无需缴税，若该子公司利用这笔账面收入投资，获得收益也可免缴资本所得税；若该子公司将此笔收入赠与给其他公司、企业，还可不缴纳赠与税。

（三）利用税率差异

税率差异是指相同数量的应税收入或应税金额在不同国家所依据的税率不同。税率有名义税率与实际税率之分。公司所得税税率的高低直接影响资本回报率，因而选择综合税率较低的国家作为投资国或者利用转移定价策略将高税率国家所属机构的利润转移到低税率国，成为跨国公司纳税筹划的通常做法。

【例12-5】 某跨国公司总部设在A国，并在B国、C国、D国分设甲、乙、丙三家子公司。甲公司为在C国的乙公司提供布料，假设有1 000匹布料，按甲公司所在国的正常市场价，成本为每匹2 600元，这批布料应以每匹3 000元出售

给乙公司，再由乙公司加工成服装后以3 600元价格售给D国的丙公司。各国税率水平分别为：B国50%、C国60%、D国30%。该跨国公司为减轻纳税负担，采取了由B国的甲公司以每匹布2 800元的价格卖给D国的丙公司，再由丙公司以每匹3 400元的价格转售给C国的乙公司，再由C国乙公司按每匹3 600元的价格在该国市场出售。

我们来分析这样做，对各国税负的影响：

(1) 在正常交易情况下的税负：

甲公司应纳所得税 = (3 000 — 2 600)×1000×50% = 200 000(元)

乙公司应纳所得税 = (3 600 — 3 000)×1 000×60% = 360 000(元)

则对此项交易，该跨国公司应纳所得税额合计=200 000+360 000=560 000（元）。

(2) 在非正常交易情况下的税负：

甲公司应纳所得税 = (2 800 — 2 600)×1 000×50% = 100 000(元)

丙公司应纳所得税 = (3 400 — 2 800)×1 000×30% = 180 000(元)

乙公司应纳所得税 = (3 600 — 3 400)×1 000×60% = 120 000(元)

则

该跨国公司应纳所得税合计 = 100 000 + 180 000 + 120 000 = 400 000(元)

比正常交易节约税收税额 = 560 000 — 400 000 = 160 000(元)

这种避税行为的发生，主要是由于B、C、D三国税负差异的存在，给纳税人利用转让定价转移税负提供了可能。

二、利用税收管辖权进行国际纳税筹划

跨国纳税人必须同时与两个或两个以上国家在其各自的权力管辖范围内发生税收征纳关系，因此税收管辖权概念是国际纳税筹划中一个根本性的问题。

（一）税收管辖权的概念和分类

税收管辖权是一个国家在税收管理方面在一定范围内形成的征税权力，是国家主权在税收领域的体现。

目前，世界各国行使的税收管辖权主要有居民管辖权、公民管辖权和地域管辖权三种类型。如表12-1所示。其中居民、公民管辖权属于属人原则，即一个国家以人的概念为标准行使征税权力的指导原则；地域管辖权（又称收入来源地管辖权）属于属地原则，即一个国家以地域的概念为标准行使征税权力的指导原则。

表 12-1　世界各国税收管辖权分类

行使原则	管辖权种类	定　义
属人原则	居民管辖权	指一个国家对凡是属于本国居民取得的来自世界范围的全部所得行使的征税权力
	公民管辖权	指一个国家对凡是属于本国公民取得的来自世界范围的全部所得行使的征税权力
属地原则	地域管辖权（收入来源地管辖权）	指一个国家对发生于其领土范围内的一切应税活动和来源于或被认定是来源于其境内的全部所得行使的征税权力

各国实行不同的税收管辖权，使纳税人一方面面临国际双重纳税的风险，另一方面也面临利用不同的税收管辖权进行国际纳税筹划的机遇。

各个国家或地区根据自身的政治、经济情况和法律传统，选择及行使最适合自身权益的税收管辖权，其中多数国家同时行使居民管辖权和地域管辖权，但在实行中具体方式有所不同；有些国家或地区单一行使地域管辖权，如拉丁美洲的多数国家以及赞比亚、埃塞俄比亚、中国香港、澳门；只有美国同时行使居民管辖权、公民管辖权和地域管辖权，"三权"并用。各主权国家行使不同的税收管辖权，形成了某些重叠和漏洞，从而为国际纳税筹划创造了机会。降低税负的具体做法是尽量避免同行使居民（或公民）管辖权的国家发生人身法律关系，或尽量避免同行使所得来源管辖权的国家发生收入来源关系。

在确定对非居民（公民）的所得是否课税上，一些欧洲国家仍沿用"常设机构"概念，即对构成常设机构的经营组织征税；否则，就不征税。常设机构是指企业进行全部或部分营业的固定场所，包括管理场所、分支机构、办事处、工厂、作业场所等。

在 OECD 和联合国分别起草的《经合组织范本》和《联合国范本》中为常设机构规定了以下判别标准：

（1）它是企业进行全部或部分营业的固定场所；

（2）当对非居民在某国利用代理人从事活动，而该代理人（不论是否具有独立地位）有代表该非居民经常签订合同、接受订单的权利，就可以由此认定该非居民在该国有常设机构。

目前，以上两条标准已成为许多缔约国判定对非居民营业利润征税与否的标准。对于跨国经营而言，避免了常设机构，也就随之有可能避免在该非居住国的有限纳税义务，特别是当非居住国税率高于居住国税率时，这一点显得更为重要。因而，跨国企业可通过货物仓储、存货管理、货物购买、广告宣传、信息提供或其他辅助性营业活动而并非设立常设机构，来达到在非居住国免予纳税的目的。

（二）回避税收管辖权的方法

按照国际惯例，纳税义务的确定，取决于一方为税收管辖权、另一方为人或物（以及行为等客体）之间存在的一项联系因素。最大限度消除自身与税收管辖权之间的各种联系因素，或阻断税收管辖权从联系因素中获取的信息流，使税务当局无法有效行使其征管权。回避税收管辖权有多种方法。其中最具权威性的是将回避方法分为人的流动、人的非流动、物的流动、物的非流动以及流动与非流动结合的分类方法。

1. 人的流动

利用人的流动进行国际纳税筹划是最普遍和最重要的方法之一。

目前，世界上多数国家都同时行使来源地税收管辖权和居民税收管辖权。其通常的做法是：将纳税人分为居民和非居民；对本国居民的全球范围所得行使征税权，被称为"无限纳税义务"，而对非居民仅就其来源于本国的所得征税，被称为"有限纳税义务"。跨国纳税人之所以能够利用居所的迁移来逃避纳税义务，原因之一是各国税负水平高低不等，跨国纳税人通过从高税国向低税国迁移，改变自己的居民身份，从而有效地减轻税负，达到避税的目的。原因之二是各国行使不同的税收管辖权以及行使居民税收管辖权的不同国家对居民身份的确定标准是不一样的，主要是住所标准和时间标准不一样；在对这些不同居民身份标准的确定中，往往存在一些漏洞，使得一些跨国纳税人游离于各国之间，确保自己不成为任何一个国家的居民。

由此可见，跨国纳税人利用居所的迁移避税，通常有两种情况：一种是避免成为高税国居民；另一种是避免成为居民。

1）跨国自然人居所的转移和避税

居住在高税国（指具有较高所得税和包括遗产税、赠与税在内的一般财产税的国家，但主要还是指较高的所得税国）的纳税人，可以通过移居到一个低税国的方法来减轻自己的税收负担。另外，跨国纳税人为避免纳税，往往采取不购置住宅、出境、流动性居留或压缩居住时间等方法来避免成为任何一国的居民，以规避或减缴税收。具体方法如下：

（1）真正移居。指居住在高税国的跨国自然人，为了减轻在高税国的无限纳税义务，而将其住所迁往低税国，以成为低税国自然人居民身份的方式来规避税收。国际上将这种做法称为"税收流亡"。

（2）短期移居。指居住在高税国的跨国自然人，为了某种特定的避税目的，将其住所临时性地移居到低税国一至两年，待该项避税目的实现后，再迁回原居住国。这种迁移又称为"假移居"。

（3）部分移居。指居住在高税国的跨国自然人，利用法律的漏洞，只把法律规定构成住所的部分迁移到低税国，并未完全消除或摆脱在原居住国构成其居民身份的某些因素。

（4）缩短居住时间。指跨国纳税人利用有关国家之间确定居民居住时间的差异，采取流动性居留或压缩居留时间等手段，避开高税国的居民身份，从而避免高税国的纳税义务。

（5）成为临时纳税人。临时纳税人是指作为临时被派往另一国从事临时性工作的跨国自然人，常常可以得到临时工作所在国减免所得税的特殊优惠，或者享受在该国只有临时住所或第二住所的税收待遇。这种临时住所或第二住所的税收待遇，在国际上被称为"暂时移民"税收待遇。

2) 跨国法人居所的转移和避免

（1）跨国法人居所的转移。跨国法人利用公司居住地的变化避税，在理论上是存在的，但其与跨国自然人利用个人居住地的变化避税有着明显的不同，跨国法人很少采用向低税国实行迁移的方法。在实际操作中，一家公司将其居所由高税国转向低税国是有许多困难的，还会使公司蒙受巨大的损失。这是因为许多固定资产（如厂房、其他建筑物、土地及大型设备等）带走不便，或无法带走；有些设备虽然可以拆卸运输，但要支付高额的运输成本，经济上不合算；如果在当地变卖而产生资产利得，又需承担大量的资产利得税。因此，跨国法人不会轻易采取这种办法避税。

（2）跨国法人居所的避免。国际上对法人居民的判定标准主要有公司的注册地、公司总机构所在地、拥有控股权股东的居住国等。因此，法人居民可以设法消除使自身成为注册地、总机构以及控股权等方面的外部特征，就可以避免成为某国的居民。为了实现避税目的，法人居民通常采取以下具体手段避免成为所在国的居民纳税人：①避免在高税国注册公司，最好选择在国际避税地或者在提供税收优惠较多的国家登记注册；②具有某国居民身份的股东不参与管理活动，其股份与控制公司管理的权力分离，只保留他们的财权；③选用非居民担任管理人员，如经理、董事会的成员等；④不在高税国召集股东会议或管理决策会议，并在这些国家之外做出各种会议报告，国外会议记录必须包括在国外做出的重大营业决策和详细资料；⑤对临时或紧急交易，建立一个分离的服务公司，按一定的利润纳税，以避免全额纳税。

2. 人的非流动

人的非流动就是跨国纳税人并不在所在国，更不必成为真的移民，而是通过别人在他国为自己建立一个相应的机构或媒介，主要是采用信托或其他信托协议的形式，用来转移自己的一部分所得或财产，以达到回避税收管辖权、减轻税负的目的。

利用信托形式转移所得或财产造成纳税人与其财产或所得的分离，能在法律形式上消除人与物之间的某种联系因素，但又使分离出去的财产或所得仍受法律保护。

其他信托协议形式是指一些跨国纳税人与银行之间的契约性关系。由于其涉及国家之间的双边税收协定，所以这种纳税筹划方式就有了"滥用税收协定"的含意。

3. 物的流动

物的流动避税同人的流动避税一样，是国际纳税筹划的重要思路。在国际避税中，由于资金、货物、劳务或费用的流动存在着比较隐蔽和难于发现等特点，越来越受到跨国企业的密切关注和利用。

在国际纳税筹划中，物的流动主要有以下几种方法：

1) 避免成为常设机构法

在确定对非居民（公民）的所得是否课税上，一些欧洲国家仍沿用"常设机构"概念，即对构成常设机构的经营组织征税；否则，就不征税。因而，是否构成常设机构，直接关系到跨国纳税人的所得是否要向营业地政府缴纳所得税。其主要做法一般有以下两种：

（1）利用短期经营避免成为常设机构。如韩国不少海外建筑公司在中东和拉美国家承包工程，这些国家规定非居民公司在半年内获得的收入可以免税，所以，这些韩国公司常常设法在半年以内完成其承包工程，以免缴收入所得税。

（2）建立一些不属于常设机构的场所。如建立只以储存、陈列或交付本企业货物或者商品为目的而使用的设施或只以储存、陈列或交付为目的而保存本企业货物或商品的仓库。以上这些场所通常不能被视为常设机构，跨国纳税人就可以利用这些机构进行避税。

【例 12-6】 日本早在 20 世纪 80 年代初就兴建了许多海上流动工厂车间，这些工厂车间全部设置在船上，可以流动作业。这些流动工厂曾先后到亚洲、非洲、南美洲等地进行流动作业。1981 年，日本的一家公司到我国收购花生，该公司派出它的一个海上车间在我港口停留 27 天，把收购的花生加工成花生浆，把花生皮压碎后制成板又卖给我国。结果，我国从日本获得的出售花生收入的 64%又返还给日本，而且日本公司获得的花生皮制板的收入税款分文未交。造成这一现象的原因就是我国和其他多数国家都对非居民公司的存留时间作了规定，日本公司就是利用这一规定来合法避税的。

2) 收入成本转移法

作为国际纳税筹划中物的流动最常用的方法之一，收入成本转移法被公认为"避税魔术"。它主要是利用纳税人在国外某地设立的常设机构来转移各种收入和成本，达到减轻税负的目的。其主要内容是利润、利息、特许权使用费等和其他类型支付。

跨国公司进行国外投资时，可选择设立常设机构（如分公司）和组建子公司两种方法。如果公司选择了设立常设机构，那么下一步就涉及利润分配方式了。国际上通行两种方式：一是直接分配法，即将常设机构视为独立的经济实体，自行计算成本利润进行独立经济核算。选择这种方式，成本和收入就难以转移，进行纳税筹划的意义不大。二是间接分配法，就是将总机构和国外各常设机构视为一个法律实体，并将其发生的全部费用和利润分摊到每一常设机构身上，一般是采用平均分配法。按照这种方式，成本利润的转移常依据总机构所在国和各常设机构所在国对常设机构的利润分配情况而定，这就为纳税筹划提供了可能性。

利用常设机构转移收入成本按照内容可分为以下几种方式：

（1）利用常设机构转移营业财产。对于常设机构之间转让营业财产，跨国公司总是要考虑和权衡营业财产转出机构与转入机构所在国的不同税负，以及对营业财产不同的评估和计算方法。一个跨国法人通常可以利用常设机构之间进行营业财产转移，以减少现在的或将来的纳税义务。

（2）利用常设机构转移劳务。跨国公司的总机构与常设机构或常设机构之间时常会相互提供按规定不予扣除的劳务支出，如技术服务、广告宣传等。

（3）利用常设机构转移管理费用。总机构与设立在国外的常设机构是同一个法人实体，主要管理工作一般都集中在总机构，但国外常设机构也有一些重要的决策自主权。这就产生了一个总机构的管理费用如何在总机构和常设机构之间分摊的问题。比如在瑞士和荷兰的双边税收协定中，对参与一定管理活动的总机构规定了一个分享常设机构"所得"（净利润）$10\%\sim20\%$的固定利润率。跨国法人可以利用这一点达到减轻税负的目的。但是，要设计一个能适合各种不同情况的管理费用分配标准是很困难的。

（4）利用常设机构的亏损转移税负。跨国公司的总机构要将国外各常设机构的盈利和亏损汇总一并向居住国或国籍国纳税，但发生在高税国中的亏损和发生在低税国中的亏损，有时会产生不同的结果。比如跨国公司可以通过买进低税国内被清盘的亏损企业来减轻税负。

此外，跨国企业还可利用常设机构之间的汇率变化进行避税。跨国企业的国外常设机构往往是以不同的货币进行结算的，由于汇率经常剧烈变动，常设机构盈亏的计算就会出现人为的结果，从而成为避税的一种有效手段。

3）利用国际租赁法

租赁或利用租赁是减轻税负的重要方法之一。它不但可以得到税务方面的优惠，还可以使租赁企业以支付租金的方式冲减企业利润，减少纳税额。所以，跨国纳税人就利用它进行国际纳税筹划。如跨国纳税人将本应对子公司直接投资的资产转为租赁形式，这不仅增加了公司的费用支出，减少应纳税额，又可在有关国家享受到租金税收减免的优惠。若这个跨国纳税人所在国为欧共体国家，那么这种租赁形式应为融资租赁，把获得的收入由一般利得转为资本利得，还可享受到减免税负的优惠。

此外，对跨国关联租赁的方式应用也很广泛。这种国际租赁中最基本的筹划方法是：由一个设在高税国的关联企业购置资产，以尽可能低的价格租赁给一个设在低税国（如避税地）的关联企业，后者再以尽可能高的价格租赁给设在另一高税国的关联企业；通过租金费用的转移，将在高税国所得向低税国转移，又分别由出租方和承租方多次提取折旧，以减轻税负。

4. 物的非流动

物的非流动，就是纳税人并不着眼于资金、货物和劳务的转移，而只是利用税法中的某些规定，就可达到减轻税负的目的。

1) 延期纳税

在实行居民（或公民）管辖权的国家，税务会计处理一般采取收付实现制原则，即征收国对在外国子公司没有把股息等汇给母公司之前，对这项利润不予征税。这样跨国纳税人就可以通过在低税国的一个法人实体进行所得或财产的积累。

2) 改变所得性质

在进行国际纳税筹划时，如果采用改变所得的性质，把子公司改为分公司或把分公司改为子公司，物虽不流动，却可获得与物的流动一样的好处。

5. 流动与非流动的结合

所谓流动或非流动的结合实际上是特指某一段特定的时间而言，其实以上所说的四种形式很多已包括了这种结合。在国际纳税筹划中，流动和非流动的不断交叉、结合，是实现国际纳税筹划的重要方法和途径。可能的结合方式有：

1) 人和物的同步流动

人和物的同步流动，是指纳税人连同其全部或部分收入来源或其资产移居国外的行为。这是一种全部消除本国纳税义务的纳税筹划。但如果该国坚持公民（国籍）管辖权，除非纳税人改变国籍或达到了该国税法规定的某些期限，否则还是不能真正彻底免除本国税收。这种同步流动对税收的避免虽是一劳永逸的，但还必须有一个前提条件，即无论人或物都有充分的流动自由而不受任何限制。

2) 人的流动与物的非流动

人的流动与物的非流动是指纳税人移居国外而把财产或所得留在国内。纳税人可采取将财产所得置于一低税国（或地区），将自己的活动安排在低费用国（或地区），在不同国家来去自由的先决条件下，纳税人可以移居国外而仍在原移出国工作，以获得人的流动和物的非流动的双重好处。但是，这种方法的纯粹形式并不多见，因为纳税人必须有可能选择低税国，且其工作所得并不仅是其收入的唯一来源（否则随着工作，其收入已全被带到自己的活动所在地），才有可能实现人的流动与物的非流动。

3) 人的非流动与物的流动

主要形式有两种：转移收入或利润和建立"基地公司"。

首先，跨国纳税人可以通过在低税国（或避税地）以扩大经营规模为名建立公司，或者建立服务性公司并向其付服务费等形式，转移收入和费用。其次，还可以采取在低税国建立基地公司的形式。该基地公司的主要业务并非发生在所在国，而是以公司分支机构或子公司的名义在国外进行活动，当其国外收入汇回该公司时可以不履行或少履行纳税义务。所以，基地公司通过公司内部的业务及财务往来很容易完成纳税筹划的既定目标。前面介绍的信箱公司就是其基本形式之一。

三、利用税收抵免制度进行国际纳税筹划

（一）国际税收抵免概念

所谓国际税收抵免，就是本国的企业、公民或居民，在外国缴纳了所得税后，回到本国再缴纳所得税时，将在外国缴纳的所得税款加以扣除。它是现代税收制度中避免国家间双重征税的一种主要方式。

一个企业或个人从事国际经济、贸易、服务等活动，往往涉及两个或两个以上国家，受两个或两个以上国家税收管辖权的约束，因而很有可能负有双重的纳税义务，即不仅要向收入来源国政府纳税，而且还要向其居住国（母国）纳税。

国际上的重复征税，不仅直接影响到跨国纳税人的切身利益，而且对其所涉及的国际经济活动也带来极大的影响。因此，各国政府纷纷以国内税法或国际税收协定的方式避免或免除对跨国企业和个人的重复征税，其主要的方法为免税法、抵免法和税收饶让等。这些方法的实施和推广，在避免或消除跨国纳税人重复征税的同时，也为跨国纳税人实现"双重避税"提供了机会。

（二）国际税收抵免的原则

根据国际纳税实践的经验，抵免一般要符合以下的原则或条件：第一，只有税才能抵免，费不能抵免；第二，只有所得税才能抵免，非所得税不能抵免，并且须是双重征收的所得税才能抵免，非双重征收的所得税也无所谓抵免；第三，只有已支付的所得税才能抵免，未支付或将要支付的所得税不能抵免；第四，必须是相互给予抵免，单方面给予抵免的情形极少，就是说要贯彻国家间对等的原则；第五，实行限额抵免，即对国外所纳税款的抵免额，不能超过按本国税法规定的税率所应缴纳的所得税款额；如果外国税率超过本国国内所得税率时，本国实行限额抵免。

在实际抵免中往往产生三种情况:一是收入来源国与居住国的税率相同出现"十足的抵免";二是收入来源国的税率低于居住国的税率,出现其差额补征;三是收入来源国的税率高于居住国的税率,那么居住国政府只能允许按照本国税率计算的应缴外国所得税作为可能抵免的限额。

(三) 国际税收抵免实现双重避税的方法

1. 运用免税法实现双重避税

免税法又称豁免法,是免除国际重复征税的基本方法之一。这种方法具体为:一国政府对其居民取得来自国外的所得,在一定条件下放弃行使居民管辖权,免予征税,即对本国纳税人的国外所得免税,以避免税收管辖权的交叉重叠,使国际重复征税不致发生。通常,免税法是一国政府为鼓励本国资本输出或其他目的而采取的一项税收鼓励政策。不过,实行免税法的国家往往都在规定本国居民来自国外所得可以免税的同时,带有一些附加条件,如居民在国外的收入纳税后要全部汇回本国,否则不可享受免税的优惠待遇等。

免税法不仅可以避免或消除对跨国纳税人的国际重复征税,而且还有可能造成国际双重避税。对跨国纳税人来说,这种方法是其从避税地、低税区获取收入自由汇回本国,而又可享受免纳国内税收的重要途径。因为在采用免税法的国家里,其居民的国外收入若在国外已享受减税、免税等税收优惠待遇,回国后本国又给予免税待遇,这样,该居民不仅少承担甚至没有承担国外的税负,而且连本国的税负也合法地归避了。

2. 运用税收饶让实现双重避税

税收饶让又称饶让抵免,是税收抵免方法的一种特殊方式。这种方式是一国政府对其居民在国外享受减免税而未缴纳的那一部分所得税款,视同已经缴纳,连同在国外实际缴纳的税款一起,给予税收抵免待遇,即允许从该居民国内外所得应向本国缴纳的所得税款中抵扣,但一般抵扣额不得超过其在本国应缴纳的税额。这种方式一般要通过有关国家间签订的税收协定来加以确定,它实际上是为贯彻某种经济政策,承认和鼓励本国跨国纳税人在低税区、免税区和税收优惠地区的投资和从事各种经营活动而采取的一系列特殊措施。同时,这也为跨国纳税人实现双重避税创造了条件。

【例 12-7】 在某一纳税年度,甲国总公司来自国内所得 1 000 万元,来自其设在乙国的分公司所得 500 万元。假定甲国政府规定的所得税率为 40%;乙国政府规定的所得税率为 40%,并根据有关税法规定给予该分公司减半征收所得税的优惠待遇。那么,在饶让抵免条件下,该总公司国内外总所得应向甲国政府缴纳的所得税为

$$(1\,000 + 500) \times 40\% = 600(万元)$$

分公司应向乙国政府缴纳的所得税为
$$500 \times 40\% = 200(万元)$$
分公司实际向乙政府缴纳的税款为
$$500 \times 40\% \times 50\% = 100(万元)$$
抵免限额（分公司所得应向甲国政府缴纳的税额）为
$$500 \times 40\% = 200(万元)$$
可抵免税额为
$$100 + (200 - 100) = 200(万元)$$
总公司实际向甲国政府缴纳的所得税为
$$600 - 200 = 400(万元)$$

可见，该跨国公司来自乙国的所得500万元部分并未承担其本国（甲国）的税收负担［其向甲国缴纳的400万元税款实际上是其国内所得1 000万元部分承担的，即1 000×40%＝400（万元）］，而最多只承担了乙国的100万元税款的负担，实际税负只有20%。如果乙国给予该分公司免税待遇，则实际税负就为零，因而避税效果最佳。

四、利用国际税收协定进行国际纳税筹划

目前，世界各国普遍缔结了双边税收协定，如何有效利用这些税收协定是进行国际纳税筹划的一种重要方法。为了避免国际双重征税，缔约国双方都要做出相应的让步，从而达成缔约国双方居民都享受优惠的条约，而且这种优惠只有缔约国一方或双方的居民有资格享受。但是，当今资本的跨国自由流动和新经济实体的跨国自由建立，使其与税收协定的结合成为可能，这便为跨国纳税人进行国际纳税筹划的财务安排开辟了新的领域。比较常见的做法是：跨国纳税人试图把从一国向另一国的投资通过第三国迂回进行，以便从适用不同国家的税收协定和国内税法中受益。

在实践中，利用税收协定的纳税筹划主要有以下三类做法：

1. 组建直接传输公司

例如，K、L两国之间未订立税收协定，但都分别与H国订有双边互惠协定。K国的甲公司要向L国的乙公司支付股息，乙公司就在H国组建丙公司，由甲先把股息支付给丙公司，再由丙公司支付给乙公司，丙公司就是一个传输公司，它好像一个输送导管，使股息迂回到H国，达到减轻税负的目的。

2. 利用脚踏石式的传输公司

仍用上例条件，不同的是L、H之间也没有税收协定，但H国规定：丙公司支付给他国公司的投资所得允许作为费用扣除，并按常规税率课征预提所得

税。这里L国的乙公司在同样与L国订立税收协定的G国（该国对所有公司实行优惠政策）建立丁公司，甲公司先把股息付给丙公司，丙公司再付给丁公司，由丁公司付给乙公司，即采用更加迂回的策略使丙公司的所得可以大量扣除乙公司投资的支出，又使其在H国缴纳的预提税可在G国得到抵免，还使丁公司的收入享受优惠待遇。丁公司则被称为脚踏石式的传输公司。

3. 设置外国低股权的控股公司

许多国家与国家之间的税收协定都有这样的规定：享受预提税优惠的必要条件是该支付股息的本国公司由外国投资者控制的股权不得超过一定比例。例如，德国签订税收协定的惯例就是将这一比例定为25%。这样，非缔约国纳税人就可以精心组建外国低股权的控股公司，以谋求最大程度减轻税负。假如我国的跨国公司拥有在德国的全资子公司，中德两国之间签有一般性税收协定《中德避免双重征税和防止偷漏税协定》，那么，该跨国公司可以在我国境内先组建5个子公司，分别注明拥有德国子公司少于25%的股份，从而在中德之间的税收协定中享受优惠待遇。

【例12-8】 甲国某公司年获税前利润20万元，甲国所得税税率为40%，该公司在乙国的分公司同年获税前利润10万元，乙国税率为30%，享受减半征收的税收优惠，向乙国缴纳所得税额1.5万元。当甲国允许对乙国给予税收饶让时，可抵免限额为4（＝10×40%）万元，允许抵免的税额为3万元（实缴乙国税额1.5万元＋视同已缴乙国的减免税额1.5万元），甲国在税收饶让条件下，对该公司征税9［＝（20+10）×40%－3］万元。

本例说明，乙国给予分公司的税收减免额1.5万元和实际征收的1.5万元，都在甲国得到了减免。如果没有税收饶让，该公司应对甲、乙两国共缴纳税款12万元，由于税收饶让，该公司共缴纳了10.5万元，乙国实际享受了减免税优惠1.5万元。

五、利用转让定价进行国际纳税筹划

（一）转让定价的概念

所谓"转让定价"又称"转移价格"，是指有关联的企业之间进行产品交易和劳务供应时，为均摊利润或转移利润，以实现避税的目的，根据双方意愿所制定的高于或低于市场价格的价格。这种方法也经常应用于国内纳税筹划。在跨国经济活动中，这种方法涉及面极宽，为企业减轻税负提供了广阔的天地。其优于在国内使用的条件是：第一，国家间的税收差别比国内行业间的税收差别要大得多；第二，母公司与子公司、总公司与分公司以及总机构和驻外常设机构之间的相对独立形式，以及彼此之间业务、财务联系的广泛性，使它们能更从容地实现价格转让。转让定价实际上是国际避税的一种重要思路，所转移的可以是货物也可以是资金或劳务，熟练地应用它将为企业带来极大的节税效益。

（二）转让定价的制定基础

1. 以内部成本为基础进行的价格转让

（1）实际成本法。即以销售利润中心向制造利润中心购买产品的实际成本定价。

（2）标准成本法。即按预先规定的假设成本定价。标准成本是当有效使用劳动和材料时，应当符合一种给定量的产品单位成本，使用实际的全部生产能力，并对维修和意外停工时间作出规定，这是制定标准成本的常用方法。

这两种方法的前提是转让与接受双方都知道转让价格的意图和利益关系，否则可能会造成利润的冲突而使转让定价失败。

2. 以市场为基础的转让定价

（1）使用外部交易的市场价格。

（2）成本加价法。即在完全成本上加价的方法。成本加价法一般适用于以下三种情况：①交易货物为市场上无法得到的特殊商品；②销售利润中心不对外销售某种产品时；③当外界供应商虽有能力生产某产品但却不生产时。这种情况下，当内部和外部交易特点之间的差异与产量和产品差异相关，而且差异大得使以市场为基础的转让定价成为不可能时，也可以使用成本加价法。加价程序一般是由两个经济实体（利润中心）之间达成最终分享产品销售利润的某些协议，或规定一项固定的百分比，也可以像产品经销商对外销售同类产品那样，由一项加价产生相同的毛利润，或者使一项加价产生的毛利润相当于公司的毛利润平均水平。

（三）转让定价的制定策略

转让定价的制定过程是一项十分机密和复杂的工作。在转让定价的过程中，产品的转让价格根据双方的意愿，可高于或低于市场上供求关系决定的价格，以达到少纳税甚至不纳税的目的。也就是说，在经济生活中，凡发生业务关系、财务关系或行政关系的纳税人和企业为规避按市场价格交易所承担的税收负担，实行某种类似经济组织内部核算的价格方式转让相互的产品，达到转让利润、减少纳税的目的。比如在生产型企业与商业型企业承担的纳税负担不一致的情况下，若商业企业承担的税率高于生产企业或反过来生产企业承担的税率高于商业企业，有联系的商业企业和生产企业就可以通过某种契约的形式，增加生产企业的利润，减少商业企业的利润，或者增加商业企业的利润，减少生产企业的利润，使他们共同承担的税负及他们各自承担的税负达到最低。

运用跨国企业转让定价策略的具体做法大致有以下几种：

(1) 通过控制零部件、半成品等中间产品的交易价格来影响子公司成本。

(2) 通过控制海外子公司固定资产的出售价格或使用期限来影响子公司的成本费用。

(3) 通过提供贷款和确定利息的高低来影响子公司的成本费用。

(4) 通过对专利、专有技术、商标、厂商名称等无形资产转让收取特许使用费的高低，来影响子公司的成本和利润。

(5) 通过技术、管理、广告、咨询等劳务费用来影响海外公司的成本和利润。

(6) 通过产品的销售，给予海外公司以较高或较低的佣金和回扣，或利用母公司控制的运输系统、保险系统，通过向子公司收取较高或较低的运输、装卸、保险费用，来影响海外公司的成本和利润。

在现代国际贸易中，跨国公司的内部交易占有很大比例，因而可通过利用其在世界范围内的高低税收差异，借助转移价格实现利润的转移，以减轻公司的总体税负，从而保证整个公司获得最大利润。目前，各国都把处于避税目的地转让定价作为反避税的头等目标，并制定转让定价税制，这为跨国经营企业利用转让定价进行国际纳税筹划带来了难度；但各国为了吸引外资，增加就业，发展本国经济，转让定价税制的规定和具体实施往往松紧不一，从而又为跨国经营企业利用转让定价来进行税收筹划创造了较大的弹性空间。跨国纳税人使用转让定价法，一般是为了减轻关税税负、减轻公司所得税税负、规避预提所得税。

【例12-9】 某跨国公司在内地的分支 A 公司年销售利润 100 万元，所得税税率 30%，应纳所得税额 30 万元。现该集团于另一国设立分支机构 B 公司，将货物调拨到 B 公司销售，B 公司适用所得税税率 15%。假定两公司总体销售利润总额仍为 100 万元，其中 A 公司 40 万元、B 公司 60 万元。则 A 公司应纳所得税额为 12（=40×30%）万元，B 公司应纳所得税额为 9 万元（60×15%），较未设立分支机构进行购销活动前减轻税负 9 万元 [30—（12+9）]。

六、利用跨国内部融资进行国际纳税筹划

对于大型的跨国公司来说，其位于各国的分支机构很有可能出现资金的短缺或剩余；如何对这些资金进行跨国调剂以达到减轻税负的目的，便是利用跨国内部融资节税要解决的问题。

利用跨国内部融资节税的方法主要有：

1. 利用内部贷款

跨国企业的总公司通常以内部贷款的形式向其子公司提供资金，并通过确定

合适的利率水平以减轻总体税负。跨国集团中关联公司可能会偏离市场信贷利率水平结成信贷同盟,根据具体业务需要,或是提高贷款利率,或是降低贷款利率。

关联企业间贷款的目的在于,通过这种方法降低利息的预提所得税(如果降低利率);或者进行利润的再分配,将高税管辖区的利润以支付利息的形式转移至避税地(如果提高税率)。在后一种情况下,借款公司债务量的增加以及相应贷款利息总额的提高,能增加应税所得中的扣除额,从而减轻公司的税收负担。

2. 贷款优势转移

不同的国家,其利率水平有较大的差异,这种差异可能通过汇率水平差异来消除,也可能根本无法消除。因而对于在不同国家都有分支机构的跨国公司而言,就要利用不同国家借贷的利率水平差异来降低融资成本,以达到节税的目的。

【例12-10】 某跨国集团有A、B两公司分别在甲乙两国,甲国的贷款利率为10%,乙国为8%,而甲国的所得税税率又高于乙国。现在A公司缺少流动资金,需要融资,则可以由集团安排由B公司从乙国银行按8%的利率贷款,再以10%的利率贷款给A公司,那么一方面整个集团获得了低成本的融资,另一方面还获得了相应的节税利益。

3. 利用内部租赁

租赁是企业的一种重要融资方式。跨国公司内部可以通过抬高或降低租金的方法达到节税的目的。常用的以租赁资产达到国际纳税筹划目的的方法是调整租金。比如在同一集团公司内部,有A、B两企业,A企业处于高税率国家,B企业处于低税率国家,A企业将盈利的生产设备连同生产项目一并转租给B企业,并按照有关规定收取较低的租金,这样集团内部就将利润转移到税负低的地区,最终使集团公司所享受的税收待遇比税法规定的还优惠,整体税负最低。所以,资产租赁这种形式可以调节集团内部各企业的利润水平,减少整体的纳税负担。

通过以上三种方法,企业可以在内部的融资活动中降低融资成本同时可产生节税效益。

【例12-11】 某跨国集团有M、N两公司分别在甲乙两国,甲国的贷款利率为10%,乙国为8%,甲国的所得税税率高于乙国;现在M公司需要从乙国购货,需要融资乙国货币,而N公司需要从甲国购货,需要融资甲国货币。

集团安排由M公司从甲国银行按10%的利率贷款,并以8%的利率贷款给N公司,再由N公司从乙国银行按8%的利率贷款,并以10%的利率贷款给M公司,那么整个集团既能获得低成本的融资,还能获得相应的节税利益。

七、利用企业的组织形式进行国际纳税筹划

跨国投资者在国外新办企业、扩充投资组建子公司或设立分公司都会涉及企业组织形式的选择问题。不同的企业组织形式在税收待遇上有很大的差别。

1. 分公司和子公司

子公司由于在国外是以独立的法人身份出现，因而可享受所在国提供的包括免税期在内的税收优惠待遇，而分公司由于是作为母公司的组成部分之一派往国外，在境外不能享受税收优惠。另外，子公司的亏损不能汇入国内总公司，而分公司与总公司由于是同一法人企业，经营过程中发生的亏损便可汇入总公司账上，从而减少公司所得额。

因此，跨国经营时，可根据所在国企业自身情况采取不同的组织形式以达到减轻税负的目的。事实上，分公司和子公司往往在享受待遇方面差异很大，在跨国纳税方面也有许多差别，可以说各有利弊。

总公司对外投资设立分公司时，一般可以具有以下的便利：

（1）总公司直接控制分公司的经营活动，并负法律责任，在管理上比较方便，可以在分公司所在地减少许多麻烦（如填报账表、审计账目和遵从公司法等），有关财务资料也不必公开。

（2）设立分公司的法律手段简单，可以免缴当地的资本注册登记税和印花税。

（3）可以少量甚至没有员工参与其活动。因股份投资中，也不会像子公司那样要求外国参股的最低限额和最高比例。

（4）当遇到机会时，可以比较容易地实现转让定价。

（5）可以避免对利息、股息、特许权使用费征收预提所得税。

（6）一般情况下可以将税后利润转移回总公司。

（7）可以享受避免国际双重征税的有利形势，如免税法等。

（8）分公司在初期发生营业亏损时，可以冲减总公司的利润。

但成立分公司也会产生一些不利条件，归纳起来主要有以下几点：

（1）在转让定价问题上往往会遇到较多麻烦，因为分公司作为总公司的派出机构，与总公司同属一个法人实体，他们之间转让产品、货物及劳务等活动更容易引起有关国家税务部门的关注或怀疑，而被列为调查审计对象。

（2）不能享受对参股所得免税的优惠。

（3）在某些情况下，可能承担公布合并资产负债表和损益表的义务。因而对一个分公司账目的审查，往往会影响或牵涉到总公司或其他分支机构。

（4）若分公司转为子公司，可能要对由此产生的资本利得承担纳税义务，而且这种转变还要征得税务部门和其他有关部门的同意。

（5）分公司一般不能享受当地政府为子公司提供的减免税优惠及其他投资鼓励。

（6）分公司取得利润后，总公司就须在母国纳税。如果分公司处于低税国，而总公司处于高税国，该机构一般就无法获得低税国给予的减免税待遇。

（7）总公司与分公司之间支付的利息或特许权使用费不能从利润中扣除，缺乏灵活性。

（8）当一国通货膨胀、货币贬值时，对分公司很不利，而子公司则可享有这方面的优惠。

然而，当一国企业对外投资设立子公司时，所产生的利弊恰恰与分公司相反。由此可见，在选择对外投资的组织形式时，有时的确令企业决策者为难。不过有时两种形式可以交替使用。一种常见的选择方案是，在营业初期以分公司形式进行经营，当分公司转盈之后，再转变为子公司。当然，如果某些国家制定了相应的防范措施后，这种避税方案实施起来就有一定的难度。

2. 股份有限公司制和合伙制企业

许多国家对公司和合伙企业实行不同的税收政策。因此，我国海外投资企业应在分析比较两种组织形式的税基、税率结构、税收优惠政策和投资地点等多种具体的税收政策因素的前提下，选择综合税负较低的组织形式，来组建自己的海外企业。

八、通过会计处理方法进行国际纳税筹划

会计处理方法的多样性为税收筹划提供了保障。会计准则、会计制度等会计法规，一方面起到了规范企业会计行为的作用，另一方面也为企业提供了可供选择的不同的会计处理方法，这为企业在这些框架和各项规则中"自由流动"创造了机会。我国跨国经营企业应熟悉东道国的各种会计准则和会计制度，并巧妙使用该地的各种会计处理方法，以减轻税负或延缓纳税。例如，适当地将收入或费用的确认日期滞后数日或提前数日，可达到延期纳税的目的；而在免征或低于所得税率征收资本利得税的国家，海外企业应及时调整会计政策，尽可能将流动性收益转化为资本性收益，就会获得相当可观的效果。平均费用分摊是最大限度地抵消利润、减轻纳税的有效方法，企业可把长期经营活动中发生的各项费用尽量平均分摊在各期中，使各期所获利润平均，这样就不会出现某阶段纳税过高的现象；在物价上涨的情况下，存货计价中采用后进先出法可以有效地减轻纳税负担；在对于固定资产进行折旧处理时，采用加速折旧法，可达到早日收回固定资产投资、减少早期利润、延缓缴纳所得税的目的。

通过财务决策和选择适合的会计政策进行纳税筹划中的利用各国税收优惠政策、选择低税点国家或地区注册企业等内容在其他纳税筹划方法中已有所体现，

此处另外介绍三种方法。

1. 成本费用的分摊和否定

跨国公司的费用国际分摊筹划，实际上是将可以转嫁的费用从税负低的国家的分支机构向税负高的国家的分支机构转移，从而达到抵减税款的目的。这种方法就是通过费用摊销调剂成本和利润，或通过费用转移，否定费用，以规避一些特殊征税的费用。

跨国公司的费用支出项目繁多，如工资支出、职工福利费支出、劳务费支出、企业管理费支出、财务费用支出、生产费用支出以及其他各项杂费支出等。在这些费用支出中，有些费用是外部费用，难以进行跨国分摊；有些费用则是内部分支机构间发生的费用，这些费用是筹划的重点。其中，分支机构间的劳务费和总公司对分公司的管理费支出最为普遍，也是企业费用支出中两项较为主要的内容。劳务费和管理费支出有多种标准，其费用分摊的办法也有多种。费用分摊的方法常见的有三种：

（1）实际归属法。就是根据实际费用发生地归属进行摊销。

（2）平均分摊法。就是把一定时间内发生的费用平均分摊在每个分支机构的项目或产品成本中。

（3）不规则分摊法。即根据节税的需要进行费用摊销，一笔费用可以集中摊入某一子公司中，也可以分摊在某几国的子公司中。

2. 收入所得的分散和转化

在公司所得实行累进税率的国家（如美国、伊朗等），由于所得的集中增大，档次拉开现象会使纳税人税负有较大幅度的增加。此时纳税人应尽量合理合法地分散所得。主要可采用以下：给雇员支付工资，以分散公司所得；通过与其他关联公司转移支付，将税负较高的所得分散出去；通过信托的办法，将集中的所得分散到信托公司名下；通过联营，将免税企业或低税企业作为联营的伙伴，以分散公司所得等。

在免征或低于所得税率征收资本利得的国家，跨国纳税人应及时调整会计政策，尽可能将流动性收益转化为资本性收益，就会获得相当可观的效果。在一般发展中国家，设有特别的资本利得税；而在发达国家，为达到鼓励资本流动、活跃资本市场的目的，对资本利得采取减税或免税的政策。跨国纳税人在进行股利分配决策时，应对此予以关注。

3. 运用财务分析进行纳税筹划

可以采用量本利分析和盈亏临界分析来进行纳税筹划。例如，一笔企业所得，是留在企业缴企业所得税，还是转移给个人缴个人所得税等，都存在一个临界点。通过临界点分析，可以作为是否转移这笔所得的依据。

复习思考题

【简答题】

1. 国际纳税筹划应注意的问题是什么？
2. 国际反避税、反偷漏税的征管措施有哪些？
3. 国际回避税收管辖权通常采取那些方法？
4. 国际税收抵免应符合的原则是什么？

【分析判断题】

设在英国的法国司弗尔钢铁股份有限公司，为了进行国际避税，采取下列手段和方式。事实证明，法国司弗尔钢铁股份有限公司的上述做法，十分有效。据报道，1973~1985年，该公司成功地归避了在英国应纳税款8 137万美元。请判断，下列手段和方式中哪些是利用了人的流动避税？

(1) 不允许该公司中的英国股东参加管理活动，英国股东的股份与影响和控制公司管理权力的股份分开，他们只享有收取股息、参与分红等权利；

(2) 将产品移交法国销售；

(3) 不在英国召开董事会或股东大会，与公司有关的所有会议、材料、报告等均在英国领土外进行，档案也不放在英国国内；

(4) 所有有关公司经营管理的指示、指令，都不以英国电报、电信等有关方式发布；

(5) 为应对紧急情况或附带发生的交易行为等特殊需要，该公司在英国境内设立一个单独的服务性公司，并按照核定的利润率缴纳公司税，以免引起英国政府的仇恨。

【计算题】

1. 某跨国公司在内地的分支H公司年销售利润100万元，所得税税率30%，应纳所得税额30万元。现该集团于另一国设立分支机构N公司，将货物调拨到N公司销售，N公司适用所得税税率15%。假定两公司总体销售利润总额仍为100万元，其中H公司40万元，N公司60万元，请您计算由此获得的节税效益。

2. 某跨国集团有A、B两公司分别在甲、乙两国，甲国的贷款利率为10%，乙国为8%，而甲国的所得税税率又高于乙国；现在A公司缺少流动资金，需要融资，应当如何进行融资的纳税筹划？

3. 一个美国公司在国内无所得，但从国外子公司获得股息收入10 000美元，扣除向外国政府缴纳的预提税1 500美元后净股息收入为8 500美元。该公司希望保留这笔股息收入，要向美国政府缴纳税率为50%的所得税款。若外国子公司所得税为40%，请计算比较直接抵免和间接抵免下的节税差异。

4. 假设一个集团公司有A、B、C三个分公司，分别设在甲、乙、丙三个国家，公司所得税率在这三个国家分别为50%、30%、20%。A公司为B公司生产提供原材料，假设A公司以50万美元的成本生产了一批材料，本应以60万美元的价格直接售给B公司，而A公司不采取直接向B公司供货方式，而是以50万美元的低价卖给了C公司，C公司再转手以80万美元卖给B公司，B公司最后以130万美元的价格将产成品在市场上出售。试计算比较转让定价对有关国家的收入的影响。

5. 某一跨国公司的母公司设在南非，在美国有一子公司，该子公司要向南非母公司支付200万美元的股息。由于南非与美国之间没有国际税收协定，故南非母公司直接从美国子公司取得股息时要缴纳30%的预提税税后净股息只有140万美元（但美国与荷兰之间有税收协定，美国对向荷兰公司支付的股息征收5%的预提税；荷兰与南非之间也有税收协定，荷兰对向南非公司支付的股息也只征收5%的预提税），试根据上述资料进行国际税收筹划（减少预提税税款支付额）。

6. 假定美国石油母公司A拥有沙特石油子公司B的60%股份，而B又拥有科威特石油孙公司C的50%股份。在某一纳税年度内，A公司在美国的收入是300万美元，B公司在沙特的收入折合约300万美元，C公司在科威特的收入折合约150万美元。三个国家的所得税税率分别为：美国35%、沙特40%、科威特20%。股息预提税忽略不计。试计算A、B两个公司各自可得到的间接抵免税额和这三个公司各自向所在居住国缴纳的税额。

参 考 文 献

蔡昌.2003.纳税筹划策略、技巧与运作.北京：海天出版社
方卫平.2001.税收筹划.上海：上海财经大学出版社
盖地.2003.纳税筹划.北京：高等教育出版社
盖地.2003.税务会计与税务筹划.北京：中国人民大学出版社
盖地.2005.企业税务筹划理论与实务.大连：东北财经大学出版社
盖地.2006.税务筹划.北京：高等教育出版社
盖地.2006.税务会计与纳税筹划（第二版）.大连：东北财经大学出版社
林艳琴等.2005.国际纳税筹划的理论依据和我国跨国经营企业的现实对策.财会通讯（学术），(1)：55
刘建民，谭光荣，谭久均等.2002.企业纳税筹划理论与实务.武汉：西南财经大学出版社
乔瑞红，黄凤羽.2006.企业税务与纳税筹划理论与实务.北京：经济科学出版社
苏春林.2005.纳税筹划实务.北京：中国人民大学出版社
王兆高.2003.税收筹划.上海：复旦大学出版社
杨冬云等.2005.税务会计与纳税筹划.哈尔滨：哈尔滨出版社
杨志清等.2005.纳税筹划案例分析.北京：中国人民大学出版社
曾培清等.2003.如何进行纳税筹划.北京：北京大学出版社
张丽娟.2006.重视国际纳税筹划.中国经贸，(5)：10～11
张中秀，汪昊.2004.纳税筹划宝典.北京：机械工业出版社
张中秀.2001.纳税筹划宝典.北京：机械工业出版社
中国注册会计师协会.2006.税法.北京：中国财政经济出版社
庄粉荣.2006.纳税筹划.北京；机械工业出版社